20世纪中国图书馆学文库·94

现代图书馆学理论

徐引篪 霍国庆 著

國家圖書館出版社

本书据北京图书馆出版社 1999 年 2 月第 1
版排印

目　　录

序

当我收到徐引篪、霍国庆著的《现代图书馆学理论》书稿时，心中特别高兴，因为已有多年没有见到这样比较系统的图书馆学理论新著了。这是作者在世纪之交和千年之交之际送给中国图书馆界同行的一份厚礼。

我和徐引篪研究员早在1979年中国图书馆学会成立前就认识，当时她代表中国科学院图书馆参加中国图书馆学会的筹备工作。时间过得真快，一晃就是快20年，以后我们没有见过面，今天她已是中国科学院文献情报中心主任了，肩负着我国图书馆建设的重任。霍国庆副教授1985年毕业于山西大学图书馆学系，1985年至1988年在武汉大学图书情报学院攻读图书馆学基础理论方向的硕士研究生，我是他的导师，他的学位论文是图书馆学研究方法。毕业后回到山西大学图书馆学系任教，并任该系副系主任。1996年考入中国科学院文献情报中心，攻读博士学位，徐引篪研究员是他的第二博士生导师。他们通过近两年合作，共同写出《现代图书馆学理论》一书，近35万字。这是一本师生合作的力作，我对他们合作的成功表示衷心的祝贺！

由于我长期从事图书馆学理论的教学与研究工作，对图书馆学理论自然比较感兴趣，一般我只要见到有关图书馆学理论的新著，必定拜读之。《现代图书馆学理论》虽然篇幅宏大，但我仍集中一段时间通读了一遍。通读以后，受益匪浅，有所启迪。

图书馆是人类社会的一种永恒的现象,不管某些人喜不喜欢,它将永远存在下去。几千年来,尽管社会形态、经济结构、思想意识发生了许多变化,但图书馆这种社会现象一直在延伸,一直存在,一直在发展。虽然图书馆这一现象的名词、内涵和外形有所变化,但它的基本结构、目的没有变化。今日社会进入信息化社会、网络化时代和知识经济年代,图书馆并没有消亡和衰退的迹象。事实证明,图书馆存不存在,不是凭个人愿望,也不是某些人写两篇文章说图书馆消亡就会消亡,而取决于社会的需要,正如本书所说:"图书馆是与人类信息需求共存亡的,从某种意义上说,图书馆就是人类信息需求体系的物化形式,哪里存在整体化的信息需求,哪里就会出现图书馆。"

话又说回来,图书馆这种人类社会的现象,几千年来一直存在并不断发展,但这并不说明这图书馆仍是原汁原味的,没有变化的。随着社会的发展,图书馆内涵在不断丰富,外部形象变得更美。从它诞生之日起,或从 16 世纪以来,它大体经历了三个阶段:一是图书与人相结合的传统图书馆时代;二是文献信息与人、计算机相结合的图书馆自动化时代;三是信息资源与人、计算机、信息网络相结合的图书馆网络化时代;今日它已跨入网络化时代。影响图书馆发展的原因很多,有政治的、经济的、意识形态的、技术的,但有一点是基本的,技术方法和手段是推动图书馆前进的动力,造纸术、印刷术、缩微技术、视听技术、计算机技术、网络技术、多媒体技术、数字化技术等,都有力地推动了图书馆的发展,使图书馆发生了质的变化。

20 世纪即将结束,迈入 21 世纪的图书馆将是传统图书馆与电子图书馆、数字图书馆、虚拟图书馆共存互补的时代。实际上,21 世纪仍是以传统图书馆为主体,电子图书馆、数字图书馆、虚拟图书馆是传统图书馆的组成部分、分支系统。所谓电子图书馆、数字图书馆、虚拟图书馆在本质上没有区别,是一种事物的几种叫法,归根结蒂是一种现象。本书第八章说得好:"就实质内容而言,网络图书馆、电子图书馆、数字图书馆和虚拟图书馆没有什么区别,它们之间的区别在于观察和认识的角度不同而已。"我很赞同这种观点。从电子图书馆、数字图书馆、虚拟图书馆的构成来看,它们都离不开数字化信息、计算机、信息网络、操作人员、用户利用等要素;从技术方法来看,都需要数字化技术、计算机技术、网络技术;从运行过程来看,都需要信息输入、处理、存储、输出、传递的过程。离开了这些条件、环节、程序都不可能存在。为此,我对本书"网络时代的图书馆"一章比较感兴趣,写得比较实在,实事求是,符合事物发展规律,很有启迪性。

图书馆学理论是为图书馆实践服务的。实践产生理论,理论反映实践,指导实践,两者既相互依托又相互促进。图书馆不存在,图书馆学理论自然也不存在。"皮之不存,毛将焉附"。离开图书馆,也无所谓图书馆学可论。如果不是以图书馆为研究对象的理论,那必定是一种游离图书馆,或与图书馆无关无用的理论。不解释图书馆,不说明图书馆的各种现象,不探索图书馆的发展规律,不指明图书馆的发展方向,不研究图书馆的具体操作与运行,不规范图书馆的运行程序,其理论怎样"新",其名词术语怎样"时髦",这种理论都是图书馆不需要的理论,不受实践欢迎的理论。《现代图书馆学理论》的两位作者,坚持以图书馆为研究对象,研究图书馆所处的环境与对策,探索信息化社会图书馆的特点、规律和基本问题,方向是正确的,值得称赞的。

从图书馆发展的整个进程来看,应该说图书馆学的理论发展,远远落后于图书馆实践。人类有了几千年的图书馆史,而真正的图书馆学史不到200年。这充分说明几千年来人们对图书馆学理论的忽视。图书馆学发展缓慢的原因很多,但主要还是图书馆界的认识问题。

19世纪以来,世界图书馆界一批先驱与有识之士,冲破阻力,不顾个人得失与名利,献身于图书馆学研究,从而使图书馆长期实践积累的经验与知识,得以上升为理论,逐渐成为一门为社会所承认的学科,从而走上人类伟大的科学殿堂,在人类科学殿堂中获得自己的位置,获得每门独立学科所应有的那块小天地,在高等教育机构中有了培养图书馆专门人才的专业或地盘。我们要感谢近200年来为此作出突出贡献的图书馆学先辈,他们是德国的施莱廷格、艾伯特,英国的帕尼兹、爱德华兹,美国的杜威、巴特勒、谢拉,俄国的鲁巴金,前苏联的列宁、丘巴梁,印度的阮冈纳赞以及中国的一些研究者。

图书馆学从开创到逐步成熟,经历了图书馆学的萌芽时期、奠基与确立时期、发展时期。19世纪至20世纪的200年,中国图书馆学的研究既有与世界图书馆学研究同步整合的时期,也有不一致不同步的时期。19世纪,由于中国社会封闭、落后,外强不断侵略中国,图书馆学研究基本无所作为。20世纪初以来,特别是辛亥革命、五四运动以后,中国图书馆界产生了一批热爱图书馆事业的理论研究者,如杨昭晰、杜定友、刘国钧等。他们的图书馆学理论研究基本上与图书馆学的发展是同步的,一点也不亚于西方同时期的图书馆学理论研究者。本书第一章对此作了如下论述:"我国一些研究人员常常忽视了本国图书馆学家在世界图书馆学发展过程中的地位。其实,无论就认识深度还是认识时间,杜定友等都不逊色于同代其它各国的图书馆学家。"鄙人在不久前完成的"20世纪100年图书馆学基础理论的研究与进展及其评价"一文中,也阐述了类似的观点:认为20世纪20—30年代,中国图书馆学理论的研究,不管从认识的深度与广度,从内容到观点,从所提出的问题,从对图书馆与图书馆学的论述,基本与世界图书馆学的发展是同步的。

20世纪的中国图书馆学理论研究,经历了两个黄金时期:一是前面提到的20—30年代,二是80年代,80年代产生了一大批理论著作,数量之多,是历史上罕见的。90 年代以来,图书馆学理论研究有所降温,发展缓慢。本书的出版,为 90 年代图书馆学理论研究成果增加了份量,添加了光彩,我相信对 21 世纪图书馆学理论的研究将会产生积极的影响。

近些年来,我们常听到一些人批评图书馆学研究理论脱离实际,我想这些意见不是全无道理,而是值得我们认真反思一下。时至今日,仍有许多理论问题摆在我们面前,虽然已有一些人发表了这样或那样的意见,但大多数问题没有获得人们的共识;例如图书馆学的定位,定在什么地方是科学的,合乎逻辑的? 图书馆学的上位类学科是什么? 它应归到谁的门下才是科学的? 图书馆学的结构、内容是什么? 信息、信息资源、信息资源管理与图书馆的关系是什么? 是所属关系,还是相等关系? 是同一事物的几种说法,还是本质上不同的东西? 文献信息与文献信息管理是什么关系,有无区别? ……总之,图书馆学理论研究任重而道远。

为了推动我国图书馆学理论研究的深入发展,我们必须:第一,坚持"百花齐放","百家争鸣",让更多的人参与讨论,发表意见。学术研究、理论问题,不能采用行政方法,更不是几个人开个会,炒作几篇文章,发个什么文件就可定论了,而要经过时间检验,要同行业大多数人接受,达成共识;第二,坚持与世界接轨。任何图书馆学理论,只有与世界接轨,在更大的空间、更长的时间里具有通用性、适应性,才会有较强的生命力,才能体现理论的真正价值。要与世界接轨,就必须了解、学习、研究世界各国的图书馆学理论。当然了解、学习、研究外国的图书馆学理论,要尽可能搞清它的来龙去脉,做到全面、准确、实事求是,不要断章取义,张冠李戴,更不要捡芝麻,丢西瓜。本书在学习、研究、介绍外国图书馆学理论方面,其全面性、系统性、准确性、选择性都具有它的特色。

以上是我通读本书的一些感受与联想。基于上述认识,我认为《现代图书馆学理论》一书,由于作者坚持严肃认真的科学研究态度和实事求是的精神,因此本书具有一定的理论意义与实用价值,是一本值得充分肯定的图书馆学理论新著。全书视野广阔,思路清晰,有一定的时代特点和个人见解,具有一定新意。具体体现在以下方面:

1. 本书对 80 年代我国图书馆学理论研究作了比较系统的总结,在 80 年代图书馆学理论研究的基础上,在诸多方面有所突破,有所发展。

2. 全书内容丰富,资料充实,特别是外文资料收集比较丰富,有些资料在国内是第一次出现。由于作者掌握的资料比较丰富,知识面较广,视野广阔,从而全书论证比较有力,分析比较深透,说服力较强。

3. 概念明确、清晰,全书对主要概念都进行了比较系统的阐述,解释比较确切。

4. 本书作为一本专著,对当代图书馆学理论研究中一些最基本的问题,有选择性地进行论述是可取的成功的。这样使全书重点突出,观点鲜明,论述深透,具有特色,由于本书不是面面俱到,反复重复他人过去的观点,所以给人以新意之感。

5. 我国 80 年代开始对图书馆学思想史作比较系统的研究,本书在原有基础上又深入了一步。作者对 17 世纪法国诺德以来的 300 多年图书馆学思想史,再次进行了梳理,补充了一些新的人物与资料,使其更加系统、全面,特别把西方图书馆学思想史划分为六个流派,具有新意。把 20 世纪 60 年代以来台湾图书馆界的理论研究成果和代表人物与祖国大陆整合在一起,使当代中国图书馆学思想史显得更系统、完整、客观。本书一改厚古薄今的做法,在广泛的范围内对当代中国图书馆学界的代表人物进行了评论,使全书的现实性和时代感更强。

6. 体系结构有所创新。从全书来看,"人类需求的图书馆"、"信息市场中的图书馆"、"网络时代的图书馆"等章节具有较浓的时代气息,紧扣时代脉络,反映了当代图书馆的新发展。"图书馆学研究对象及学科体系"、"图书馆学流派与学说评论:西方"、"图书馆学流派与学说评论:东方"、"图书馆透析"、"图书馆类型的理论重组"等五章,在 80 年代已有成果的基础上,其结构、内容、观点均有新的发展,不少内容具有创新意义,如图书馆学研究对象及其认识的四个阶段,图书馆学的裂变、聚变、嬗变,西方图书馆学的技术、管理、社会学、交流、新技术、信息管理等六个流派的划分,图书馆结构与功能分析,图书馆类型的理论重组等。

7. 对未来图书馆的研究,是属于预测科学,有关结论有待于实践去验证。由于本书是从总结 20 世纪图书馆实践入手,许多新的苗头已经显露,因此预测具有较大的可行性和可靠性。

对于一切事物都要一分为二,本书优点很多,但仍有不足之处,如个别定义解释,似乎还不够准确;个别问题的论述前后有些矛盾;某些问题的结论缺乏说服力;国内资料的选择与国外资料比较,相对少了一些;对人物的选择与评价似乎缺乏一个统一标准。我所说的这些不足,不一定准确,也不影响全书的完美,只是个人看法,仅供作者参考。

黄宗忠
1998 年 6 月 5 日于武汉大学

序

　　我从事图书馆工作 40 余年,最欣慰的事就是晚年喜得几位资质俱佳、勤奋好学的弟子,不谦虚地讲,他们个个都可称为图书情报学术领域的佼佼者。《现代图书馆学理论》就是由我的博士生霍国庆副教授和中国科学院文献情报中心主任徐引篪研究馆员共同撰写的(徐引篪研究馆员是霍国庆的第二博士生导师)。

　　有幸作为第一位读者通读了《现代图书馆学理论》,我深以为,这是一部视野宽广、内涵丰富、具有独到见解和鲜明时代特色的图书馆学专著,是 80 年代中期之后我国图书馆学理论研究的又一杰构。具体而言,该书的特色主要表现在以下几方面:

　　其一,作者将图书馆学理论置于信息资源管理理论的框架内进行探讨,理清了图书馆学与信息资源管理学的隶属关系以及图书馆学与情报学、档案学和博物馆学等学科的分工合作关系,明确了图书馆学的研究核心和发展方向,从而为图书馆学学科建设提供了一条新的思路。作者认为:"图书馆是针对特定用户群的信息需求而动态发展的信息资源体系","图书馆学是一门研究信息资源体系及其过程的社会科学",这些命题虽然在细微之处还有待深入探讨,但它们从总体上揭示了图书馆和图书馆学的特色,使图书馆学真正地、彻底地走出了"馆内科学"的阴影。此外,作者通过一次裂变和三次聚变所刻划的图书馆学理论发展轨迹也是符合史实和独具匠心的。

其二,作者对中外图书馆学史的挖掘和条理化显示了他们深厚的理论功力和娴熟的驾驭资料的能力。在国内,对西方图书馆学史的认识长期局限在理念派和实用派两大流派,这种认识抹煞了西方图书馆学的多元化特色,禁锢了人们的思维,而作者在大量占有和分析史料的基础上,大胆地突破"二分法",归纳出西方图书馆学的六大流派,这是一种创见;需要说明,我本人一直有整理西方图书馆学史的想法,我也参与了该部分书稿的研讨,但本书这一部分的主要工作是由两位作者做的。其次,作者对列宁图书馆学思想和丘巴梁社会主义图书馆学的重新评价,对印度图书馆学发展轮廓的勾勒以及对日本图书馆和情报学的认识,都是不同凡响的和恰当的。再次,尤为值得称道的是,作者条陈和刻划了中国大陆图书馆学发展的"三次高潮"和"四代学人"以及台湾图书馆学的"两代半人",将大陆和台湾图书馆学纳入了统一的发展轨道,从而为21世纪海峡两岸图书馆学的共同繁荣做了理论方面的准备。最后,应该指出,作者在图书馆学史论部分一改以往专著"厚古薄今"、"语焉不详"的做法,对当代图书馆学家及其理论进行了大胆的评析,这份勇气和信心是值得赞赏的。

其三,作者非常注重方法论的探索和创新,这集中表现在第4章"图书馆透析"和第7章"信息产品开发的方法论"等章节中。在第4章,作者根据我国图书馆学理论的发展轨迹总结出一整套分析的方法论,并据此对图书馆这一社会现象进行了全方位的透彻的分析,其中许多见解突破了传统图书馆学理论的认知而使人有一种耳目一新之感。在7.3.4"信息产品开发的方法论"一节,作者结合图书馆信息资源开发的独特性质,针对不同类型的信息产品,概述了信息分析、信息综合和信息预测三类方法,为图书馆提高服务档次和开发效率奠定了方法论基础。

其四,作者融相关学科知识和图书馆学为一体,极大地提高了图书馆学的理论品味。从全书来看,作者应用最多也最为娴熟的是社会学理论。在第 5 章"图书馆类型的理论重组"中,作者引入"社会群体和社会组织理论",将图书馆划分为社区图书馆和行业图书馆两大类,充分体现了"图书馆是为人服务的宗旨",是科学的和具有启迪意义的。在第 6 章"人类需求的图书馆"中,作者又应用社会学中的"社会化理论"和"需求理论",对作为用户的社会个体和群体的信息需求进行了解析,从而得出了"促进人的全面发展是图书馆的最终与最高目标"的结论。应该说,这个结论是对图书馆目标和宗旨的准确概括,是图书馆与其它信息机构的重要分野。

其五,作者擅长外文资料的占有和利用,努力将自己的理论体系建立在已有理论的基础上,从而确保了它的前沿性质和国际水准,可谓名符其实的"现代图书馆学理论"。我一向认为,做学术研究必须充分地占有外文资料,要外为中用,取长补短;在这方面,我的学生霍国庆不仅做到了,而且做得很出色。由于徐引篪主任行政事务繁忙,外文资料的猎取、整理、消化和运用等事宜主要是由霍国庆承担的;前不久在广州召开的"第四届海峡两岸图书资讯学学术研讨会"上,霍国庆根据他在本书第 8 章中所采用的外文资料并结合自己的认识,做了"图书馆网络化及其未来"的主旨发言,博得了海峡两岸同道的高度赞扬。做学问必须要有扎实的功底,从而才有实力;轻浮和投机取巧是不能成就大事的。

《现代图书馆学理论》还有许多可圈可点的地方,当然,也有一些需要探讨和证实之处,在此不能一一列举。作为徐引篪的同事和霍国庆的导师,我衷心地祝贺他们——他们做了一件非常有意义的事情,他们的专著是中国科学院文献情报中心,借用他们的话,也是中国图书馆学界第三代学者和第四代学者合作献给 21 世纪的一份厚礼。

孟广均

1998 年 5 月于中关村

序

　　图书馆学是一门应用性的科学，属于广义的社会科学。应用性学科的特性是随着主客观环境因素的改变，而不断的演变。图书馆学理论每一阶段的发展，都反映出或表现出在不同时空阶段，在不同时空领域内，图书馆工作的特质或者是图书馆工作的目标走向。那么，新世纪的图书馆会是怎么样的呢？新世纪的图书馆学又会是怎么样的呢？且不论，新世纪的图书馆学是否再沿用图书馆学这个名词。或许它叫图书资讯学，或许它叫信息管理学，也或许它叫文献信息管理学，当然也有可能是它的新世纪名字还未出现。但是，图书馆学一路走来，也一路走过了上千年的时光岁月，古老时代的藏书方法与藏书学，以及为了藏书需要而发展出来的古目录学或书志学，如东汉刘向刘歆的七录七略，就是在那个时空下的图书馆学，是属于藏书时代的图书馆学。随后一千余年在中国发展的校雠学、书志学、版本学，事实上具有"藏书馆"馆藏发展的功能与意义在内，这种作用和现代图书馆馆藏发展要求区分为核心馆藏、淘汰馆藏、特别珍藏馆藏等要求，具有在时光隧道中相同的道理，只是不同的表征而已。所以，我个人认为古代图书馆学或称为古代藏书楼学，是近代图书馆学的前身也是图书馆学发展的早期阶段。它的图书馆学理论是可以由我们后人重塑与还原的。若如此，中国图书馆学理论的胚底，便找到了。

　　同时图书馆理论的肇基，可以上推追溯到一个更高的文化层次与境界。个人近日以来,将"图书馆学"与"图书馆"往本体化或本体论化的方向去思考,所获得的心得就是本书中所说的"图书馆学体系的进化是连续性和间断性的统一"。藏书楼图书馆学可以成为早期初阶的图书馆学及图书馆学学理,这是社会学的观点,也是哲学观点。

近代图书馆诞生于近代社会,也就是说,19世纪以来人类社会对于图书馆工作的需求,促进了近代图书馆事业及近代图书馆学的孕育与诞生。而近代图书馆学理论的奠基者,是从19世纪跨世纪到20世纪,各国人士都包括在内的一群真正学者,他们的共同特点是能够体察、洞悉、了解、研判图书馆发展的动向,无论在什么社会制度与时空环境之下,他们均能够领会出人类各种社会对于图书馆工作的需求、期待与前瞻。《现代图书馆学理论》这本书中,两位作者所提出的各种图书馆学认知、思想与理论,诚属图书馆学的最近创见。书中将图书馆学的认识领域区分为四个阶段分别是:

表象的具体认识阶段
整体的抽象认识阶段
本质的规律认识阶段
深入的整合认识阶段

而这些个认识阶段,大体是按照西方图书馆学的演进而来的,并且具体的将它们区分为技术学派、管理学派、社会学学派、交流学派、新技术学派、信息管理学派等六大类学派。从历史观的角度来看,的确如此。惟分析层次之细致,以及例举论证之广博,具有独到见解,并旁及俄罗斯和前苏联、印度、日本等学说流派,思虑所及相当周延,且为中国的图书馆学学说提出解说,堪称佳作。

近三个世纪,也就是19、20、21世纪的人类大社会,如果跳出各种政治、经济、及社会制度而宏观之,三个世纪人类追求的大方向或文明演变,大约可以用1997年底我在台北主讲"网际网路与电子民主"时,所提出的简单纲领来说明,那便是:

19 世纪　教育建设→扫除文盲、启迪民智
20 世纪　交通建设→发达经济、改善生活
21 世纪　资讯建设→人类意识、大同世界

　　如果也能从这样一个宏观下的缩影,去研究图书馆学的发达与发展,甚至可以惊讶的发现"近代图书馆"与"现代图书馆"乃至于近代图书馆学与现代图书馆学的演进,是如何密切地契合着人类文明演化的大方向,而且是一贯性的恒绵不断。我完全同意徐引篪、霍国庆两位教授,四阶段六学派的图书馆学理论的看法、证论与解说。同时也要提出一个连续性及本体性的看法与建议,期能上接古代社会、中衔19及20个世纪的近代现代图书馆学历程,并且前瞻新世纪图书馆事业的前进走势与趋向。

　　19 世纪的图书馆工作主要是为了普及教育的目的、鼓励阅读、公众借阅等,19 世纪的图书馆学也偏重于各种分类法学说、整理方法等研究。20 世纪的近现代图书馆工作除了延续19 世纪的教育功能之外,又增加了分工性分科图书馆,如公共图书馆、大学图书馆、中小学图书馆、专业图书馆的研究,也因为全社会的经济发达条件,图书馆中的"图书"定义也扩及到图书、报纸、杂志、唱片、录影、缩影、电脑化数据、网路化数据等载体。以试图运用这些载体满足人们的教育活动以及生活竞争上的需要。20 世纪图书馆的发动是非常快速的。

　　20 世纪图书馆学研究一方面在19 世纪图书馆学的基础上,对分类方法、编目技术继续深化研究,于是主题分析方法、机读编目格式等,为了目录管制的管理问题,在科学技术的面貌下又重新出发了,这是传统分类学说与整理方法在外在物质条件下的多层性演化与运用,但是原始的本质与道理是一样的。另方面20 世纪图书馆学研究在面向读者大众方面有相当大的突破,图书馆纷纷把等人上门来读书的观念,改变成为吸引人们来馆读书的观念,因此,图书馆推广活动和专业化参考服务的研究,也是20 世纪图书

馆研究的重点项目。第三方面 20 世纪图书馆学研究非常重视引用其他学科的基本概念与知识,来强化图书馆的管理,尤其在 20 世纪中末叶,消费与市场机制的观念,带入了图书馆经营的范围和图书馆学研究的领域,直接对图书馆的静态结构和动态架构产生了很多的冲击,也产生了现代图书馆学新的建构蓝图,这一点在本书中有非常好的论点。

1997 年 5 月大陆地区与台湾地区的图书馆工作者,在台北举行了一次大型的图书馆学术研讨会。在"立法参考服务的挑战与展望"文里,我提出了建构核心参考资源与开发系列性中文数据库是为了聚集图书馆的服务能量,这个"能量说"可以造就组织性功能和环境性功能。当我看到本书中所提到的"图书馆学的裂变、聚变与嬗变"说,真是喜出望外的高兴与敬佩,但是不论是图书馆学的蜕变,是要依靠一定的社会能量,还是图书馆的新社会意义,在于发放出"能量"。从能量的角度去研究图书馆和图书馆学,必然是新世纪图书馆学研究的重点方向之一。所不同的是,我的"能量说"是图书馆本体论的能量说,本书所提的是图书馆学本身形制的"能量说"。

新世纪的图书馆工作,除了在 19 世纪和 20 世纪的图书馆基础上继续发展之外,本书中最后三章所分别提到的"人类需求的图书馆"、"信息市场中的图书馆"、"网路时代的图书馆",正是新时代图书馆工作所面临到的具体环境与具体问题。新世纪图书馆学研究,正可以从这样的一个大型框架中,以图书馆学本体为变动中的定位主轴,再引用相关学门学理,配合实务作业的检验与科学方法的验证,发展出全新的"新世纪图书馆学"。本书正是一个最好的起点。

顾　敏谨序于台北

1998.4.21

注一:拙著"古典目录中反映的灿烂面",教育科学月刊,1975 年 6 月

前　　言

　　自从图书馆学产生以来,图书馆学理论就一直是图书馆学的研究核心之一。正如本书第 2 章和第 3 章所归纳和概述的那样,图书馆学理论在不同时期、不同国别或地区有着不同的表现形式,它们实际上是当时当地图书馆实践的升华,是当时当地图书馆学研究者思想认识的理论结晶,它们都以这样或那样的方式推动了当时当地图书馆实践的发展。

　　"理论的价值在于它的前瞻性"(第 1 章)。无论是图书馆学开山鼻祖诺德的图书馆学认识,西方图书馆学史上的技术学派、管理学派、社会学学派、交流学派、新技术学派、信息管理学派等各种理论学说,前苏联列宁的图书馆学思想和丘巴梁的社会主义图书馆学,印度阮冈纳赞的图书馆学五法则,日本的图书馆和情报学理论,还是 20 世纪前期中国的要素说,20 世纪后期中国大陆的矛盾说和交流说,以及中国台湾的图书资讯说,它们的共同之处就是,它们在当时当地都是领导潮流、超越时代的理论学说,都是对图书馆学研究对象进行了新的解释的理论学说。综观近 200 年来图书馆学理论的发展,可以发现,这是一幅绚丽多彩、波澜起伏的画卷,其中,共性的、协调的色彩是主流,个性的、对立的色彩是补充。尤其是当 21 世纪迫近之时,信息技术的飞跃性发展为不同国别或地区图书馆学理论的发展提供了一个共同的"平台",图书馆学理论的趋同更是大势所向。

图书馆学是研究图书馆的学问,对图书馆的理解与解释决定着不同图书馆学理论学说的特色。什么是图书馆?引入信息资源管理理论,切入图书馆的内在本质层面,暂时撇开具体图书馆的种种约束和形式特征,我们认为,"图书馆就是针对特定用户群的信息需求而动态发展的信息资源体系"(第1章)。图书馆是由信息资源、用户信息需求、信息人员、信息设施等要素所整合而成的统一体,信息资源的有限性与用户信息需求的无限性构成了其主要矛盾;从不同角度和层面分析,图书馆具有多重结构和多种功能,并遵循特定的规律运行;从图书馆动态平衡发展的角度分析,"图书馆之所以能够成为一个生长着的有机体,是因为图书馆是一个有人参与的人造系统,它具有自适应、自学习和自组织能力,能够与外界进行不断的物质、能量和信息的交换,并能够随外界环境的发展变化保持动态平衡"(第4章)。图书馆因不同人群信息需求体系的不同而自然形成多种图书馆类型,但从便于管理和提高效率的角度考虑,图书馆类型又不宜过多,本书兼顾用户群体信息需求体系的差异以及图书馆类型的现状,将图书馆划分为公共图书馆、社区图书馆和行业图书馆三大类,其中,"公共图书馆是全部由国家投资的战略型图书馆,社区图书馆是由国家、集体乃至个人联合兴办的普及型图书馆,行业图书馆是由社会各行业建构的专门型图书馆"(第5章)。

作为一种社会现象,图书馆建构在几个相关的"平台"之上,"人类信息需求"是图书馆立足的至关重要的平台之一。人类信息需求是人类需求的一部分,是人类各种需求中较为复杂和高级的一种需求,它决定着图书馆的产生、存在和发展,就此而言,图书馆可谓人类信息需求体系的具体化。图书馆的用户可以简略地分为个体用户和群体用户两大类,个体用户信息需求的变化遵循全面性、集中性、叠加性、节律性和马太效应等规律,群体用户信息需求的变化则遵循整合性(群体内部个体信息需求的整合)、区别性

（区别重点群体、重点用户及其重点需求）和简约性（对应于群体的主干结构简化信息需求体系）等规律。图书馆是为人服务的，准确地讲，是为人的全面发展服务的，如果忽略了这一点，图书馆将失去生存的根本。

图书馆所依附的第二个平台是信息市场。在信息市场中，图书馆主要是作为信息资源供给方而存在的。图书馆虽然不能进入信息市场遵循市场经济规律运行，但由于信息市场中竞争对手的介入以及竞争格局的形成，图书馆又必须以某种方式参与市场竞争。我们认为，"信息咨询是图书馆与信息市场的接口"（第7章），而信息资源开发以及图书馆服务和信息产品的市场营销则是图书馆信息咨询工作的核心，是图书馆市场竞争成败的关键。

图书馆所依附的第三个平台是高速信息网络。从理论上讲，高速信息网络是指"信息高速公路"；在现实中，高速信息网络就是风行一时的因特网。借助因特网，世界各地的图书馆正在迅速地朝着一体化信息资源体系的方向发展，我们将联入因特网、形成网络思维、实现网络定位并能够与网络中其它图书馆协同行动的图书馆界定为"网络图书馆"，这将是21世纪图书馆生存的基本形式。网络图书馆的本质是"信息资源共建与共享"，它是信息资源存取和拥有的统一，在可预见的未来，它还决定着图书馆的发展方向。图书馆的未来不是梦，"我们坚信，无论未来如何变化，只要人类还需要思维，社会就需要信息资源体系：图书馆人的使命将是永恒的"（第8章）。

图书馆学理论源于图书馆实践，是图书馆经验与技术的理论抽象，肩负着引导和促进图书馆实践的使命。然而，令人不解的是，图书馆学理论长久以来一直未能得到图书馆实践领域的普遍认可和接受，"理论与实践相脱节"是实践领域对图书馆学理论的常见评语。必须承认，"脱节"是图书馆学理论的顽症之一，它所造成的后遗症严重影响了理论与实践两个领域的正常交流，从而滞后了图书馆实践的发展,扰乱了图书馆学理论的发展方向。但从正面来理解,"脱节"又是必需的:如果图书馆学理论研究局限于"发现问题和解决问题",满足于对现状的解释,那么,它只能尾随在图书馆实践之后"亦步亦趋";而人类社会已进入了"瞬息万变"的信息时代,置身于多变的环境中,图书馆学理论必须是未来取向的,它与现实取向的图书馆实践之间必然存在某些"脱节"(或称位差)。事实上,理论有其自身的发展轨迹,一旦在实践的基础上确立了理论的逻辑基点,理论就应遵循特有的逻辑和思辨轨迹发展,我们所应强调的是,理论应接受实践的检验而不是受实践的禁锢。

《现代图书馆学理论》主要是理论推导的产物,我们之所以选择这样的课题,一则出于对图书馆学理论的偏爱,二则是为了总结80年代中期以来我国图书馆学理论研究的成果,弥补网络时代图书馆学理论研究的空白。我们应当感谢中国科学院文献情报中心学术委员会和有关领导,在他们的关怀和支持下,我们的选题得以立项并获得资助。我们也应感谢黄宗忠教授、孟广均教授、顾敏教授、周文骏教授、吴慰慈教授、沈英研究员、辛希孟研究员、李万健副研究员、韩继章副研究员、肖熙道副译审、林曦博士、林呈潢博士、王子舟博士、汪冰博士、王静珠女士、宋安莉女士和王燕来先生,他们对本书的写作和出版给予了极大的支持、鼓励和帮助。此外,刘林参加了本课题的策划、研讨工作,袁贺菊女士对全文做了录入和排版,中科院文献情报中心专业资料室陈素梅女士为查阅资料提供了方便,许多知名的和不知名的作者的论著被我们引用或参考,我们在此一并致以衷心的感谢。

限于我们的专业视野和学术水平,以及时间和阅历等方面的因素,本书的不足和纰漏之处在所难免,恳请各位专家、学者和同道予以批评指正。在此,怀着与巴特勒当年同样的心情[注]我们希望我们的《现代图书馆学理论》尽快过时、尽快被新的理论所取

18

代,我们期待着理论的繁荣,期待着图书馆实践在理论指导下的腾飞。

徐引篪　霍国庆
1998 年 5 月于北京

[注]Pierce Butler. An Introduction to Library Science. Chicago：The U – niversity of Chicago Press, 1933. xvi

1 图书馆学研究对象及学科体系

1.1 图书馆学研究对象的认识过程及论点评析

1.1.1 图书馆学研究对象及其认识过程

图书馆学研究对象是图书馆学认识和研究的起点,是贯穿图书馆学研究历程的重要内容。可以说,图书馆学研究对象认识与研究的每一次进展,都带来了图书馆学整体的飞跃性发展,并因而促进了图书馆学学科体系的不断更新与完善。

图书馆学研究对象规定着图书馆学研究的内容,对图书馆学研究对象的认识则规定着特定图书馆学体系的深度与水平。纵观古今中外、形形色色的图书馆学理论体系,凡是高水平的影响深远的著作,都是特定时期对图书馆学研究对象有独到认识的著作。巴特勒(Pierce Butler)的《图书馆学导论》(An Introduction to Library Science)与谢拉(Jesse H. Shera)的《图书馆学引论》(Introduction to Library Science)相比,也许很难说谁的水平更高一些,但可以肯定,它们都是特定时期领导潮流的代表作,是对图书馆学研究对象进行了新的解释的开创性论著。

图书馆学研究对象既是图书馆又不是图书馆。从逻辑学的意义上讲,"图书馆学的研究对象是图书馆",如同动物学的研究对象是动物、电学的研究对象是电等陈述一样,是理所当然、天经地义的。但同样从逻辑学的角度分析,这个命题又犯了同义反复的错误,因而需要二次定义。也就是说,我们并不否认"图书馆学研究对象是图书馆"这一命题的正确性,但要判断一个研究者对图书馆学研究对象的实质性观点,我们必须分析他对图书馆的进一步解释,这也是本节所采用的方法论原则。

对图书馆学研究对象的认识是一个连续的发展的过程,在这个过程中,存在着许许多多种不同的观点,据刘烈的统计,仅 80 年代中期之前就有 50 余种。[1]诚然,这些观点多多少少总有些重复,若舍去重复、以史为纲、合理归类、综合概括,我们可以把这一认识过程大致划分为四个阶段,而上述种种观点也可以各得其所地纳入有关阶段之中。图书馆学研究对象认识过程的四个阶段为:

(1)表象的具体的认识阶段

(2)整体的抽象的认识阶段

(3)本质的规律的认识阶段

(4)深入的整合的认识阶段

1.1.2 表象的具体的认识阶段

"图书馆学"一词最早是由德国图书馆学家施莱廷格(M. W. Schrettinger)于 1807 年提出来的。从那时起到 20 世纪 20 年代,图书馆学研究者对图书馆学研究对象的认识大都局限于图书馆的某一方面、某一层次或某几个浅显的要点上,局限于可以感觉到的具体的图书馆工作方面,这个阶段我们称之为表象的具体的认识阶段,该阶段具有代表性的观点是"整理说"、"技术说"和"管理说"。

"整理说"的代表人物是施莱廷格。他在 1808 年出版的《试用图书馆学教科书大全》一书中认为,"图书馆学是符合图书馆目的的整理方面所必要的一切命题的总和",并据此认为图书馆学的研究对象是"图书馆整理",其主体内容是图书的配备和目录的编制。[2]"整理说"在我国也有着悠久的历史,几乎可以说,20世纪之前的中国图书馆学思想史就是关于图书馆整理特别是目录学的历史,刘向的《七略》、程俱的《麟台故事》、郑樵的《通志·校雠略》、邱睿的《论图籍之储》与《访求遗书疏》、孙庆增的《藏书纪要》等都是这方面的代表作。

"技术说"是一种影响深远的观点,迄今仍有很大市场。早在1820年,另一位德国图书馆学家艾伯特(F. A. Ebert)就在其著作《图书馆员的教育》中指出,"图书馆学应研究图书馆工作中的实际技术","图书馆学是图书馆员执行图书馆工作任务时所需要的一切知识和技巧的总和。"[3]"技术说"的集大成者是美国图书馆学家杜威(Melvil Dewey),他在《十进分类法》第一版导言中曾宣称,他不是追求什么理论上的完整体系,而只是从实用的观点出发来设法解决一个实际问题,具体而言,"最重要的"是"能以轻而易举的分类排列并指出架上的图书、小册子,目录里的卡片,剪贴的零星资料和札记,以及时对这些文献进行标引,"[4]杜威对于图书馆学研究对象的认识由此可见一斑。

"管理说"在英国有着深厚的基础,帕尼兹(A. Panizzi)和爱德华兹(Edward Edwards)可谓早期的代表人物。帕尼兹被誉为"图书馆员的拿破仑",在图书馆管理的实践与理论方面多有建树;爱德华兹则享有"公共图书馆运动精神之父"的盛誉,他不仅对图书馆法有深刻的认识,而且在图书馆管理的诸多方面均有独到见解,其《图书馆纪要》就是19世纪的"图书馆管理学"理论大全。在现代英国,《图书馆学基础》(First Steps in Librarianship)一书的作者哈里森(K. C. Harrison)和另一种《图书馆学基础》(The Basics of Librarianship)的作者宾汉姆(Resernary Beenham)与哈里森(Colin Harrison)均持"管理说",他们的著作均以"管理"为主线来组织内容。美国是现代管理学理论的摇篮,"管理说"的影响也可以说无处不在,有人就认为"以图书馆管理为研究对象的集大成者是杜威"[5]，这当然可以另论。在我国，20 世纪 20～30 年代关于图书馆学研究对象问题的探讨中，"占主流的是有关图书馆管理的观点。"[5]

除上述几种观点外，"工作说"和"方法说"也是该阶段有代表性的观点。但无论是哪一种观点，它们都未能反映图书馆学研究对象的全貌，引用黄宗忠的分析，这些观点"都只反映了图书馆的某一部分，或是图书馆学某一分支学科的研究对象，从部分来说是对的，但它们显然不能代替图书馆学的研究对象，也不能全面地反映图书馆的本质、职能、特征、动力、发展规律。"[2] 进一步分析，图书馆主要是由可见的实体部分和不可见的读者需求部分所组成的，在图书馆学发展的初期，人们首先感知和认识到实体部分及其最重要的技术方法（包括整理）、工作和管理等要素，是必然的也是符合科学发展规律的，只有当内部和外部的多种条件具备之后，图书馆学研究者才会关注读者，并形成整体的认识。表象的具体的认识阶段也给我们留下了一个重要启示，那就是，技术方面（含管理方法）无论如何是图书馆学的核心之一，图书馆学正是从这个意义上讲具有方法学科的性质。

1.1.3 整体的抽象的认识阶段

到 20 世纪 20 年代，经过一个多世纪的发展，图书馆学已具备了全面突破的绝大部分条件，这是需要巨人也一定会出现巨人的时期，这是科学史上已多次印证了的一种现象。美国物理化学家威尔逊（E. B. Wilson）是这样概述的："相信作出一项发现仅仅是由于发现者的智慧，这是人类天性的表现。而实际上，大多数的发现，百分之九十九是自然发展的必然结果。经常有这样的情况，有两个或更多的科研人员，分别地几乎是同时地宣布相同的发现，这并不是单纯的巧合。"[6] 图书馆学在这个时期的发展再次证实了这条科学发展规律，列宁（В. И. Ленин）、巴特勒、阮冈纳赞（S. R.

Ranganathan)、杜定友等人几乎同时开始将图书馆置于社会大系统中去考察,他们坚信,图书馆技术固然重要,但作为社会产物的图书馆对社会的反馈——为读者服务——更重要,图书馆正是在与社会大系统发生输入—输出交换的同时,才能形成一个"发展的有机体",而所有这些观点正是该阶段图书馆学研究的主要特征,我们称之为整体的抽象的认识阶段,而上述图书馆学家(包括列宁)也就是该阶段最具代表性的人物。

列宁在其一系列的讲话、书信和文件中提出了一整套有关图书馆发展和建设的原则,他充分肯定图书馆活动在社会发展中的重要作用,并就衡量图书馆的价值标准发表了精辟的见解。"列宁关于图书馆是社会组织的有机组成部分的观点,图书馆应遵循一般社会发展规律的观点,成为探讨图书馆学研究对象问题的指导思想之一。"[5]事实上,周文骏和金恩晖在此的概括本身就可看作是列宁关于图书馆学研究对象的认识。

巴特勒是试图将科学方法系统地引入图书馆学研究的第一人,他这种做法一直到 20 世纪 90 年代还有人仿效。[7]巧合的是,巴特勒的《图书馆学导论》是美国图书馆学一代宗师杜威去世后两年才出版的,这两件事情正是美国图书馆学史上一个旧时代结束与一个新时代开始的标志。巴特勒出语惊人,他这样来定义图书与图书馆:"图书是保存人类记忆的社会机制,而图书馆则是将人类记忆移植于现在人们的意识中去的社会装置",(Books are one social mechanism for preserving the racial memory and the library one social apparatus for transferring this to the consciousness of living individuals)。[8]巴特勒的图书馆定义本身是引入科学研究方法来认识图书馆学研究对象的结果。

阮冈纳赞被誉为"印度图书馆学之父",他于 1931 年公开发表了《图书馆学的五法则》,并大胆地作出了"图书馆是一个生长着的有机体"(A library is a growing organization)的科学论断。[9]阮冈纳赞对图书馆学研究对象的认识比之列宁的论述、巴特勒的分析似乎又进了一步,它具有更为丰富的内涵;当然,上述三种观点就其精神实质而言是一致的,它们将图书馆置于社会大背景中进行考察,从而获得了有关图书馆的整体认识,我们姑且称之为"社会说"。

在研究图书馆学发展史的时候,我国一些研究人员常常忽视本国图书馆学家在世界图书馆学发展过程中的地位。其实,无论就认识深度还是认识时间,杜定友都不逊色于同时代其它各国的图书馆学家。早在 1928 年,杜定友就在《研究图书馆学的心得》一文中谈到,"图书馆的功用,就是社会上一切人的记忆,实际就是社会上一切人的公共脑子。一个人不能完全地记着一切,而图书馆可记忆并解答一切。"[10]杜定友的论述与巴特勒的没有什么区别,它只不过是用中国白话文来描述而已。1932 年,杜定友进一步提出了"图书馆有书、人和法三个要素"的所谓"要素说",[11]具体化了自己对图书馆学研究对象的认识。1934 年,中国近代图书馆学史上另一位大家刘国钧出版了《图书馆学要旨》一书,形成了图书、人员、设备和方法的"四要素说",[12]并在 1957 年发表的"什么是图书馆学"一文中进一步发展成为读者、图书、领导和干部、工作方法、建筑与设备的"五要素说"。[13]"要素说"是我国图书馆学家对于图书馆学的贡献,从某种意义上说,"要素说"本身是一种反论,当人们开始探讨一个事物的组成要素时,他们真正的目的则是探讨事物的整体发展规律,为此,我们将"要素说"归入整体认识阶段,并视之为一种有中国特色的观点。

德国图书馆学家卡尔斯泰特(P. Karstedt)和台湾学者王振鹄也可以认为是本阶段的代表人物。卡尔斯泰特在 1954 年出版的《图书馆社会学》一书中认为,图书是客观精神的载体,图书馆则是客观精神得以传递的场所,[14]这种观点肖似巴特勒的认识。王振鹄的《图书馆学论丛》虽然出版于 1984 年,但其观点仍停留在整体认识阶段上,他认为,"图书馆就是将人类思想言行的各项记录,加以收集、组织、保存、以便于利用的机构。"[15]对这个定义,台湾赴美学者周宁森是这样评论的,"这个定义下得极为精达,但它只包括了图书馆的静态作用;如果将这个定义的后半段改为加以收集、组织、保存、并善加传播,以诱导便利读者,尽量利用的机构,使能更好地表达图书馆的动态功能。"[16]周宁森的评论是恰当的,他的修补使王振鹄的观点更加完整和具有动感。

20 世纪 20~30 年代是产生图书馆学大家的时期,从那时起到 60 年代,居于主流的观点主要就是"社会说"和"要素说",这两种潮流化的观点都具备两个特征:一是整体认识,二是抽象认识。这两种特征也是该阶段比之表象认识阶段的进步与发展,但同样由于时代和条件的限制,该阶段的认识只是在认识广度及科学性方面取得了进展,而在认识深度的挖掘也即对图书馆本质和规律的认识方面未能进一步取得突破。整体认识阶段在图书馆学的发展过程中是一个极为重要的阶段,它担负着使图书馆学成为科学的使命,它所启动的学科建设工程现在仍未竣工,这个工程也许需要几代人的努力。整体认识阶段的各种观点也有着很强的生命力,无论是巴特勒的理论、阮冈纳赞的法则、列宁的指示,还是我国学者的要素分析,它们都是目前各种图书馆学理论必不可少的要素,它们甚至已转化成了一种图书馆学的认识论。

1.1.4 本质的规律的认识阶段

历史的发展常常有着惊人的相似之处。到 20 世纪 60 年代,由于以计算机技术为核心的信息技术的迅速发展及其在图书馆的应用,新的"技术论"重新登场;但由于经过了整体的抽象的认识阶段,新的"技术论"也戴上了理论的面纱。当然,作为整体认识阶段的延续,理论研究在该阶段居于主导地位。该阶段的主要观点有"交流说"、"新技术说"和"矛盾说",主要的代表人物有谢拉、丘巴梁(О. С. Чубарбян)、兰开斯特(F. W. Lancaster)、黄宗忠、周文骏等。

　　"交流说"是信息论特别是情报学与图书馆学相结合的结果。谢拉可谓交流学的集大成者,他是 20 世纪后半叶美国图书馆学和情报学两个领域的当然领袖。谢拉的"社会认识论"的实质就是交流(详见第 2 章),他认为,"交流不仅对个人的个性十分重要,而且对社会结构、社会组织及其活动也是重要的,所以它成了图书馆学研究的中心内容"。[17]谢拉的另一段话有助于说明"交流说"的由来,"传统的图书馆文化现在正面临着挑战,或至少在受到一种新的文化分支——'情报学'的冲击。在这场刚刚开始的冲突中,两者本身都可能发生变化。"[17]谢拉的说明证实了我们的推论,即"交流说"的出现是与情报学密切相关的,它或者可以说是情报交流理论在图书馆学中的嫁接。

　　丘巴梁是苏联图书馆学的一代宗师,曾荣获"功勋文化工作者"的称号。他在专著《普通图书馆学》中开门见山地指出,"苏联图书馆学是一门把图书馆过程作为群众性地交流社会思想的一种形式的社会科学"。[18]丘巴梁的表述虽然带有苏联政治文化的色彩,但其实质是交流说无疑。

　　交流说在我国的发展是 80 年代之后的事情。由于众所周知的原因,60~70 年代是我国图书馆学相对封闭的时期,这种封闭导致了"矛盾说"的出现,这也是我国学者的独特认识。矛盾说的主要代表人物是武汉大学教授黄宗忠,他在 1962 年发表的"试谈图书馆的藏与用"一文中,提出了"藏与用"是图书馆的特殊矛盾的观点[19],虽然他在 80 年代出版的《图书馆学导论》中又提出了"图书馆学的研究对象是图书馆"的观点[2],但透过这个命题的表象,其本质仍然是"矛盾说"。矛盾说试图通过图书馆的特殊矛盾来探索图书馆的本质和规律,这是真正意义上的规律性认识,至于以《图书馆学基础》[20]一书为代表的所谓"规律说",不过是"整体认识"的一种变化罢了,"其基本论点是:图书馆事业是图书馆学的研究对象;"[21]从我国图书馆学的发展来看,"规律说"只是一个短暂的过渡,它很快就被交流说所取代和淹没了。

我国的交流说大约又可分为"文献交流说"、"知识交流说"和"文献信息交流说"三种观点。文献交流说的代表人物是周文骏,他在1983年发表的"概论图书馆学"一文中指出,文献"首先是一种情报交流的工具。图书馆利用文献进行工作,所以说图书馆工作发展的历史,基本上是利用文献这个情报交流工具进行情报交流的历史:图书馆学的理论基本上是利用文献进行情报交流工作的经验的结晶"。[22]周文骏的文献交流说在其1986年出版的《文献交流引论》中得以展开和发展,当然,这已超越图书馆学的范畴了。[23]知识交流说以宓浩等人编著的《图书馆学原理》为主要代表作,该书认为,"图书馆是通过对文献的收集、处理、贮存、传递来保证和促进社会知识交流的社会机构。"[4]文献信息交流说则以南开大学图书馆学系等集体编写的《理论图书馆学教程》为主要代表,该书认为,"文献信息交流是图书馆工作的出发点和归宿","图书馆学是研究图书馆进行文献信息交流理论和方法的学科。"[24]除上述三种观点外,吴慰慈的"中介说"也可认为是一种交流说,吴慰慈认为,"图书馆便是帮助人们利用文献进行间接交流的中介物","图书馆工作的实质,就是转换文献信息,实现文献的使用价值和部分价值(内容价值)。"[21]可见,这不过是文献信息交流说的另一种表述。交流说在我国台湾地区也很盛行,著名学者顾敏、周宁森等都在自己的著作中引入了资讯科学和传播科学,从而形成了交流说的观点。

本质认识阶段的另一代表性观点是"新技术说",这是一种技术决定论,兰开斯特是最著名的代表人物。从70年代开始,兰开斯特在一系列的论著中阐述了自己对图书馆的认识,他在《电子时代的图书馆和图书馆员》一书中指出,"实际情况是,通过电子存取的能力，图书馆正在'被解散'。根据对未来进展的预测，这个过程将会以更快速度继续下去。（这就是说，纸印刷出版物将要让位，电子出版物将最后全部取而代之。）……除了收藏旧印刷记录的档案馆和提供娱乐消遣方面的阅读材料的机构之外，现在这种类型的图书馆将会消失。"[25]那么，未来图书馆又是什么样子呢？兰开斯特在另一本专著《走向无纸信息系统》中作了回答，未来的图书馆也就是电子信息系统。[26]另两位美国图书馆学家克劳福特（Walt Crawford）和戈曼（Michael Gorman）不完全同意兰开斯特的观点，他们认为，印刷品将长期与其它媒体共存互补，图书馆固然在寻求也应该寻求走出"围墙"的途径，但图书馆将继续是一个包括印刷文本在内的多媒体中心。[27]"新技术说"在 90 年代随着"虚拟图书馆"概念和技术的发展而呈现出盛行之势，在一些图书馆学教育单位，计算机技术类课程已超过了图书馆学专业课程，这也是人们对图书馆学研究对象认识的一种间接的表现。

本质认识阶段三种观点的共同之处在于，它们都深化了对图书馆学研究对象的认识，如果说表象认识阶段局限于图书馆的某个方面或某几个方面，整体认识阶段局限于图书馆结构及外部联系的展开，那么本质认识阶段则深入到了图书馆内部的文献、知识和文献信息层次，而图书馆—文献—文献信息的认识顺序正是揭开图书馆"斯芬克斯之谜"的必然途径。同时，新技术说还顺着时间轴的方向将图书馆学引向未来，并开辟了未来图书馆学这一新领域。当然，这三种观点也都有着明显的缺陷，交流说普遍超越了图书馆学的学科范围，矛盾说未能理清图书馆的所有关系，新技术说显然夸大了技术的作用。本质认识阶段的各种观点多多少少都触及了图书馆的本质，然而，对事物本质的认识是一个渐进的过程，事物的本质本身也在逐渐地发生着变化，有鉴于此，我们对图书馆学研究对象的认识仍将继续下去。

1.1.5　深入的整合的认识阶段

对本质的认识过程不会终结,相反,这是一个不断深入的过程。20 世纪 90 年代,虽然居于主流地位的仍然是"交流说"和"新技术说",但一种新的观点已顽强地破土而出,它沐浴着还带些清冷的空气,吸取着各种有用的养分,昭示出强大的生命力——这就是"资源说"。

"资源说"的出现与信息资源管理(Information Resource Management, IRM)密切相关。作为一种理论,信息资源管理产生于 70 年代后期的美国,其主要生成领域一是政府部门的文书管理领域,二是工商行业的企业信息管理部门。信息资源管理的实质是将信息视为一种战略资源并善加管理、开发和利用,借以提高一个组织的生产率和竞争力:这里主要涉及一个观念的转变问题。信息资源管理的核心是整合过程,它从组织整体的角度审视信息资源,通过引进信息技术对所有信息资源实行集成管理,以最大限度地避免重复和提高效率:这里主要涉及一个行动的问题。信息资源管理于 80 年代初期传入英国并在那里演变为"信息管理"(Information Management, IM)理论。[28] 与此同时,英国专业图书馆协会改名为"信息管理协会"(The Association for Information Management),这是图书馆领域的又一次重大变革(第一次重大变革是情报学与图书馆学的分离),它表明"资源说"已登上了图书馆学的舞台。

"资源说"的正式亮相是在美国图书馆学家切尼克(Barbara E. Chernik)1982 年出版的《图书馆服务导论》(Introduction to Library Services)一书中。切尼克谈到,"许多人可能将图书馆定义为一个简单的藏有许多书的建筑物,其它人则可能进一步对这些藏书做些解释——有些人为娱乐而读书,有些人为学习而读书——其中一些人可能还知道藏书是以特定方式排列的,然而,可能只有很少的人会想到图书馆是'为利用而组织起来的信息集合',而这正是最恰当的图书馆定义。"[29] 在接下来的章节中,切尼克又用了一章的篇幅来谈图书馆资源(Library Resources)——为利用而组织起来的信息集合。切尼克的观点是我们迄今为止所发现的最早的"资源说",从某种意义上,它开启了一个新的阶段,而巧合的是,这也是"信息高速公路"开始酝酿和启动的时间。

切尼克的"资源说"还多少带有一些不自觉的成分,也就是说,他还未能自觉地真正地从资源的意义上来审视图书馆,并以此为基点来建立自己的理论体系。但值得肯定的是,切尼克的观点已突破了"交流说"和"新技术说"的局限,并从而为图书馆学认识的进一步深化奠定了基础。

我们认为,任何一种理论学说的发展都是一种螺旋式的进化过程,高级形态是对低级形态的否定和扬弃,低级形态则是高级形态的基础和合理内核。将这种认识推广到图书馆学研究对象的认识过程中,那么,"资源说"无疑是一种高级的理论形态,它内含着"整理说"、"矛盾说"、"新技术说"等各种不同层次观点的合理要素,它不排斥这些观点,也不能取代这些观点,但它又确确实实是最接近图书馆本质的观点。就此而言,我们赞同"资源说",我们认为,图书馆学的研究对象是信息资源体系及其过程。

1.2 信息资源体系及其过程

1.2.1 图书馆学命名的不科学性

在探讨图书馆学的研究对象之前,我们有必要谈谈"图书馆学"这一学科名称。从某种意义上来说,"'图书馆学'一词的创造实属悲剧,因为一门学科只能以其研究的内容命名而鲜有以机构而命名的,譬如有法学而没有法院学,有烹调学而没有饭店学,有美学而没有美人学,等等。以机构命名的模糊性,导致了关于图书馆学研究对象的长期的喋喋不休的争论。"[30]展开来讲,以机构命名的不科学性主要表现在三个方面:

(1)不准确性。学科名称应是对学科研究对象的准确而简明的概括,正如毛泽东所言:"科学研究的区分,就是根据科学对象所具有的特殊的矛盾性。因此,对于某一现象的领域所特有的某一种矛盾的研究,就构成某一门学科的对象。"[31]也就是说,学科名称应该反映学科研究对象的本质特征而不是简单地重复事物名称,尤其是当这种事物是一个具体的机构时,人们的思维常常会受这一具体机构的影响,而忽略这一具体机构的本质与内涵。

(2)不稳定性。学科名称具有稳定性是学科建设与发展所必需的条件,以机构命名容易使学科名称随机构名称的改变而发生变异,并从而导致学科发展的危机。事实证明,"图书馆"改名为"文献情报中心"以及"图书馆学系"改名为"信息管理系"等行为已对图书馆学的学科建设带来了极大的影响。

(3)局限性。学科研究对象应是一类普遍的社会现象或自然现象,映射学科研究对象的学科名称也应具有这种普遍性,而以机构(或具体事物)命名容易将学科研究范围局限在这一机构的视野之内。譬如,"烹调"是一种普遍的活动,并不在乎这种活动发生于饭店或居民家中,"美"是事物的一种普遍属性,若冠以"美人学"则势必束缚研究人员的手脚;等等。

总之,图书馆学研究中存在的许多问题皆可溯源于施莱廷格的"创造"。我们并不否认施莱廷格的贡献,但我们也不赞成以机构来命名一个学科。鉴于"图书馆学"一词已存在了将近200年,本书仍沿用图书馆学这一术语,然而,我们将努力揭示这一学科的本质内涵,并尽力为它寻找一个恰如其分的名称,事实上,历代图书馆学家就是这样做的。

剖析图书馆学研究对象的认识过程,可以发现,图书馆学家主要是采用"剥离"的方法来认识图书馆学研究对象的:第一步,他们将"图书馆"从社会大系统中剥离出来,将图书馆规定为移植人类记忆的社会装置;第二步,他们将"文献(或图书)"从图书馆中剥离出来,从而创造了"交流论";第三步,他们又将"文献信息"(或知识)从文献中剥离出来,从而形成了"文献信息交流说"或"知识交流说"。然而,第三次的剥离仍然不彻底也不完整,形象地说,"文献信息"这一果实仍带着文献的"皮毛",它本身又有内容信息、形式信息及内容信息的信息之分,[32]这样就容易导致新的模糊性;"知识"则仅是文献信息的一部分,一般认为,知识是系统化的信息,而记载于文献上的信息并非必然是系统化的信息。因此,就需要对第三次剥离进行再认识。

1.2.2　信息资源与信息资源体系

　　"信息资源"概念是随着现代信息技术(特别是计算机技术)和信息资源管理理论的发展和普及而广为人们接受的。卢泰宏和孟广均在1992年编译的《信息资源管理专集》中曾将美国学者对"信息资源"的理解概述如下:

　　信息资源＝文献资源;

　　信息资源＝数据;

　　信息资源＝多种媒介和形式的信息(包括文字、图像、声音、印刷品、电子信息、数据库等);

　　信息资源＝信息活动中各种要素的总称(包括信息、设备、技术和人等)。

　　该专集的编者最后指出,国外信息资源管理学者对"信息资源"的理解多取第四种解释。[33]他们还具体地援引了美国著名信息资源管理学家霍顿(F. W. Horton)对单数形式和复数形式的"信息资源"的理解:(1)当资源为单数(Rosource)时,信息资源是指某种内容的来源,即包含在文件和公文中的信息内容;(2)当资源为复数(Resources)时,信息资源是指支持工具,包括供给、设备、环境、人员、资金等。[33]

可以看出,信息资源还是一个发展中的概念。就上述对信息资源的诸多理解或解释而言,它们存在着这样一些问题:(1)混淆了信息资源与具体的信息,信息资源是一个集合概念,而"数据"等只是一类具体的信息;(2)混淆了信息资源及与信息有关的资源(如设备、技术、人员、环境等);(3)未对信息资源进行深入的分析,多采用罗列式定义。

信息资源是一个具有丰富内涵的术语,从字面上讲,它应该是信息概念与资源概念交互衍生的新概念。信息资源首先是一种信息,是具有资源属性的信息。联系信息概念和资源概念来考察信息资源,可以认为:(1)信息资源是信息的一部分,是信息世界中与人类需求相关的信息;(2)信息资源是可利用的信息,是在当前生产力水平和研究水平下人类所开发与组织的信息;(3)信息资源是通过人类的参与而获取的信息,人类的参与在信息资源形成过程中具有重要作用。概言之,信息资源就是经过人类开发与组织的信息的集合,而"开发与组织"正是信息资源可利用性的表征。所谓信息的开发,是指人类根据自身需求以感知、思维、创造等方式从物质和能量中提取、生产信息的过程;所谓信息的组织则是指人类根据一定的规则以语言、文字等符号为手段对所开发的信息实施有序化的过程;信息的开发与组织通常是一个过程的两个方面,开发离不开组织,组织本身也是一种开发。

信息资源是可利用的信息,相对于其它非资源型信息,它具有四个明显的特征:(1)智能性。信息资源是人类所开发与组织的信息,是人类脑力劳动或者说认知过程的产物,人类的智能决定着特定时期或特定个人的信息资源的量与质;(2)有限性。信息资源只是信息的极有限的一部分,与人类的信息需求相比,它永远是有限的,从某种意义上来说,信息资源的有限性是由人类智能的有限性决定的;(3)不均衡性。信息资源在不同人、不同组织、不同区域之间的分布是不均衡的,这种现象也称之为信息领域的"马太效应";(4)整体性。信息资源作为整体是对物质世界或人类社会的普遍联系的反映,是作为整体的物质世界或人类社会的信息抽象。

信息资源是由信息、人、符号、载体4种最基本的要素构成的。其中,信息是信息资源的源泉,人作为认识主体是信息资源的生产者和利用者,符号是人生产和利用信息资源的媒介和手段,载体则是储存和利用信息资源的物质工具。用定义的形式来表述,信息资源就是人通过一系列认知和创造过程之后以符号形式存储在一定载体(包括人脑)上可供利用的全部信息。

信息资源以开发程度为依据可划分为潜在的信息资源和现实的信息资源两大类。潜在的信息资源是指个人在认知和创造过程中储存在大脑中的信息资源,这部分资源虽能为个人所利用,但一方面它们容易随忘却过程和人体的消亡而消失,另一方面又无法为他人直接利用,因此是一种有限再生的信息资源;现实的信息资源是指潜在的信息资源经个人表述之后能够为他人直接利用的信息资源,这部分资源最主要的特征是它的社会性,它们通过特定的符号表述并记录在特定载体上,可以在特定的社会条件下广泛地连续往复地为人类所利用,可以说是一种无限再生的信息资源。现实的信息资源是信息资源的主体,它本身又可依表述方式划分为四部分:(1)口语信息资源,即人类以口头语言的方式所表述出来而未被记录下来的信息资源,它们在特定的场合被"信宿"直接消费,并且能够辗转相传而为更多的人所利用,如谈话、聊天、授课、讲演、讨论、唱歌等活动都是以口语信息资源的交流和利用为核心的;(2)体语信息资源,即人类以手势、表情、姿态等方式所表述出来的信息资源,它们通常依附于特定的文化背景,如舞蹈就是一种典型的体语信息资源交流活动;(3)实物信息资源,即人类通过创造性劳动以实物形式表现出来的信息资源,这类信息资源中物质成分较多,有时难以区别于物质资源,而且它们的可传递性一般较差,如产品样本、模型、雕塑、碑刻等都是常见的实物信息资源;(4)文献信息资源,即以语言、文字、数据、图像、声频、视频等方式记录在特定载体上的信息资源,其最主要的特征是拥有不依附于人的物质载体,只要这些载体不损坏和消失,文献信息资源就可跨越时空无限往复地为人类所利用。[34]

在现代社会,由于先进的信息技术的发展与应用,潜在信息资源的开发呈现出加速的态势,现实信息资源之间的界限也越来越模糊,多媒体就是现实信息资源趋于统一的产物。而随着这种趋势的明朗与发展,在人类社会特定时期出现的、被赋予了特定含义的"文献"一词已不能用来指称图书馆所处理的所有信息资源,与此同时,"文献信息"也只能结束其短暂的历史使命。

信息资源是一个完整的体系。作为总体,信息资源体系对应于人类全部的认识成果;作为部分,信息资源体系是特定范围内各种信息资源的集合;信息资源体系还可以根据不同用户群的需求结构进行各种组合变化。图书馆学就是研究作为总体的信息资源体系及其不同的组合变化形式的。

1.2.3 图书馆的实质是一种动态信息资源体系

图书馆不过是一个历史名词。从档案馆到图书馆再到信息中心或信息系统(虚拟图书馆实质上是一种信息系统),这是一个从低级到高级的螺旋式发展链,图书馆只是其中的一个环节。长期以来,图书馆就似孙悟空划出的一个降魔圈,但这个神奇的怪圈非但没能抵挡其它相关学科的大举渗透,相反却禁锢了圈内人的思维与行动。揭开图书馆神秘的面纱,图书馆就如切尼克所述,只是"为利用而组织起来的信息集合",或者说是一种信息资源体系,而这正是图书馆的实质。

信息资源体系是对应于用户需求而存在的。作为总体的信息资源体系（也即世界图书馆网络）所反映的是全人类的信息需求，建立这样的体系一直是图书馆人所追求的最高理想。作为个体的信息资源体系（具体的图书馆）所反映的则是特定用户群的信息需求。不言而喻，图书馆的存在是为了满足用户的信息需求，只要能达到这个目的，文献信息资源也好，口语信息资源、实物信息资源或多媒体信息资源也罢，均可收集并加以利用。当然，图书馆不会无原则地不加区分地随意采集信息资源，图书馆所采集的信息资源彼此之间有着种种联系，这些联系使本来相对独立的信息资源形成了一个整体，这就是信息资源体系，其结构是与用户群的需求结构相对应的。用户群是由具有相同特征（如性别、年龄、民族、学历、职业、兴趣、社区等）的若干个体用户所组成的：作为个体，每个用户的需求是全面的，是一个微型的需求体系；作为群体，若干个体用户的信息需求经过整合之后形成一种新的需求结构，这种结构虽不能覆盖个体用户的全部信息需求，但却可以覆盖特定群体的主要信息需求，这正是图书馆信息资源体系形成的基础。

信息资源体系本身是图书馆的代名词，是由多种要素组成的系统结构。其中，各种信息资源是组成要素，用户群体的信息需求结构是内在的逻辑结构，有关理论方法是外在的软结构，有关技术设备则是外在的硬结构。信息资源体系本身内含着图书馆的特殊矛盾，即信息资源的有限性与用户需求的无限性的矛盾；而信息资源体系的运动过程就是寻求解决这一矛盾的过程。

信息资源体系也是图书馆工作的核心。图书馆的规划工作是为了设计信息资源体系，图书馆的采访、分类、编目和目录组织工作是为了形成信息资源体系，图书馆的资源建设和保障工作是为了维护信息资源体系，图书馆的资源补充和剔除工作是为了发展信息资源体系，图书馆的借阅、咨询、检索、研究工作则是为了开发信息资源体系。信息资源体系是图书馆员工的工作对象,是他们思考和观察的实体,也是他们行动的目标。

信息资源体系是动态发展的,援用阮冈纳赞的描述,它是一个发展的有机体。就其内因而言,信息资源的有限性与用户信息需求的无限性之间的矛盾是主要的推动力量;就其外因而言,社会大系统的变化、科学知识的进化、文化教育的发展、信息技术的日新月异等都是发展的诱因。"生命在于运动,"这条规律同样也适合于信息资源。

综上所述,图书馆可定义为:针对特定用户群的信息需求而动态发展的信息资源体系。

1.2.4 信息资源体系及其过程是图书馆学的研究对象

图书馆学的研究对象是图书馆,图书馆是一种动态的信息资源体系;所以,图书馆学的研究对象是动态的信息资源体系。换一种角度讲,信息资源体系的动态性是通过信息资源体系的发展过程来体现的,这一发展过程又可分为形成阶段、维护阶段、发展阶段、开发阶段等四个主要阶段。信息资源体系形成阶段的主要任务包括确定基本的用户群及其需求结构、寻找与需求结构相对应的信息源、从信息源中获取所需的信息资源、对信息资源进行序化等;信息资源体系维护阶段的主要任务包括合理储存已序化的信息资源、定期检查作为支持系统的硬件设备和软件程序、紧急处理各种突发性故障、积极预防各种隐患尤其是安全隐患等;信息资源体系发展阶段的主要任务包括追踪用户需求的变化、评价信息资源体系、保持与外界的联系、及时补充新的信息资源、适当引进先进的信息技术、强化图书馆员工的继续教育、调整和优化信息资源结构等;信息资源体系开发阶段的主要任务则包括提供高质量的信息资源服务、开发多样化的信息产品、发展友好的用户界面和服务方式、开展积极的服务和产品市场营销等。信息资源体系不同于信息系统,信息系统多是以技术为中心的,而信息资源体系则是以资源为中心的;信息资源体系及其过程使图书馆区别于其它信息系统,因此构成了图书馆学的研究对象。

信息资源体系及其过程作为图书馆学的研究对象,深化了"交流说",丰富了"新技术说"。如前所述,"交流说"的局限性主要表现在两个方面:一方面,交流说过于注重过程研究而忽略了交流对象的研究;另一方面,交流说扩大了图书馆学的研究范围,模糊了与其它学科的界限,譬如,政府部门的公文传递是一种文献信息交流活动,但它却不属于图书馆学的研究范围。而引入"信息资源体系及其过程",一则可以明确交流对象,二则有助于明确图书馆交流的特色,仍以政府部门的公文交换为例,它虽然是一种信息资源交流活动,但却不是以信息资源体系为条件的交流活动。就"新技术说"而言,它过分夸大了技术的作用,因而在一定程度上使图书馆学混淆了手段与对象,迷失了行动的目标;若引入"信息资源体系及其过程",则有助于摆正技术的位置,明确行动的目标,丰富研究的内容。

信息资源体系及其过程作为图书馆学的研究对象,也有助于使图书馆学区别于相近的同族学科。以出版发行学为例,它主要关心的是社会的热点信息需求和恒常信息需求,在不违反社会规范的前提下它的主要目标是赢利,因此它也不以信息资源体系作为交流的必要条件和主要手段。以情报学为例,它主要关心的是情报(一种再生的信息资源)的检索、分析、综述、研究与快速服务,它一般以图书馆为依托而不另建信息资源体系,信息资源的利用才是它们的主要目标。以文献学为例,它主要关心的是文献的历史、编纂方法、版刻鉴别、流传过程、校勘、考订等,其重点在于文献的形式与方法研究而不是内在信息资源的交流,更不是信息资源体系的建设。以档案学为例,由于档案馆是图书馆的低级形态,图书馆逻辑地内含着档案馆的合理要素,因此,档案学与图书馆学没有质的区别而只有发展程度和方法手段的区别;具体地讲,档案学是研究特定信息资源体系及其过程的方法,作为其研究对象的信息资源体系以特定范围内产生的信息资源的积累为主,结构比较简单,而其过程也因体系的相对封闭而变得舒缓。至于信息资源管理学,则可近似地看作是图书馆学的高级形式,我们将在(1.3)中详细讨论这个问题。

信息资源体系及其过程作为图书馆学的研究对象,还有助于图书馆学学科建设的稳定性。一方面,信息资源体系及其过程是一种普遍的社会现象,它不受具体图书馆或图书馆名称的限制,正如烹调不受饭店的限制也普遍存在于居民日常生活中一样,它也将随着社会个体文化水平的提高和电脑的普及而普及,这样,图书馆学及其学科建设就不会因图书馆机构的变换而受到毁灭性的冲击。另一方面,信息资源体系及其过程也是一种发展现象,档案馆时期是一种相对低级的信息资源体系(结构简单,运动节奏缓慢,运动周期较长),图书馆时期是一种高级的信息资源体系(结构较为复杂,节奏加快,周期缩短),展望未来,即便图书馆被更高级的形式所取代,图书馆学也只需相机适应调整而不会发生学科建设的断档。

信息资源体系及其过程是一种普遍的社会现象,这决定了图书馆学的社会科学性质。根据科学定义的一般要求,图书馆学可定义如下:图书馆学是一门研究信息资源体系及其过程的社会科学。

1.3 信息资源管理框架中的图书馆学体系

1.3.1 信息资源活动[34]

信息资源从本质上说是一种附加了人类劳动的信息。人类围绕信息资源所开展的活动主要包括信息资源的生产、信息资源的管理和信息资源的消费三大部分,其中,信息资源的生产和消费是信息资源管理的两个端点,信息资源管理则是连接信息资源生产和消费的通道与纽带。

信息资源的生产是以脑力劳动为主导的过程。具体地讲,信息资源是认知和创造过程的产物,人脑与计算机是信息资源生产的最主要的机器,照相机、显微镜、望远镜、录音机、录像机等则是信息资源生产的辅助工具。信息资源的生产是从人对外界信息的感知开始的,感知的信息在人的大脑中顺次经过抽象、概括、分析、综合、概念、判断、推理、形成结构等思维过程,就在人的大脑中形成了潜在信息资源,此后,在一定的条件下,潜在信息资源通过人体肌肉和机体的运动而转化为现实信息资源,这样就构成了一个完整的信息资源生产过程。信息资源的生产是一个异常复杂的过程,其生产机制(主要是思维机制)的许多方面对于人类而言还是不解之谜,这在很大程度上限制了信息资源的生产,从而也直接导致了信息资源的有限性。信息资源的生产也是一个相当个体化的现象,由于信息资源生产的主要工具是人的大脑,所以信息资源的生产任务主要是由个人来承担的,职业研究人员、职业作家、决策者、医生、教师等都是社会中主要的信息资源生产者,他们可能选择和采用集体研究的形式,但最终的信息资源生产却是由每个个体的大脑分别完成的。社会个体信息资源生产的终结正是信息资源管理的起点。

信息资源一旦脱离生产过程,就必然地不以人的意志为转移地遵循一定的模式和规律在社会内部传播和交流。一般而言,信息资源的流动是有向的,它们总是从信息资源的生产者或控制者流向信息资源的使用者,这些不停地流动着的信息资源称为信息资源流,而信息资源从生产者或控制者流向使用者的可控过程称为信息资源交流,以计划、组织、指挥、协调和控制为手段来实现信息资源交流并致力于提高效率和质量的活动则称为信息资源管理。信息资源管理为社会信息消费提供了必要的前提与保证。

消费是生产的目的,生产是消费的前提,生产与消费构成了信息资源活动的两个端点。对于个人而言,这两个端点在某种程度上是合而为一的,因为个人既是信息资源的生产者也是信息资源的消费者。但从社会的角度看,这两个端点通常是分离的,任何一个人既为他人提供信息资源,同时也消费他人提供的信息资源,这正是信息资源管理活动存在的社会基础。信息资源的消费可以根据消费的目的不同而分为中间消费和最终消费。中间消费是把信息资源作为生产过程的中介投入而生产出新的信息资源的消费活动,如知识分子就是以信息资源的中间消费为手段通过生产新的信息资源而得以谋生的;最终消费是指消费者把信息资源作为获取满足或享受的媒介加以使用的消费活动,如城乡居民看电影电视、听广播、读文学作品、欣赏画展和音乐会、聊天听戏等多是一种自我满足或享受的消费行为。然而,无论是中间消费还是最终消费,它们都会以不同方式、在不同程度上影响信息资源的生产或再生产。从某种意义上来说,信息资源的消费也就是信息资源的利用过程。

1.3.2 信息资源管理概述

信息资源管理理论产生于 70 年代后期,迄今虽只有 20 余年时间,但因外部条件极为有利,其发展与传播速度均快于常规学科。就信息资源管理理论的起因而言,一则得益于信息技术的发展与应用特别是信息系统的推广;二则归因于信息资源总量急剧增长所造成的信息供求矛盾的激化;而当这两方面的因素集约于一个特定的部门时,人们发现现代信息技术并非包治百病的灵药,要解决信息实践中的种种问题,关键还需要一种新的理论,这就是信息资源管理理论。

信息资源管理理论最初萌芽于两个主要领域:一是工商管理领域,该领域所开发的管理信息系统(MIS)并未从实质上解决信息化时代工商企业竞争的信息保证和先导问题,为此一些人士开始探索新的理论,并逐渐形成了适应战略管理需求的信息资源管理理论;二是政府部门,该领域苦于各种记录的指数式增长所导致的低效率而无法自拔,为摆脱困境,有识之士一方面寻求新技术的应用,另一方面致力于探索新的理论;而当美国政府于 1975 年成立"联邦文书委员会"试图解决有关问题时,主要成员均来自上述两个领域,这些成员在为期两年的合作期间明确地提出了信息资源管理思想。其后,两个领域的研究人员分别沿着两个方向发展下去,并最终形成了信息资源管理的信息系统(IS)学派和记录管理学派。进入 90 年代之后,信息资源管理理论开始传入欧洲并引起图书情报领域研究人员的高度兴趣,他们虽然在很大程度上接受了信息资源管理理论,但却在不自觉中导入了图书情报学的思想,欧洲学者为此简化了称谓,改称信息管理理论。90 年代初,当我国图书情报领域的学者们吸收外来理论时,他们更多地接受了欧洲学者的信息管理思想,同时大量植入了情报学的逻辑内容,或直接将情报学推演扩展而改造为信息管理理论,这是我国信息资源管理理论不同于国外信息资源管理理论的关键。欧洲的信息管理理论与我国的信息管理理论合起来构成了信息资源管理的第三大学派——信息管理流派。[35]

信息资源管理的概念是理解信息资源管理理论的关键,让我们先来看看信息资源管理学家们的解释:

霍顿认为,信息资源管理(Information Resources Management)是基于信息生命周期的一种人类管理活动,它是对信息资源实施规划、指导、预算、结算、审计和评估的过程。从信息资源管理产生与发展的角度考察,信息资源管理是不同的信息技术与学科整合发展的产物,这些技术与学科包括管理信息系统、记录管理、自动数据处理(ADP)以及通信网络等。[36]。

美国信息资源管理学家史密斯(Allen N. Smith)和梅德利(Donald B. Medley)认为,信息资源管理还是一个发展中的概念,但它至少有两层含义:其一,信息资源管理将一个组织所拥有的信息作为等价于资本和人事之类的战略资源加以管理,其实质是一种指导性的管理哲学;其二,信息资源管理将传统意义上的信息服务形式诸如通讯、办公系统、记录管理、图书馆功能、技术规划等整合起来,形成统一的管理过程,其实质是一种新的管理理论与实践。目前,信息资源管理正由管理哲学向管理过程理论发展。[37]

英国信息管理学家马丁(W. J. Martin)认为,信息管理是一种特殊形式的管理活动,其范围广及数据处理、文字处理、电子通信、文书和记录管理、图书馆和情报中心、办公系统、外向型信息服务、所有与信息有关的经费控制等领域,其组织要素则包括技术、专家、可利用资源和系统等。[38]

德国信息管理学家斯特洛特曼(Karl A. Stroetmann)认为,信息管理是对信息资源及相关信息过程进行规划、组织和控制的理论。其中,信息资源包括信息内容、信息系统和信息基础结构三部分,信息过程则包括信息产品的生产过程和信息服务的提供过程。[39]

英国信息资源管理学家博蒙特(John R. Beaumont)和苏瑟兰(Ewan Sutherland)则认为,信息资源管理是一个涵盖所有能够确保信息利用的管理活动的集合名词,其对象包括所有类型的数据、数字(number)、文本、视像、声音以及各种不同的信息和通信技术。信息资源不同于企业资源,它只是企业资源的一部分,其核心是由信息和通信技术所组成的技术平台(见图1-1),这个平台用于获取、存贮、处理、分配和检索数据。[40]

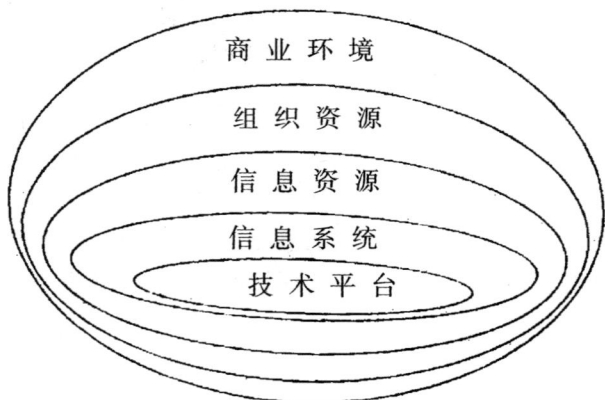

图 1-1 信息资源管理的范围[40]

关于信息资源管理或信息管理的论述还很多,但也都大同小异。综合上述各家观点,可以认为:(1)信息资源管理是一个集成概念,它是对原先分散的各种信息管理功能实施集成管理的活动的总称;(2)信息资源管理是以信息资源(信息内容)为核心的;(3)信息资源管理只有在引入现代信息技术的条件下才能实现;(4)信息资源管理总体上是由信息资源、信息系统、信息技术平台和信息环境四部分所组成的。概括地讲,信息资源管理就是对信

26

息资源及相关信息过程进行规划、组织和控制的理论。

　　信息资源管理可以用一个简化的模型(见图1-2)来表示。这个模型相当于信息资源管理的一个细胞,围绕它所形成的理论可称为微观信息资源管理;当许多这样的细胞通过现代信息技术汇集成一个整体时,就形成了信息资源管理网络或信息服务业,围绕它所形成的理论称之为宏观信息资源管理。在这个模型中,围绕用户流动不息的是信息资源,支撑信息资源运动的是信息技术平台,维系各个环节的联系并保持系统动态平衡的是信息资源管理人员的活动(规划、组织、控制等),这三个部分所组成的整体即信息系统,信息系统本身又是在信息环境中运行的。

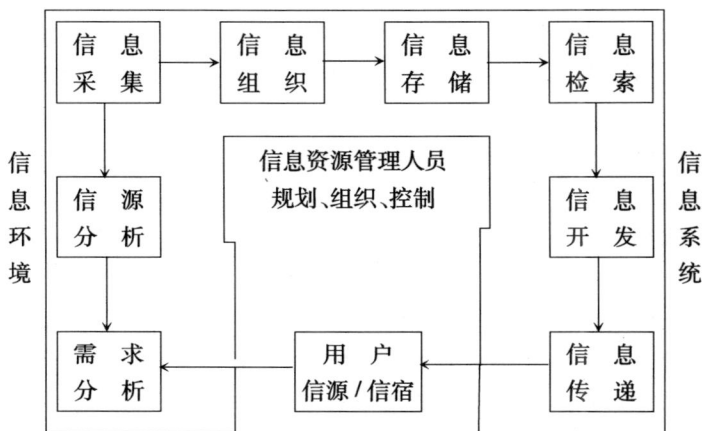

图1-2　信息资源管理简化模型

　　可以看出,图书馆只是信息资源管理的一种特殊形式,或者说是集成的信息资源管理的一个组成部分。在这个集成系统中,图书馆因其信息资源体系而具有不可替代的价值。具体到图书馆学与信息资源管理理论的关系,后者无疑将成为图书馆学的理论基础,而图书馆学则是后者的应用分支学科之一。

1.3.3　图书馆学体系的衍生

理论的价值在于它的前瞻性。长久以来,图书馆学的研究内容一直是对应于具体的图书馆工作或者说是图书馆工作的经验总结,这样做当然无可非议,但这样做也使图书馆学与图书馆实践陷入了低水平重复的怪圈。试做一对比,除了近些年由于信息技术的进步所带来的图书馆剧变外,现代图书馆所做的哪一项工作——采访,编目,分类,主题,典藏,借阅乃至参考服务——又超越了公元前7世纪亚述巴尼拔图书馆的模式? 对此,图书馆学研究有着不可推卸的责任。

图书馆学的研究内容与体系是由图书馆学研究对象所决定的。以信息资源体系及其过程为基点,引入信息资源管理理论,暂时撇开具体图书馆工作的内容,我们可以推演出一种新型的图书馆学学科体系,这种体系具有一定的超前性,我们称之为现代图书馆学体系。现代图书馆学体系由信息资源体系的理论研究、信息资源体系的过程研究、具体信息资源体系研究三大部分所组成(见图1-3)。

信息资源体系理论研究的对象是作为总体的信息资源体系,也即对应于全部人类认识成果的信息资源体系的运动与发展规律。具体研究内容包括人类迄今为止所生产的全部信息资源及其内在联系、功能特征、类型划分、运动规律和发展趋势等。信息资源体系的理论研究又可分为信息资源体系的基本理论研究、信息资源体系的历史研究、信息资源体系的未来研究、信息资源体系的方法研究四部分。

```
                      ┌ 信息资源体系的基本理论研究
         信息资源体    │ 信息资源体系的历史研究
         系理论研究    ┤ 信息资源体系的未来研究
                      └ 信息资源体系的方法论研究

                                          ┌ 用户信息需求分析
                                          │ 信息源分析
                        信息资源体系的形成 ┤ 信息采集
                                          │ 信息组织
                                          └ 信息系统分析与设计

                                          ┌ 信息资源储存
 图                                       │ 信息资源保护
 书                     信息资源体系的维护 ┤ 信息资源整理
 馆                                       └ 信息设备维修
 学                                       ┌ 用户反馈研究
 体      信息资源体                        │ 信息资源体系评价与优化
 系      系过程研究     信息资源体系的发展 ┤ 信息资源体系发展与应用
                                          │ 信息网络研究
                                          └ 信息环境研究

                                          ┌ 信息资源服务方法与方式
                                          │ 信息资源传播
                        信息资源体系的开发 ┤ 信息产品开发
                                          └ 信息服务与产品的市场营销

                                              ┌ 过程规划
                        信息资源体系过程管理研究 ┤ 过程组织
                                              └ 过程控制

                      ┌ 全球信息资源体系
         具体信息资    │ 国家信息资源体系
         源体系研究    ┤ 社区信息资源体系
                      └ 社会组织信息资源体系
```

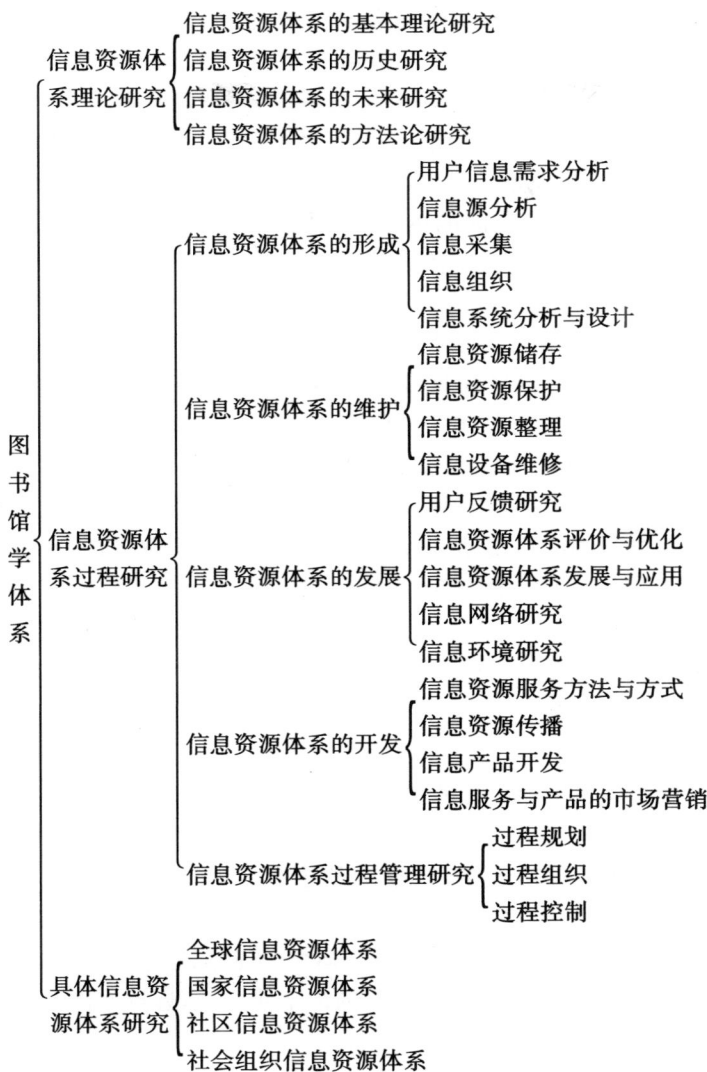

图 1-3　图书馆学的学科体系

29

信息资源体系过程研究的对象是抽象的信息资源体系的形成、维护、发展和开发过程。它又包括五个组成部分：(1)信息资源体系的形成研究，主要包括用户信息需求分析、信息源分析、信息采集、信息组织(包括目录组织)等方面的内容；(2)信息资源体系的维护研究，主要包括信息资源储存、信息资源保护、信息资源整理、信息设备维修等方面的内容；(3)信息资源体系的发展研究，主要包括用户反馈研究、信息资源体系评价与优化、信息技术发展与应用、图书馆员工的培训与教育、信息环境研究等方面的内容；(4)信息资源体系的开发研究，包括信息资源服务的方法与方式、信息产品的开发、信息资源的传播、信息产品的市场营销、用户教育等内容；(5)信息资源体系过程管理研究，主要包括信息资源体系过程的规划、组织与控制等方面的内容。

图书馆学的研究内容与体系是由图书馆学研究对象所决定的。以信息资源体系及其过程为基点，引入信息资源管理理论，暂时撇开具体图书馆工作的内容，我们可以推演出一种新型的图书馆学学科体系，这种体系具有一定的超前性，我们称之为现代图书馆学体系。现代图书馆学体系由信息资源体系的理论研究、信息资源体系的过程研究、具体信息资源体系研究三大部分所组成(见图1-3)。

信息资源体系理论研究的对象是作为总体的信息资源体系，也即对应于全部人类认识成果的信息资源体系的运动与发展规律。具体研究内容包括人类迄今为止所生产的全部信息资源及其内在联系、功能特征、类型划分、运动规律和发展趋势等。信息资源体系的理论研究又可分为信息资源体系的基本理论研究、信息资源体系的历史研究、信息资源体系的未来研究、信息资源体系的方法研究四部分。

信息资源体系过程研究的对象是抽象的信息资源体系的形成、维护、发展和开发过程。它又包括五个组成部分：(1)信息资源体系的形成研究,主要包括用户信息需求分析、信息源分析、信息采集、信息组织(包括目录组织)等方面的内容;(2)信息资源体系的维护研究,主要包括信息资源储存、信息资源保护、信息资源整理、信息设备维修等方面的内容;(3)信息资源体系的发展研究,主要包括用户反馈研究、信息资源体系评价与优化、信息技术发展与应用、图书馆员工的培训与教育、信息环境研究等方面的内容;(4)信息资源体系的开发研究,包括信息资源服务的方法与方式、信息产品的开发、信息资源的传播、信息产品的市场营销、用户教育等内容;(5)信息资源体系过程管理研究,主要包括信息资源体系过程的规划、组织与控制等方面的内容。

具体信息资源体系研究的对象是针对特定用户群的信息需求而建立起来的信息资源体系。其主要研究内容是将信息资源体系理论研究和过程研究的成果转化应用于具体信息资源体系的形成、维护、发展和开发过程之中。具体信息资源体系的研究又分为四大部分:(1)全球信息资源体系研究,主要研究如何借助因特网等现代信息技术实现全球信息资源体系的共建与共享问题;(2)国家信息资源体系研究,主要研究如何建立、维护、发展和开发能够满足特定国家的政治、经济、军事、文化、科技、教育等各项事业发展需求的战略信息资源体系问题;(3)社区信息资源体系研究,又可分为城市社区信息资源体系研究、乡村社区信息资源体系研究和精神社区(如宗教、种族、民族等)信息资源体系研究,社区信息资源体系研究一般具有综合性、全面性和复杂性等特点;(4)社会组织信息资源体系研究,又分行业(或职业)信息资源体系研究和非行业信息资源体系(如少儿图书馆、共青团组织所属图书馆、妇联所属图书馆等)研究,一般以行业信息资源体系研究为主体。

图书馆学是一门处于变化中的学科,它需要输入新的养分以激发内在的活力。我们所做的一切只是把图书馆学本来蕴含的真相揭示出来,也许涉及更具体的内容时并没有很大区别,但这里涉及到一个观念问题,涉及到一个对图书馆的认识问题,而这正是关系到图书馆的形象建设及其生存与发展的问题,是关系到图书馆学的独特性及其在科学体系中的地位问题。重复开首的一句话,理论的价值就在于它的前瞻性,这也是本书的追求目标。

1.3.4　图书馆学与相关学科

　　探讨图书馆学的相关学科,有助于进一步明确图书馆学的研究对象与研究内容。从某种意义上说,图书馆学几乎与每一个学科都有关系,因为图书馆的信息资源体系包容了所有的人类学科知识;但图书馆学所关心的只是作为整体的信息资源,它与大多数学科的关系都只是一种形式的关系。对于图书馆学或任何一门学科而言,真正意义上的相关学科是指那些在研究对象方面存在交叉关联的学科。

　　图书馆学的研究对象是信息资源体系及其过程,与此关系最为密切的学科包括信息资源管理学、文献信息学、出版发行学、大众传播学、情报学、博物馆学、档案学、记录管理等。其中,信息资源管理学与文献信息学将在(1.4)中论及,此处主要讨论后 6 种学科。

　　出版发行学和大众传播学都是研究信息资源的生产和传播的学科,一般也认为,出版发行学是大众传播学的有机组成部分。"大众传播学以报纸、广播、电视、电影、书籍等大众传播媒介为自己的研究对象,它探讨的是信息大量'消费'的规律"。[41]出版发行学、大众传播学与图书馆学相交叉的部分主要是传播研究部分,可以说,图书馆传播也属于广义的大众传播,它之所以不同于广播、电影、电视、书报杂志等类型的大众传播,是因为"广义的大众传播有两个阶段:第一阶段是原始信息的收集、加工和传播,该阶段的传播者主要是编辑、记者、播音员、节目主持人等;第二阶段是对第一阶段传播的信息进行精选、组织、加工、贮存和再传播,该阶段的传播者主要有图书馆、情报机构和信息中心等。大众传播的两个阶段如同接力赛,其最终目的是把信息传递到大众手中。"[42]说得简明些,大众传播是边生产边传递,不注重积累;而图书馆传播则是通过信息资源体系这个手段来实现的。大众传播与图书馆传播之间的区别正是两门学科得以独立并存的主要原因。

"情报学是以情报和整个情报交流过程为研究对象的。……具体地说,情报学是研究有关情报的搜集、整理、存贮、检索、报导服务和分析研究的原理原则与方式方法的科学。"[43]情报学与图书馆学的关系可以说是"剪不断,理还乱。"据日本学者丸山昭二郎的理解,"在当初,图书馆这个'细胞'发生了分裂,从其中分裂出被叫做文献工作,又被叫做情报科学或情报学的另一个细胞而成长着。两者曾经相互对抗,不久却又渐渐融合起来……"[44]这也就是说,情报学与图书馆学还有着渊源关系。但这些都是次要的,要搞清情报学与图书馆学的关系,关键还是要明确情报的涵义及其与信息资源的关系。英国情报学家布鲁克斯(B. C. Brookes)认为,"情报是使人原有的知识结构发生变化的那一小部分知识。"[43]如果这个定义可以成立,那么情报只是信息资源的一部分,而且,由于情报关心的是信息资源的效用性和新颖性,这就决定了情报学与图书馆学的分野,图书馆学注重建立信息资源体系并以此为手段来满足人们的信息需求,而情报学更关心那些能够满足用户需求的信息(即情报)而不在乎利用什么手段。事实上,现实中的许多情报机构就是依附于图书馆的信息资源体系并以此作为情报开发的对象的。从这个意义上讲,情报工作是图书馆工作延伸,情报学也是图书馆学的逻辑发展,它们在一定的条件下完全可以实现统一。

图书馆学与博物馆学的关系因其研究对象分属不同类型的信息资源而较易理解。但它们之间也不是没有交叉和重叠。美国图书馆学家比尔鲍姆(E. G. Bierbaum)在《博物馆图书馆学》(Museum Librarianship）一书中对图书馆、博物馆和档案的论述就有助于我们了解何为整体的信息资源体系。"就其收藏物（Collections）的性质而言,图书馆、博物馆和档案都是社区的记忆。但它们远不止于收藏:它们是这个世界以及我们所处地区文化和历史的管理者,它们帮助我们理解什么将永远是一个谜,它们为我们捕获那些我们可能永远也不知道的事物,允许我们经历我们做梦也想不到的其它事情。""这三个机构的定义使它们具有许多共同特征:职业视野,收藏和组织活动,为它们的馆藏或信息提供存取。它们的共同目的是收集、描述、组织和研究人类思想、感情、活动方面的记录和人工制品,简言之,与我们交流被认为重要的东西。""它们当然也有区别。霍姆洛斯（Peter Homulos）基于馆藏（Collections）、文献提供、自动化、与公众的互动等方面的考虑,曾将它们置于一个连续统一体中,这样,图书馆在一端,博物馆在另一端,档案则居中。就其本质而言,图书馆倾向于收藏印刷资料,档案馆倾向于手稿和文献,博物馆则倾向于实物和图本（icons）"。[45]比尔鲍姆还从历史发展的角度列举了一些博物馆、档案馆、图书馆三者合流的例子:远古时期,古希腊的亚历山大图书馆属于这种情况,近代的大英博物馆（现在已将印刷资料分流给英国国家图书馆）和现代美国的"总统图书馆"也都兼具博物馆、档案馆和图书馆的性质。可见,图书馆与档案馆、博物馆之间并没有质的区别,它们只有分工和发展程度的区别。

记录管理（Records Management）则是流行于欧美的一门学科,它类似于我国的文献信息学,但又不完全相似。记录管理又有两种理解:一种理解接近于档案管理,"记录管理是对一个机构（或个人）业务活动中的记录信息实施控制的理论。对于一个机构而言,这些记录信息包括人事档案、财产清单、章程和规则、会议备忘录、政策和指令、所有的财务记录及合同等。对于社会中的个人,这些记录信息包括税款单据、遗嘱、出生证明以及所有记载我们生活和生计的文件。记录管理也是对信息资源生命周期的全过程控制,包括信息资源(即上述记录信息)的创造、组织、传播、利用乃至永久保留或毁灭"。[46]另一种理解则接近于文献信息学,"记录管理是对记录创造到最终处置的全过程的系统控制"。"记录(records)包括所有的书籍、论文、图片、地图或其它文献资料,……。记录包容能够反映一个组织的功能、政策、决策、程序、操作和其它活动的信息。文献资料(这一术语)又包括所有形式的通信、信件、回忆录、指令、报告,组织内部和外部制作的表格,绘图,说明书,地图,图片和创造性资料。一份记录可以有多种形式:文本,缩微胶卷,计算机磁带,文字处理磁盘,视盘,光盘乃至手稿等。"[47]显然,后一种记录管理的范围已足以涵盖图书馆学、档案学、出版发行学、文书学(部分)和前一种记录管理,它实际上是记录管理学派的一种信息资源管理理论。为区别起见,本书将前一种理论称为狭义的记录管理,后一种理论称之为广义的记录管理。

狭义的记录管理与图书馆学、档案学之间颇多重复之处,因为它们的研究对象都是信息资源体系,区别仅限于各自的信息资源体系所包容的信息资源的类型和范围有所不同而已。美国记录管理学家施瓦茨(Candy Schwartz)和赫农(Peter Hernon)在《记录管理与图书馆》一书中谈到这种细微差别时曾说:"记录管理与图书馆学或档案学的区别有时难以捉摸,因为图书馆和档案在很大程度上也与记录有关。"他们还列表历数了图书馆、档案馆和记录中心的异同(见表1-1)。[46]但结果正如表中所示的那样,它们只是在资料来源及相应的服务范围方面略有不同,其它诸如媒介类型、活动内容等几无二致。细心地观察,三者之间的不同是以互补的形式表现出来的,若求同存异,它们刚好组成了一个组织的完整的信息资源体系;若将博物馆的内容扩充进来,这个体系就更加完整了。再回到学科内容上来,由于图书馆学、档案学、记录管理和博物馆学的研究对象具有同质互补的关系,我们可以首先对它们实施整合,以形成一门以信息资源体系及其过程为研究对象的统一的学科（学科名称可以商讨），然后在这个整合学科之下再分研究方向。

表1-1　图书馆、档案馆和记录中心的异同

	图书馆	档案馆	记录中心
资料来源	外部	外部与内部	内部
信息性质	记录知识	机构历史	业务操作
媒介	印刷品 声像资料 电子/光学媒介 实物	印刷品/缩微资料 声像资料 电子/光学媒介 实物	印刷品/缩微资料 声像资料 电子/光学媒介 实物
主要活动	储藏发展 获取 编目/标引 归类/上架 参考/流通 馆际互借 定位 保存	馆藏发展 获取 描述 归档/上架 参考 保存 缩微复制 复印	表格设计/记录评价 记录转让 编写存货清单 归类/记录储存 保留/检索 保护 缩微复制 复印

（资料来源:摘选自参考文献[46]）

相关学科就如同一面面镜子,图书馆学可能从中看出自己的独特性质并从而有助于摆正自己的位置,但也有可能迷失在其中——因为图书馆学的研究对象可能被包容在其它学科的研究对象之中。幸运的是,由于我们重新确认了图书馆学的研究对象而不仅仅是从交流过程的角度认识图书馆学,所以,我们能够借助相关学科更精确地确定图书馆学在科学体系特别是信息资源管理类

学科中的坐标,并为图书馆学的未来发展预留空间。

1.4 图书馆学的裂变、聚变与嬗变

1.4.1 图书馆学的理论轨迹

图书馆学的发展历程从总体上来说是一个自我超越的过程,这种自我超越是以否定之否定的形式表现出来的。在施莱廷格提出"图书馆学"之后的第一个百年之中,图书馆学基本上是一种"馆内科学",它将图书馆作为一种孤立的存在加以研究,研究内容主要是图书馆的具体工作与管理,相应地也就出现了整理说、技术说、管理说、工作说等种种图书馆学认识。图书馆学的几次飞跃性发展都发生在第二个百年(20 世纪 20 年代之后)之中:第一次飞跃产生了"社会说",图书馆学研究者不再把图书馆视为一种孤立存在,相反将它看作是社会大系统的组成部分,所谓"社会装置"、"公共大脑"、"发展着的有机体"等所表述的都是这种思想,社会说是对"馆内科学"的否定;第二次飞跃表现为一种裂变过程,这种裂变主要指情报学从图书馆学中分离并独立发展的现象,裂变本身是对原事物的一种否定,而裂变之后情报学的迅速发展反过来又极大地促进了作为母体的图书馆学的发展,并最终导致了"交流说"的问世;第三次飞跃则是以聚变为主导的过程,这个过程又可分为三个阶段,第一个阶段是指脱离母体之后的情报学回归母体并形成"图书情报学"的过程,第二个阶段是因聚变而产生强大能量的图书情报学吸收和融合同类学科(如档案学、出版发行学、文书学、记录管理、目录学、文献学或图书学等)并形成"文献信息学"或"广义的记录管理"的过程,第三个阶段是由于外界条件(特别是现代信息技术)的成熟所诱发的信息资源管理类

学科(包括办公系统、管理信息系统、记录管理、图书情报学、数据处理、文字处理、电子通信、技术规划和战略规划等)的集成过程,这三个阶段所昭示的聚变过程又是对裂变的否定。

图书馆学的自我超越过程也可以称为嬗变过程,这种嬗变最集中地体现在图书馆学教育的发展过程之中。1887年,杜威创办的第一个图书馆学教育机构名为"哥伦比亚图书馆管理学校",讲授课目主要包括图书馆的经营、书籍的保管、书目、分类法、目录著录、参考咨询等。[48] 20世纪20年代之后,随着"芝加哥大学图书馆学院"等有别于早期"训练班"式的更为正规的教育机构的出现,图书馆学教学内容也有了明显的变化,有关课程主要有图书馆学概论(或原理)、编目与分类、图书或资料的选择、参考资料、图书史和图书馆史、图书馆行政管理、公共图书馆、学院和大学图书馆、青少年读者服务、专业图书馆研究、医院图书馆研究和社区服务等;到50年代和60年代,尽管图书馆学教育的核心内容仍然是这些课程,但由于情报学的分离而产生的影响已渗入图书馆学专业的课程结构之中,交流和系统理论、科学管理和数学等课程的增设足以说明这种影响;[17] 60年代之后,图书馆学教育和情报学教育沿着不同的方向朝前发展,但这种状况没有持续多久,到70年代和80年代,欧美各国、日本和我国都出现了以"图书馆(学)"和"情报学"并列方式命名的教育机构或专业名称,其中,美国"70年代以后大约三分之二的学院在校名中增加了'情报学'或'情报研究'字样,"[49] 日本庆应义塾大学则于1968年改图书馆学专业为"图书馆情报学专业",[50] 我国武汉大学图书馆学系也于1984年改称"图书情报学院";与此相对应,图书情报学教育的教学内容也发生了重大改组,据联合国教科文组织制订的图书馆情报学教学大纲,新的课程结构由社会通信、用户调研、情报源、情报/数据库贮存与检索、组织、专题研究或学位论文、选择(图书馆与情报业务的历史研究、国际性比较图书馆学、历史性书目、印刷及图书、出版业及书籍业、档案管理与记录文献管理、图书馆教育、电子计算机程序设计等)等七大板块组成,[51]这种结构实质上已是一种接近于文献信息学的教学计划。而80年代主要从我国兴起的文献信息学对专业教育并未产生更大的影响,它尚未站稳脚跟就被汹涌澎湃的信息资源管理浪潮冲垮了阵容,虽然业内学者多次挺身而出试图再建"文献信息管理学",[52]无奈专业教育领域已接受了"信息资源管理(或信息管理)"理念。据美国北卡罗来纳大学图书馆和情报服务系主任米勒(Marilyn Miller)的论文[53],90年代"美国图书馆协会(ALA)认可的47所专业教育机构的名称中,信息科学(Information Science)或信息管理已成为主流",与此相关,传统的图书情报学课程大为缩减,新的课程诸如政策研究、高等教育、新闻学、商业、历史、程序设计及应用技术(包括文字处理、电子邮件、因特网、传真、语音通信等)等大量涌入专业学生的选课单,并在整体上形成了多样化的格局。在我国,1992年北京大学图书馆学情报学系改名为"信息管理系",引发了全国范围内多米诺式的改名热浪及争上"信息管理专业"的改革潮流(详情可参阅文献[54]),信息管理观念已深为专业学生所接受。需要说明,专业学生代表着图书馆的未来,当他们终有一日成为图书馆的中坚力量时,信息管理就会由观念而变为行动。

图书馆学的发展是一个不以人的意志为转移的过程,这个过程随着人们对图书馆学研究对象本质的逐步逼近而次第展开,其中影响最大的事件就是一次裂变和三次聚变。

1.4.2 图书馆学的裂变

据《辞海》的解释,裂变是指"原子核分裂为两个质量相近的核(裂块),同时放出中子的过程。裂变有自发和感生两种。前者是重核不稳定性的一种表现,后者指原子核在受到其它粒子轰击时立即发生的裂变,原子核裂变时可释放巨大能量。"[55]裂变当然不只是一种原子现象,自然界的动植物细胞就存在裂变问题,人类社会的组织裂变更是经常化的事情。就图书馆学而言,情报学的分离虽然也有外界因素的作用,但主要还是一种自发型裂变。谢拉认为,"图书馆就其性质而言是保守的,但并不是静止不变的。作为社会部门,图书馆如果不是立刻反映,也是最终反映着社会的变革。"[17]然而,正是因为图书馆的保守性质,新生的情报学不能见容,最终导致了图书馆学的不稳定性以及情报学的分离。如同任何裂变一样,情报学的分离也产生了巨大的能量,事实上,50年代之后几乎是情报学在牵引着图书馆学向前发展。

图书馆学的裂变在日本学者丸山昭二郎的"图书馆和情报概论"一文中表述得最为明确,他认为,最初是由于图书馆这个"细胞"的分裂而产生了文献工作,文献工作后来又发展为情报学。[44]谢拉也持类似的观点。[17]据美国情报学家理查兹(Pamela Spence Richards)的进一步研究,文献工作早在第二次世界大战期间已流行于军队之中,当时,文献利用研究的重心业已转移到电子存贮和检索方面;战后,由于冷战的形成和逐步升级,从文献工作发展而来的情报科学在敌对的两个阵营中同时繁荣起来,它们共同的特征就是注重技术研究与开发。[56]可以说,以技术为中心是情报学的一贯传统,这与图书馆学的人文传统适成对比。[57]透过两个学科之间这种近似对立的传统,我们可以得出两点结论:一方面,这种对立正是图书馆学裂变的根本原因;另一方面,这种对立本身又是一种互补,从这个意义上而言,这两个学科必然会再次实现融合。

图书馆学裂变促成了情报学的分离,但裂变过程并未就此终结,70年代之后,情报学本身又发生裂变,这次的产物是社会科学情报学。梁邻德等人在1988年出版的《社会科学情报学》中这样写道:"对社会科学情报的研究,首先在美苏等国展开;70年代渐趋活跃和深入,又逐步扩展到包括我国在内的更多的国家。这方面的国际性学术交流活动也显著增加了。经过二十多年的准备和积累,建立社会科学情报学的条件,现在基本上具备了。"[58]他们进一步认为,"情报学以科学信息中的科学情报为研究对象,而社会科学情报学则研究社会科学情报"。[58]不难看出,梁邻德等人对情报学和社会科学情报学的关系的认识是值得商榷的,如果连科学信息、科学情报、社会科学情报的关系都未能搞清楚,又何谈学科的建立呢?可见,社会科学情报学的分离没有足够的根据,而在实践中,设置不久的社会科学情报专业也最终归并到了信息学专业之中,国家教委的这一决策本身是对社会科学情报专业的否定。

图书馆学的裂变在特定时期是一种进步,它为情报学的发展提供了较少约束的自由空间,从而使情报学得以迅速成长、壮大并形成世界公认的相对独立的学科和实践领域——情报学在短时期内释放的能量足以和原子核裂变时所释放的能量相媲美。然而,社会领域的裂变毕竟不同于原子的核裂变,譬如情报学的继生裂变即社会科学情报学的分离就没有起到应有的作用,也就是说,社会科学情报学的独立不仅未能使情报学在新的领域获得长足的发展,而且由于它与情报学、图书馆学的大量重复反而消耗了本学科和社会的能量。图书馆学内部发生的"链式裂变"即不断的新学科创造活动也基本上属于一种消耗能量的裂变,是不值得提倡的。原子核理论表明,裂变的价值在于它能释放巨大的能量并造福于人类,但控制不好裂变释放的能量就会危及人类的生命;同理,新学科的创立如果不是必需的话,就会分散研究人员的精力与时间,葬送一些学者的学术生命,并导致学科建设的混乱无序;从这个意义上来说,一旦条件成熟,裂变就会转化为聚变。

1.4.3　图书馆学的三次聚变

聚变是指"轻原子核相遇时聚合为较重的原子核并放出巨大能量的过程。"[55]聚变释放的能量通常要比裂变大几倍到十几倍,原子核聚变只有在极高温的条件下才能实现。[59]聚变理论所揭示的原理不一定完全适用于社会领域,但只要是聚变现象,这个原理就有一定的指导性。综观图书馆学的三次聚变,它们都要比裂变具有更大的社会价值,同时它们又都是在信息技术高度发达这一前提下实现聚变的。

图书馆学的第一次聚变是指图书馆学发展为图书情报学的过程,这个过程始于 60 年代中期。1964 年,美国匹兹堡大学首先将所属的图书馆学院改称图书馆与情报学院,很快,以"综合"能力著称于世的日本人接受了这种观念并使图书情报一体化成为日本图书馆学的主导思想。我国的图书情报一体化进程始于 70 年代后期,中国科学院文献情报中心是最早的提倡者和实践者之一。就图书情报一体化的成因来说,除了它们共同的研究对象和目标之外,信息技术的加速发展是重要的诱因,黄宗忠在其专著《文献信息学》中对此有精辟的论述:"50 年代以来,由于科学技术的迅速发展,电子计算机技术、网络技术逐步应用于图书馆,资源共享成为人类追求的目标。在这种情况下,性质相似的图书情报档案,如果仍以纵向发展为主,不进行综合,就会阻碍自身的发展,难以有效地为社会服务,甚至造成极大浪费。"[32]图书情报一体化的实践证实了这一点:从教育实践来看,一体化进程拓宽了专业学生的知识面、增强了他们在就业市场的竞争能力和在工作领域的适应能力;从服务实践来看,一体化进程使图书馆加强了开发力度并加快了自动化进程,使情报部门得到了信息资源体系的坚强后盾而得以全身心地投入技术开发和用户服务活动;从研究实践来看,一体化进程在很大程度上消弥了相互间的重复研究,实现了优势互补。事实上,当图书馆学发展到"交流说"阶段时,两个学科已具备了聚变的理论基础,运用图 1-2 来分析,它们研究的都是这样一个交流过程,区别仅在于图书馆学侧重信息资源体系的形成、维护和发展的研究,而情报学侧重信息资源体系的开发及支持技术的研究。图书情报一体化的进程还未结束,但到目前为止一体化所带来的避免重复、优势互补、节约资源等社会价值已有目共睹,这些社会价值也就是图书馆学第一次聚变所释放出的能量。

图书馆学的第二次聚变主要是在我国的学术领域生成的,这是以一体化的图书情报学为内核进一步吸附相关学科以形成文献信息学的聚合过程。与第一次、第三次聚变相比,第二次聚变只是一种弱聚变,它未能对学科发展产生根本性的影响,它或者可以说是第一次聚变的延续。第二次聚变始于80年代中期,况能富、邵巍等人几乎同时提出了"文献信息理论",而况能富似乎更幸运一些,他的论文"应当探索文献信息理论——'文献信息论'导言"抢先发表在《图书馆工作》1984年第4期上,从而成为可查的有关文献信息理论的最早文献之一;1986年,万良春出版了他的专著《从图书馆学情报学到文献信息学》,在书中他满怀信心地指出文献信息学取代图书馆学情报学将是不可逆转的趋势;[60] 同年,周文骏在其专著《文献交流引论》中,也倡导在融合图书馆学、情报学、档案学、目录学、文献学、出版发行学理论的基础上建立文献交流学;[23] 1992年,黄宗忠的专著《文献信息学》问世,将文献信息理论研究推向了高潮。黄宗忠认为,"文献信息学是研究文献信息的本质、结构、功能以及文献信息的集聚、存贮、转化、传递、利用与组织管理的活动及其规律的科学。它是一门综合性的应用学科。是信息科学的分支学科,是图书馆学、情报学、档案学、图书发行管理学的综合。"[32] 然而,究竟什么是文献信息?有关学者的解释不尽相同,但大都与他们对图书或文献的定义差不多。文献信息的模糊性注定这一次聚变不会产生实质性的结果,事实上,除了部分图书情报院系增设了"文献信息学"课程以及部分专业杂志名称向文献信息靠拢外,文献信息学对整体的学科建设及相关实践部门影响不大。诚然,文献信息学也影响了一代人的认识,这种认识必将有利于信息资源共享的大业,这大约就是第二次聚变所释放的能量。

　　图书馆学的第三次聚变是由信息技术特别是信息系统和信息网络技术的高速发展所引发的，是以管理信息系统为核心的现代信息管理理论吸附文献信息学、记录管理、办公系统、信息传播乃至战略规划功能等以形成大一统的信息资源管理的过程。第三次聚变在国外大约始于80年代初期，在国内则始于90年代初期。巧合的是，当1992年黄宗忠的《文献信息学》问世时，刚好赶上北京大学图书馆学情报学系宣布易名为信息管理系，此举大大消减了文献信息学的发展空间，而这一年也是"信息高速公路"开始热遍全球的一年。信息高速公路的主要目标是利用数字化大容量的光纤通信网络，把政府机构、学校、科研单位、企业、医院乃至家庭之间的计算机实现联网，这样，人们就可以通过终端机在办公室或家中工作、学习、购物、娱乐、经商、交友，并实现荧屏上的双向交流。信息高速公路计划的部分目标很快由因特网（Internet）变为现实。在这样的背景下，信息资源管理类学科认识到统一已是大势所趋，资源共享不再是空想而是实实在在的现实，为此，它们从各种角度提出了整合方案，并最终形成了信息系统学派，记录管理（文献信息）学派和信息管理学派三大主流。[35]信息资源管理的集成过程即第三次聚变还刚刚开始，人们还很难预计它所产生的能量，但有一点可以肯定，它将带来的是人类生活方式的根本改变。

　　聚变的价值也在于它能够释放巨大的能量，但与裂变不同的是，聚变的生成需要强有力的外界因素的介入，否则就难以达到聚变的目的。回顾从图书馆学到图书情报学到文献信息学再到信息资源管理的学科发展历程，可以说，聚变所带来的价值和效益是勿庸置疑的，需要强调的是，无论各类信息资源管理学科也好，还是各类信息资源管理部门也好，大家都不可过于贪恋局部利益，大家应该在资源共享的大目标和现代信息技术的大前提下，积极谋求聚变,以最大限度地利用全人类所创造的信息资源,服务用户,造福社会,并最终促进人类的进步。

1.4.4　图书馆学的嬗变

　　无论裂变还是聚变,都是一种嬗变。嬗变也称蜕变,是一种质变过程。对于图书馆学而言,每发生一次嬗变,它就朝着"非图书馆学"的方向迈进了一步。任何嬗变后的图书馆学,都是对嬗变前图书馆学的否定和扬弃,它包含着嬗变前图书馆学的合理内核,但又不是嬗变前的图书馆学。没有人会否认,今天的图书馆学不同于施莱廷格提出的图书馆学,事实上,巴特勒的图书馆学已是对施莱廷格乃至杜威的图书馆学的否定。当图书馆学分离出情报学之后,它已不是分离前的图书馆学;当它们再次整合为图书情报学时,这种一体化的学科自然也不同于分离前作为自然整体的图书馆学。任何事物在进化的同时都既是"我"又"非我",这是进步的表征,我们不必对此心存恐惧,不必在名称上固执己见,有朝一日,当图书馆发展为一体化的信息中心时,即使它仍然称作图书馆,但它也不是图书馆了。正如本书所论述的图书馆学,也许它的内容已发生了变化,但图书馆学本身也在发生变化,我们不掩饰这个矛盾,正是为了加速它的发展。

　　图书馆学体系的进化是连续性和间断性的统一,嬗变主要是间断性的一种表现。当发生嬗变时,图书馆学体系处于不稳定之中,各种学说竞相出笼,百家争鸣,求同存异,最后或裂变或聚变而达成新的稳定。稳定的连续性发展是任何事物进化的必要条件,如果长期处于非稳定态,就会对事物产生毁灭性的危险。图书馆学已在非稳定态之中存在了相当长的时间,从70年代以来,图书情报学、文献信息学、信息资源管理三次聚变相继乃至交叉发生,致使图书馆学体系备遭侵蚀,若以图书馆学专业的课程结构为考察对象,不同院系之间的差别之大几乎判若异类,米勒的话可以证实这一点:"10 年前,我可以确定地告诉你,图书馆学学院的毕业生可以做些什么,但今天我却不能肯定,因为图书馆学教育已不像从前那样具有同质性。"[53]在米勒看来,图书馆学教育领域唯一不变的因素就是变化(Change is a Constant)。无疑,变化是必要的,但若图书馆学体系之间变化到无共同之处,大约离消亡也为时不远了。我们强调的变化是图书馆学整体的变化,而不是图书馆学体系内部个体的变化;图书馆学理论当然也可多样化,但其核心内容和基本结构不应有大的区别,这是任何一个成熟的学科所应具备的特征。图书馆学已到了该稳定的时期,我们需要时间来发展嬗变后的图书馆学,以形成新的稳态结构。

图书馆学是在又分化又综合的辩证运动过程中成长发展的。图书馆学的分化或裂变,是研究者对其研究对象的多样性和复杂性的认识逐渐深化的反映;图书馆学的综合或聚变,是人们对各种各样的信息资源体系之间及与其相关因素之间所具有的内在联系的认识结果。这种又分化又综合的过程,是互为影响、互相促进、交替出现的。这是当代科学发展的普遍特性的一种表现,也是科学发展一般规律的必然要求。图书馆学的每一次分化,以及在此基础上出现的综合,使得图书馆学的研究逐渐深入,研究范围逐步扩展,图书馆学的面貌也为之改观。图书馆学就是这样不断走向成熟,走向辉煌的。

参考和引用文献

1. 刘　烈. 论图书馆学的研究对象. 图书馆研究与工作,1985(1)、(2)

2. 黄宗忠. 图书馆学导论. 武汉:武汉大学出版社,1988. 104,23,18

3. 北京大学图书馆学情报学系,武汉大学图书情报学院. 图书馆学基础(修订本). 北京:商务印书馆,1991. 2

4. 宓　浩. 图书馆学原理. 上海:华东师范大学出版社,1988. 275~275,51

5. 周文骏,金恩晖. 图书馆学. 见:图书馆学百科全书. 北京:中国大百科全书出版社,1993. 16,17

6. E. B. 威尔逊著;石大中等译. 科学研究方法论. 上海:上海科学技术文献出版社,1988.456

7. 赖鼎铭. 图书馆学的哲学. 台北:文华图书馆管理资讯股份有限公司,1993.

8. Pierce Butler. An Introdction to Library Science. Chicago：The University of Chicago Press, 1933. xi

9. 阮冈纳赞著;夏云等译. 图书馆学五定律. 北京:书目文献出版社,1988. 308~337

10. 杜定友. 研究图书馆学的心得. 中山大学图书馆周刊,1928,1(1)

11. 杜定友. 图书馆管理法上之新观点. 浙江图书馆月刊,1932(6)

12. 刘国钧. 图书馆学要旨. 上海:中华书局,1934.

13. 刘国钧. 什么是图书馆学. 中国科学院图书馆通讯,1957(1)

14. P. Karstedt. Studien Zur Soziologic der Bibliothek. Wiesbaden:Harrassouitz, 1954.

15. 王振鹄. 图书馆学论丛. 台北:台湾学生书局,1984. 5

16. 周宁森. 图书资讯学导论. 台北:三民书局,1991. 6

17. 杰西·H·谢拉著;张沙丽译. 图书馆学引论. 兰州:兰州大学出版社,1986.65,61,216~218,141,164~172.

18. O. C. 丘巴梁著;徐克敏等译. 普通图书馆学. 北京:书目文献出版社,1983 .1

19. 黄宗忠. 试谈图书馆的藏与用. 武汉大学学报(社科版),1962(2)

20. 北京大学图书馆学系,武汉大学图书馆学系. 图书馆学基础. 北京:商务印书馆,1981.

21. 吴慰慈,邵巍. 图书馆学概论. 北京:书目文献出版社,1985. 8,62~63

22. 周文骏. 概论图书馆学. 图书馆学研究,1983(3):10~18.

23. 周文骏. 文献交流引论. 北京:书目文献出版社,1986.

24. 南开大学图书馆学系等. 理论图书馆学教程. 天津:南开大学出版社,1981.31

25. F. W 兰开斯特著；郑登理、陈珍成译校. 电子时代的图书馆和图书馆员. 北京：科学技术文献出版社,1985. 109

26. F. W. Lancaster. Towards paperless information systems. New York : Academic Press, 1978.

27. Walt Crawford, Michael Gorman. Future Libraries：Dreams, Madness, &Reality. Chicago：American Library Association, 1995

28. 霍国庆. 信息资源管理的起源与发展. 图书馆,1997(6):4~6

29. Barbara E. Chernik. Introduction to Library Services. Englewood：Libraries Unlimited, Inc. ,1992. 1

30. 霍国庆. 图书馆学、文献信息学、信息管理学. 山西图书馆学报,1993 (4):1

31. 毛泽东. 毛泽东选集(一卷本). 北京：人民出版社,1964. 284.

32. 黄宗忠. 文献信息学. 北京：科学技术文献出版社,1992. 51,8,21

33. 卢泰宏,孟广均. 信息资源管理专集. 国外图书情报工作,1992(3):1 ~2,15

34. 孟广均,霍国庆,谢阳群,罗曼. 论信息资源及其活动. 见：张力治. 情报学进展：1996~1997年评论. 北京：兵器工业出版社,1997. 75~99

35. 孟广均等. 信息资源管理导论. 北京：科学出版社,1998

36. F. W. Horton, Jr. Information Resources Management. Englewood：Prentice - Hall, Inc,1985. v~viii

37. Allen N. Smith, Donald. B. Medley. Information Resource Managementl. Cincinnati：South - Western Publishing Co. ,1987. 72

38. W. J. Martin. The Information Society. London：Aslib,1988.95~104

39. Karl A. Stroetmann. Information Management for the'90s：A Conceptual Framework. International Forum on Information and Documentation,1993(2):9~14

40. John R. Beaument, Ewan Sutherland. Infornation Resources Mangement. Oxford：Butterworth - Heinemann, Ltd. ,1992

41. 戴元光等. 传播学原理与应用. 兰州：兰州大学出版社,1988.8

42. 霍国庆. 大众传播过程中的图书馆. 晋图学刊,1994(增刊):1~3

43. 严怡民等. 情报学基础. 武汉：武汉大学出版社,1987. 31,5

44. 丸山昭二郎著;董光荣译. 图书馆和情报概论. 国外图书情报工作, 1988(1):4~7

45. E. G. Bierbaum. Museum Librarianship. Jefferson: McFarland & Company, Inc.,Publishers, 1994. 5~6

46. Candy Schwartz, Peter Hernon. Records management and the Library. Norwood:Ablex Publishing Co.,1993. 1,2~5

47. B. R. Ricks, Kay F. Gow. Information Resource Management. Cincinnati: South－Western Publishing Co.,1984. 3

48. 杨威理. 西方图书馆史. 北京:商务印书馆,1988. 208

49. 图书馆学百科全书编委会. 图书馆学百科全书. 北京:中国大百科全书出版社,1993. 491

50. 津田良成编;楚日辉、毕汉忠译. 图书馆情报学概论. 北京:科学技术文献出版社,1986. 43

51. W. L. Saunders. Guidelines for Curriculum Development in Information Studies. Reports and Bibliographies,1980,9(1~26)

52. 孟广钧. 为"文献信息管理学"鼓与呼. 图书情报工作,1997(7):1~2

53. Marilyn Miller. What to Expect from Library School Graduates. Information Technology and Libraries,1996(3):45~47

54. 霍国庆,金高尚. 九十年代我国图书馆学信息学教学改革的最新进展及发展方向(上)、(下). 山西图书馆学报,1996(4),1997(1)

55. 辞海编委会. 辞海(缩印本). 上海:上海辞书出版社,1989. 2154,2053

56. Pamela Spence Richards. Information Science and the End of the Cold-War. International Forum on Information and Documentation,1995(3):34~39

57. 卢泰宏. 图书馆学的人文传统与情报科学的技术传统. 中国图书馆学报,1992(3):4~10

58. 梁邻德. 社会科学情报学. 南京:南京大学出版社,1988. 4,102~103

59. 中国科学院自然科学史研究所近现代科学史研究室. 20 世纪科学技术简史. 北京:科学出版社,1985. 66~67

60. 万良春著. 从图书馆学情报学到文献信息学(内部教材). 北京:中国科学院管理干部学院,1986

2 图书馆学流派与学说论评:西方

2.1 西方图书馆学流派

2.1.1 西方图书馆学的源起

1983 年,青年学者刘迅发表了"西方图书馆学流派及其影响"一文[1],将 19 世纪以来西方图书馆学领域所出现的各种思想与思潮归纳为实用派图书馆学和理念派图书馆学两大流派,这种理论归纳至今仍为国内学界所乐道。然而,西方图书馆学果真存在这两个流派吗?

西方图书馆学的源头可以追溯到 17 世纪,法国学者诺德(Gabriel Naude)是对图书馆作出深刻理解和系统论述的第一人,他由此被誉为"图书馆学的开山鼻祖"。诺德从 1622 年开始从事图书馆工作,足迹遍及欧洲各地,曾在法国、意大利、瑞典等国任图书馆馆长职务,他所管理的法国红衣主教马赞林(Jules Mazalin)的私人图书馆是 17 世纪西方最著名的图书馆之一。1627 年,诺德发表了《关于创办图书馆的建议书》,系统地论述了自己的图书馆学思想。该书的英文版共分 13 章,内容为:(1)致赞助人红衣主教麦士姆(H. Mesme);(2)为何要建立图书馆;(3)准备工作;(4)书的数量;(5)书的选择;(6)书的采访;(7)图书馆建筑与地点;(8)书的排列;(9)装潢与装饰品;(10)创办图书馆的目的;(11)注释;(12)参考文献;(13)人物索引。如果不涉及具体的内容,诺德的著作给人的印象只是一本"图书馆工作概论";但诺德之所以享誉图书馆学界,正在于他所提出的超越时代的种种思想:(1)图书馆应当对公众(主要是学者)开放;(2)图书馆不能仅限于搜藏古代善本,更为重要的是收藏当今的作品;(3)馆藏不应当有倾向性和排他性,宗教书籍与一般图书要一视同仁;(4)必须科学地管理藏书;(5)要慎重地选择图书馆员,并给予相应的待遇和称号;(6)要为藏书配备分类目录和主题目录,以便利馆员和读者;(7)允许读者入库选书和外借图书;等等。[2][3]诺德的思想在 17 世纪是超前的和具有进步意义的,其理论魅力折服了尔后包括莱布尼茨(G. W. Leibniz)在内的许多西方图书馆学者。但诺德的思想还不足以使图书馆学构成一门学科,它虽不时地闪耀着理性的光芒,主体却是图书馆工作经验的总结。

诺德的图书馆学思想在欧洲流传开后,很快引起了图书馆界的积极响应,并在 17 世纪中后期形成了西方第一次图书馆学思潮。与诺德同时代的法国学者克莱门特(Claude Clement)率先于 1635 年出版了《图书馆组织论》一书,作为对诺德图书馆学思想的回应。1650 年,英国皇家图书馆馆长杜里(John Dary)出版《新图书馆员》,认为图书馆是用图书帮助读者学习的中介(factor),图书馆员的任务是"管理学术的公共库存,增加这些库存并采用对所有人最有用的方式使这些库存成为有用的东西;"[3]杜里的论著和思想开启了英国图书馆学重管理的先河。德国大数学家和大哲学家莱布尼茨则是诺德之后 17 世纪西方最有创见的图书馆学理论家,他从事图书馆工作长达 40 余年,其中 26 年任图书馆馆长。莱布尼茨的图书馆学思想散见在各种书信和建议书中,概括地讲,主要包括以下几方面:(1)图书馆应当是用文字表述的人类全部思想的宝库,通俗地讲,是人类的"百科全书",是"和一切时代的伟大人物相互对话的场所";(2)评价藏书的标准应以质量为主;

（3）图书馆必须有固定的经费，以保证图书馆的持续发展；（4）图书馆头等重要的任务是想方设法让读者利用馆藏，为此必须配置完备的目录，包括全国性的联合目录；（5）图书馆要尽可能延长开馆时间，允许读者自由外借，并为读者利用藏书提供便利的设施；等等。[3]可以看出，莱布尼茨的思想是诺德图书馆学思想的逻辑发展，它更关注读者，因而也更加全面和更有进步意义。但如前所述，莱布尼茨的思想更多的是一种"火花"，它未能以系统的理论形式出现，图书馆学在此仍处于萌芽状态。

17世纪的辉煌过后，18世纪的西方图书馆学进入了低谷时期，未有理论大家出现。19世纪伊始，不甘寂寞的德国图书馆学领域开始营建图书馆学的"大厦"，这种自觉的以构建学科体系为目的的行为使图书馆学第一次以学科的形式出现在学科之林中。从此开始，西方图书馆学沿着不同的方向发展，并随着认识过程的深入特别是对图书馆学研究对象本质的逐步逼近，而形成了技术学派、管理学派、社会学学派、交流学派、新技术学派和信息管理学派等多种流派。

据我们的研究，西方图书馆学领域并不存在实用派图书馆学或理念派图书馆学这样的流派。一个流派或学派的形成，需要学说的师徒相承、对学科研究对象的一致认识或共同采用一种新的研究方法等前提条件，需要多个学者围绕一种学说展开研究或形成相关的学说群，而实用派图书馆学和理念派图书馆学都不具备这些条件。究其原因，实用派和理念派不过是图书馆学研究的两种倾向，是任何一门学科的发展必需的两个阶段，若以此为标准，任何一门学科都可以划分为实用和理念两大流派。事实上，两大流派的划分也抹煞了西方图书馆学发展的多样化特征，影响了人们对西方图书馆学的正确认识。

2.1.2　技术学派

技术学派是西方图书馆学史上出现的第一个学术流派。该学派的主要特征是将图书馆看作一个孤立的实体,认为图书馆学的研究对象是具体的图书馆技术、操作方法和工作内容。该学派的主要代表人物有德国的施莱廷格和艾伯特、丹麦的莫尔贝希(C. Molbech)和美国的杜威。

施莱廷格一生从事图书馆工作长达 45 年之久。在长期的实践活动中,他逐渐形成了对图书馆的认识,并将这种认识系统地写入了 1808 年出版的《试用图书馆学教科书大全》一书中。施莱廷格认为,图书馆的作用是将所收集到的相当数量的图书加以整理,并根据求知者的各种要求将图书提供给他们利用。图书馆工作的核心是图书的配备和目录的编制。与此相关,图书馆学就是符合图书馆目的的图书馆整理方面所必要的一切命题的总和。施莱廷格还提出了图书馆员培训和教育的问题。[4]施莱廷格的图书馆学体系是第一个以图书馆学教育为目标而建立起来的较为严谨的学科体系,是图书馆学迈入科学殿堂的第一步,其理论价值和意义是不言而喻的。若置于 19 世纪初期,这是一个近乎完美的体系,但就今天看来,施莱廷格的体系有两个致命的缺陷:一是"图书馆学"一词使用不当,不应以一个具体的社会机构来命名一个学科,二是学科范围过于狭隘,将"图书馆整理"等同于图书馆学。施莱廷格体系的致命缺陷给迄今为止的图书馆学造成了严重的后遗症,在很大程度上滞后了人们对图书馆学的认识。

事实上,施莱廷格体系的缺陷很快就被人们发现了。1921年,年轻的德国图书馆学家艾伯特发表匿名文章,批评施莱廷格的"图书馆整理说"过于狭窄,他认为,图书馆学至少应包括图书馆整理和图书馆管理两部分内容,图书馆学是"图书馆员执行图书馆工作任务时所需要的一切知识和技巧的总和"。艾伯特的图书馆学体系得到了丹麦图书馆学家莫尔贝希的支持,他在1929年出版的《论公共图书馆》一书中系统地阐释了艾伯特的图书馆学思想,史称艾伯特－莫尔贝希体系。[5]客观地分析,艾伯特和莫尔贝希的图书馆学体系要全面一些,但它仍不过是施莱廷格体系的补充与发展,其实质是一致的。

一般认为,美国图书馆学家杜威是技术学派图书馆学的集大成者。杜威一生创立了许多图书馆学领域的世界之最:1876年,杜威等人发起成立了世界上第一个图书馆协会——美国图书馆协会,创办了第一份图书馆学刊物——《图书馆杂志》,同年他还出版了世界上第一部十进制分类法——《杜威十进制分类法》;1887年,杜威又成立了世界上第一个正规的图书馆学教育机构——哥伦比亚大学图书馆管理学校;杜威还开办了图书馆用品公司并主持公司业务长达28年之久。杜威是衔接19世纪和20世纪的图书馆学大家,他的图书馆学思想集中体现在以下几个方面:(1)图书馆是最好的教育场所,是"民众大学";(2)图书馆工作是一种专门职业,必须对图书馆工作人员进行培训;(3)读者需要高于一切,图书馆员不仅要为读者提供借阅服务,也要为读者提供情报,回答读者五花八门的问题,乃至于为读者演唱歌曲和讲故事;(4)图书馆的目标是"以最低的成本、最好的图书,为最多的读者服务";(5)倡导图书馆管理的科学化、标准化和规范化,为此,杜威亲自编写了简便易用的十进制图书分类法,提出了"在版编目"的创议,推动了图书馆设备、用品、目录卡片等的标准化进程,进行了缩写字规范化的工作;(6)图书馆藏书应包括图画、幻灯片和其它媒体资料;等等。总括起来,杜威的图书馆学思想可用他自己的一句话来概括:不追求理论上的完整体系,只从实用的观点出发来设法解决实际的问题。[3]杜威是一个实践家,他做过图书馆馆长、图书馆管理学校校长、图书馆用品公司经理等多种职务,丰富的实践经历既造就了他的非凡业绩,也培养了他的思维方式——习惯于从具体的工作和技术角度入手思考图书馆学的理论问题。杜威的图书馆学思想因其巨大的声望而长时间地主宰着美国乃至世界上许多国家的图书馆学领域,这对于图书馆学而言既是好事也是坏事,从好的方面考虑,它鼓励图书馆工作人员着眼于实际工作,多做有益于读者的事情,从而推动了图书馆学实践的发展;从消极的方面考虑,它禁锢了人们的思维,延缓了图书馆学的科学化进程。

技术学派的历史贡献是确立了图书馆学的学科地位,在经验总结的基础上对图书馆学进行了初步的抽象,从而形成了经验图书馆学的体系框架。技术学派是整个 19 世纪图书馆学的主流,由于它切近图书馆工作人员的直接经验,迄今在世界各国的图书馆基层工作者中仍有很大的影响。

2.1.3　管理学派

管理学派的出现稍晚于技术学派,它也是 19 世纪主要的图书馆学流派之一,迄今在英、美两国仍有很大影响。《不列颠大百科全书》曾这样写道:"图书馆管理学(Library Economy)是这门学科最初使用的名称,直到 20 世纪仍继续使用,尤其是在英国。"[2] 这说明管理学派的图书馆学在英国有着悠久的历史。事实上,如果追溯得远一些,17 世纪的杜里可以算是管理学派的先驱人物。管理学派的主要特征是将所有图书馆工作纳入图书馆管理过程,并将这个过程视作图书馆学的研究对象。管理学派的主要代表人物有英国的帕尼兹、爱德华兹、K. C. 哈里森、宾汉姆、C. 哈里森等人。

帕尼兹是意大利人,后因政治避难到了英国。他从 1831 年起参加大英博物馆的工作,前后共奋斗了 35 年,直到 1866 年因身体欠佳退职。由于他的杰出贡献,人们称他为"图书馆员的拿破仑",英国政府也为此授予他贵族称号。帕尼兹的图书馆学思想概括起来主要有以下几点:(1)国家图书馆要与该国的国际地位相适应,"不列颠博物馆应当收藏世界上一切语种的有用的珍贵图书。英文的藏书应当是世界第一的,俄文藏书应当在俄国境外是第一的,其他外文的收藏也应当如此";(2)图书馆必须有充足的经费做保证;(3)要严格执行呈缴本制度,要善于利用法律手段维护图书馆的利益;(4)要坚持标准化和科学化的管理,帕尼兹为此制订了91条著录条例,该条例至今仍是有关国家著录标准的基础;(5)注重图书馆建筑研究,亲自参与设计和建造了著名的圆顶阅览室和铁制书库;(6)注重改善图书馆员工的待遇,调动他们工作的积极性;等等。[3]帕尼兹的图书馆学思想严格地说是一种图书馆管理思想,他注重国家图书馆研究,强调用法律手段解决经费和呈缴本等问题,突出标准化、建筑、图书馆员工的科学管理,这些特色都为尔后的英国图书馆学所继承。

爱德华兹因在《英国公共图书馆法》制定和颁布过程中的出色贡献而闻名于世,他也因此被誉为"英国公共图书馆运动精神之父"。爱德华兹从1839年起曾在不列颠博物馆工作了12年,并参加了帕尼兹91条著录条例的编写工作。在他与其他同仁的倡导下,英国议会于1850年通过了世界上第一部图书馆法,他旋即于1851年赴曼彻斯特图书馆(这是根据《英国公共图书馆法》建立的第一所图书馆)出任馆长。爱德华兹一生著述很多,他的图书馆学思想集中体现在1859年出版的《图书馆纪要》(Memoirs of Libraries)一书中。该书分"图书馆史"和"图书馆经营"两大部分。"图书馆史"论述了图书馆业务工作、行政、财政、法律、建筑和图书馆运动的历史,尤以公共图书馆基本原则的论述最引人注目。"图书馆经营"又分4篇,第1篇"藏书"论述藏书原则、寄赠、国际交换、采购等;第2篇"图书馆建筑"论述公共图书馆建筑的原则和采光、温度控制、设备等问题;第3篇"分类与目录"包括目录概论、分类组织、规则、索引等;第4篇"内部组织与公共服务"论述图书馆员工、内部管理、图书馆管理委员会、开架制等问题。[2]爱德华兹的图书馆学思想也是以管理为主线的,即使论述图书馆历史也是如此。应该说,管理是图书馆的灵魂,强调管理是必要的;但是,过分强调管理又容易使图书馆学流于具体、琐碎和程式化,这正是爱德华兹乃至整个管理学派的不足。

K. C. 哈里森是英国现代图书馆学家,他于 1950 年出版的《图书馆学基础》到 1980 年已出了修订第 5 版。该书以英国图书馆学为背景,系统论述了作者的图书馆学思想。全书共分 10 章,内容为:(1)国家图书馆、大学图书馆和专业研究图书馆;(2)公共图书馆;(3)图书馆的行政和财政;(4)图书馆之间的资源共享;(5)图书馆协会;(6)图书馆人员管理;(7)图书馆部门和工作方法;(8)馆藏;(9)馆藏组织;(10)参考资料和目录。[6]不难看出,这样的体系结构是与爱德华兹的"图书馆管理学"一脉相承的。与通常的"基础"或"概论"性著作不同,作者没有在开篇论述图书馆的概念和图书馆学研究对象等,他直接从国家图书馆和其它类型图书馆开始切入主题,然后以管理为纲组织图书馆学知识,简练,实用,突出英国图书馆现状和具体事例,易学易懂,殊少理论色彩,对初学者尤其适用。

宾汉姆和 C. 哈里森于 1990 年出版的《图书馆学基础》也已是第 3 版了。他们都是英国的大学教师,写作的目的主要是为教学服务。该书共分 12 章,内容为:(1)图书馆、情报服务和其它相关组织的功能与目的;(2)组织、管理和员工培训;(3)图书馆资料的获取;(4)分类;(5)编目和标引:传统方法;(6)编目和标引:机读方法;(7)图书馆日常工作;(8)图书馆资料的排架与贮存;(9)信息源;(10)图书馆合作;(11)图书馆出版物的目的、利用、生产以及版权和公共外借;(12)图书馆中的信息技术。[7]与 K. C. 哈里森的体系相比,该体系也只是增加了一些与现代技术有关的内容而已,总体框架结构基本上是一致的,这就是延续了近两个世纪的英国图书馆学的特色,英国的"保守"在此表露无遗。

管理学派图书馆学主要是指在英国生成并代代相传下来的图

书馆学流派,其它国家虽然也有图书馆管理学,有些国家(如美国等)还非常注重图书馆管理,但这些国家的图书馆管理学只是图书馆学的一个分支,不像英国图书馆学那样处处刻有管理的烙印。管理学派抓住了管理这个关键环节,以之统率图书馆学,使管理知识与图书馆学融为一体,特色鲜明,丰富了图书馆学的内容。其局限性则在于理论层次不够,不足以在多个层面指导图书馆实践,尤其不利于图书馆的创新与拓展。

2.1.4 社会学学派

社会学学派是由于导入了新的研究方法而形成的图书馆学流派。早期的社会学学派也称芝加哥学派,其核心成员是芝加哥大学图书馆学院的师生,主要包括威尔逊(L. R. Wilson)、韦普尔斯(D.)、巴特勒、约凯尔(C. B. Joeckel)、比尔斯(R. A. Beals)和谢拉等;另据统计,1930~1950年间美国共完成了68篇图书馆学博士论文,这些论文都是芝加哥大学研究生院的产物,其主导潮流是历史和社会研究。[8,9]如果将芝加哥学派置于其产生的社会背景中考察,可以发现,芝加哥大学也是最早建立社会学系并授予社会学博士学位的美国大学,在20世纪20~40年代,芝加哥大学还是美国乃至世界的社会学研究中心,其社会学研究力量如此强大以至于当时芝加哥大学其它社会科学研究无不受其影响;[10]巧合的是,社会学中也有一个芝加哥学派,它与图书馆学中的芝加哥学派相互辉映,适成对照。芝加哥学派的出现极大地影响了美国图书馆学的发展进程,其影响进一步扩展到西方世界,就逐渐形成了图书馆学的社会学学派。社会学学派的主要特征是引入社会学研究方法,将图书馆置于社会之中进行考察,认为图书馆学的研究对象是“社会记忆”或“社会精神”的移植过程。社会学学派的主要代表人物包括美国的巴特勒、谢拉和德国的卡尔斯泰特等。

巴特勒出生于1886年,1912年获哲学博士学位,1916年开始从事图书馆工作,1928年被聘为芝加哥大学图书馆学院的兼职讲师,1931年正式调入该学院工作,1952年退休,1953年因车祸不幸辞世。巴特勒的著述有多种,但其图书馆学思想主要体现在1933年出版的《图书馆学导论》之中,谢拉评论这本书是"图书馆思想发展的真正里程碑"。[2]

巴特勒图书馆学思想的发源是从对当时支配美国图书馆界的偏爱技术而忽视理论的倾向进行激烈批评开始的。他在《图书馆学导论》的序言中指出,图书馆员对自己职业的理论领域的淡漠是不可思议的,他们在理性方面的兴趣似乎仅限于满足使直接的技术过程合理化,而企图将这些合理化概括为专业哲学的做法不仅是无益的,而且是危险的;他接着指出,对于每一个图书馆工作者而言,最为重要的是系统地理解自己正在做的事情,而这就需要理论的指导。巴特勒为此从科学、社会学、心理学、历史和实践等多种角度对图书馆进行了系统的分析与论述。他首先从科学和科学方法谈起,认为图书馆学的研究对象是通过图书这种媒体将社会积累的经验(或知识)传递给社会个体的过程,这个过程从读者的角度来看就是"获取知识的过程"或"通过阅读而学习的过程"。对图书馆的社会学分析是巴特勒图书馆学思想的核心,他认为,"社会对于一本书的出版的贡献远远大于该书作者的贡献",他由此从个人的认知记忆谈到书写形式的发明再谈到书的性质,"书籍只是知识的记录而已";然后,他又谈到通过阅读的学习过程这是一个无休止的智能的新陈代谢过程,是现代社会结构的重要组成部分;他还指出,"对群体特征和活动的持续的社会学研究是确保每一个社会机构改革成功的唯一的安全指南",可见社会学方法在巴特勒认识中的重要性。在接下来的"心理学分析"和"历史分析"两章中,巴特勒分别论述了阅读行为、阅读动机、阅读类型、阅读效果等心理学问题,以及图书的历史、知识的历史、科学的历史、学术的历史等历史问题。最后,巴特勒从实践的角度论述了图书馆学（理论）的价值和图书馆学与图书馆实践的关系,他在《图书馆学导论》的末尾写道:"……只有当图书馆学将其注意力从过程转向功能时,上述事情才会成为可能;唯其为此,人们才能从图书馆学的层面来认识图书馆现象。"[11]

巴特勒是图书馆学理论家,他所创立的学说具有超越时代的理论价值。巴特勒也是图书馆学理论的鼓动者,他在 1943 年出版的《图书馆学的参考职能》一书中这样谈到:"一些图书馆员不喜欢也不相信理论,他们只知道社会需要有效的图书馆服务,而不清楚社会也需要理论观点。他们担心对专业理论的探索会导致对实际工作的忽视。另外一些图书馆员则认为,图书馆的全部工作,应接受理论分析的指导。这种分析将揭示基本规律和原则。他们相信一套完美的图书馆学理论是可以在不损害实际工作效率的情况下向前发展的,甚至还相信,必须在建立了这套完美的理论之后,图书馆员才能在他们的实际活动范围内胜任他们的工作。"[2]巴特勒无疑赞成后一种观点,事实上,理论已成了巴特勒的一种信念。巴特勒的图书馆学理论开启了美国图书馆学发展的一个新时代,但他的理论似乎只是一个宣言书或一个纲要,它过于简略且不系统,还有待于充实和发展。

谢拉是继巴特勒之后美国又一位杰出的图书馆学理论家,他同时也是一位情报学家。谢拉生于 1903 年,1927 年获耶鲁大学文学硕士学位,同年开始从事图书馆工作,1938 年进入芝加哥大学图书馆学院攻读博士学位,第二次世界大战期间任美国战略服务署中央情报部副主任,1944 年获芝加哥大学图书馆学博士学位并留校工作,1952 年受邀赴西部后备大学任图书馆学院院长,1953 年接办美国文献学会会刊《美国文献工作》,1956 年倡议设立"图书馆与情报学"博士学位、1970 年退休后主要从事著述和讲演,1982 年去世。美国图书馆协会在 1982 年年会通过的一项决议中称谢拉是一位"学者、先知、圣人、哲学家、教育家,是图书馆事业史上最杰出的人物。"[2]谢拉是一位高产作家,他所出版的书籍和发表的文章共有 457 件,其中的代表作主要有《公共图书馆的基础》(1949)、《图书馆学的社会学基础》(1971)、《图书馆学教育的基础》(1972),《图书馆学引论》(1976)等。

作为芝加哥学派的成员,谢拉的图书馆学思想深受社会学的影响,从这个意义上说,他是社会学学派的代表人物。据文献记载,谢拉早在耶鲁大学攻读硕士学位时,就对图书馆学的社会学方面产生兴趣,后来在芝加哥大学攻读博士学位时,因与社会学博士汤普森(W. S. Thompson)的交往,这种兴趣益发强烈;1971 年,谢拉出版了他研究图书馆社会学的专著《图书馆学的社会学基础》,最终将自己的兴趣化为行动和著作。谢拉认为,图书的集合并不等于图书馆,图书馆也不仅仅是一个保存图书的地方,这里所说的图书馆是一个组织,是一个保存和便于利用的文字记载系统;换言之,"把知识用书面记录的形式积累起来,并通过个人把它传递给团体的所谓书面交流的机关就是图书馆。"[2]可以看出,谢拉的图书馆认识与巴特勒的图书馆学思想是一脉相承的,它们的共同之处就在于所采用的方法——主要是社会学方法——是相同的。谢拉图书馆学理论的精华是"社会认识论",这部分内容我们将在"交流学派"中阐述。

德国图书馆学家卡尔斯泰特也是社会学学派的代表人物。他于 1954 年出版了《图书馆社会学》一书。他认为,为了建立和维持各种社会形象,必须具有和维持与这些社会形象相应的社会精神,图书馆就是维持和继承这种社会精神的不可缺少的社会机构,它担负着把这种社会精神移入作为社会形象载体的社会成员的职能,它所采用的手段就是搜集、保存和传递社会精神客观化的图书。在此,图书馆是在社会形象中使世代结合的纽带,客观精神是图书馆与社会相互作用与联系的中介。[12]卡尔斯泰特的论述虽带有日耳曼民族长于思辨的特征,但文字本身只是形式,透过这种形式,"客观精神"与巴特勒所定义的"社会知识"的本质是一致的,这也是社会学派的逻辑起点。

社会学学派从社会入手,将图书馆界定为移植人类记忆或客观精神的社会机构,这种认识确定了图书馆在社会中的坐标,促进了图书馆学与其它学科的交流。社会学学派也改变了技术学派和管理学派"重过程"的传统,它更注重图书馆的功能,注重图书馆与读者和社会的交互作用,这样也就蕴育了"交流学说"的种子。社会学学派的不足在于它过分追求理论的完美,这种热衷甚至令巴特勒也感到"科学得真是太过头了"。[9]社会学学派在世界范围内也有广泛的影响,譬如日本[13]和我国[14]都有学者从事图书馆社会学的研究并撰写过有关著作。

2.1.5 交流学派

交流学派是随着情报学的分离、发展及其对图书馆学的反作用而形成的图书馆学流派,它因此也称为图书馆学中的情报学派。交流学派的主要特征是融合情报学的理论与方法,注重情报分析和用户研究,认为图书馆学的研究对象是社会知识交流现象、情报交流现象或科学交流现象。交流学派的代表人物主要有谢拉、奥尔(J. M. Orr)、英格沃森(P. Ingwersen)、瓦卡里(P. Vakkari)和沃西格(G. Wersig)等。

谢拉是 20 世纪中后期美国图书馆学和情报学两个领域的双栖理论家,他的学术生涯大约可划分为两个时期:50 年代之前主要从事图书馆实践与研究,50 年代之后则积极参与美国文献学会的重建工作和情报学的创建工作,到 60 年代,他已成为"世界知名的情报学领域的元老"。他还曾获得国际图书馆学荣誉学会奖、杜威金质奖、美国情报科学学会优秀奖等多项荣誉。[2]谢拉的跨学科实践和研究表现在学术领域,就形成了融图书馆学与情报学为一体的"社会认识论",这也是衔接社会学学派与交流学派的理论学说。谢拉的社会认识论萌发于 50 年代而完善于 70 年代后期的《图书馆学引论》之中,谢拉认为,文化是维系社会的内在力量,没有文化,社会就不能发挥作用,更无所谓存在了;而文化本身又是一个社会的知识、思想和共同信仰的集合体,从广义上而言,文化是由物质装备、文化修养和社会组织三个方面构成的,交流在文化的构成要素之间起沟通的作用(见图 2 - 1),"交流使文化成为一种聚合的整体,并使其有可能在社会中发挥作用。文化通过交流传播系统将我们作为人类这一物种进行着塑造,同样塑造着个人。的确,交流一词的含义就是共享。当两个或两个以上的人交流思想时,他们就是一个共享的统一体。因此,文化可以被看成是人们在交流中所共有的习惯、行为及信仰。由于交流不仅对个人的个性十分重要,而且对社会结构、社会组织及其活动也是重要的,所以它成了图书馆学研究的中心内容。然而图书馆不仅是一种社会文化现象,或者是社会的工具,而且是交流传播网络中的重要组成部分。"交流是谢拉社会认识论的核心,交流一般是涉及两个或两个以上的人的社会现象,交流过程通常包括传递者、接收者、信息和传递媒介物四个因素,整个社会结构中起作用的所有交流形式的形成、流通、和协调消费是社会认识论研究的重点,知识与社会活动的相互影响则是重中的重点。[9,15]谢拉的社会认识论内含着巴特勒图书馆学思想的合理要素,其涉猎领域之广已远远超越了图书馆学的视野,它已演化为一种认识社会的普遍的方法论,这是一个庞大的学术工程,谢拉本人是无法完成的,他只是提出了一种设想而已。值得说明,谢拉在《图书馆学引论》中多次论及情报学及其理论思想,他还请两位青年学者帮他写第四章"机器的神通"和第八章"图书馆与情报服务",这不仅表明图书馆学和情报学在谢拉的意识中是合而为一的,而且也体现了谢拉虚怀若谷、不耻相师、善待"知与不知"的高尚风范。

奥尔(J. M. Orr)也是美国图书馆学家,他于 1977 年出版了

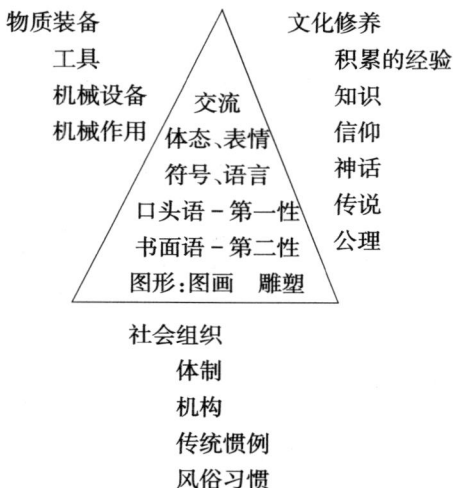

物质装备　　　　　　　　文化修养
　工具　　　　　　　　　　积累的经验
机械设备　　交流　　　　　知识
机械作用　体态、表情　　　信仰
　　　　　符号、语言　　　神话
　　　　口头语－第一性　　传说
　　　　书面语－第二性　　公理
　　　　图形:图画　雕塑

社会组织
　体制
　机构
传统惯例
风俗习惯

图 2-1　文化的构成

（资料来源同参考文献［9］第 62 页）

《作为通信系统的图书馆》一书,在书中,他引入了通讯和传播理论,对人、图书馆和计算机三个系统进行了比较。他认为,图书馆系统是人类社会组织系统的一部分,是人类通信系统的补充,是知识的传递系统,它反映了人类自身的知识体系。[16] 奥尔的图书馆学理论准确地说是通信与传播理论在图书馆学中的应用,但他跳出图书馆学的框架来认识图书馆"庐山真面目"的做法本身是值得赞赏的,他关于"图书馆是人类知识体系的反映"的认识也是正确而切中要害的。

英格沃森是丹麦的图书馆和情报学家。他认为情报学是一个属概念,而图书馆学只是情报学范围内的一种特殊的研究和发展（R&D）活动。在他看来,图书馆学所关心的只是发生在图书馆中的情报过程,它是情报学的特例,譬如,情报检索在图书馆学中称为参考工作,情报管理则演变的图书馆管理。[17] 也就是说,英格沃森所称的情报学实际上已是图书馆学和情报学的一种聚合体,其研究对象是普遍的情报过程或情报交流现象。

德国图书馆和情报学家沃西格对图书馆学和情报学关系的认识则更为激进,他从本体论的意义上否认图书馆学的存在。在沃西格看来,特殊类型的机构不能为一个科学或学术领域提供坚实的基础。"只要没有医院学或监狱学这样的领域,图书馆学的概念也就无法令人信服"(As long as there are no disciplines such as hospital science or jailhouse science, the concept of library science is not very convincing)。尽管如此,沃西格并不否认诸如图书馆等机构的问题可以通过科学方法来解决,这些方法本身可以构成一种知识集合,但这种知识集合更多地是一种研究领域而不是一门学科。沃西格还认为情报学是研究情报机构而非图书馆的一门学科,同时他又将图书馆视之为一类提供情报存取的情报机构,这种表述在逻辑上虽然自相矛盾,但它恰好说明了情报学与图书馆学之间"剪不断、理还乱"的复杂关系。[18]

瓦卡里是芬兰著名的图书馆和情报学家,他在"图书馆和情报学:内容与范围"一文中认为,"情报学从概念方面包含了我们的学科(包括图书馆学在内)论域的必要因素",因此将"图书馆"和"情报学"并列作为学科名称是不经济的和没有意义的,"图书馆学仅是情报学的一个应用领域"。他还谈到,"情报学从其产生伊始就具有重视目的(purpose – minded)的特征。尽管它的名称从图书馆学变为文献工作(documentation)再变为情报学,它的目的却总是为特定的实践活动提供支持。从施莱廷格到布拉福德(S. Bradford)再到贝尔金(N. Belkin),情报学领域经历了长时间的、持续的进步,情报学决心达到的目的就是促进所需情报的存取。情报研究正是在这一原则的支撑下发展起来并走向繁荣的,依据这一原则它在未来将继续拥有自己的领地"。[19]瓦卡里所谈的情报学无疑是指第一次聚变后产生的图书情报学,它排斥了图书馆学的非科学因素而将其核心内容融入了统一的情报学之中，这也是 80 年代末 90 年代初欧洲大陆图书馆学和情报学的发展趋势。

从某种意义上说，交流学派图书馆学是社会学学派图书馆学的延续，巴特勒的图书馆学理论已逻辑地内含着社会知识交流的思想。但我们注意到，交流学派的产生却是与情报学联系在一起的，它可以说是图书馆学和情报学交互作用的产物。情报学具有重技术的传统，这种传统通过交流学派的学说进而影响图书馆学，终至形成了图书馆学中的新技术学派。

2.1.6 新技术学派

新技术学派出现于 60 年代，它是以计算机技术为核心的现代信息技术在图书馆领域应用的产物。由于新技术学派注重引进和发展新的信息技术，注重以新的信息技术为前提预测图书馆的未来趋向，因此它也称作未来学派。新技术学派的主要代表人物有利克利德（J. C. R. Licklider）、兰开斯特、汤普森（James Thomp - son）、克劳福特、戈曼、道林（K. E. Dowlin）等人。

利克利德是美国图书馆学家，他于 1965 年出版了经典之作《未来的图书馆》。他认为，随着新技术的迅速发展及其在图书馆的应用，图书已不再是适宜的信息贮藏物，这样，当人们最终拒绝接受图书是一种有效的信息传输机制时，他们也就会拒绝接受图书馆。利克利德强调信息查询者与信息本身的动态交互，他甚至还设想了一种可以形成"新图书馆网络"的预知系统（precognitive system）：用户可以通过名为"共生者"（symbiont）的机器进行存取，"共生者"的键盘和显示部件允许用户观察文献、图形、书目引文并可执行书目查寻及其它功能。[20]利克利德是新技术学派的先驱人物，他的未来图书馆理论已具备了新技术学派的特征，可以看出，这是一种"技术决定论"。

兰开斯特是美国著名的图书馆学家和情报学家,他从 1970 年以来一直执教于伊利诺伊大学图书馆和情报学院,主要著作有 8 种,其中以《情报检索系统——特性、试验和评价》(1968)、《图书馆服务的测量与评价》(1977)、《走向无纸信息系统》(1978)、《电子时代的图书馆和图书馆员》(1982)等最为知名。兰开斯特的未来图书馆理论可归纳为以下几点:(1)他基于计算机在情报存贮、检索和传播方面的应用,大胆地预测了 2000 年前后无纸信息系统的发展及技术细节,而这一切现在都已成为现实;(2)他探讨了无纸信息系统对科学交流的影响,认为"在全部电子化环境中,正式和非正式交流之间的区别将趋于模糊",网络信息交流将使正式交流渠道和非正式交流渠道之间的共生关系越来越明显;(3)他分析了无纸信息系统的实施可能遇到的技术方面、智能方面、社会和心理方面等诸多问题,这些问题可能比较棘手,"但看来没有哪一个问题会成为不可逾越的障碍",换言之,无纸信息系统的实施和普及是必然的趋势;(4)他探讨了图书馆在无纸社会中的作用,认为未来的图书馆要么演变为"收藏旧印刷记录的档案馆和提供娱乐消遣方面的阅读材料的机构",要么就是为那些没有计算机终端的人而存在;(5)他预测了无纸社会中图书馆员的角色变化,他认为,2000 年的图书馆员"将是一个自由的情报专家,可在办公室或自己的家里为那些求助于他的人工作,帮助他们开发利用各种可获得的、丰富的信息资源"。[21,22]兰开斯特本人是情报检索专家,他对未来图书馆的预测是建立在技术预测的基础上的,为此,他所做的预测中的许多技术内容都已化为今天的现实;但他的预测较少考虑社会、心理、经济等多方面因素,因此对于无纸社会及图书馆和图书馆员的作用的预测未免失实。但无论如何,兰开斯特都是一个伟大的图书馆"预言家",人们接受他的理论也好,否认他的理论也好,都不会掩盖其夺目的光芒:时间是最好的检验者。

汤普森是英国图书馆学家,他在《图书馆的未来》一书中阐述了自己对未来图书馆的认识。该书写于 80 年代初期,全部内容共分 6 章:(1)无法利用的图书馆。主要分析了急剧增长的图书馆藏书与传统的组织和检索手段之间的矛盾,以及经费拮据对图书馆服务能力的制约;(2)先发制人的技术。指出计算机和电信技术的有效结合正是解决图书馆危机的根本途径;(3)电子存贮。通过对联机检索的回溯和比较研究,说明电子存贮即联机数据库的发展将是未来图书馆的核心;(4)数据桥梁。诸如文件提供服务、传真发送、全文系统、电子出版、电传、光符识别、机器翻译等都属于数据桥梁——传送数据给用户的桥梁;(5)图书的未来。电子出版物将取代印刷型图书成为新时代的主要形式;(6)图书馆的未来。"图书馆的结局可能是采取博物馆形式并告别印刷时代",但"图书馆员和图书馆的真正任务——信息的选择,存贮,组织和传播——仍然和历来的任务一样;改变的只是图书馆的形态、结构和图书馆员处理信息的技术方法"。[23]汤普森的未来图书馆学理论也许较少创意,但他博采众家之说,内容翔实,逻辑顺畅,时有真知灼见,确为优秀的图书馆学论著。

　　克劳福特和戈曼均为美国加州资深的图书馆自动化专家。克劳福特从 1968 年起从事图书馆自动化工作,研究领域涉及图书馆、技术和个人计算机(PC),研究成果包括 10 本著作和数十篇论文;戈曼曾在芝加哥大学、伊利诺伊大学、加利福尼亚大学(Berke-ley)和加利福尼亚州立大学(Fresno)的图书情报学院讲授图书馆学课程,研究领域主要涉及书目控制、图书馆自动化和图书馆行政管理,有著述多种。克劳福特和戈曼联手于 1995 年推出力作《未来的图书馆:梦想、狂热和现实》之后,在美国引起极大反响,有多篇书评高度评价该书所取得的进展。该书共分 12 章,内容如下:(1)信条。克劳福特和戈曼认为阮冈纳赞的图书馆学五法则已不能适应今天和未来的图书馆情境(context),为此他们提出了新的五法则,即图书馆是为人类服务的、尊重所有的知识交流形式、理智地(intelligently)利用信息技术以改进服务、保护知识存取自由、赞美过去和创造未来;(2)印刷物的生命。印刷物既不会消亡也未受到损伤,有多种迹象表明,图书馆流通量和书籍销售额都呈上升势头,连续不断的新技术(包括电影、广播、电视、计算机网络等)只是建立了自己的市场而不取代图书馆,经过数百年发展的高度精密的印刷技术与电子信息技术将各擅胜场,互补共存;(3)技术迷的狂热(The Madness of Technolust)。新技术不是万能的,新技术只是旧技术的补充,大多数新的设备都失败了,技术成功是极难预测的;(4)电子出版与分布(distribution)。以提供信息和数据为主的印刷出版物将被电子出版物所取代,CD – ROM 不会拥有巨大的市场,巨型联机文本数据库也运转不灵,Internet 只是由新方法所支持的"无形学院",电子杂志在特定范围内效果良好;(5)与电子信息竞争。全世界的数据量平均每 5 年翻一番,但没有工具能够支持对大型、异质的全文本数据库的有效检索,这正是图书馆员的优势;(6)破除全电子未来的梦想。通用工作站无法满足学者对原始记录的需求,数字转换和存贮的成本使一般的转换极不可行,电子分布的成本模型未包括脱机打印等项费用,Internet 从来就不是免费的,没有强大的公共图书馆及其持续的印刷收藏,电子分布也将失去优势;(7)图书馆的敌人。图书馆在意识到自己的敌人的同时应识别和鼓励自己的朋友,图书馆工作是重要的,改变职业名称只能削弱和威胁它的未来,非中介化(让用户变为自己的参考馆员)的冲动是自杀行为,图书馆不是受资助的书店,图书馆也不是保管员;(8)图书馆的多样化。不同的图书馆和不同的图书馆用户拥有不同的需求和问题;(9)馆藏和存取的经济学。完全建立在存取基础上的图书馆服务是不现实也不经济的,图书馆必须在馆藏和存取之间求得平衡;(10)连续出版物危机的生存指南。连续出版物尤其是科技期刊价格的持续上涨已引发了一场危机,对此,一方面可以就印刷期刊、电子期刊、数据银行等进行比较选择,另一方面可从知识产权入手寻找解决方案;(11)未来图书馆:无墙图书馆。今天和明天的图书馆将越来越多地为远方的用户提供服务,它们必须寻求新的存取非本地信息和资料的方式,它们需要采用那些能够扩展图书馆工作的工具和技巧;(12)好运属于成功的图书馆(Successful Libraries Make Their Own Luck)。未来只有成功的图书馆,未来意味着印刷物和电子传播的共存,意味着线性文本和超文本的共存,意味着以图书馆员为中介的存取和直接存取的共存,意味着馆藏与存取的共存,意味着图书馆既是一座大楼又是一个界面。[24]克劳福特和戈曼的《未来图书馆》完全可以称之为经典之作,其中的一些论点虽还有待于完善和接受实践的检验,但就其博大精深而言足以与巴特勒和谢拉的同类著作相提并论,它们都是美国图书馆学史上的里程碑。

道林则是美国著名的电子图书馆学家,据汪冰的研究,道林"是电子图书馆思想发展史上第一位明确电子图书馆的含义、特点和功能的学者。"[20]道林于1984年出版了《电子图书馆:前景与进程》一书,在书中,他概括了电子图书馆的"二、三、四"。"二"即两个原则:最大可能地存取信息,使用电子技术增加和管理信息资源。"三"即三个功能:资源功能、信息功能、通讯功能。"四"即四个特征:利用计算机管理各种资源,通过电子渠道将信息提供者和信息查询者连接起来,能使信息专家在信息查询者需要的时候介入电子处理过程,能以电子方式存贮、组织和传递信息。[25]1993年,道林应兰开斯特之邀写了"新型记录图书馆:公共图书馆的30年展望"(The Neographic Library:A 30 - Year Perspective on Pub - lic Libraries)一文,又提出了一个新概念:The Neographic Library。这种图书馆可用于处理各种信息、知识和阅读材料的格式;其关注的重点是为用户传送各种应用格式,提供整个社区信息和知识资源的总目录、增加社区所需要和利用的信息和知识的存取,利用现有技术去管理资源和增加存取；The Neographic Library 是图书馆员设计的、存取取向和用户驱动的图书馆，其任务是消除无知。道林还以自己工作的旧金山公共图书馆的计划为依据，构筑了对未来的预见，在他看来，未来的图书馆决不是"无墙图书馆"，事实，未来图书馆将拥有许多能将图书馆服务"输出"到居民家中的视听工作室，其建筑具有"智能性"，是"社区网络的中心"；他相信，电子技术能使图书馆为用户提供"小城镇社区的氛围和感觉"，同时又能使用户获得即时的全球联通。[26]道林的电子图书馆思想是新技术学派图书馆学逻辑发展的产物，其中的技术决定论色彩依然浓厚，但只要留心就可发现，"资源"已潜入了道林电子图书馆思想的深处。

新技术学派正在各个层面迅速取代早期技术学派的位置，一旦现代信息技术进入具体的图书馆工作部门，由传统方法所支撑的早期技术学派的阵地就会土崩瓦解。就新技术学派自身的发展轨迹而言，又可分为三个阶段：从 60 年代中期到 70 年代末，是以预测为主的时期，"技术决定论"的色彩极为浓厚；80 年代初期到 90 年代中期，是以实践为主的时期，"无墙图书馆"、"电子图书馆"、"虚拟图书馆"等诸多概念学说竞相纷呈，技术仍然是这些理论的核心；90 年代中期开始，理性分析又渐渐抬头，唯技术倾向的一统天下风光不再，对当前和未来图书馆的分析预测更多地渗入了社会学、心理学、经济学等因素，"资源中心"的思想有所体现。新技术学派的发展过程再次证明了图书馆学的进化规律，即图书馆学的突破往往首先从技术发端，尔后经过实践的中介，最终还要回归信息资源和用户需求所组成的理论核心，新的理论正是在这个过程中产生和完善的。

2.1.7 信息管理学派

信息管理学派是信息资源管理理论与实践在图书馆学领域的发展所促成的图书馆学理论流派。就图书馆学自身的逻辑发展而言,信息管理学派(或信息资源管理学派)是新技术学派进化的必然产物。就信息资源管理理论的发展而言,"信息管理"是信息资源管理的一种变体,使用"信息管理"一词者多为图书情报领域的学者,[27]他们一方面将信息资源管理理论植入图书情报学之中,另一方面又竭力将具体的图书情报学理论提升和一般化,这样就形成了具有图书情报领域特色的信息管理理论。信息管理学派的主要特征是注重信息资源的集成管理,注重信息资源在集成管理中的核心作用,注重一般信息管理理论的探索。信息管理学派的主要代表人物有马丁、克罗宁(Blaise Cronin)、达文波特(E. Davenport)和斯特洛特曼等人。

马丁是英国昆士大学(亦称女王大学)的教学和研究人员,他于 1988 年出版了专著《信息社会》,其中专门辟出一章来论述自己的信息管理思想。他在谈及信息管理产生的背景时认为,信息管理可以从两个层次上来理解:其一,信息管理是图书情报领域早已熟悉的挑战的更为复杂的变体,它涉及信息扩散、信息载体的异质性、信息爆炸等问题;其二,这些问题的复杂化本身又是社会内部变化的结果,这些变化源于信息的机构化以及人们对信息的认知—信息是竞争优势和利润之源。信息管理是使有价值的资源隶属于标准化的管理和控制过程以实现其价值的活动,更有效地说,它必须超越程序式的信息收集、贮存和传播工作而致力于使信息利用及其贡献为实现组织目标服务。信息管理的范围广及数据处理、文字处理、电子通信、文书和记录管理、图书馆和情报中心、办公系统、外向型信息服务、所有与信息有关的经费控制等领域,其组成要素则包括技术、专家、可利用的资源和系统等。[28]马丁的信息管理思想深受源自美国的信息资源管理理论的影响,它是以假想中的集成信息管理为研究对象的,它已不能称之为图书馆学理论,准确地说,它是从图书情报领域发展起来的信息管理理论。

克罗宁是美国资深的情报学家,达文波特则是英国苏格兰的一位青年学者,他们合作于 1991 年推出的《信息管理原理》(Elements of Information Management)代表了信息管理发展的又一种方向,这是一种哲学层次的信息管理理论。克罗宁和达文波特不满足于现有的理论思维与探索,他们试图从直觉入手,运用模型、隐喻及相关的方法论,剖析信息管理的深刻内涵,并使之上升到一般理论的层次。该书共分 5 章,内容包括:模型、隐喻及转喻;激活财产;价值分析;竞争优势;商品与市场。他们认为,信息管理产生的条件有三个:一是信息可以模型化,二是信息必须在特定情境中实现模型化,三是具有特定目的。他们进一步考察了信息资产模型化的四种情境即企业、政府、大学和图书馆,发现在这些情境中资产管理的目标是实现信息资源的潜在价值。他们还运用 2 × 2 矩阵表逐一分析了上述四种情境中信息资产的表现形式和类型以及如何激活这些资产的方法,以图书馆为例,其信息资产可概括为藏书、建筑设施、职业技能、信誉、技术基础、历史遗产(heritage items) 6 种主要类型,它们又可归入资产矩阵模型(见图 2 – 2),但由于缺乏生产、包装、分配、营销等手段,这些资产只是一种静态的资产,我们必须运用资产管理战略才能激活这些资产,这些战略包括转

	有形资产	无形资产
流动资产	图书馆藏书 特殊馆藏	服务质量 职员技能
固定资产	建筑设施 汽 车	寄存物

图 2-2 图书馆资产[29]

让、出租、特许经营、合同承包、重新估价和开发等。[29] 克罗宁和达文波特在《信息管理原理》中还多次论及图书馆,但图书馆在此无疑只是信息管理理论的一个具体的应用领域,其信息管理理论已超越多年来形成的信息行业及其观念而发展为一般意义上的信息

管理理论。

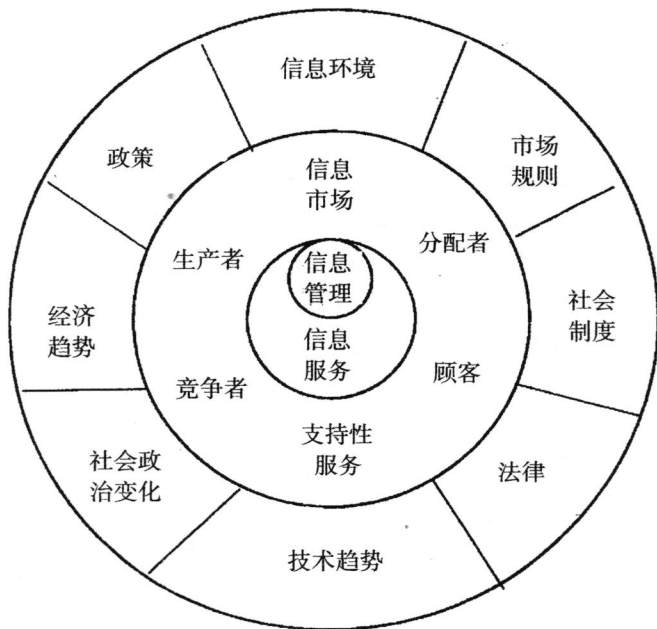

图 2-3 信息管理的圈轮结构

（资料来源同参考文献[30]）

斯特洛特曼是德国的图书情报学者和信息管理学家,他在 1993 年发表了"90 年代的信息管理:概念框架"一文,系统地阐述了自己的信息管理思想。斯特洛特曼认为,信息管理是对信息资源及相关信息过程进行规划、组织和控制的理论,信息资源包括信息内容、信息系统和信息基础结构三部分,信息过程则包括信息产品的生产过程和信息服务的提供过程。如果将信息管理简化为一种"圈轮"结构,那么处于核心的是信息管理,信息管理外层是信息服务背景,再外层是由信息提供者、信息分配者、竞争对手、顾客和支持性服务等要素构成的信息市场背景,最外层是由那些与信

74

息市场发展有关的政策、经济趋势、社会政治变化、技术趋势、法律、社会制度、市场规则等要素所构成的信息环境背景(见图2-3);而图书馆和情报服务则是信息服务的有机组成部分。斯特洛特曼认为,图书馆与情报服务必须在两个方面改进其信息管理:在内部,它们必须改进对信息资源的管理以提高生产率、服务效果和质量;在外部,它们必须把握各类用户的信息需求并设法满足用户的特殊需求以支撑它们的信息管理。斯特洛特曼将信息管理定位在信息服务的框架内是一个创举,它充分体现了图书情报学的思维特点,从这个意义上说,斯特洛特曼的信息管理理论是真正融合信息资源管理和图书情报学理论的产物。

信息管理学派的理论已远远超越了图书馆学的规定性,它既是图书馆学也不是图书馆学。从肯定的意义上来审视信息管理理论,它包容了图书馆学的合理内核,是图书馆学进化与变迁的必然结果;从否定的意义上来审视信息管理理论,它与图书馆学理论有质的不同,它们之间是要素和整体的关系,而"整体大于部分之和"。信息管理学不会取代图书馆学,诚如克劳福特和戈曼所言:"在过去的年代中,当电影、收音机和电视普及开来时,人们曾几次预言印刷物和公共图书馆将会消亡。然而现在的结果是,新的媒介建立了自己的市场—它们不仅没有取代相反还增进了印刷物和公共图书馆的价值。"[24]同理,信息管理学将在广阔的领域和较高的层次建立自己的"势力范围",图书馆学则将继续在信息资源体系研究领域确立自己的优势。

2.2 俄罗斯和前苏联的图书馆学思想

2.2.1 鲁巴金与早期的俄罗斯图书馆学

进入 20 世纪之后,俄罗斯和前苏联逐渐成为世界图书馆学的一支重要力量,其图书馆学思想和学说带有鲜明的地域和政治色彩,繁荣时期的"苏联图书馆学"还曾是世界图书馆学的主流之一。

俄罗斯和前苏联图书馆学思想的发展历程明显地分为三个时期:1917 年之前为第一时期,鲁巴金(Н. А. Рудакин)是最主要的代表人物;1918 年十月革命胜利到 1991 年前苏联解体为第二时期,列宁的言论和丘巴梁的社会主义图书馆学学说是该时期的主流思想;1991 年之后则为第三时期,该时期俄罗斯图书馆学的发展呈现出多元化和无序化的特征,初步形成的学术流派有文化学派、营销学派和情报学派等。

鲁巴金是十月革命前俄罗斯图书馆学最杰出的代表人物,"作为一个著名的通俗作家、图书馆学家和目录学家以及与革命团体有联系的进步的社会活动家,鲁巴金把自己的一生都献给了在人民中传播知识的工作,献给了图书工作。"[31]鲁巴金在图书馆学研究方面的贡献主要表现在两个方面:一是对自学和阅读问题的研究,二是对图书馆藏书补充理论(又称"图书核心"理论)的研究,其中又以自学阅读研究最有代表性。早在 1889 年,鲁巴金就开始研究图书在各阶层居民中的流通问题,他还拟定了一个内容丰富的"民众文学研究纲要"以收集有关阅读的普及性方面的社会学材料;1895 年,鲁巴金出版了《俄国读者初探》,用大量的事实材料概述了各阶层居民中阅读普及的情况,并对图书工作中的许多迫切问题进行了研究;1906 年,鲁巴金的巨著《书林概论》第 1 版问世,这是鲁巴金为辅导自学阅读而编撰的参考书,全书共分两部分,第一部分论述图书馆学和目录学的理论问题,第二部分是一个图书分类索引;1910 年,鲁巴金发表"读者心理学探讨"一文,就阅读心理学进行了深入的探讨,他认为,"作者写进书里的东西,总是不可能完全被读者所理解。因为,每个读者对于书本领会的程度只能与其本身心理上的感受有关";1913 年和 1914 年,鲁巴金又发表了《关于自学教育问题致读者的信》和《自学教育的实践》等论著,这是鲁巴金在自学教育的阅读理论和实践方面的研究结晶;1911 – 1915 年,鲁巴金的《书林概论》第二版陆续出版发行,这部巨著分三卷,包括各个知识门类的著作 16000 余种,列宁还应鲁巴金的请求为该书写了书评。鲁巴金的许多论著至今仍具有指导意义,丘巴梁曾这样评价鲁巴金:"必须肯定,鲁巴金的贡献不仅在于实现了他以研究读者为内容的广泛的纲要,而且他还提出了有关阅读的社会学和心理学的许多复杂的理论性问题,研究了自学教育的理论和实践问题。"[32]

鲁巴金是俄罗斯和前苏联图书馆学思想发展史上接续两个时期的关键人物,他所开创的图书流通研究、自学教育研究、阅读理论研究、书目研究、藏书补充理论研究等图书馆学领域以及重视社会学、心理学和调查研究的学术传统,对尔后前苏联和俄罗斯的图书馆学发展有着深刻的全方位的影响,所有这些正是俄罗斯和前苏联图书馆学的主要特色。然而,也正是因为鲁巴金跨越了两个时期,十月革命后他的某些思想与当时的社会背景无法协调,列宁在评价鲁巴金的《书林概论》时,一方面高度肯定了它的价值,"任何一个相当大的图书馆都必须备有鲁巴金先生的著作";[33]另一方面又对鲁巴金思想上的折衷主义和臆想的"超党派性"给予了致命的批判。丘巴梁称"列宁这篇文章的意义已经超出了单纯地评论一份图书目录的范围。文章所表述的思想,对整个图书流通事业都是适用的。"[32]在此,鲁巴金十月革命前后所感受到的不适应以及列宁对鲁巴金的批判标志着俄罗斯和前苏联图书馆学发展连续性的第一次中断,这也是其图书馆学另一特色——注重意识形态——的集中表现。当1991年出现了第二次中断时,否定了前苏联图书馆学的俄罗斯图书馆学家们还将回到鲁巴金这里来寻找理论源头和依据。

2.2.2 列宁的图书馆学思想

列宁是古往今来世界各国国家元首中高度重视图书馆工作和事业并形成了独到认识的唯一的一位。列宁一生从未间断过利用图书馆,由于亲身的实践和体验,他深刻认识到图书馆在人类生活中有着极其重要的地位与作用。十月革命后,列宁把图书馆事业建设看成是无产阶级革命事业的一部分。在国家百废待兴的情况下,他还抽出时间直接领导苏维埃共和国的图书馆建设工作。在列宁的倡议和参与下,苏维埃政府制订了一系列有关图书馆的方针政策。列宁还提出了许多重要观点,这些观点集中体现在他的夫人克鲁普斯卡娅(Н. К. Крупская)所编写的《列宁论图书馆工作》一书之中。

《列宁论图书馆工作》一书共分三部分:第一部分为列宁关于图书馆工作的书信、演说、论文和意见;第二部分是列宁签署的有关图书馆的法令和指示;第三部分为克鲁普斯卡娅为该书一、二、三版写的序言及她本人所撰写的"列宁在图书馆从事研究工作"和"社会主义建设的重要部分"两篇文章。《列宁论图书馆工作》1957年曾出过中译本。[34]

概括起来,列宁的图书馆学思想主要表现在以下六个方面:(1)对图书馆的地位与作用的认识。列宁在其一系列言论中指出,图书馆应当是国民教育中心,是对群众进行政治教育的主要场所,图书馆事业的状况是整个文化程度的标志,图书馆事业建设是

78

国家文化水平的标志之一;(2)提出了评价图书馆的标准。列宁认为,"值得公共图书馆骄傲和引以为荣的,并不在于它拥有多少珍本书,有多少16世纪的版本或10世纪的手稿,而在于如何使图书在人民中间广泛地流传,吸引了多少新读者,如何迅速地满足读者对图书的一切要求,有多少图书被读者带回家去,有多少儿童来阅读和利用图书馆,……;"(3)重视图书馆管理。列宁提议并经人民委员会通过的《关于图书馆工作的安排》的决议(1918)曾明确指出两点,其一是对图书馆事业实行集中管理,其二是采用瑞士和美国的制度包括开架制、馆际互借、联合目录的编制、为读者借阅提供一切可能的方便等等;(4)提出了图书馆网络建设的指导原则。列宁指出,"我们应当利用现有的书籍,着手建立有组织的图书馆网来帮助人民利用我们现有的每一本书,应当建立一个有计划的统一的组织,而不是建立许多平行的组织";(5)确立了集中供应图书的制度。列宁强调要用新的图书及时地优先补充图书馆,要由国家统一集中地向图书馆提供新书,列宁的这些思想后来变成了前苏联集中供应图书制度的理论基础;(6)明确图书馆是群众性文化事业,强调吸引居民参加图书馆事业建设。列宁认为,既然社会主义是千百万人的事业,不是少数人的事业,那么全体居民都要有文化,都要亲自参加文化建设,包括图书馆建设;列宁还提出应组织居民中的积极分子和具有专门技能的人参加宣传图书和指导阅读,应组织读者和居民参观图书馆,应使图书馆定期向居民做报告并接受居民监督等建议。[3,34]

列宁的图书馆学思想是俄罗斯和前苏联图书馆学史上的宝贵财富,它不仅直接指导了前苏联的图书馆事业建设和图书馆学理论研究,而且对世界图书馆事业尤其是社会主义国家图书馆事业的发展也产生了巨大影响。客观地评价,列宁对"图书馆与社会"的认识是深刻的和有相当高度的,在20~30年代还是先进的和领导国际潮流的,但鉴于列宁本人是刚刚诞生的苏维埃政权的领袖,他的工作和时间都不允许他对图书馆学进行系统地探索,因此他的图书馆学思想又是零散的和散发式的,他在图书馆学方面的探索和贡献与莱布尼茨有些相似。在前苏联时期,一些图书馆学家过分夸大列宁图书馆学思想的作用,唯列宁言论是从,以至于到了顶礼膜拜、奉若圣经的程度,这是不科学也不符合列宁精神的。实事求是地讲,列宁的图书馆学思想带有20～30年代的时代特征和社会主义国家的政治色彩,其中的精华部分过去、现在和将来都将是世界图书馆学发展的指导原则,但一些时代性和政治性较强的言论将永远属于逝去的时代和作为历史的前苏联图书馆事业。

在谈到列宁的图书馆学思想时,我们不能不论及他的夫人克鲁普斯卡娅,她是列宁图书馆学思想的继承者和宣传者,是前苏联社会主义图书馆学的重要奠基人之一。克鲁普斯卡娅在1917～1939年间曾主管苏维埃的图书馆工作,参加起草了一些有关图书馆的重要文件;在她的领导下,召开了全苏图书馆工作的重要会议,创办了专业杂志、图书馆学校和图书馆学研究机构等。列宁逝世后,她编辑出版了《列宁论图书馆工作》,集中介绍了列宁的图书馆学思想。克鲁普斯卡娅在长期的图书馆管理实践和探索过程中,也形成了自己对图书馆学的认识,其内容涉及以下方面:关于社会主义社会图书馆的特点;有计划地建立图书馆网;各种类型的图书馆都应广泛接近读者;发展和巩固农村图书馆和儿童图书馆;图书馆应成为思想工作和积极宣传马克思列宁主义的中心,自学的基地;图书馆应把书籍送到劳动人民生活中去;吸引社会人士参加图书馆的建设;图书馆员是图书馆事业的灵魂,要积极培养苏维埃图书馆员;等等。[4]克鲁普斯卡娅的图书馆学思想是列宁图书馆学思想的展开和补充,她的有关论述也成了尔后前苏联图书馆事业发展的指导思想。

2.2.3　社会主义图书馆学

　　社会主义图书馆学是指在前苏联时期发展起来的图书馆学说,它初创于 20 年代,形成于 30 年代,成熟于 40～50 年代,繁荣于 60～70 年代,变革和衰落于 80 年代。社会主义图书馆学最为集中地体现在丘巴梁所著的《普通图书馆学》之中。

　　丘巴梁是前苏联时期最为著名的图书馆学家之一,他于 1960年以《普通图书馆学》专著获教育学博士学位,该书随即被选作高等学校图书馆学专业的教材,并于 1968 年和 1976 年出版了增订第二版和修订第三版。《普通图书馆学》一书共分 6 章,内容分别为:图书馆学——社会科学;图书馆与社会;苏联的图书馆事业;苏联图书馆事业的组织原理;图书馆为居民服务;苏联图书馆事业的管理。

　　丘巴梁首先论述了社会主义图书馆学的各个侧面,他认为:(1)社会主义图书馆学的主要特征"在于它一贯地坚持从社会的、经济的和文化的各种角度,对图书馆事业进行阶级分析,并且一贯坚持对于图书馆在不同的具体历史条件下所起的社会作用的种种表现形式,给予阶级的分析";(2)社会主义图书馆学的主要任务是"研究在社会主义社会的具体条件下,图书流通的规律性。……占主导地位的问题有:图书财富的使用问题、组织群众阅读的问题和群众阅读的思想内容问题";(3)社会主义图书馆学是一门社会科学,它以马克思列宁主义的方法论为基础,以列宁制定的图书为人民群众服务的组织纲领为依据;(4)社会主义图书馆学的主要研究课题包括把图书馆作为国内图书流通的基地、从社会学的各个角度去研究图书馆事业、剖析社会经济变动对图书为人民服务工作所产生的影响等;(5)苏联图书馆事业的基本实质在于组织图书财富,使之为公共使用,图书馆事业本身是一个与国家整个的生活有机地联系在一起的社会交流体系;(6)苏联图书馆作为进行思想教育和交流科学情报的社会机构,本质目标就是引导人民阅读优秀图书;(7)图书馆工作应服从国家在政治、经济和文化方面提出的各项任务,它本身是一个积极的、富有教育意义的过程,其中,"教育心理学基本原理的形成以及在宣传图书和指导阅读方面一整套行之有效的方法的创立",是对科学的一项重大贡献;等等。

在接下来的章节里,丘巴梁的所有努力就是诠释列宁的言论和展开社会主义图书馆学体系。丘巴梁图书馆学思想的主要特色表现在以下几个方面:(1)确立了一种具有前苏联特色的图书馆学"交流说"。丘巴梁认为,"苏联图书馆学是一门把图书馆过程作为群众性地交流社会思想的一种形式的社会科学";(2)继承了1917年前俄国图书馆学的优秀传统,主要表现在重视图书流通、阅读过程、自学教育和书目工作的研究,强调对图书馆和读者的社会学和心理学研究等;(3)突出了社会主义图书馆学的导向优势,主要表现为注重人的全面发展,注重图书馆的普及性,注重图书馆的计划管理、集中管理和民主管理等;(4)体现了前苏联图书馆为居民服务的特色,包括为农村居民服务、为城市居民服务、为儿童和青少年服务,以及为专家服务的一整套经验、方法和理论;等等。

丘巴梁可以说是社会主义图书馆学的集大成者,他的《普通图书馆学》则是社会主义图书馆学的经典之作,是世界图书馆学思想宝库中的一颗瑰宝。就丘巴梁图书馆学的表象和形式来看,它是列宁图书馆学思想的演绎和系统化,是前苏联政治文化和意识形态的集中体现,是前苏联图书馆实践的高度概括;若透过其表象和形式来认识,丘巴梁图书馆学体系的骨子里流淌的依然是俄国图书馆学家的学术思维,是具有俄罗斯特色的图书馆学内容。从这个意义上来说,从俄国到前苏联再到俄罗斯的图书馆学发展过程是连续的,"中断"的只是作为意识形态的图书馆学。

2.2.4　俄罗斯图书馆学流派

前苏联解体之后,俄罗斯图书馆学领域发生了许多重大变革。
首先,许多重要的专业刊物更换了名称,如《苏联图书馆学》改名
为《图书馆学》,《苏联图书馆员》改名为《图书馆》,《苏联科技图
书馆》改名为《科技图书馆》等等,《苏联图书馆学》改名为《图书
馆学》时还专门刊登了启事,声明期刊的性质由原来注重纯学术
研究转为理论和实践并重,这可以视之为俄罗斯图书馆学的一种
导向变迁。其次,俄罗斯图书馆学期刊中出现了许多新的名词、术
语或概念,主要包括"图书馆事业哲学"、"图书馆学范式"、"图书
馆意识形态"、"图书馆营销"等,这些新的术语和概念从一个侧面
反映了当今俄罗斯图书馆学寻求变化的心理和多样化的发展特
征。再次,前苏联时期大一统的社会主义图书馆学阵营开始分裂,
形形色色的俄罗斯图书馆学派初具雏型,其中以文化学派、营销学
派和情报学派较为知名。最后也是最为重大的变革是俄罗斯图书
馆学者对前苏联社会主义图书馆学的否定,他们倾向于认为,图书
馆事业不应从属于某一政党、某种政治或某种意识形式,党性原则
也不应成为图书馆学的方法论原则。[35]

文化学派从维护人文主义理想和全人类的共同价值出发,认
为图书馆学应从文化角度考察图书馆的社会功能,图书馆应建设
成为人类知识和文化的神圣而宏伟的殿堂,而不应将其变为集市。
持这种观点的学者强调十月革命前俄国图书馆的人文主义思想实
质及其对当今图书馆事业的通用性,提出要重新弘扬这种思想精
神。譬如,克里马科夫(Ю. В. Климаков)认为,从彼得大帝时起
一直到十月革命前及现在,图书馆都有着类似的目的,即"收集和
保存人类文明和精神成就,促进人类对世界历史文化和世界当代
文明的互相利用";波罗申(С. А. Ђорошин)则高度评价了革命前
俄国图书馆作为人民大众精神和文化源泉对整个民族精神和文化

83

进步的推动作用,他认为,"在俄国,有两个殿堂,一个是教堂,另一个就是图书馆",文化学派还将图书馆的主要社会使命归结为实现"社会教育"功能,并认为俄罗斯图书馆社会教育功能的实现经历了宗教精神阶段(11世纪至18世纪)、启蒙教育阶段(18世纪~1918年)、共产主义意识形态教育阶段(前苏联时期)和文化复兴阶段(90年代)四个阶段。

营销学派是俄罗斯市场经济的典型产物,其代表人物有秋琳娜(Н. И. Тюлина)、奥西波娃(И. П. Осипова)和宾捷尔斯基(И. Л. Бендерский)等。秋琳娜认为,只有运用营销学方法,尤其是在用户服务和图书馆管理领域中运用营销学方法,图书馆才有能力巩固和确立自己作为一种社会设置的地位。奥西波娃认为,营销方法能够使图书馆以现代方式在市场经济条件下作为一种社会设置发挥应有的社会功能,并对社会产生积极的影响。宾捷尔斯基则把营销学作为图书馆学的"新思维"加以论证。但是,营销学派的观点也遭到了部分学者的批评,马林诺娃(Т. Л. Малинова)就曾提醒人们警惕将营销学这一"手段"变为"目的",她指出,这样做将动摇图书馆学赖以存在的信念并将抽掉其精髓,因为图书馆的目的是保存人类的知识记忆并促进其社会利用,而营销学不过是一种商业手段,对其过分热衷将带来难以想象的后果。

情报学派运用情报学观点解释图书馆的社会使命,持这一观点的学者认为,图书馆的目的是为了向每一位社会成员最大限度地提供情报保障。譬如,德奥尔金娜(М. Я. Дворкина)就认为,追求情报的通畅性是图书馆工作的基础,为此,图书馆事业新的哲学应该是"研究情报提供的有序性和通畅性的哲学"。

俄罗斯图书馆学流派还处于形成时期,它们是俄罗斯和前苏联图书馆学发展出现"第二次中断"后不同的图书馆学者寻求新的理论道路的结果,其中,文化学派试图从十月革命前的俄国图书馆学中找回"失落的记忆",营销学派希望借助营销学方法打开突破口,情报学派则力图嫁接情报学于图书馆学的"残枝"上。但如前所述,任何学科或理论的发展都是连续性和间断性的统一,如果失却连续性,一门学科或一种理论将无所依托,其发展速度必将大为延缓,其发展方向也必将出现紊乱。

俄罗斯图书馆学理论研究目前还处于无序状态。前苏联解体后,俄罗斯否定了社会主义制度,摒弃了作为指导思想的马克思列宁主义,这样就形成了"历史的中断"现象,其结果不可避免地引发了图书馆学研究乃至其它社会科学研究的混乱无序。然而,图书馆学归根结蒂是一门社会科学,它不可能不受意识形态的影响和制约,失去了共产主义意识形态和马列主义哲学支撑的俄罗斯图书馆学力图论证"图书馆事业哲学"、"图书馆意识形态"、"图书馆学新范式"等等,其目的正是为了寻找理论归宿或理论依据。由于俄罗斯一时还难以建立足以取代前苏联时期共产主义那样的意识形态,其现实生活中就出现了意识形态的"真空"或多文化现象,映射到图书馆学领域,就导致了多种观点和多种流派并存的局面。诚然,这种局面不会永远持续下去,它也不完全是坏事,着眼未来,它将促成俄罗斯图书馆学的多元化发展格局及新的繁荣。

3 图书馆学流派与学说论评:东方

3.1 印度及日本的图书馆学思潮

3.1.1 印度及日本图书馆学的形成

在世界图书馆学的大家庭中,印度和日本皆因其对图书馆学的不倦追求而占有一席之地。印度图书馆学是与一个伟大的名字分不开的,这就是阮冈纳赞。日本则是世界上最早推行图书馆学和情报学一体化的国家之一,注重情报研究是日本图书馆学最主要的特色。

印度的近代图书馆出现较早,据《印度图书馆事业与图书馆学》一书的记载,印度最古老的公共图书馆可溯源到1804年建立的皇家亚洲协会(the Royal Asiatic Society)孟买分馆和1818年建立的马德拉斯文艺协会(Madras Literary Society)图书馆,但真正意义上的公共图书馆则出现在19世纪后期,"自由而开放的公共图书馆系统精神扎根于19世纪后期的土壤中,这是50余年来大量努力的结果。"[36]如同中国的公共图书馆运动促进了近代图书馆学的产生,印度19世纪后期的公共图书馆运动也推动了印度近代图书馆学的发展,值得注意的是,印度图书馆学出现的时间与发展轨迹同我国的图书馆学极其相似。

印度近代图书馆学也出现于20世纪初期,"印度公共图书馆之父"博登（W. A. Borden）是早期的主要代表人物。1910年,巴罗达州授命博登就州图书馆和全州图书馆发展规划提出建议、进行规划和组织实施,任期3年。博登圆满地完成了任务,他的方案具有鲜明的特色,其中在使图书馆接近大众方面最富创造性;当时,甚至印度的"文化人"都没有利用图书馆的观念,但博登却引入了自由而开放的公共图书馆概念,"博登的成就必定促成了阮冈纳赞的前3个法则。"博登的第二个贡献是发展了印度最早的州际图书馆网络,他为此又引进了儿童图书馆和流动图书馆的概念。博登的第三个贡献是为藏书的存取编制了一个称为"巴罗达分类法"的分类表,从而促进了编目工作的现代化。博登还创办了印度最早的培训图书馆员的正规学校和最早的杂志之一"图书馆札记"（Library Miscellany）。印度图书馆学家塔赫（Mohamed Taher）与美国学者戴维斯（D. G. Davis, Jr.）在他们所著的《印度图书馆事业与图书馆学》一书中这样写道:"博登的名字可能会淡出历史,但他的计划、模式和方案却常常在不同的社会环境中应用着。"[36]巧合的是,与韦棣华（Mary E. Wood）一样,博登也是美国人。博登开启了印度图书馆学的大门,但唱主角的却是阮冈纳赞。

阮冈纳赞转入图书馆学领域是印度图书馆学乃至世界图书馆学的幸运。阮冈纳赞是30年代印度图书馆学第一次高潮的核心人物和50~60年代印度图书馆学第二次高潮的领袖人物,阮冈纳赞的图书馆学思想确立了印度图书馆学的研究特色并在某种意义上规定了印度图书馆学的研究范围与方向。阮冈纳赞去世后,印度图书馆学开始分化,到80~90年代逐渐形成了知识组织学派、管理学派、信息技术学派和"本土研究"学派等多种流派,并最终达成第三次高潮。

日本图书馆学的发展可依第二次世界大战为界分为前后两个时期。明治维新以后,日本开始接触西方文化,陆续将欧美的图书馆引入日本,并着手探索图书馆学的一些理论问题,此后,一直到第二次世界大战,日本图书馆学总的特征是重技术、轻理论,主要的著作有西村竹间的《图书馆管理法》(1892)、田中稻城的《图书馆管理法》(1900)、佐野友三郎的《通俗图书馆经营》(1914)、和田万吉等的《图书馆小识》(1915)、植松安的《教育与图书馆》(1917)、今沢慈海的《图书馆经营的理论与实践》(1926)等。第二次世界大战后,恢复图书馆事业成为日本复兴国家"政策"的一个重要组成部分,日本为此颁布了《图书馆法》,从而为战后日本图书馆事业和图书馆学的发展奠定了基础。[37] 该时期日本图书馆学的发展又可分为两个阶段:50年代初期到60年代中期,图书馆的经营问题和社会问题是研究的热点,理论研究受到重视;60年代中期以后,情报学开始介入图书馆学领域,图书馆学与情报学最终合而为一。

印度和日本的图书馆学都具有鲜明的特色,其中,印度图书馆学受英国的影响多一些,日本图书馆学则受美国的影响大一些。然而,外来的影响并没有从根本上决定印度或日本的图书馆学特色,它们在具体的发展过程中更多地融合了民族文化因素,这才是它们的精华所在。

3.1.2 阮冈纳赞与印度图书馆学的两次高潮

"阮冈纳赞无疑是20世纪图书馆学的巨人"。[38] 他出生于1892年,1917年获数学博士学位,此后辗转于几个大学或学院,以讲授数学和物理谋生。1924年,阮冈纳赞应聘马德拉斯大学图书馆馆长获得成功,从此步入图书馆学领域,这是图书馆学史上值得纪念的年份。1924~1925年,阮冈纳赞获准赴英国伦敦大学图书馆学院学习,他曾一度有重操数学教鞭的想法,但他的老师英国克洛顿公共图书馆馆长塞耶斯(W. C. B. Sayes)从他身上看出某些超人的东西,从而帮助他去研究英国大量的图书馆和接触英国图书情报学领域的众多专业人员。与塞耶斯的交往以及对英国图书馆服务的考察,增长了阮冈纳赞对图书馆学的认识,打开了他通往图书馆学殿堂的大门。

1925 年,阮冈纳赞返回印度,继续担任马德拉斯大学图书馆馆长至 1944 年。在此期间,他彻底改组了该校图书馆,创建了马德拉斯图书馆协会(1928)和图书馆学校(1929),进行了大量的理论研究并出版了他一生中最为重要的几种著作,包括《图书馆学五法则》(1931)、《冒号分类法》(1933)、《分类编目规则》(1934)、《图书馆管理》(1935)、《图书分类法导论》(1937)等。阮冈纳赞的研究和实践活动将印度图书馆学研究推向了第一个高潮。

印度图书馆学的第一次高潮出现于 20 世纪 20 年代后期到 30 年代末。该时期最重要的事件除阮冈纳赞的系列研究与实践活动外,当数印度图书馆协会(ILA)的成立和图书馆学教育的勃兴。印度图书馆协会成立于 1933 年,其目标是"促进本国的图书馆运动;促进专业人员的培训;促进图书馆学的研究;为改进专业人员的现状和服务条件而工作;与国际图书馆组织合作。"[36] 在该协会及陆续建立的各地方图书馆协会的组织与推动下,印度图书馆学研究空前繁荣,一大批代表人物应运而生,其中既有土生土长的印度图书馆学家,也有来自西方的外国学者,主要包括博登、阮冈纲赞、印度图书馆协会第一任主席托马斯(M. O. Thomas)和第一任秘书长阿沙杜拉(K. B. Asadullah)、图书馆学教育家迪金森(A. D. Dickinson)等人。到 1947 年印度独立前,印度已有 5 所大学可以提供图书馆学学位课程,以巴纳拉斯(Banaras)印度大学为例,学位课程主要包括分类、编目、目录学、书籍选择和参考工作、组织、一般知识等 6 门理论课程,以及分类、编目、目录学和书籍选择等 3 门实践课程;这些课程从一定程度上也可以反映当时印度图书馆学的研究内容。

1944 年,阮冈纳赞当选印度图书馆协会主席,成为名实相符的印度图书馆学领袖。1945 ~ 1947 年他应巴纳拉斯印度大学之邀任图书馆馆长,1947～1954年又应邀赴德里大学创建图书馆学系并担任教学与科研工作,1955～1957年移居瑞士苏黎世潜心研究分类理论,1957年返回印度后定居班加罗尔,1958～1967年任马德拉斯图书馆协会主席,在其生命的最后10年也即1962～1972年,阮冈纳赞又重返马德拉斯大学执教授徒,并于1965年获得"国家级研究教授"的头衔。1944～1972年可以说是阮冈纳赞的第二个辉煌期,该时期阮冈纳赞研究与实践活动的方向与重点发生了变化,主要集中在制订图书馆规划、起草图书馆法、研究分类理论、从事图书情报教育、参与印度和国际图书情报活动的管理、周游世界进行访问和讲学等方面。这是阮冈纳赞及其图书馆学思想走向世界的时期,也是世界接纳阮冈纳赞的时期,同时还是印度图书馆学的第二个高潮期。

印度图书馆学的第二次高潮出现于1947年印度独立之后,并一直持续到1972年阮冈纳赞逝世。如果说第一次高潮时阮冈纳赞仅仅是在扮演主角,那么第二次高潮时他还同时兼任"导演"的角色,他是该时期的灵魂人物,他的卓越贡献使他赢得了"印度图书馆运动之父"的称号。1947年,印度的独立激发了印度人民的巨大热情,图书馆规划成为国家建设的重要内容之一并从而成为该时期印度图书馆学研究的热点,阮冈纳赞就曾亲自制订了三个全国性的图书馆规划,其他图书馆学家也不同程度地参与了印度"五年计划"的制订,譬如,第一个五年计划(1951～1956)建议在新德里成立一个国家中心图书馆,第二个五年计划(1956～1961)提出建立一个由全国320个区的所有图书馆组成的图书馆网络,第三个五年计划(1961～1966)中政府同意在新德里、加尔各答、马德拉斯和孟买建立四个国家图书馆;第四个五年计划(1969～1974)时成立了一个工作组以准备图书馆发展规划,等等。该时期的另一重大事件是成立了几个国家级的图书馆学组织,包括1955年成立的"印度专门图书馆和情报中心协会"(IASLIC)、1969

年成立的"印度图书情报学教师协会"和 1972 年成立的"拉贾·拉姆·莫汉·罗伊(Raja Ram Mohan Roy)图书馆基金会"等,这些新成立的组织与印度图书馆协会一道在第二次高潮中扮演了极为重要的角色。该时期印度图书馆学教育则从本科教育发展到硕士和博士教育,1948 年和 1950 年,阮冈纳赞在德里大学首次引入图书馆学硕士学位和博士学位教育,此后图书馆学高层次教育持续发展,总计有 50 余所大学可提供学士学位教育、30 所大学可提供硕士学位教育、15 所大学可提供博士学位教育;该时期印度图书馆学教育还增加了情报学的内容,1962 年阮冈纳赞创建的"印度文献研究与培训中心"(DRTC)以及"印度国家科学文献中心"(INSDOC)都曾提供过文献和情报学方面的课程;到 60 年代,各大学图书馆学系也陆续增设了类似课程。印度图书馆学的第二次高潮持续时间很长,该时期涌现出的代表人物几乎是清一色的印度图书馆学家,他们主要包括阮冈纳赞、古普塔(A. K. Das Gupta)、S. 古普塔(S. Das Gupta)、马歇尔(D. N. Marshall)、克萨范(B. S. Kesavan)、S. R. 夏尔马(S. R. Sharma)、J. 夏尔马(J. Sharma)、库马(G. Kumar)、斯里瓦斯塔瓦(A. P. Srivastava)、C. D. 夏尔马(C. D. Sharma)、亚兹丹尼(G. Yazdani)考瓦拉(P. N. Kaula)、拉杰古帕兰(T. S. Rajgopalan)、曼格拉(P. B. Mangla)等。[36]

阮冈纳赞是印度图书馆学两次高潮的核心人物和领导人物,是 20 世纪印度图书馆学的代名词,他的活动领域极其广泛,主要涉及图书馆学和情报学理论与方法研究、图书馆实践与管理、图书馆学教育实践与管理、印度国家图书馆计划及政策法律的制定、印度及国际图书馆事务的组织与管理等。阮冈纳赞还是一个硕果累累的高产作家,他一生共出版专著 62 部,制订图书馆规划及标准等 23 件,发表论文 1500 余篇[4],探讨范围几乎涉及图书馆学的每一个细小领域。就其主要的学术思想和成就而言,可概括为以下几个方面：

（1）图书馆学理论或哲学研究。阮冈纳赞的图书馆学哲学可以高度浓缩为"图书馆学五法则"，即：第一法则——书是为了用的（Books are for use），阐明图书馆的基本宗旨是为读者服务；第二法则——每个读者有其书（Every Reader his books），阐明近代图书馆的基本性质是为所有的人服务；第三法则——每本书有其读者（Every book its reader），阐明图书馆的重要使命是开发每一本书的价值；第四法则——节省读者的时间（Save the time of reader），阐明图书馆服务的基本原则是一切为读者着想；第五法则——图书馆是一个生长着的有机体（A Library is a growing organization），阐明作为社会系统的图书馆从本质上而言是一个自组织和自适应系统。图书馆学五法则是"我们职业最简明的表述"，用兰开斯特的话来说，"这五个法则表面上看起来很通俗，但实际内容却非常深刻。它们从根本上阐明了图书馆应该为之努力的目标，在今天仍像50年前一样适用。"[39]图书馆学五法则也是阮冈纳赞图书馆学思想中最为闪光的部分之一。

（2）分类理论与技术研究。这是阮冈纳赞毕生最主要的研究领域，也是其成果最为丰富、贡献最大的一个领域。他的专著《冒号分类法》、《分类编目规则》、《图书分类法导论》、《深度分类法》（1953）以及他所设计的"链式索引法"，可以说引发了图书分类领域的革命性变化，在世界范围内得到了广泛的应用和重视。叶千军在《阮冈纳赞理论及应用研究》一书中曾集中列举了"阮冈纳赞分类学论著和影响70年大事论"，[40]从中可看出这位印度图书馆学世纪伟人的学术奋斗历程。

（3）图书馆管理理论与实践研究。阮冈纳赞在1935年出版的《图书馆管理》第一版中，曾运用他的"分面组配"理论将图书馆工作分成了近1000项，并按各自功能和用途——鉴别，然后又按照日常工作的要求使其简化和程序化，从而形成了一种独具特色

92

的图书馆管理理论。[40]阮冈纳赞还极为重视图书馆人员的培训及智力开发,在其48年的图书馆生涯中,有40余年的时间专职或兼职从事图书馆学教学工作,他创建了多所图书馆员培训机构和图书馆学系,引入了硕士学位教育和博士学位教育,培养了无数的图书馆学人才;阮冈纳赞对图书馆人员培训和教育的重视极大地影响了尔后印度图书馆管理理论的研究。

(4)图书馆战略规划与管理研究或称"本土研究"。阮冈纳赞在印度图书馆事业及其相关问题的研究方面倾注了大量的心血,他对祖国的感情和热爱在这个过程中得到了最充分的体现。早在1944年,阮冈纳赞就制订了"印度图书馆战后重建工作计划",据阮冈纳赞自己的说法,"他的这项计划对于印度摆脱英殖民主义的斗争起到了积极的推动作用。"[40]1947年印度独立后,阮冈纳赞又以极大的热情投入了印度图书馆事业的规划和建设工作,他于1950年制定了一个包罗万象的"国家发展计划:印度图书馆事业30年计划(包括印度联邦及各立宪邦图书馆法案草案)",他还直接参与和指导了印度五年计划中的图书馆规划工作。阮冈纳赞关于图书馆系统规划的理论是根据两个互为补充的概念提出的,其一是"单一的图书馆系统"即由单个机构管理的图书馆系统,其二是"横向联系的图书馆系统",即由几个独立的图书馆或几个单一的图书馆系统组成的图书馆系统,这实质上是一种"图书馆网络"理论。[41]在阮冈纳赞的图书馆学思想中,以图书馆战略规划部分最富印度特色,我们因而称之为"本土研究"。

(5)新技术应用与预测研究。阮冈纳赞一生几乎总是处于图书馆学和情报学研究的最前沿,法国学者德格罗里尔(Edric de Grolier)评价说,"阮冈纳赞虽然早在'新信息技术'产生全面影响的时代到来之前就已去世,但他对图书馆和信息服务部门各个领域的最新进展几乎都做出过某种预言。"[41]阮冈纳赞毕生都在为实践"图书馆服务机械化"而努力奋斗,他在1956年召开的第一届"印度专门图书馆和情报中心协会"会议上发表的论文就是以此为题的。1969 年,他发表了一篇题为"电子的影响"的演讲,其中谈到:"世界已进入了电子时代。你(指图书馆)必须利用电子来加快工作节奏,在凡是能够做到的每一个环节上都应节省人力。在为读者查找文献时,你必须指示电子工程技术人员设计出一种文献查找器,它将能加快查找文献的速度,……"。[41]阮冈纳赞对新技术的敏感与关注体现了他追求变革和创新的精神。

　　读阮冈纳赞,令我们想起了《论语·子罕》中颜渊对孔子的赞美:"仰之弥高,钻之弥坚"。美国情报学家加菲尔德(Eugene Garfield)曾将阮冈纳赞比作图书馆学领域中的爱因斯坦(Albert Einstein),[40]这个比喻也许不十分恰当,但却充分说明了这位"印度图书馆之父"在世界图书馆学(也包括情报学)界的崇高地位。在我们看来,阮冈纳赞更像是图书馆学领域的泰戈尔(R. N. Tagore),他们都是印度民族的骄傲,是现代印度的一代骄子。"阮冈纳赞是扎根于印度文化和传统中的一个伟大的空想家(Visionary)、学者、革新者和规划者,由于他的领导,图书馆运动、图书馆学和图书馆服务上升到了一个新的高度,同时对国家发展也产生了潜移默化的影响"。[38]然而,阮冈纳赞的伟大还不止于此,他的敬业精神、献身精神、刻苦治学的精神、克勤克俭的精神和追求超越的精神,更值得我们景仰和学习。当然,阮冈纳赞也不是十全十美的,西方的一些批评家对阮冈纳赞就有不同看法,他们常常指责"阮冈纳赞超越了理论,他对永恒真理的一种神秘的先人之见使他看不见文献分类中的实践问题。"[36]阮冈纳赞在图书馆学领域中是一个"世界公民",但从文化背景和民族感情来看,他始终是一个地地道道的印度人,为此,他的理论不可避免地带有一些印度文化的神秘色彩,这或许不能为西方人所理解,可正是这种特色使阮冈纳赞的理论更富魅力。阮冈纳赞是 20 世纪图书馆学的一位世纪伟人,他留给后世的思想遗产将永远是图书馆学宝库中的无价瑰宝。

3.1.3 第三次高潮中的印度图书馆学流派

阮冈纳赞在图书馆学领域中是一位全面发展的人,当他在世时,他的图书馆学思想在印度图书馆学的每一个主要分支领域都起着领导潮流的作用;他去世后,他的图书馆学思想依然是印度图书馆学的核心与灵魂,依然指导着印度图书馆学的发展。无疑,20世纪印度图书馆学领域不可能出现第二个阮冈纳赞,后继者们大都是沿着阮冈纳赞图书馆学思想的某个方面而寻求深入与发展的,这样,在阮冈纳赞那里自然形成的图书馆学思想体系就出现了分化,到80年代后进而发展为一种多元化格局,这也是印度图书馆学的第三次高潮时期。

印度图书馆学的第三次高潮形成于20世纪80年代初期,一直持续至今。该时期印度图书馆学的发展主要有这样几个特点:(1)阮冈纳赞的图书馆学思想依然是不散的幽灵,阮冈纳赞依然是无形的主角,印度图书馆学任何新的发展几乎都可以看作是阮冈纳赞图书馆学思想的合理延续;(2)初步形成了多元化的发展格局,出现了知识组织学派、管理学派、信息技术学派和"本土研究学派"等多种图书馆学流派;(3)注重国际图书馆学的研究,与美国图书馆学领域的交往与交流增多,美国的影响增强而英国的影响减弱,据统计,1948~1988年间共有45位印度图书馆学家访美,同期亦有多位美国学者来印度讲学和交流;[36](4)图书馆学论著空前繁荣,论述主题极富时代特征,"有关计算机和统计学在图书馆工作中应用的文献的数量正在增长,该领域的方言文献也在迅速扩展。"[36]其中,尤为值得介绍的是格斯瓦米(I. M. Goswami)和考沙尔(M. Kaushal)于1995年推出的"现代图书馆学系列丛书"(Modern Library Science Series),该丛书共包括9种著作,它们几乎包容了当代印度图书馆学研究的全部主题,它们分别为

《图书馆和情报学的发展》、《图书馆学研究的方法论》、《图书馆学的分类理论》、《图书馆编目手册》、《图书馆行政管理》（以上5种著作为格斯瓦米主编）、《图书馆发展中的国际经验》、《图书馆学与信息技术》、《情报和图书馆学的动力学》、《国家图书馆和情报系统》（以上4种著作为考沙尔主编）。

  知识组织学派是当代印度图书馆学中力量最为强大的流派。知识组织学派继承了阮冈纳赞的分面组配思想，并进而将文献分类推广扩展到知识组织。有关这些主题的论文在印度主要的图书馆学期刊上占有相当大的比例。知识组织学派的主要代表人物有考瓦拉、格斯瓦米和夏尔马（Pandy S. K. Sharma）等人。考瓦拉是阮冈纳赞的高足，是阮冈纳赞之后印度图书馆学的领袖人物之一，他在图书馆学的诸多方面包括知识组织理论、图书馆学教育及印度本土图书馆学等方面均有建树。格斯瓦米所主编的《图书馆学的分类理论》[42]和《图书馆学编目手册》[43]可谓阮冈纳赞分类理论与方法在90年代的新发展。夏尔马在1996年出版的《图书馆员知识的知识》一书中则将知识组织理论发展为涵盖图书馆职业的一种哲学思想，他在该书中开门见山地指出："图书馆员知识的知识是一个极为重要的主题，它有助于图书馆员掌握图书馆事业的一般艺术和科学，也有助于他们设计或改进特定的分类法。为此，该主题是与知识分类理论的实践领域紧密相关的。这些领域也为图书馆分类学科提供了一个哲学基础"。[44]印度图书馆学领域一向以阮冈纳赞所发明的分面组配理论而自豪，他们曾批评美国同行对印度分类法的发展关注不够[36]，他们一直集中优势力量研究知识组织，并从而使之成为印度图书馆学最主要的特色之一。

  管理学派渊源于英国图书馆学的影响。可以说，阮冈纳赞早期的英国之行奠定了管理学派的理论基础。深入地分析，阮冈纳赞的图书馆学五法则其实更多地属于图书馆管理的理论探讨而不是图书馆原理的探讨。阮冈纳赞对图书馆人力资源的高度重视也影响了当代印度图书馆学管理学派的研究内容,并形成了印度图书馆学的又一特色。管理学派的主要代表人物包括潘达(B. D. Panda)、帕迪(P. Padhi)、格斯瓦米和普拉谢尔(R. G. Prasher)等人。潘达于1993年出版了《图书馆行政与管理》一书,该书共分11章,内容包括:导论、人事管理的分面(Facets of Personnel Man-agement)、人事管理的原则、印度图书馆人事管理的实践(第4~8章)、图书馆人员的工资管理、不同州及联合区的人事组织、印度公共图书馆人事指南;[45]可以看出,潘达的图书馆管理是以人事管理为核心的,其研究方法基本上是阮冈纳赞1935年《图书馆管理》一书的翻版。帕迪是乌德卡尔(Utkal)大学图书情报学系的教师,他在给潘达《图书馆行政与管理》一书所写的序中认为:"图书馆人员在决定图书馆命运的进程中扮演着至关重要的角色,少数受过正规训练的图书馆职员能够把图书馆转变为一个情报和研究中心。……由于图书馆是一个包括藏书、读者和图书馆职员在内的不同于单纯行政部门的组织,所以,如果一个职员没有遵守上级主管的命令,就不能同样多地采用强制和惩戒的手段;如果这样做了,那将有损于图书馆的财产。为此,主管事务的图书馆行政官员必须时刻想着职员,必须通过劝说的方式使职员树立信心"。[45]帕迪的这段话是对潘达论著的注解,也是对印度图书馆管理理论的注解。普拉谢尔则在1994年组织一批印度学者出版了一本论文集《印度图书馆的人事问题》,他认为,每一项新发明、新的技术和每一种新知识都增加了人的重要性,一个图书馆的效率和(服务)效果在很大程度上取决于其职员的能力和熟练程度(Proficiency),所以,识别图书馆中的人事问题并寻找解决途径是至关重要的。[46]格斯瓦米主编的《图书馆行政管理》的核心是图书馆管理的案例方法和案例研究,其研究范围广及图书馆学教育、分类法、经济发展战略等内容。[47]印度图书馆学管理学派的理论核心是人事管理,这种理论更多地属于 administration 而不是 management,这是一种具有印度特色的图书馆管理理论。

信息技术学派也许是当代印度图书馆学流派中与阮冈纳赞关联最少的学派,因为对于图书馆最为重要的一些现代信息技术是在阮冈纳赞去世后才普及和发展起来的。信息技术学派研究的重点是现代信息技术在图书馆的应用及其对图书馆的影响。譬如,格斯瓦米所主编的《图书馆和情报学的发展》一书共分 8 章,其中前 5 章论述的中心内容就是信息技术(IT):导论、信息技术与艺术、信息技术与管理(administration)、信息与普通人、结果与问题、印度的图书馆运动、公共图书馆与普通人、公共图书馆与国家发展。[48]可见,在格斯瓦米的观念中,现代图书馆与情报学的发展是与信息技术休戚相关的。考沙尔所主编的《图书馆学和信息技术》一书则具体展开了两者关系的论述,全书共分 16 章,内容如下:信息处理和技术的影响、新技术的起源、最新资料报导(CAS)和定题情报服务(SDI)、自动化采购议题、计算机系统承包服务(turnkey)与集成系统、研究和发展工作、大规模信息技术系统、国家信息技术应用研究(第 8 ~ 10 章)、社会科学中的用户信息需求、社会科学亚群体中信息研究的问题、为当前研究的信息服务(苏丹研究)、发展中国家的联机用户(肯尼亚研究)、理想系统的特征、信息获取技术的未来前景。[49]考沙尔的著作涉及到了图书馆学与信息技术的方方面面,同时还体现了印度图书馆学注重社会科学研究和国际经验研究的传统。从更大的范围来讲,格斯瓦米和考沙尔不过是信息技术学派众多研究者中的两位代表人物,他们的观点也可以看作是第三次高潮期间信息技术学派研究成果的总结和概括。

"本土研究学派"是指重点研究印度本土图书馆和图书馆学发展的学术流派,该流派的形成也可以认为是阮冈纳赞研究倾向的延续与发展。本土研究学派的研究重点是印度的国家及地方图书馆规划、各类型图书馆发展、印度图书馆和图书馆学史等内容，其标志是各项研究成果及各种论著均冠有"印度的(in India)"字样。本土研究学派的代表人物及主要论著如下：塔赫的《印度图书馆事业和图书馆学》、巴鲁亚(B. P. Barua)的《印度图书馆和情报系统及服务的国家政策：前景与规划》[50]、考沙尔的《国家图书馆与情报系统》[51]、维尔马(L. N. Verma)和阿格劳尔(U. K. Agrawal)的《印度公共图书馆服务》[52]、奈尔(R. Raman Nair)的《公共图书馆发展》(论文集)[53]、沙提库马(C. S. Sathikumar)的"印度的图书馆发展"[53]、古帕塔(K. D. Gupta)的"印度的国家图书馆"[53]、帕里达(B. Parida)的"印度的盲人图书馆服务"[53]、辛格(K. Singh)的"曼尼普尔邦(Manipur)的公共图书馆发展"[53]、马汉瓦尔(K. L. Mahawar)的"哈里亚纳(Haryana)邦公共图书馆法研究"、[53]舒克拉(K. H. Shukla)的《印度的大学图书馆》[54]以及普拉谢尔的《印度图书馆的人事问题》等。当代印度图书馆学流派中的本土研究学派或者也可视为一种研究倾向或研究力量，这种力量是如此之强大以至于印度的"五年计划"常常将图书馆规划作为国家发展计划的一部分加以考虑，譬如，第五个五年计划期间通过了国家图书馆法(1976年)，第六和第七个五年计划期间政府曾任命一个委员会起草图书馆和情报系统的国家政策，第八个五年计划(1990～1995)期间又建议成立国家图书馆和情报服务委员会以及情报科学研究所，[36]等等。本土研究学派注重研究印度图书馆(尤其是公共图书馆)的规划、政策、立法、建设、发展及存在问题，这种研究具有很强的现实指导意义，是值得我国图书馆学研究者学习的。

除上述4种主要的图书馆学流派外，印度图书馆学研究者还继承并发扬了阮冈纳赞的图书馆哲学思想，考沙尔的《图书馆和情报学的动力学》就是这方面的代表。该书共分11章，内容如下：图书馆和图书馆学、图书馆事业的性质和目的、物理结构——

图书馆建筑规划、图书馆事业的哲学、调动图书馆发展的财政资源、用户需求、图书馆收藏的动力学、处理技术、学院（College）图书馆的发展、作为教育者的教师和图书馆员、印度英语出版物的书目控制。[55]考沙尔在书中将图书馆定义为"影响公民成为理性的爱思考的个人的潜在工具"，他认为，图书馆活动主要可分为资料采集、资料贮存、藏书组织、资料（及其中包含的情报）传递4个领域，图书馆的目的（或功能）则包括资料贮存、研究、情报传递、教育、"文化阅读"（Culture reading）5个方面，他还探讨了图书馆哲学等问题。

印度图书馆学在近一个世纪的发展过程中取得了巨大的成就和国际声望，印度图书馆学家在走向世界和强化本土研究两方面都比较成功，他们的研究成果及图书馆学理论独具特色、引人注目，而所有这些都离不开阮冈纳赞的贡献。印度图书馆学的最大弊端是研究活动及其组织过于自由化，主要表现在职业团体过多、方言文献泛滥以及低水平重复研究等方面。当阮冈纳赞在世时，他的巨大声望尚且可形成印度图书馆学的凝聚力；他去世后，印度图书馆学在走向多元化的同时也出现了自由散漫的研究倾向。印度是我国的近邻，印度图书馆学的源起及发展轨迹与我国图书馆学极为相似而又各具特色，作为比较图书馆学的一部分，这种现象应引起我国图书馆学研究者的关注。

3.1.4　日本图书馆学的两种潮流

"日本也和许多欧洲国家一样，在第二次世界大战之后，开始认识和重视'图书馆学'这一学科领域。"[56]也就是说，在日本，作为一门学科的图书馆学是在第二次世界大战之后发展起来的。从50年代初到60年代中期，日本图书馆学受美国的影响较大，注重理论研究尤其是图书馆的社会学研究是当时的图书馆学潮流；60年代中期之后，日本图书馆学逐步发展为图书馆情报学，这也是图书馆学日本化的发展过程,该时期理论研究思潮虽然还在延续,但图书馆学的主流已转向应用性的情报研究。日本图书馆学的发展脉络简洁而清晰,这是符合日本民族的思维方式的。

"50年代的图书馆学理论,主要是摸索自身的成立所应具备的基础"[57]。1957年,藤林忠发表了论文"图书馆学的基础问题",揭开了图书馆学理论研究的序幕,他认为,尽管各个历史时期的图书馆目的、功能有所不同,但有两个普遍与永恒的要素,那就是图书与读者,图书馆学不是对个别图书馆的研究,而是对图书与读者及其相互关系的研究,有关图书与读者及其相互关系的系统原理,就是图书馆学。[37]1953年,黑田正典发表了"关于图书馆学原理的考察"一文,他认为,图书馆学是图书馆工作所必要的知识与技术的集合,其本质是一门应用科学,其研究内容应该由对象与方法两部分组成,所谓对象是指图书馆与图书馆工作,所谓方法是指自然科学方法和社会科学方法及其在图书馆的应用。[37]1954年,大佐三四五出版专著《图书馆学的展开》,将图书馆学的结构划分为理论、史论、实践论、文献学(目录学、古文书学)和辅助科学五部分,认为图书馆学是以图书馆为对象的系统知识的总和。[37]50年代末期之后,日本图书馆学先是受到文献工作继而又受到情报学的冲击,在此情况下,抽象的理论探讨趋于式微,但却并没有泯灭。到80年代初,岩猿敏生发表了"图书馆学理论与图书馆员"一文,[57]对日本图书馆学理论研究进程做了系统的总结和评论,并将日本图书馆学理论研究推进到一个新的高度。

岩猿敏生首先回顾了日本图书馆学理论的渊源,他认为,尽管从明治维新以后,日本学者就致力于将图书馆研究提高到一门学科的高度,但"把图书馆学视为一个整体,探讨其作为一门单独学科成立基础的正式的图书馆学理论则是战后50年代的事"。接下来,岩猿敏生又探讨了50年代理论研究的特征及两种倾向,他指出,"战后的日本图书馆,正像在国立国会图书馆法以及图书法中所明显看到的那样,是在美国图书馆学的观念支配下重新建立起来的";如果追溯得远一些,日本学者对美国图书馆学的效法自明治维新后就开始了,但在天皇君主专制制度的制约下,这种效法不得不停留在一种许可的范围内;战败后,这种制约消失了,才有可能自由地引进美国图书馆学,这样,新观念与以往的观念相遇,就不得不迫使对旧的观念进行根本性的批判,而且,这种批判不允许只停留在技术论的水平上,因为类似图书馆这样的机构,技术的采用常常是与其自身的目的相联系的,而图书馆领域的目的概念常常会引起争论;进一步讲,"在目的有争议的情况下,自然也就不能局限于作技术的探索,而必须探讨图书馆的目的以及图书馆存在的基础";这就是 50 年代日本图书馆学理论潮流的成因或特征。在这种潮流化的研究中,由于立场不同,日本学者明显地形成了两种观点:一种理论是站在传统的图书馆经营管理的立场上,以客观地追求图书馆的业务管理为目标(Library Economy);另一种理论是站在理论反省的立场上,以建立系统的图书馆学理论为目标(Library Science)。50 年代日本图书馆学理论研究的最主要的成果是造就了一批"图书馆学"研究者,并形成了相对于"技术论"的"学术论"。"所谓学术论,是指如何从现实多样性中提炼出构成学术内容的研究对象,而研究方法论则是指应采用怎样的科学研究方法,对提取的对象进行剖析和考察。"岩猿敏生援引谢拉的观点进一步认为,"作为客观的、现实的图书馆本身,并不能够原封不动地成为学科的研究对象","为了使图书馆学成为一门科学,还必须在已确立的图书馆定义的基础上,通过根本性的质疑,从图书馆活动的实际经验中,提取出能够成为图书馆学研究对象的图书馆现象来",而研究者按照各自的价值观念,从具有无限多样性的、现实的客观经验中提炼出的图书馆现象,只能是纷繁复杂的现实中的一个方面,这意味着它只是抽象的产物,譬如,巴特勒关于图书和图书馆的定义,就是对大量图书馆现象进行反复抽

102

象的结果。50 年代末期以后,日本图书馆学受到文献工作(Docu-mentation)和情报学的冲击,这使构成图书馆学基础的图书馆的自身存在及其能否适应新的情报要求受到怀疑,"但由于在图书馆学研究者当中已经开始有了一定的研究成果,虽说基础尚不牢固,但终究是在现实的成绩面前逐渐地有了自信力,正是靠着这种自信力的支持,才有了自身的安全感"。岩猿敏生在谈到图书馆学和情报学的关系时认为,"图书馆学对情报科学的依靠,使长时间来艰难地确立学问基础的图书馆学同样只是将情报作为自己主要的研究对象。由于将自己放在作为情报科学一个领域的位置上,进而导致了对图书馆学的这种回避学科基础问题而苟且偷安的态度的批评",而"图书馆学究竟是以情报学作为基础的应用科学,或者仅仅是情报学的一个领域,这个问题至今仍含混不清"。岩猿敏生最后还探讨了图书馆学与馆员工作的关系,他认为,"假如图书馆学不是立足于某种科学,馆员工作就难以说成是一门专门的职业","图书馆学与馆员工作的本质在根源上是联系在一起的"。[57]可以看出,岩猿敏生既想寻求图书馆学的"本",又不得不考虑图书馆学和情报学的关系,由于这些问题没有很好解决,他本人对图书馆学研究对象的认识也不十分明确;如果像他最后的论述所暗示的那样,将"馆员工作"视为图书馆学的研究对象,则势必与他前面的有关论述自相矛盾,因为馆员工作不能算作"抽象的产物"。当然,岩猿敏生的论述本身可以视之为探讨图书馆学研究对象的原则或理论,他的许多见解对图书馆学研究者而言具有长久的启迪和指导价值。

　　情报学渗入日本图书馆学领域是 60 年代中期之后的事情。我们可以从第二次世界大战后日本图书馆学教育史的发展看出这种轨迹。1951 年,在美国图书馆协会和当时驻日美军以及日本有关人士的共同努力下,庆应义塾大学设置了图书馆学专业,这是日本第一个由大学开设并具有相当规模的图书馆学专业。该专业创办初期,主要由5名美国图书馆学教育专家采用美国式教程和教育方法进行讲学,讲授课程主要面向公共图书馆;从1957年开始,任课教师的授课方法开始日本化;1962年,正式修订的图书馆学课程付诸实行,课程进一步面向专业图书馆;1968年该专业开设硕士课程,专业名称也改为"图书馆情报学专业",但只有研究生院讲授情报学课程;70年代初,经过修订的大学和研究生院课程均以"资料论"、"资料组织论"、"系统管理论"为三大支柱,并增设了"概论"、"图书馆史"等综合性课程;1975年,庆应义塾大学又设置了图书馆情报学博士课程,强调建立图书馆情报学研究体制的必要性,并着手进行有组织的共同研究。1977年,日本在修订的《图书馆情报学教育标准》中规定,"图书馆情报学必须以过去的传统的图书馆学为基础,融合吸收随着通讯技术、计算机技术、文献资料工作的发展而新出现的情报学方面的内容,"这一标准还将图书馆学情报学课程分为以下四个门类:(1)有关图书馆情报学理论的"基础门类";(2)有关各种记录情报的"媒介与使用门类";(3)利用情报的有关交流技术及其媒介组织与处理方法的"情报组织门类";(4)将适应情报需求的全过程作为一个系统加以掌握的"情报系统门类"。1979年,日本图书馆情报大学在筑波成立,这是"第一所情报学与图书馆学融合为一体的大学",它标志着日本图书馆学和情报学一体化进程已基本结束。[56]

始于60年代中期的日本图书馆情报学研究潮流也造就了一代图书馆情报学研究者,换言之,正是这些研究者共同发起并实现了日本图书馆学和情报学的一体化进程。早在50年代,椎名六郎就提出从"交流"角度研究图书馆现象,并认为图书馆是情报交流的媒介,他在1981年第9版《新图书馆学概论》一书中进一步阐述了这种思想。[37]加藤一英在1965年发表了"图书馆学能够作为学科成立吗"一文,试图将图书馆学建立在通讯理论的基础上;[57]1982年,他又出版了《图书馆学序说》一书,彻底抛开图书馆工作的具体技术问题,从科学本质、交流和系统论三个方面对图书馆学和图书馆事业进行了分析。[37]丸山昭二郎则在1986年发表了"图书馆和情报概论"一文,他认为,情报学是从图书馆学中分化出来的,它们好比一辆车上的两个车轮,其中,图书馆是情报系统中作为制度和组织方面的构成要素,情报科学是作为技术方面的构成要素,它们可以在"一般的情报科学(informology)"内实现统一[58];丸山昭二郎的探讨实际上已涉及到图书馆情报学的进一步发展问题。图书馆情报学研究的代表人物还包括高山等人,他们在1980年对日本、美国、菲律宾、经济合作与发展组织(OECD)及联合国教科文组织(UNESCO)的有关图书馆情报学教育课程的资料进行了详尽的调查与分析,并从而确定了图书馆情报学的研究范围。[56]日本图书馆情报学研究的集大成者当数津田良成,他的《图书馆情报学概论》堪称这方面的代表作。

据《图书馆情报学概论》中译本"内容简介"的介绍,它是日本出版的第一本图书馆情报学教科书。该书共分8章,内容如下:图书馆情报学的定义、情报交流、情报的需求与使用、情报载体、情报的存贮与检索、情报管理组织的管理与经营、图书馆服务工作原理、研究入门。[56]可以看出,这是一种以情报学为主体的学科体系,图书馆只是该体系中的一个特殊研究领域。津田良成是这样解释的:"本书在编写过程中,并没有以图书馆为重点来论述图书馆本身的各项工作,而是着重探讨在情报的产生到应用的过程中,各种记录情报的发生、收集、存贮、内容分析、检索等方面的功能。同时,还阐述了为达到上述目的而存在的图书馆的作用、活动、各项有关技术以及经营管理等等。"[56]津田良成还认为,"图书馆情报学一词,是在图书馆学(它的研究对象是文字、印刷品、出版物、各种文献资料以及系统地收集、存贮和提供这些文献资料的各种图书馆的工作)的传统学科中,渗进新兴的情报学这一概念而产生的新的学科。"[56]至于图书馆情报学的范围,在做了大量的比较后,津田良成认为联合国教科文组织制定的图书馆情报学教学大纲(将所有课程分为社会通信、用户调研、情报源、情报/数据存贮与检索、组织、专题研究或学位论文、选择七大部分)较为符合日本的情况。[56]津田良成的图书馆情报学体系是融图书馆学和情报学为一体的尝试,以情报学为主体是符合学科发展规律的;我们认为,津田良成的体系较为接近一般情报学,因此可以用它来覆盖图书馆学。

日本的图书馆学发展道路既不同于印度也不同于我国,它似乎走了一条捷径,而这条捷径正是由第二次世界大战后日本和美国的特殊关系铸就的。深入地分析,日本图书馆学的发展之所以少一些曲折和无序,也与日本民族渴求统一、忠诚团队的精神有关。日本图书馆学很快跨越了"社会说"阶段而直接进入"交流说"阶段,其间也发生了纷争和无序,但他们随即以翔实的调查和颁布标准等方式解决了学科关系问题,并将其纳入图书馆情报学的整合发展之路。当然,日本图书馆情报学领域目前也存在着多种学说及学说间的争鸣,但这种理论发展的多元化是围绕图书馆情报学而展开的,它并没有从根本上影响图书馆情报学的稳定与有序。我国图书馆学及相关学科领域目前正面临着学科整序和建设的问题,当此之际,日本图书馆学发展的经验是值得借鉴和学习的。

3.2 中国的图书馆学学说

3.2.1 韦棣华与中国图书馆学的产生

严格地讲,20世纪之前我国只有图书馆思想而无图书馆学思想,况能富将我国图书馆学思想一直追溯到周代,[59,60]我们以为是不恰切的。杜定友早在 1926 年就谈到,"图书馆学是一个新名词,恐怕只有二、三年吧? 在外国,也不过是近代的事。图书馆学这个名词,在外国书中,虽然发现于近百年前(1829);但是成为专门学,也不过是近 10 年的事。考图书馆事业的发轫,远在数千年前。我国向来有目录学、校雠学,也差不多有图书馆学的意思,不过内容却大不相同。"[61] 可见,20 世纪之前我国的图书馆认识主要表现为目录学和校雠学等形式,而目录学和校雠学并不等同于图书馆学,图书馆思想也不同于图书馆学思想。我们认为,图书馆学思想是从学科的角度来认识和把握图书馆现象的理论思维形式,它区别于图书馆思想的地方主要是它的系统性和理论性。从这个意义上讲,我国图书馆学(即人们通常所谓的近代图书馆学)发端于 20 世纪初期。

我国图书馆学的先驱人物是美国圣公会女传教士和图书馆学教育家韦棣华(M. E. Wood)。1899 年,韦棣华来中国探亲,留居武昌任文华大学英语教授,并开始筹建该校的图书馆;1907 年,她返美筹集建馆资金,入西蒙斯学院进修图书馆学,不久再次来华筹建图书馆;1910 年,文华学校图书馆建成开馆,取名"文华公书林",韦棣华亲任图书馆总理,这是我国最早的具有公共性质的图书馆之一,它不仅为文华大学和中学服务,而且也为当地其它学校、机关和个人服务,它还设有 3 处分馆和巡回书库;20 年代,韦棣华还为争取将退还的庚子赔款的一部分用于推进中国图书馆事业而积极奔走——开办早期的公共图书馆并为中国图书馆事业奔走呼号正是韦棣华的主要贡献之一。韦棣华的第二大贡献也是最主要的贡献是发现和培养了一批中国图书馆学家,这些图书馆学家包括沈祖荣、胡庆生等都成了尔后第一次图书馆学高潮的中坚力量。1920 年,韦棣华与学成归国的沈祖荣等人创办了文华大学图书科,任主任兼教授;1929 年,该科独立为文华图书馆学专科学校,这是中国第一所独立的图书馆学校。韦棣华的第三大贡献是积极参与中国图书馆事务的组织与管理活动及促成和加强中国图书馆学与西方的交流与合作,她是 1925 年第一届中华图书馆协会教育委员会的书记并代表协会参加了美国图书馆协会和英国图书馆协会的有关活动。韦棣华的著述不多,主要有《庚子赔款和中国图书馆运动》等。[4] 1931 年,韦棣华病逝于武昌,离开了她所热爱的中国图书馆事业,但她为中国图书馆事业鞠躬尽瘁的精神却永远留在了中国图书馆人的心中,这种精神将永远激励着献身于图书馆事业的万千儿女。

韦棣华开启了中国图书馆学的大门,她引进了美国的公共图书馆精神,并促成了中国图书馆学的产生与发展。此外,我国的一些有识之士也为本国图书馆学的产生做了一些先期准备工作,譬如,孙毓修综合日本和美国的情况于 1909 年发表了"图书馆"一文,谢荫昌于 1910 年翻译了日本的《图书馆教育》一书,[36] 等等。1917 年后,留学美国和菲律宾等国的我国第一代图书馆学者沈祖荣、胡庆生、戴志骞、李小缘、刘国钧、杜定友等相继学成归国,他们迅即掀起了一场"新图书馆运动",并直接促成了 20 世纪我国图书馆学发展的第一次高潮。第一次高潮从 20 年代初一直延续到 30 年代末,它锻炼了第一代学者而造就了第二代学者。[62] 40～50 年,由于战争的原因,我国图书馆学研究活动基本陷于停顿。50 年代后,站起来的第一代和第二代图书馆学者发起并领导了第二次图书馆学高潮,培养了第三代图书馆学者,遗憾的是,蓬勃发展的图书馆学因政治原因于 60 年代中期到 70 年代后期陷入了第二次低谷。70 年代末开始,再次打开国门的中国图书馆学迎来了第三次发展高潮,这是一次长时间的高潮中有低潮的跨世纪发展高潮,这也是中国图书馆学走向世界的一次发展高潮,在这次高潮中成长起来的第四代图书馆学者已具备了足够的冲击世界、挑战未来的能力与信心。

20 世纪后半叶,除了作为主流的大陆图书馆学外,我国台湾地区图书馆学的发展亦颇引人注目。40 年代末,第一代和第二代图书馆学者中的部分代表人物如王云五、蒋复璁等先后去了台湾,他们为台湾图书馆学的发展奠定了基础。到 60～70 年代,一批从美国学成归来的图书馆学者成为台湾图书馆学的中坚力量,他们大约相当于大陆的第三代学者。80 年代之后,台湾图书馆学进入发展的高潮期,台湾自己培养的一批学者及部分从海外归来的学者构成了相当于大陆第四代学者的台湾第二代学者。值得说明,80 年代后期特别是进入 90 年代以来,大陆与台湾的图书馆学交流日趋扩大和频繁,海峡两岸的图书馆学者正在携手共创跨世纪的图书馆学伟业。

3.2.2 一次高潮与两代学人

到 20 年代初期,我国图书馆学已具备了"起飞"的种种条件:留学海外的第一代图书馆学家包括沈祖荣、胡庆生、刘国钧、洪有丰、戴志骞、袁同礼、李小缘、杜定友、杨昭悊等人已陆续回国,新图书馆运动正在中华大地轰轰烈烈地展开,图书馆和图书馆学的观念经过先驱者的努力已广为传播,等等。这是一个急需图书馆学和图书馆专门人才的时期,是一个需要图书馆学组织以推动图书馆学发展的时期。1920 年,文华大学图书科成立,聚集了一批第一代图书馆学家,开始了我国的正规图书馆学教育。1921 年,中华教育改进社在北京成立,沈祖荣、戴志骞、洪有丰、杜定友等人参加了该社的图书教育组,这是最早的图书馆学组织之一。1925 年,中华图书馆协会在上海成立,梁启超为第一任董事部部长,戴志骞为第一任执行部部长;该协会的宗旨是"研究图书馆学术,发展图书馆事业,并谋图书馆之协助"。[4] 中华图书馆协会的成立是第一次高潮中的大事,它标志着我国早期图书馆学进入了有组织的研究时期。

到 20 年代末和 30 年代,我国第二代图书馆学队伍已基本上形成,他们最主要的特征是"国产化"。"虽然第二代人中不少是出国留学的,如留美的桂质柏、裘开明,留日的马宗荣,但是,他们基本上都是接受国内图书馆学教育以后再出国深造的,这与第一代人的成长过程大相径庭。更为重要的是第二代人的主体基本上都是'国产'的。"[62]第二代图书馆学者约略可以分为两种类型:一种是近代图书馆学教育兴起以后培养出来的一批人,包括查修、皮高品、周连宽、吕绍虞、张遵俭、严文郁、毛坤、汪应文、汪长炳、钱亚新等;另一种是长期从事图书馆实践而未受过图书馆学教育的一批实干家,包括柳诒徵、万国鼎、王云五、王献唐、王重民、张秀民等。第二代人虽然也有辉煌的成果,但因其创造的高峰期恰逢战争,他们的总体成就及水平稍逊于第一代人。

我国图书馆学第一次发展高潮具有这样一些主要特征:(1)造就和培养了两代图书馆学家,其中最杰出的代表当数杜定友和刘国钧;(2)兴办了图书馆学教育,为社会输送了大批急需的专门人才,据统计,仅文华(指文华大学图书科和后来的文华图专)从1920~1938年就培养了250余名各类毕业生;[63](3)成立了中华图书馆协会及各地的地方图书馆协会,使图书馆学进入了有组织的研究阶段;(4)开展了图书馆学的国际交流,参加了1927年在英国举行的国际图书馆协会和机构联合会(IFLA)成立大会及其它国际学术会议,扩大了中国图书馆学的影响;(5)产生了大量图书馆学译著和论著,繁荣了学术研究,内容以图书馆学理论和分类法的编制为核心,代表作主要有《图书馆学》(杨昭晰,1923年)、《图书馆通论》(杜定友,1925年)《图书馆组织与管理》(洪有丰,1933年)、《图书馆学要旨》(刘国钧,1934年)《比较图书馆学》(程伯群,1935年)《图书馆学通论》(俞爽迷,1936年)《中国图书分类法之沿革》(蒋元卿,1937年)《世界图书分类法》(杜定友,1922年)《图书分类法》(洪有丰,1924年)《仿杜威书目十类法》(沈祖荣、胡庆生,1917年)《中外图书统一分类法》(王云五,

1928年)、《中国图书分类法》(刘国钧,1929年)、《中国十进分类法》(皮高品,1934年)、《简明图书馆编目法》(沈祖荣,1929年)等;(6)就大的方面而言,该时期中国图书馆学发展受美国影响最大,美国的公共图书馆精神和杜威十进分类法思想可谓该时期图书馆学论著的主旋律;(7)具体到图书馆学理论方面,该时期最大的成就就是产生了具有中国特色的"要素说",杜定友和刘国均皆为要素说的代表人物,他们也是我国图书馆学史上堪称世界级的人物。

杜定友生于1898年,1918年从上海专门工业学校毕业后被选送到菲律宾大学攻读图书馆学,1920年获文学学士,1921年毕业时又被授予教育学和图书馆学两个学士学位。杜定友回国后,先是受聘于广州市教育局并创办了广州市立师范学校;1922年又受聘于广东省教育委员会,兼广东省图书馆馆长,并创办了"广东图书馆管理员养成所",这是我国最早的培训图书馆员的教育机构之一。1923年,杜定友返回上海任复旦大学图书馆主任。1924年回母校南洋大学任图书馆主任,同年参与发起和创办上海图书馆协会,并应邀赴河南、江苏等地讲授图书馆学。1925年,杜定友又参与了中华图书馆协会的筹建和成立大会,被选为执行部副部长;同年他还在上海国民大学创建图书馆学系,任系主任兼教授。1927年到广州任中山大学图书馆主任。1928年再返上海任上海交通大学图书馆主任。1936年,复任中山大学图书馆主任;抗战开始后,随图书馆四处飘移,历尽艰辛;但就是在这样艰难的条件下,杜定友于1943年还主持了为期3个月的广东省图书馆工作人员训练班。1945~1949年,杜定友一度兼任中山大学图书馆、广州市图书馆、广东省图书馆三馆馆长,并于1947年发起成立广东省图书馆协会、任理事长。解放以后,杜定友先后担任广东省人民图书馆馆长,广东省图书馆馆长和广东省图书馆学会会长,并参加了一系列研究、教学和外事访问活动。1967年,杜定友因病逝世

于广州。[64,65]

综观杜定友的图书馆学生涯,约略可划分为四个时期:1918～1921年,为求学菲律宾时期;1921～1936年,为往返沪穗时期,这也是杜定友图书馆学思想形成和发展的时期,是杜定友学术生涯最辉煌的时期,该时期他的主要代表作有《世界图书分类法》(1922年,1935年三版时定名为《杜氏图书分类法》)、《图书馆通论》(1925年)、《汉字排字法》(1925年)、《图书馆学概论》(1927年)、《校雠新义》(1930年)、《汉字形位排检法》(1932年)、《明见式编目法》(1936年)、《图书馆》(1936年)等;1936～1949年,为遭逢乱世、与图书馆共命运时期,杜定友开始思考和研究图书馆与政治的问题,研究方向发生转变,所编《东西南沙群岛资料目录》(1948年)对于维护我国主权起了重要作用;1949～1967年,为获得新生、潜心研究时期,该时期他的主攻方向是地方文献,代表作有《分类原理与分类问题》(1957年)、《地方文献的收集与整理》(1957年)、"图书分类法的路向"(1962年)等。

据统计,杜定友一生共撰写著作86种(其中正式出版或刊行55种),撰写论文512篇(其中正式发表320篇),共约600余万字,这是我国近现代图书馆学史上所仅见的。[66]杜定友的学术成就主要体现在图书馆学理论、图书分类学、汉字排检法、地方文献研究、图书馆建筑和设备等几个方面,而以图书馆学理论和图书分类学最为精达。关于图书馆学理论,在1925年出版的《图书馆通论》一书中,杜定友已将图书馆置于社会大系统中进行考察,他认为,图书馆事业发展的因素主要包括人才、书籍、财力和时势四个方面,这种认识已冲破单纯的技术论而形成了社会论;[67]1926年,杜定友在"图书馆学的内容和方法"一文中指出,图书馆学与其它专门学一样包括两个内容:"第一是原理,第二是应用,而应用是根据于原理而来的。图书馆学若是只有目录分类方法、书籍排列方法那种机械的事——在一般人的眼光看来,图书馆只有干这些事——那么当然不值得研究;只能称为技艺,不能称为科学。但图书馆学所以能成为科学,是因为图书馆现在已成为一种活的教育机关,"[61]值得注意,杜定友此处的表述与阮冈纳赞关于"图书馆是一个发展的有机体"的认识有相似之处;1927 年,杜定友在《图书馆学概论》中明确提出图书馆有积极保存、科学处理和活用益人等功能,并创造性地将图书馆的发展划分为保守、被动、自动三个时期;[68] 1928 年,杜定友在"研究图书馆学的心得"一文中认为,图书馆就如同人的大脑,其功用"就是社会上一切人的记忆,实际上就是社会上一切人的公共脑子。图书馆学则是专门研究人类学向记载的产生、保存与应用的",[69]这种认识又肖似巴特勒的观点;1932 年,杜定友发表"图书馆管理方法新观点"一文,指出图书馆事业的理论基础可称为"三位一体",三位者,一为"书"(包括图书等一切文化记载),二为"人"(即阅览者),三为"法"(包括图书馆的设备、管理方法、管理人才等),[70]这就是著名的"三要素说",它堪称杜定友图书馆学理论的精华。关于图书分类学,与阮冈纳赞一样,这也是杜定友偏爱的一个领域;回国后经多次修改于1935 年定型的《杜氏图书分类法》在当时是极有影响的分类法之一,1950 年首倡新中国图书分类法应以马列主义、毛泽东思想关于科学分类的理论为指导思想表明了历经战乱后杜定友思想境界的升华,1962 年发表"图书分类法的路向"一文则体现了杜定友在图书分类领域的精深造诣和远见卓识,[71]等等。

　　杜定友是我国近代图书馆事业和近代图书馆学的奠基人之一,是我国图书馆学史乃至世界图书馆学史上屈指可数的理论大家之一,他在图书馆学的诸多领域都作出了杰出的贡献,他融东西方图书馆学为一体而形成的具有中国特色的图书馆学理论尤为值得称道。遗憾的是,杜定友晚年未能更多地从事专业教育也未能更多地走向世界,因此,他的思想与学问未能广为流传和产生世界影响。

刘国钧生于1899年,1920年南京金陵大学哲学系毕业后留该校图书馆工作,1922~1925年赴美留学期间曾加修图书馆学课程,1925年获哲学博士后归国任金陵大学教授兼图书馆主任,1929~1930年任北平图书馆编纂部主任并主编《图书馆学季刊》,1930年返回金陵大学任原职,1937年随校内迁成都,1943~1949年在兰州任西北图书馆筹备主任和馆长,1951年调北京大学图书馆学系任教授并兼教研室主任、系主任等职,1979年被推选为中国图书馆学会名誉理事,1980年因病逝世。[4]

　　与杜定友相比,刘国钧的活动领域更多地局限于北方,经历也少一些曲折,但他们的研究方向却有许多共同之处。刘国钧的学术成就除哲学研究方面外,主要集中在以下几个方面:(1)图书馆学理论研究方面。1921年,刘国钧在"近代图书馆之性质与功能"一文中指出,近代图书馆具有自动化(自行用种种方法引起社会上人人读书之兴趣)、社会化(将注重对象由书籍而变为其所服务的人,使图书馆成为社会之中心)、平民化(应为多数人所设)等特征;[72] 1923年,他又在"美国公共图书馆概况"一文中谈到,近代图书馆的基本任务是"以用书为目的,以诱导为方法,以养成社会上人人读书之习惯为指归",[72] 在此,刘国钧不仅强调用书亦且强调培养人们的读书习惯是图书馆的目的,可谓精辟;1934年,刘国钧出版代表作《图书馆学要旨》,认为"图书馆成立的要素,若加以分析,可以说有四种:(一)图书;(二)人员;(三)设备;(四)方法。图书是原料;人员是整理和保存这些原料的;设备包括房屋在内,乃是储蓄原料、人员、工作和使用图书的场所;而方法乃是图书所以能与人发生关系的媒介,是将图书、人员和设备打成一片的联络针。分别研究这四种要素便成为各种专门学问。"[73] 这就是名噪一时的"四要素说";1957年,刘国钧又在"什么是图书馆学"一文中提出,"图书馆事业有五项组成要素:(一)图书;(二)读者;(三)领导和干部;(四)建筑与设备;(五)工作方法",而"图书馆学的研究对象就是图书馆事业及其各个组成要素",[74]这是影响迄今的"五要素说";其实,对比分析,无论杜定友的"三要素",还是刘国钧的"四要素"、"五要素",内容及精神实质均无区别,区别仅在于要素的拆分与组合不同而已;(2)图书分类学方面。1929年,刘国钧编制的《中国图书分类法》曾为北京图书馆等多家图书馆所采用,此亦近代著名分类法之一;50～70年代,刘国钧参加了《中小型图书馆图书分类法》和《中国图书馆分类法》的编制,实现了理论与实践的结合;1978年,他发表了"现代西方主要图书分类法评述",[75]这是积数十年功力的力作,影响广泛;(3)图书馆目录的理论与实践方面。以1930年出版的《中文图书编目条例》,1957年出版的《图书馆目录》和1975年以后发表的有关"马尔克(MARC,机读目录)"的系列论文为代表,为我国国家编目标准的形成奠定了基础,同时也体现了刘国钧对国际编目发展趋势的高度敏感;(4)中国书史方面。刘国钧于1958年出版的《中国书史简编》承前启后,[76]至今仍是许多高校图书馆学专业的首选教材。

刘国钧也是我国近代图书馆事业和图书馆学的奠基人之一,是我国两次图书馆学高潮的核心人物,是我国图书馆学史上杰出的理论家和教育家。刘国钧的图书馆学思想既有哲学的高度,又有理论联系实践的特点,同时还具有中国化的特色。由于后半生执著于图书馆学教育事业,他的思想和理论得以更直接和更广泛地传播。若在世界范围内比较,刘国钧、杜定友的经历、研究方向及影响等诸多方面均与阮冈纳赞有共同之处,他们在一些方面完全可以相提并论,惜乎多方面的原因,他们未能走向世界,因而也未得到国际图书馆学界的普遍认可。

以杜定友、刘国钧为代表的我国第一代和第二代图书馆学家完成了创建中国图书馆学的重任,并成功地发起和领导了第一次图书馆学发展高潮,为图书馆和图书馆学争得了应有的地位,他们中间的大部分人还将参与和领导第二次发展高潮,个别成员如皮高品等甚至历三次高潮而不衰。第一代和第二代图书馆学家不仅给我们留下了丰富的学术论著,而且更为可贵的是,他们给我们留下了宝贵的精神财富,他们的创造精神、敬业精神、奉献精神、致用精神、育人精神和克己精神将永远与我国图书馆事业联系在一起,将永远伴随着各代图书馆学家的成长之路。

3.2.3 过渡的第二次高潮

大陆解放后,站起来的中国人莫不以饱满的热情投入到新中国的各项事业建设中,经过洗礼的第一代和第二代图书馆学家也不例外。他们在新时代与新社会的感召下,自觉地完成了思想改造过程,积极地谋求以自我积累的知识和技能为祖国服务。同时,由于国际关系风云变幻,苏联图书馆学对我国的影响加强,一方面我国选派多人赴苏留学,另一方面又组织力量翻译了一批苏联图书馆学论著,效仿苏联一时成为风尚。就是在这样的情况下,第三代图书馆学家队伍伴随着新中国图书馆事业的发展而逐渐成长起来,但他们在第二次高潮中只是崭露头角,他们的辉煌期将顺延到第三次高潮时期。

第三代图书馆学者的构成比较复杂,他们大约可以分为这样几类:一是留学海外主要是留苏的学者,主要包括留苏的彭斐章、佟曾功、鲍振西、赵世良、郑莉莉、赵琦等人,以及留美的孙云畴和陈誉等人;二是国内培养出来的学者,主要包括周文骏、朱天俊、张琪玉、黄宗忠、谢灼华、白国应、陈光祚、倪波、金恩晖、吴慰慈、肖自力、谭祥金、杜克、黄俊贵、辛希孟、沈迪飞、张德芳、钟守真、侯汉清、徐引篪等,他们大多数是由第一代和第二代图书馆学家培养出来的;三是长期从事图书馆实践工作、差不多是自学成才的实践型学者,主要包括左恭、胡耀辉、丁志刚、杨威理、阎立中、孟广均、黄长著等。第三代学者的共同之处在于他们都经历了共和国的风风雨雨,他们在事业方面的兴衰皆与共和国的发展历程紧密相关。

1996 年,武汉大学出版社出版了《中国当代图书馆界名人成功之路》一书,[77]共收录了 32 位学者,虽未能包纳所有的第三代图书馆学专家,但亦是他们的缩影。

我国的第二次图书馆学高潮始于 50 年代初期,形成于 1957 年前后,而终于 60 年代中期,可以说是三次高潮中较为短促的一次。第二次图书馆学发展高潮具有这样一些特征:(1)意识形态强有力的介入。主要表现在第一代和第二代图书馆学家的思想改造过程,第三代图书馆学者的世界观形成过程,关于图书馆性质和职能的讨论以及批判所谓的资产阶级图书馆学等方面;(2)苏联图书馆学的全面渗透。主要是通过中苏图书馆学家的互访和交流、派遣留学生赴苏学习、大量译介苏联图书馆学论著、效仿和套用苏联图书馆学模式等途径而影响中国图书馆学;(3)图书馆学研究进入共和国科学规划日程。1957 年,国务院全体会议第 57 次会议批准了《全国图书协调方案》,决定在国务院科学规划委员会下设图书小组,负责全国图书馆学界为科学研究服务的全面规划和统筹安排,该方案还确定了面向全国的统一的图书馆网络的组织与建设问题,这是我国图书馆学史和图书馆史上最为辉煌的篇章之一,可惜的是,由于众所周知的原因,该方案未能得到完全的实施;(4)三代图书馆学者同台竞技。第一代和第二代图书馆学家如杜定友、刘国钧、沈祖荣、洪有丰、李小缘、王重民、钱亚新、皮高品等依然活跃在图书馆学的各个领域,王重民主持制订了全国图书馆学发展规划,洪有丰是国务院科学规划委员会图书小组的成员,刘国钧的"什么是图书馆学"一文更吹响了第二次高潮全面铺开的进军号;与此同时,在共和国的阳光下成长起来的第三代学者也表现出初生牛犊不怕虎的精神,他们以全新的观念和视角切入图书馆学,少部分人已初展才华,但大部分人的豪情壮志将在第三次高潮中挥洒和实现;(5)具有时代特色和中国特色的图书馆学体系已基本形成。经过 50 年代的积累,60 年代初我国学者编写了《图书馆学引论》、《藏书与目录》、《读者工作》、《目录学》等一系列教材,图书馆学基础理论、图书分类、图书馆目录、藏书建设、读者工作,目录学等分支学科也随之建立起来,新的图书馆学学科体系的轮廓渐见分明;[5](6)图书馆学研究成果集中体现在分类法编制和图书馆学基础理论探讨两个方面。学术成果偏少是第二次图书馆学高潮的典型特征之一,据统计,1949~1992年我国图书馆学情报学方面发表的论文共有51606篇,其中1949~1965年仅有4305篇(包括译文632篇),这既少于1980~1992年的45290篇,[78]也少于本世纪前50年的5300余篇(其中1928~1937年间就有4000余篇)[63];关于分类法的编制,1952~1960年短短数年间,我国学者就编制和出版了《中国人民大学图书馆图书分类法》、《中小型图书馆图书分类表草案》、《中国科学院图书馆图书分类法》、《中国图书馆图书分类法草案》等大中型分类法,从而完成了图书分类法的意识形态化;关于图书馆学理论探讨,该时期最突出的成就是形成了具有中国特色的"矛盾说",黄宗忠是最主要的代表人物。

在第二次图书馆学高潮中崭露头角的第三代学者并不多,而黄宗忠又是其中的幸运者。黄宗忠生于1931年,1958年武汉大学图书馆学系毕业后留校任教,历任讲师、副教授、教授;1972~1984年任图书馆学系主任,1984~1989年任武汉大学图书情报学副院长,曾兼任《图书情报知识》主编和中国图书馆学会理事等职。在黄宗忠任系主任期间,武汉大学图书馆学系由师资队伍不足10人的小系发展为100多人的图书情报学院,由1个专业扩展到4个专业,并创办了研究所和专业杂志《图书情报知识》;在黄宗忠执教的33年中,曾主讲过图书馆学基础理论、图书馆管理学、文献信息学、中外图书馆事业等课程,出版《图书馆学导论》、《图书馆管理学》、《文献信息学》等著作10余种(含合著),发表学术论文120余篇,培养硕士研究生33名。在学术方面,黄宗忠是以

"矛盾说"而闻名的：1962 年，他发表了"试谈图书馆的藏与用"一文，运用马克思主义哲学思想，剖析图书馆工作过程中"藏"与"用"这对矛盾的特征，从而提出了"藏与用"是图书馆的特殊矛盾的观点；[79] 1988 年，时隔四分之一世纪之后，他在《图书馆学导论》一书中又发展了"矛盾说"，他认为，"图书馆是矛盾的统一体"，"矛盾运动是图书馆发展的根本原因"，"藏与用的矛盾是图书馆的特殊矛盾，规定着图书馆的本质，是图书馆学区别于其它学科的根本点；"[5] 1992 年，在新著《文献信息学》中，他进一步将"矛盾说"发挥得淋漓尽致，他认为，"文献信息工作的工作对象与服务对象，即文献信息与文献信息用户是矛盾着的两个方面。……可以认为，文献信息量大、面广、分散、零乱、冗余等状况与文献信息用户对文献信息需求的集中、专指、系统、优质之间的矛盾是文献信息工作的工作对象与服务对象之矛盾的主要方面。文献信息工作就是为解决文献信息与其用户之间的这一主要矛盾而产生的，文献信息工作的每一环节，每一项内容也都是为了解决这一矛盾的不同方面而产生和发展起来的。文献信息的搜集是为了解决文献信息的分散与用户利用文献信息要求相对集中的矛盾；文献信息的组织是为了解决文献信息的零散无序状况与用户利用文献信息要求系统化的矛盾；文献信息的研究是为了解决文献信息量大、面广、冗余等状况与用户利用文献信息要求浓缩、适用、优质的矛盾；文献信息的保存是为了解决文献信息易损易坏易老化与用户要求长久、反复利用文献信息的矛盾；文献信息的提供是为了解决文献信息的合理收藏与有效利用之间的矛盾。"[80] 总之，"矛盾说"是黄宗忠图书馆学思想的灵魂，它贯穿在黄宗忠图书馆学思想从图书馆学到"图书、情报、档案一体化"再到文献信息学的发展过程中，体现在他的绝大多数论著中。然而，矛盾分析毕竟只是图书馆分析的一个方面，突出矛盾分析既是黄宗忠理论的特色，也体现了一定的局限性。

第二次图书馆学发展高潮急匆匆拉上了帷幕,绝大多数第三代学者还未来得及展露才华就被迫离开了自己所投身的事业。今天回头来看这一段历史,我们认为,图书馆学固然离不开意识形态的指导,但也不能过多地与意识形态纠缠在一起;如果50年代我国图书馆学是在第一代和第二代图书馆学家积累的基础上发展,那么速度就会快得多、成果就会丰硕得多,而事实上到1957年还要讨论"什么是图书馆学",这不能不认为是一种低水平重复;再往后看,第三次高潮初期关于"图书馆性质和任务"的大辩论,同样也是被政治歪曲的低水平重复。也许,第二次高潮最主要的成就依然是培养了一代学者,积蓄了第三次高潮勃兴所必需的中坚力量。

3.2.4 跨世纪的第三次高潮

1979年,中国图书馆学会在太原宣告成立,它使第三次高潮一开始就进入了兴奋期。参加这次成立大会的第一代和第二代图书馆学家除硕果仅存的顾廷龙和汪长炳等几个人外,几乎全是清一色的第三代图书馆学者,这实质上是他们的誓师大会,他们站在"科学的春天"里郑重宣誓:我们将是第三次高潮的主人。80年代伊始,组织起来的第三代人在图书馆学的各条战线上开始收获,他们那压抑已久的创造力终于得以爆发:在理论战线,他们拨乱反正、披荆斩棘;在教育战线,他们拔高层次、敞开大门;在实践领域,他们治理整顿、倡导改革;在技术领域,他们面向世界、急起直追;在学术领域,他们全面开花、重点突破;……可以说,80年代的几乎所有成就都是第三代学者创造的,他们经历了一次又一次的辉煌,渴慕已久的荣誉与地位滚滚而来,他们情不自禁地陶醉在自己所取得的成功的喜悦之中,然而就在这时,中国图书馆学出现了"低谷论",他们感到有些茫然,他们忽然发现那些迅速成长起来的第四代人已经在许多方面妨碍了自己的视线,他们开始明白,自己或许是第三次图书馆学高潮的主人,但沐浴着改革开放的春风而成长起来的一代新人才是这个时代——信息时代——的真正的主人。

第四代图书馆学者是压缩的一代、异化的一代。所谓压缩的一代,是指本应介于第三代和第四代之间的一代人也压缩到了第四代人之中;所谓异化的一代,是指在连续"聚变"的环境中成长起来的第四代人的观念已超越了传统图书馆学的范畴而异化为"非图书馆学","文献信息管理学"和"信息管理学"的提出就可视之为异化的结果。与前三代人相比,第四代人彼此之间的变异度是最大的,他们在经历、知识结构、学历学位、语言能力、计算机能力以及把握机遇的能力等多方面都存在着普遍的差异。他们彼此之间的关系也较为混乱;有的大学还是同学,读硕士时便成了师生关系;有的读大学时是学生,读博士时反成了师兄;更多的则是年岁相仿而连环师生的现象;如此种种,不一而足。概括地讲,第四代人大约可分为四类;一类是十年动乱中失去机会而在恢复高考制度后又考入大学的佼佼者,如乔好勤、倪晓建、李景正、惠世荣、张厚生、孟连生、马费城、刘迅、范并思、王世伟、韩继章、张欣毅、李国新、朱强、况能富等;二类是改革开放后升入大学的幸运者,这是第四代人中的主体,他们之中既有大学毕业后就扎根实践部门而做出突出贡献者,也有一路跋涉而摘取本学科最高学位者,他们之中已崭露头角的主要有李晓明、程焕文、董建华、柯平、周庆山、陈传夫、王余光、汪冰等;三类是留学海外的镀金者,包括留学比利时的吴光伟、留学美国的张晓林、留学日本的黄纯元、留学英国的吴建中等;四类是坚守实践岗位,或接受过"五大"(函大、电大、夜大、自修大学、走读大学)教育、或自学成才的一批有志青年。

第三次高潮迄今已历 20 年,但发展势头仍然强劲,它注定是一次跨世纪的波澜壮阔的发展高潮。第三次高潮主要具有这样一些特征:(1)"道路是曲折的,前途是光明的"。第三次高潮历时长,跨度大,参与人员众多,面对的是开放而多变的环境,高潮之中又有"低谷",竞争之外又有合作,虽屡遭出国梦、下海潮、市场经济和信息高速公路等外部条件的冲击,但图书馆学仍在朝着自己的目标发展,而且其发展方向也越来越明确;(2)"城头变换大王旗"。第三次发展高潮是在连续的聚变与裂变的过程中发展,聚变是围绕着图书馆学—图书情报学—文献信息管理学——信息管理学的链条而生发的,裂变则发生在学科的交叉与边缘地带,而裂变与聚变通过学科名称和系名的变换表现出来,就给人一种眼花缭乱、目不暇接的感觉,就令人摸不着头脑——目前的学科关系已高度无序化,整序已成为迫在眉睫的事情;(3)"旧时王谢堂前燕,飞入寻常百姓家"。第三次高潮的规模之大是第一次和第二次高潮所无法比拟的,究其原因,一是研究活动不再局限在少数学者层而演变为图书馆从业人员的一项普遍活动,二是多达 100 余种的图书情报学期刊为学术研究提供了园地,[4] 三是从业人员的素质有了显著的提高;(4)"阳春白雪"与"下里巴人"并举。第三次高潮期的图书馆学教育可谓千帆并发、盛况空前,除了作为中间层次的 50 多个本专科教学点外,[4] 70 年代末开始的硕士教育和 90 年初开始的博士教育明显拔高了专业教育的层次,而"五大"及各种雨后春笋般的短训班又在基础层面极大地拓展了专业人员队伍,此外,大批的留学归国人员又带回了世界各国的先进思想和技术;(5)"世界也是我们的"。在第三次高潮期间,我国加强了同世界各国图书情报界的交流与合作,恢复了在国际图联中的会员地位,参加了一系列国际学术交流和展览活动,开展了国际书刊交换和互借、互派留学生、人员互访等活动,成功地举办了 1996 年国际图联大会,在国际图书馆事务中发挥着越来越大的作用;(6)"百花齐放,百家争鸣"。第三次高潮中第三代人和第四代人在图书馆学的各个层面以及每一个细小的领域都展开了激烈的争论,80 年代初是关于"图书馆的性质"、"图书馆学研究对象"、"图书情报一体化"的争论,80年代后期是关于"发展战略"、"文献资源布局与共享"的争论,80年代末是关于"低谷"的争论,90年代初是关于"图书馆与市场经济"的争论,90年代中期前后是关于"信息高速公路"、"虚拟图书馆"的争论,在不断的争论中,有些问题搞清了,但更多的问题是浅尝辄止、不了了之,争论中出现的追风倾向和庸俗化倾向已在一定程度上改变了学术研究的性质,倡导健康的研究风尚已势在必行,当然,争论所产生的巨大的学术成果本身还是值得肯定的,它们是第三次高潮的物化产品;(7)"各领风骚数十年"。第三代学者是第三次高潮的当然领袖与核心,他们分别在图书馆学不同的领域取得了令人瞩目的成就,其中,周文骏、黄宗忠、吴慰慈、倪波在图书馆学基础理论领域,彭斐章、朱天俊在目录学领域,谢灼华、杨威理在图书馆史领域,白国应、张琪玉、刘湘生、侯汉清在检索语言和文献分类领域,孟广均、肖自力、沈继武在文献资源布局与共享领域,陈光祚、赖茂生在文献检索领域,谭祥金、杜克、鲍振西、徐引篪在图书馆管理领域,都有名篇问世或有重大实绩,共和国40周年大庆时书目文献出版社出版的10卷本"中国图书馆学情报学论文选丛"以及吉林省图书馆学会、四川省图书馆学会与成都东方图书馆学研究所联合推出的当代50名图书馆学家"个人自选集"当是第三代图书馆学家迟到的奉献,而第四代图书馆学人的精品要等到下一个10年才能陆续问世;(8)"你方唱罢我登场"。第三次高潮中的图书馆学理论领域可以说是好戏连台,先是"规律说"匆匆而来又匆匆而去,接着是"文献交流说"、"知识交流说"、"文献信息交流说"轮番登场,再往后就是"信息管理说"、"新技术说"占据了抢眼的位置。

"规律说"其实不是规律说。1981年北京大学图书馆学系和武汉大学图书馆学系所编写和出版的《图书馆学基础》一书虽然规定"图书馆学是研究图书馆事业的发生发展、组织形式以及它的工作规律的一门科学，"[81]但它既未回答什么是图书馆的规律，更未展开深入的探讨。就其框架结构及实质内容来看，它包括了图书馆学基础理论、图书馆学、图书馆目录、文献分类、藏书建设、读者工作、图书馆管理、图书馆现代化等方面的内容，其实质是图书馆学体系的浓缩，因此称之为"图书馆学手册"也许更合适一些。当然，《图书馆学基础》作为第一本统编教材发挥了承前启后的作用，其功不可没，它迄今仍是各类短训班和初级人员培训的优选教材。

"文献交流说"是交流说中最早亮相的，其主要代表是周文骏。周文骏生于1928年，1953年毕业于北京大学图书馆学专修科，1956年起执教于北京大学图书馆学系，历任讲师、副教授、教授和博士生导师，1984～1991年任系主任，是国务院学位委员会第三届学科评议组成员和国家图书馆学、情报学和文献学规划评审组成员。在执教的40余年中，周文骏曾讲授过"图书馆学概论"、"文献交流引论"等10余门课；在学术方面，他先后出版专著（含合著）12种，发表论文60余篇，主要代表作有"概论图书馆学"、《文献交流引论》等。周文骏图书馆学思想的核心就是"文献交流"，他在"概论图书馆学"一文中明确指出"图书馆学的理论基础是情报交流"，"图书馆工作通过文献进行情报交流"，"图书馆本身就是一个情报交流工具"，[72]这种认识体现了图书馆学与情报学合流的趋势；在《文献交流引论》中，周文骏发展了"图书情报学"的思维，主张建立一门超越图书馆学、档案学、情报学、目录学、出版发行学等学科的"文献交流学"，其研究对象是"作为交流过程主体的文献，文献交流的产生、发展、功能、内容、渠道、方法、效果，以及组织交流的相关机构等等。"[83]应该说，周文骏的"文献交流说"已包容了尔后"文献信息交流说"的合理内核，这两种观点没有质的不同，遗憾的是，《文献交流引论》只有短短10万言，它确乎是一个引言，它将由周文骏自己的弟子来发展。[84] 90

年代后,周文骏的图书馆学思想发生了变化,他在为《图书馆学研究论文集》所写的"编后"中认为,我国图书馆学目前应该研究图书馆哲学、电子图书馆、普及图书馆方法等内容,而他本人似乎更属意前者也即"建立图书馆哲学"的研究。[85]

"知识交流说"形成于 80 年代中期,[86]而在宓浩等 1988 年出版的《图书馆学原理》中得以展开和丰富。该书共分 3 篇 10 章:上编包括知识、知识载体和知识交流,图书馆与社会,图书馆事业等 3 章;中编包括文献,读者,图书馆工作机理与工作内容等 3 章;下篇包括图书馆学的基本问题、图书馆学的研究方法、图书馆学发展史略、图书馆学的未来等 4 章。作者认为,"图书馆活动的本质是社会知识信息交流","图书馆学要研究社会知识交流在图书馆活动中的特殊过程和特殊规律;研究如何搜集、整理、贮存和传递知识载体,以促进社会知识的交流;研究在社会知识交流过程中图书馆与图书馆事业自身变化发展的规律。"[87]若单纯从这些字眼来分析,该书确实是一种"知识交流论";但通读全书后则会发现,除了第一章的集中论述外,后续各章的内容几乎与知识交流无缘——这正是我国图书情报学著作普遍存在的致命缺陷,即在确定了一个逻辑起点后,并不据此来演绎理论体系,其结果是,无论什么交流论,实质上都是文献交流论。《图书馆学原理》在众多同类著作中也有自己的特色,这就是它的简洁流畅和不拘一格。

"文献信息交流说"最早亦出现于 80 年代中期,[88]南开大学图书馆学系等集体编写的《理论图书馆学教程》沿用了这种观点。该书共分 10 章,内容如下:信息、知识与文献;图书馆学研究对象和学科性质;图书馆学体系结构;图书馆学的形成和发展;图书馆类型的研究;图书馆管理;比较图书馆学;信息时代的图书馆。[89]与《图书馆学原理》一样,该书除了"图书馆学是研究图书馆进行文献信息交流的理论和方法的学科"这一表述外,大部分内容与文献信息交流无涉。它的主要特色大概表现在"比较图书馆学"、

"中国近代图书馆学研究"等章节内容方面。

"中介说"实质上也是一种交流说。在 1985 年出版的《图书馆学概论》中,吴慰慈尽管认为"图书馆学的研究对象是图书馆事业及其相关因素。"[90]但他又认为"中介性是图书馆的本质属性,"[90]因此可以认为"中介说"是他的主要观点。吴慰慈也是当代图书馆学理论研究的代表人物之一,他于 1961 年毕业于北京大学图书馆学系,现为北京大学信息管理系主任、教授、博士生导师,中国图书馆学会学术委员会主任,第四届国务院学位委员会学科评议组成员;他的主要研究方向是基础理论和文献资源建设,已出版著作(含合著)4 种,发表论文 120 余篇,《图书馆学概论》是主要的代表作。他所提出的"中介说"从一定程度上能够解释图书馆活动的特色,但中介性本身不能够成为图书馆的本质属性,因为它无法使图书馆区别于其它社会现象;而且,"中介说"从更本质的意义上而言也是一种交流说,"图书馆便是帮助人们利用文献进行间接交流的中介物。"[90]

第三次高潮是交流说盛行的时期,但就在交流说成为时尚之际,也有其它观点在滋生着,辛希孟、孟广均的"管理说"就是一例。在我国,中国科学院是最早倡导图书情报一体化的,为了满足一体化的需要,1982 年中科院文献情报中心曾组织编写了一套"图书情报工作教材",辛希孟、孟广均编写的《图书情报工作概论》就是其中的一种,它于 1990 年正式出版。该书的特色是"以图书情报一体化为主导思想,注重理论与实践相结合",[91]内容定位在培养基层专业人员的水平上。该书作者之一的孟广均认为,"图书馆学是研究图书馆组织和管理的理论、活动与方法的科学,"[91]这是一种典型的"管理说"。孟广均也是国内图书馆学理论研究的代表人物之一,1954 年毕业于军委外国语学院英语专业,1958 年到中国科学院图书馆工作,1958～1960 年被选送到中国科技大学图书馆学专修科学习,1984～1985 年作为访问学者赴美国罗萨里学院图书馆学情报学研究生院进修,历任馆员、副研究员、研究馆员、博士生导师,为国务院学位委员会首次增设的"图书馆学情报学临时学科评议组"以及第三、第四届学科评议组成员,国家图书馆学、情报学和文献学规划评审组成员;他是从实践中走出来的理论家,他亲自从事过图书馆的各种工作,在期刊编辑方面具有丰富的经验,现在仍是《图书情报工作》杂志的主编;在学术方面,他的主要研究方向是图书情报工作的进展与趋势、文献资源布局与建设、信息资源管理,他先后出版专著(含译著、合著)10余种,发表论文100余篇。据可查的文献记载,孟广均是最早介绍和使用"信息资源"概念的国内学者之一,他在1985年就著文指出,"我国的信息资源很多,……。现在国外普遍认为没有控制、没有组织的信息不再成为一种资源,因此都加强了对信息的管理"[92]1991年,他又写道:"信息资源包括所有的记录、文件、设施、设备、人员、供给、系统和搜集、存储、处理、传递信息所需的其它机器";[93]1992年,他与卢泰宏合作推出了《信息资源管理专集》,[94]在国内引发了信息资源管理研究的热潮;1997年初,由于国务院学位委员会办公室和国家教委办公室在《学科、专业目录征求意见稿》中将原一级学科"图书馆、文献与情报学"更名为"文献信息管理",孟广均作为国务院学位委员会评议组成员率先表示支持,他改变了自己的观点,同意分两步走,并写了"为'文献信息管理学'鼓与呼"一文;[95]1997年9月,他牵头撰写的《信息资源管理学导论》脱稿并得到中国科学院出版基金资助,已由科学出版社于1998年初出版,这将是信息资源管理学领域里程碑式的著作。综观孟广均学术思想由图书情报工作管理到文献资源共享再到信息资源管理的发展过程,有一点是明确的,即他能够熟练地掌握外语工具并时刻保持着敏锐的感觉,所以他能与世界图书情报学的发展保持同步,这一点应该对后进者有启迪意义。

然而,"信息管理说"与"新技术说"的主要市场还是在第四代人中间。"信息管理说"或"信息资源管理说"的实质是在统一研究对象的基础上,以信息资源为基点,建立统一的信息资源管理学,图书馆学属于它的二级学科;"新技术说"的实质是试图以新信息技术为突破口推进图书馆的现代化,并从而为图书馆学趟出一条新路。但无论哪一种学说,其前提都需要现代信息技术的支撑,这是第四代人的优势也是第三代人的劣势,从这个意义上讲,第三次发展高潮的跨世纪使命将注定要由第四代人来承担,他们也将肩负着走向世界、融入世界图书情报学体系乃至领导世界潮流的希望,他们将在 21 世纪实现本学科的光荣与梦想。

3.2.5 开放的台湾图书馆学

台湾图书馆学是中国图书馆学的有机组成部分。40 年代末之后,部分第一代和第二代图书馆学家或直接或辗转抵赴台湾,他们构成了日后台湾图书馆学发展的基础,也正是他们将第一次图书馆学发展高潮与台湾图书馆学维系起来,使台湾图书馆学纳入了中国图书馆学发展的连续统一体之中。台湾图书馆学起步于 50 年代中期,发展于 60~70 年代,而成熟于 80 年代,换言之,台湾图书馆学经过 60~70 年代的积累后在 80 年代达到了发展的高潮,这相当于大陆图书馆学的第三次发展高潮。

台湾图书馆学发展的特征之一是它一开始就处于一个开放的环境之中。50 年代之后,由于两极世界的形成,台湾处于西方集团的庇护之下,这使台湾图书馆学能够与西方发达国家的图书情报学进行自由的学术交流,这无形中缩短了台湾图书馆学的发展过程,就此而言,它与日本图书馆学的发展极为相似。80 年代后期,两岸关系趋缓,台湾图书馆学又不失时机地加强了与大陆的交流。1990 年,台湾图书馆界首次组团访问大陆;1993 年 2 月,台湾中华图书资讯学教育学会举办"图书资讯学教学研讨会",大陆有 6 位教授或馆长赴会;同年 7 月,胡述兆教授率 10 名图书馆学硕士研究生到上海华东师范大学图书馆学情报学系参观实习,首开教学直接交流之先河;同年 12 月,"首届海峡两岸图书资讯学术研讨会"在华东师范大学召开,100 余位两岸学者与会,就海峡两岸图书资讯事业之发展、海峡两岸图书资讯教育、海峡两岸图书馆之管理与利用、海峡两岸图书资料之分类与编目、海峡两岸图书馆自动化与资讯网络等议题展开了讨论;1994 年 8 月,"第二届海峡两岸图书资讯学术研讨会"在北京大学举行,会议议题包括图书馆学资讯学教育、图书馆自动化、读者研究与资讯服务等;1997 年 3 月底 4 月初,"第三届海峡两岸图书资讯学术研讨会"又移师武汉大学,中心议题是"图书资讯学核心课程";同年 5 月,"海峡两岸图书馆事业研讨会"在台湾举行,大陆有 31 位学者赴会;1998 年 4 月初,"第四届海峡两岸图书资讯学术研讨会"在中山大学举行,100 余位"两岸四地(大陆、台湾、香港、澳门)"与会代表就"图书馆自动化与网络"各抒己见,这是海峡两岸学者的又一次盛会。台湾图书馆学就是在这样的开放环境中发展起来的,开放的环境造就了其兼容并蓄、博采众长的风格。

　　台湾图书馆学发展的特征之二在于它是与图书馆学教育密不可分的,从一定意义上讲,台湾图书馆学教育的发展过程也就是台湾图书馆学的发展过程。台湾图书馆学教育始于 50 年代中期,1955 年,台湾师范大学社会教育学系设图书馆学组,是为台湾图书馆学教育之发端;1961 年,台湾大学正式成立图书馆学系,这是设置于大学的第一个图书馆学系,该校于 1980 年又设图书馆学研究所并开始招收硕士研究生,1986 年进一步筹设博士班并于 1989 年开始招生,台湾大学图书馆学系的发展可以看作台湾图书馆学教育的缩影;1964 年,世界新闻专科学校(1991 年改制为世界新闻传播学院)设图书资料科,1992 年停办,1995 年再设图书资讯学系,1996 年更名世新大学,拟于 1999 年招收硕士研究生;1970 年,辅仁大学设置图书馆学系,1992 年改称"图书资讯学系",1994

年成立图书资讯学研究所并开始招收硕士研究生;1971 年,淡江大学成立教育资料科学系,这实质上也是一种图书馆学教育,该校还于 1991 年成立了教育资料科学研究所,开始招收硕士研究生;1971 年,政治大学与(台湾)"国立中央图书馆"合作在该校中国文学研究所成立目录组并招收目录版本方向的硕士研究生,1996 年正式成立图书资讯学研究所,招收硕士研究生;以上就是台湾图书馆教育的 6 个主要系(所)。[96] 可以看出,台湾图书馆学教育从 50 年代中期起步,经过 60 ~ 70 年代的发展,于 80 年代进入提高阶段和繁荣时期,这是与台湾图书馆学的发展轨迹相吻合的。值得指出,台湾图书馆学教育 6 个教学点的培养目标和课程内容各有分工和特色,呈现出一种高度组织化的有序态,这也反映在"第三届海峡两岸图书资讯学术研讨会"台湾学者的论文组成方面,[96] 而良好的组织与合作正是台湾图书馆学的主要特色之一。

台湾图书馆学发展的特征之三在于"资讯"一词的创造与运用。据台湾图书馆学家顾敏的解释,"资讯源于英文 Information,其意义在用语言或文字来表达特定范围内具有特定意义的资料,简言之,也就是可以被人理解或被人接受的讯息。"资讯"代表着一个统合性的概念,它所涉及的知识范围相当广泛,包括文字符号、传讯处理、行为社会以及经济生产等四个领域"。"'资讯'最初是 1978 年 7 月 28 ~ 29 日"中央研究院"和"国立"台湾大学联合举办的'资讯系统研讨会'上提出的,在台湾它很快被大家接受了。就这个名词的字面而言,它是由'资料'和'讯息'所组合成的,但进一步推演起来,'资讯'取自于'资料'和'资源'的资字,'讯'取自于'讯息'和'电讯'的讯字。代表着一个统合性的概念。"[97] 顾敏的论述揭示了"资讯"一词的由来、内涵与范围,尤其是他的推演,更使"资讯"一词变得生动鲜活而富有现代气息。比较而言,"资讯"既非大陆常用的"情报"也非国际通用的"信息",但正是由于这个台湾化的词语,台湾图书馆学才避免了图书馆学与情报学的长期对立和平行并存。

　　台湾图书馆学发展的特征之四是出现了"两代半人"。从大陆到台湾的第一代和第二代图书馆学家不多,他们不能构成一代人。台湾第一代图书馆学家大多是60～70年代从美国留学归来的,主要包括王振鹄、沈宝环、胡述兆、卢荷生、张鼎钟、郑雪玫、胡欧兰、何光国、李德竹、谢清俊、顾敏以及留美工作的李志钟、李华伟、刘钦智、周宁森等,他们相当于大陆的第三代图书馆学家;由于台湾没有发生诸如大陆的"文化大革命"那样的事件,所以,在台湾第一代学者第二代学者之间就派生出一个"中生代",他们多数也是留学归来的,与台湾第一代学者有返台时间的先后或间接的师生之谊,与第二代学者的关系则介于半师半友之间,主要包括卢秀菊、黄鸿珠、高锦雪、赖鼎铭、吴美美、杨美华、陈雪华、顾力仁、傅雅秀等,他们为数不多且经历各异,不足以构成完整的一代人,姑且算作"半代人";台湾第二代学者则大多是台湾自己培养出来的,与台湾第一代学者多有师生之谊,他们成长于80年代,相当于大陆的第四代学者,主要包括林呈潢、薛理桂、王梅玲、陈文生、徐金芬、曾淑贤、廖又生、王美鸿、陈昭珍、蔡明月、黄丽虹、林秋燕、黄慕宣、庄道明、林珊如、严鼎忠、谢宝援、丁友贞、邵婉卿等。目前,台湾第一代学者大都退居二线,"中生代"正处于事业的顶峰,第二代学者也已迅速崛起。(需要说明,"两代半人"是作者根据现有资料推断的结果,不确之处请台湾同道及知情人士多多指正)。

　　台湾图书馆学经过近半个世纪的发展已形成了一定的规模,积累了相当的研究成果。据统计,1980～1995年台湾图书馆学发展高潮期间共产生博、硕士学位论文约160篇,出版著作700余种,发表论文2944篇;目前仍在出版的期刊有21种(其中年刊5种,半年刊3种,季刊11种,双月刊1种,不定期刊1种)。[98]以博、硕士论文的内容分析而言,关于目录学及藏书史有20篇,图书馆自动化及资讯检索20篇,公共图书馆管理与服务16篇,大学图书馆 14 篇,馆藏发展及采访 9 篇,图书馆教育 5 篇,图书馆利用指导 5 篇,其它主题均在 4 篇以下。从期刊论文的主题分析来看,图书馆学与资讯科学综论 424 篇,图书馆行政 135 篇,图书馆管理与自动化 972 篇,图书馆建筑设备 47 篇,学校图书馆 450 篇,专门图书馆 91 篇,公共图书馆 467 篇,资料检索 328 篇,私家藏书 30 篇[98]。可以看出,台湾图书馆学非常注重实际问题的研究而较少涉猎理论问题的探讨,难怪王振鹄要呼吁改变图书馆学研究的取向了。[98]但就台湾图书馆学者的专著而言,却不乏理论精品,主要有王振鹄的《图书馆学论丛》、胡述兆和吴祖善的《图书馆学导论》、顾敏的《现代图书馆学探讨》、赖鼎铭的《图书馆学的哲学》、周宁森的《图书资讯学导论》等。

王振鹄是台湾图书馆学的主要创始人之一。台湾旅美学者、美国俄亥俄大学图书馆馆长李华伟曾谈到,在台湾图书馆近 30 年的发展中,"厥功至伟,出力最大的一位,应该是王振鹄教授。这是有口皆碑,众所公认的。"[99]王振鹄生于 1924 年,早年曾参加抗日救亡活动,1948 年赴台任职台湾师范学院,1955 年任该校图书馆馆长,1959 年在美国获图书馆学硕士学位,1960～1969 年历任台湾师范大学讲师、副教授、教授,1970～1977 年任该校图书馆馆长兼社会教育学系主任,1977～1989 年任台湾"中央图书馆"馆长,1991 年被聘为台湾行政院文化建设委员会委员,1994 年以七秩荣退。王振鹄在图书馆管理、图书馆学理论和图书馆学教育方面有很深的造诣,主要著作有《图书馆学论丛》、《图书选择法》等。[4]《图书馆学论丛》是王振鹄图书馆学理论研究的代表作,该书共分 5 章,内容如下:图书馆学通论、图书馆经营与标准、图书馆分类与目录、图书馆教育、图书馆事业。他认为,图书馆就是"将人类思想言行的各项记录,加以收集、组织、保存,以便于利用的机构。"图书馆的功能表现在三个方面:图书馆是一个社会教育机构,以保存和提高文化为使命;图书馆是社区中的活动中心;图书馆具有传播的功能。而所谓"图书馆学"的概念,"就是包括了图书馆经营上实际需要的知识与技术,而研究范围随图书馆的发展和需要日益广泛。……图书馆学就是一门应用的学科。"[100] 客观的分析,尽管王振鹄吸取了美国图书馆学的许多理念(ideas),但其主体认识依然停留在"社会论"的认识阶段。近年来,他的思想有所发展,主张改变图书馆学研究过于实用化的研究取向,注重图书馆学和资讯科学的融合问题的研究,以期带动图书馆学的全面发展。[98]

胡述兆生于 1926 年,1949 年赴台,1962~1983 年旅居美国,1983~1988 年任台湾大学图书馆学系主任暨研究所所长,筹设第一个博士班并任博士生导师,90 年代后致力于推动海峡两岸图书资讯领域的交流与合作。胡述兆主要的研究方向是美国政治制度、图书馆学理论与图书馆学教育,共出版专著(含合著)20 余种,发表论文 80 余篇。胡述兆与夫人吴祖善合著的《图书馆学导论》代表了他的图书馆学思想,该书共分 7 章,内容如下:图书馆的意义、起源与功能;图书馆学的界说;图书馆的组织;图书馆资料采访;编目分类与排片;读者服务;馆际合作。单纯从体系结构来看,该书略似于大陆的《图书馆学基础》。[81] 深入到内容,胡述兆伉俪认为,"图书馆是用科学方法采访、整理、保存各种印刷与非印刷资料,以便读者利用的机构。简言之,图书馆是人类智慧的总汇。""图书馆学是以科学方法研究图书馆的发展与运作的各种必备知识之理论与实际的学科。"图书馆学主要可分为五个领域:图书馆学基础、图书馆管理、图书馆技术服务、图书馆读者服务、资讯科学相关科目。[101] 胡述兆伉俪的观点从大的方面与王振鹄相仿,不同之处在于它更为具体和技术化,同时还将资讯科学纳入了图书馆学的体系。

顾敏事实上是介于台湾第一代学者和"中生代"之间的一位学者,他也曾留美并获得图书馆学硕士,主要著作有《现代图书馆学探讨》、《图书馆采访学》、《缩微技术学》等,发表论文 130 余篇。其《现代图书馆学探讨》共分 6 章,内容如下:资讯与自动化、知识传播、缩影媒体、索引技术、参考资源、比较研究。他认为,"现代图书馆学是由传统图书馆学做为胚底,融合了行为科学、传播科学、资讯科学、电脑科学和科学性的管理学,然后,整合而成为一门新学问。……现代图书馆学基本上是以'资讯'做为发展基因,并交力合流各种资讯有关的学问,而以传播知识资讯,促进知识资讯的成长,以及提高个人和社会上的资讯生产力为其研究的目的,故现代图书馆学又可称为资讯的图书馆学。"[97] 他还引入传播原理来分析图书馆在知识活动中的地位:图书馆是运输知识的通道,图书馆是供应知识的单位,图书馆是分享知识的场所。[97] 他并认为,"现代化图书馆的一切经营活动,若要简单地用一句话来归根它的目的,那便是'传播资讯和推广知识'"。[97] 顾敏还谈到了资讯系统、资讯工业以及资讯资源,"资讯属于一种极为重要的国家资源和国际资源。"[97] 顾敏的《现代图书馆学探讨》成书于 80 年代后期,他的著作中所涉及的观念是超越当时台湾图书馆学界和大陆图书馆学界的一般认识的,他的图书馆学思想似乎更贴近于"知识交流说"。

赖鼎铭是台湾"中生代"的核心人物,亦曾留学美国并获博士学位。他于 1993 年出版的《图书馆学的哲学》一书试图从批判的角度认识图书馆学,并进而寻求"图书馆学究竟是一门科学抑或一种职业"的答案。该书共分 10 章,内容如下:我为什么写图书馆学的哲学(前言);先从图书馆学是不是科学谈起,图书馆学研究的典范危机,资讯需求与使用研究的典范变迁,图书馆使用研究的导向变迁,美国的公共图书馆为何兴起? 不同的典范及其不同的解释(以上 5 章为第一篇,论述"图书馆学是否科学及其研究的典范");由美国图书馆学校的关门谈起,图书馆员是专业吗,医生、律师与图书馆员的比较研究,新科技可以解决我们的困境吗

（以上4章为第二篇，论述"图书馆员是否职业及其问题"）。在第一篇中，赖鼎铭首先导入科学哲学理论，然后引用了大量他人的观点并作了比较，他发现，"我们离真正的科学还远"；[8] 他谈到，"我们不一定要成为科学，但我们一定要作研究"，"只有透过科学性的分析，才能帮助我们了解表相之下的各种原因，有助于改进我们的管理与服务。就长期而言，研究的积累或有一天会帮助我们找出一套可以测试及运用的理论。只有到那一天，图书馆学或可自称科学而无愧"，[8] 这表明了他对图书馆学的坚定信念；接下来，他研究了图书馆学（主要是美国图书情报学）研究中存在的主要典范（理论观点），有关内容已整理成文发表在1997年第5期《图书情报工作》上。[102] 在第二篇中，他首先援引被关闭的美国杨百翰大学图书馆学院一位教师的话，认为缺乏较强的理论背景是图书馆学院关闭的主要原因之一，有鉴于此，我们必须在更高的学术层次重组我们的课程，必须提升我们的学科，由技术导向走向真正的专业；继而，他引证了众多美国图书馆学家对"图书馆员是否专业"的各种认识，并比较了图书馆员与医生、律师的职业特征的异同，他发现，医生和律师"学习的对象乃是知识的本体，而不是知识的组织与管理，"[8] "资讯时代的权力将只有资讯的使用者与创造者可以拥有，而不是那些存储与检索的人，"[8] "如果一个工作可以让电脑的程序来执行，这个职业已经接近可以消失的时候，"[8] 也就是说，图书馆员还不具备成为真正专业的作为本体的知识；最后，他以疑问的方式结束了全书，"我们所强调的新科技却又慢慢地流向使用者的手中，变成每个人都可以学习使用的设备。这样的发展，到最后，我们将剩下什么？"[8] 赖鼎铭在其著作中自始至终地表现出对技术取向的图书馆学的担忧，他的著作不时地闪现出理性的光芒和思想的火花，这种火花更多地是在与被引用的美国图书资讯学家的思想彼此碰撞时而产生的，赖鼎铭的成功在于他的博学和他对理性认识的追求。

周宁森是旅美台湾学者,也是一位跨代的第一代晚期学者,图书馆学博士,现任美国新泽西罗格斯大学东亚图书馆馆长。他于1991年出版了《图书资讯学导论》一书,该书共分5章,内容如下:图书、资讯、文化、社会;图书、图书馆、图书资讯学;图书馆在中国;图书馆之现代化与电子计算机;图书资讯学未来之展望。周宁森首先对基本术语作了界定:"资讯"就是指人类的思维,这思维经过脑内的组织过程,成为该人的思想成果,而以语言或文字表达出来的思想成果,在静态时便成为资料,资料如经传播而被他人接受,便成为有用的资讯;事实上,此处的"资讯"已相当于信息资源的概念。"图书"一词则泛指所有的资讯储载体,而"研究如何收集、整理、保管图书,及传播其中所载的资讯的方法,便是图书资讯学。"[103]他进一步谈了对图书馆现状的认识,"不幸的是,即使在这些先进的国家里,一般社会人士心目中,图书馆及其从业人员仍然没有达到他们应得的重视和地位;所以图书馆也不能得到它应得的支持。这其中因素很多,也多半都是图书馆从业人员所无力控制的。作为一个图书馆员所能做到的便是'敬业,自重';我们知道我们所从事的事业的重要性,便尽心尽力地去做好它,人们的重视和支持便会随之而来,"[103]这应是周宁森在发达的美国社会所悟出来的真谛。周宁森还谈到了理论与实践的关系,"理论、实行两者应该并重。没有理论,实行时便可能有所偏差,若不去实行,理论便无法补充、更正。……谈理论而忘却实行,很容易走错方向,而理论本身也无法补充,更正,便成了'死'理论,便是'空谈'。只谈实行而不顾理论,有如夜行无灯,便可能处处碰壁;即使侥幸走通一路,也是事倍功半,更不可能统筹全盘,前瞻未来。理论为'纲',实行是'目';纲目并重,方能逐渐接近'理想'"。[103]周宁森的著作更涉及资讯网与资源共享等问题,其论述时有精辟之处,其体系简洁明快,其目标是建立融图书馆学和资讯科学为一体的新的学科体系,其不足之处则在于过分简略、未能展现图书资讯学的全貌。

通过对上述 5 位台湾图书馆学家的图书馆学理论的比较研究,我们可以发现台湾第一代图书馆学家与"中生代"的显著区别:台湾第一代图书馆学家更多地接受了美国图书馆学的实用理念,他们是从图书馆实践或图书馆工作出发来概括图书馆学理论体系的,其理论带有更多的经验色彩;"中生代"图书馆学者则更多地吸取了资讯科学、传播科学、科学哲学等现代科学知识,他们更多地是从理性分析入手来探讨图书馆学的"知识本体"的,他们的理论具有浓厚的现代意识和理性色彩。台湾图书馆学的中生代学者已经完全成熟了,他们具有更为扎实的理论功底和更为宽广的现代知识,他们将有能力率领第二代学者将台湾图书馆学发扬光大,21 世纪的海峡两岸图书资讯学在增强合作的同时也必将出现同代学者的实力较量,较量的结果则必将促进中国图书馆学的繁荣及在世界图书馆学中地位的提升。

参考和引用文献(第 2 章与第 3 章)

1. 刘迅. 西方图书馆学流派及其影响. 图书馆学刊,1983(4)

2. 袁咏秋、李家乔. 外国图书馆学名著选读. 北京:北京大学出版社,1988. 226 ~ 238,34 ~ 35,315 ~ 321,345,300,387 ~ 394,359 ~ 360,389

3. 杨威理. 西方图书馆史. 北京:商务印书馆,1988. 128 ~ 129,138,139 ~ 142,231 ~ 233,157 ~ 166,334 ~ 346

4. 图书馆学百科全书编委会. 图书馆学百科全书. 北京:中国大百科全书出版社,1993. 408 ~ 409,273,398,515 ~ 576,718,304,706,705,514

5. 黄宗忠. 图书馆学导论. 武汉:武汉大学出版社,1988. 104,117,18 ~ 22

6. K. C 哈里森著;佟富译. 图书馆学基础,北京:书目文献出版社,1987

7. R. Beenham, Colin Harrison. The Basics of Librarianship. London:Library Association Publishing Ltd. ,1992

8. 赖鼎铭. 图书馆学的哲学. 台北:文华图书馆管理资讯股份有限公司,1993. 31 ~ 32,21,23 ~ 24,187,215,175,231

9. 杰西·H·谢拉著;张沙丽译. 图书馆学引论. 兰州:兰州大学出版社, 1986. 221～223, Ⅱ, 59～86

10. 社会学概论编写组. 社会学概论. 天津:人民出版社, 1984. 394～396

11. Pierce Butler. An Introduction to Library Science. Chicago: The University of Chicago Press, 1933.

12. P. Karstedt. Studien Zur Sozilogic der Bibliothek. Wiesbaden: Harrassowitz, 1954

13. 加藤一英, 河井弘志. 图书馆社会学. 东京:日本图书馆学会, 1980

14. 卿家康, 文献社会学. 武汉:武汉大学出版社, 1994

15. 赵成山. 图书馆学交流说及其在中国的发展. 中国图书馆学报, 1995 (6):25～31

16. J. M. Orr. Libraries as communication systems. Connecticut: Green - wood Press, Inc. , 1977

17. P. Ingwersen. Conceptions of Information Science. See: P. Vakkari, B. Cronin. Conceptions of Library and Information Science. London: Taylor Graham, 1992. 299～312

18. G. Wersig. Information science and theory: A weaver bird's perspective. See: P. Vakkari, B. Cronin. Conceptions of library and Information Science. Londen: Tayler Graham, 1992. 201～217

19. P. Vakkari. Library and Information Science: Its Content and Scope. See: Irene P. Godden. Advances in Librarianship (Vol. 18). San Diego: Academic Press, 1994

20. 汪冰, 电子图书馆理论与实践研究. 北京:中国科学院文献情报中心博士学位论文, 1997. 19, 22～24

21. F. W. Lancaster. Toward Paperless Information systems. New York: Academic Press, 1978

22. F. W. 兰开斯特著;郑登理、陈珍成译. 电子时代的图书馆和图书馆员, 北京:科学技术文献出版社, 1985

23. 詹姆斯·汤普森著;乔欢、乔人立译. 图书馆的未来. 北京:书目文献出版社, 1988

24. Walt Crawford, Michael Gorman. Future Libraries: Dreams,

138

Madness&Reality Chincago: American Library Association, 1995

25. Kenneth E. Dowlin. The Electronic Library: The Promise and the Process. New York: Neal－Schuman Publishers, Inc. ,1984

26. Kenneth E. Dowlin. The Neographic Library: The 30－Year Perspective on Public Libraries. See: F. W. Lancaster. Libraries and the Future: Essays on the Library in the Twenty－First Century. New York: The Haworth Press,1993. 29~44

27. 孟广均等. 信息资源管理导论. 北京:科学出版社,1998

28. W. J. Martin. The Information Society. London: Aslib, 1988. 95~104

29. Blasise Cronin, E. Davenport. Elements of Information Management. Metuchen: The Scarecrow Press, Inc. ,1991

30. Karl A. Stroetmann. Information for the'90s: A Conceptual Framework. International Forum on Information and Documentation, 1993(2):9~14

31. O. П. 科尔舒洛夫主编;彭斐章译. 目录学普通教程. 武汉:武汉大学出版社,1986. 142~145

32. O. C. 丘巴梁著;徐克敏等译. 普通图书馆学. 北京:书目文献出版社, 1983. 14~23,3~4

33. 列宁. 列宁全集(中译本)第20卷. 北京:人民出版社,255

34. H. K. 克鲁普斯卡娅编;李哲民译. 列宁论图书馆工作. 北京:时代出版社,1957

35. 林 曦. 俄罗斯图书馆学理论研究的热点评析. 中国图书馆学报,1997 (6):

36. Mohamed Taber, Donald Gordon Davis, Jr., Librarianship and Library Science in India: An outline of historical perspectives. New Delhi: Concept Publishing Co. ,1994. 75~79,79~80,87,95~109,95,104~105,105~106,104, 99~100

37. 北京大学图书馆学情报学系,武汉大学图书情报学院. 图书馆学基础. 北京:商务印书馆,1991. 30~32,36

38. S. B. Pillai. Dr. S. R. Ranganathan: The Father of Library Movementin India. See: R. Raman Nair. Public Library Development. New Delhi: Ess Ess Publications, 1995. 1~5

39. 阮冈纳赞著;夏云等译. 图书馆学五定律. 北京:书目文献出版社, 1988. 403

40. 叶千军. 阮冈纳赞理论及应用研究. 上海:同济大学出版社, 1995. 18 ～32,10～11,11,3

41. 埃里克·德格罗里尔. 图书馆和信息政策展望——阮冈纳赞的思想遗产. 见:'96 北京国际图联大会中国组委会秘书处. 国际图书馆协会联合会第 58,59 届大会论文选译. 北京:书目文献出版社, 1986. 17～25

42. I. M. Groswami. Classification of Library Science. New Delhi: Commonwealth Publishers, 1995

43. I. M. Goswami. Manual of Library Cataloguing. New Delhi: Commonwealth Publishers, 1995.

44. Pandey S. K. Sharma. Librarian's Knowledge of Knowledge. New Delhi: Ess Ess Publications, 1996. 1

45. B. D. Panda. Library Administration and Management. New Delhi: Anmol Publications PVT LTD, 1993. Foreword

46. R. G. Prasher. Personnel Problems in Indian Libraries. New Delhi: Medallion Press, 1994.

47. I. M. Goswami. Management of Library Administration. New Delhi: Commonwealth Publishers, 1995.

48. I. M. Goswami. Development of Library and Information Science. New Delhi: Commonwealth Publishers, 1995.

49. M. Kaushal. Library Science and Information Technology. New Delhi: Commonwealth Publishers, 1995.

50. B. P. Barua. National Policy on Library and Information Systems and Services for India: Perspectives and Projections. Bombay: Popular Prakashan Private Limited, 1992.

51. M. Kaushal. National Dimensions of Library and Information Systems. New Delhi : Commonwealth Publishers, 1995.

52. L. N. Verma, U. K. Agrawal. Public Libraries Services in India. U - daipur: Himanshu Publications, 1994.

53. R. Raman Nair. Public Library Development. New Delhi: Ess Ess Pub-

lications, 1993

54. K. H. Shukla. University Libraries in India. Jaipur：RBSA Publishers,1994.

55. M. Kaushal. Dynamics of Information and Library Science. New Delhi：Commonwealth Publishers, 1995.

56. 津田良成编；楚日辉、毕汉忠译. 图书馆情报学概论. 北京:科学技术文献出版社,1986.42,10~43,2,1,34~37

57. 岩猿敏生著；石惠侠译. 图书馆学理论和图书馆员. 国外图书情报工作,1985(1):9~17

58. 丸山昭二郎著；董光荣编译. 图书馆和情报概论. 国外图书情报工作,1988(1):4~7

59. 况能富. 图书馆学思想发展论纲. 图书情报知识,1982(4)

60. 况能富. 中国图书馆学思想的发展及其影响初探. 图书馆学通讯,1985(1)

61. 杜定友. 图书馆学的内容与方法. 教育杂志,1926,18(9)、(10)

62. 程焕文. 图书馆人与图书馆精神. 中国图书馆学报,1992(2):35~42

63. 王子舟. 20 世纪中国图书馆学发展的三次高潮. 图书情报工作,1998(2):1~

64. 程焕文. 筚路蓝缕,鞠躬尽瘁——试论图书馆学家、图书馆学教育家杜定友先生对中国近代图书馆事业的卓越贡献. 广东图书馆学刊,1988(专辑):13~43

65. 钱亚新,白国应. 杜定友图书馆学论文选. 北京:书目文献出版社,1988.

66. 赵平. 一代宗师 千载事业——在杜定友先生九十诞辰纪念学术思想研讨会上的发言. 广东图书馆学刊,1988(专辑):1~12

67. 杜定友. 图书馆通论. 上海:商务印书馆,1925.

68. 杜定友. 图书馆学概论. 上海:商务印书馆,1927.

69. 杜定友. 研究图书馆学的心得. 中山大学图书馆周刊,1928,1(1)

70. 杜定友. 图书馆管理方法之新观点. 浙江图书馆月刊,1932,1(9)

71. 杜定友. 图书分类法的路向. 见:图书分类学文集. 北京:书目文献出版社,1985.235~243

72. 史永元,张树华. 刘国钧图书馆学论文选集. 北京:书目文献出版社, 1983.1~3,11~13,代序

73. 刘国钧. 图书馆学要旨. 上海:中华书局,1934.

74. 刘国钧. 什么是图书馆学. 中国科学院图书馆通讯,1957(1):1~5

75. 刘国钧. 现代西方主要图书分类法评述. 社会科学战线,1978(1)、(2)

76. 刘国钧. 中国书史简编. 北京:高等教育出版社,1958.

77. 俞君立等. 中国当代图书馆界名人成功之路. 武汉:武汉大学出版社,1996.

78. 周文骏. 当代中国大陆图书馆学理论研究及其趋势. 见:图书馆与资讯研究论集——庆祝胡述兆教授七秩荣庆论文集. 台北:汉美图书有限公司, 1996.25~36

79. 黄宗忠. 试谈图书馆的藏与用. 武汉大学学报(社科版),1962(2)

80. 黄宗忠. 文献信息学. 北京:科学技术文献出版社,1992.97~98

81. 北京大学图书馆学系,武汉大学图书馆学系. 图书馆学基础. 北京:商务印书馆,1981.7

82. 周文骏. 概论图书馆学. 图书馆学研究,1983(3):10~18

83. 周文骏. 文献交流引论. 北京:书目文献出版社,1986.1~4

84. 周庆山. 文献传播学. 北京:书目文献出版社,1997

85. 周文骏等. 图书馆学研究论文集. 北京:书目文献出版社,1996.365~370

86. 宓浩,黄纯元. 知识交流与交流的科学. 图书馆研究与工作,1985(2)、(3)

87. 宓浩,刘迅,黄纯元. 图书馆学原理. 上海:华东师范大学出版社, 1988.207~220

88. 况能富. 应当探索文献信息理论. 图书馆工作,1984(4):41~44

89. 南开大学图书馆学系等编. 理论图书馆学教程. 天津:南开大学出版社,1981.

90. 吴慰慈,邵巍. 图书馆学概论. 北京:书目文献出版社,1985.9,61,62

91. 辛希孟,孟广均. 图书情报工作概论. 北京:中国科学院文献情报中心,1990. 前言,6

92. 孟广均. 关于情报概念、工程、信息业. 情报业务研究, 1985(1): 26 ~ 27

93. 孟广均. 祝愿奇葩更鲜艳. 知识工程, 1991(1): 7

94. 卢泰宏, 孟广均. 信息资源管理专集. 见: 国外图书情报工作, 1992(3)

95. 孟广均. 为"文献信息管理学"鼓与呼. 图书情报工作, 1997(7): 1 ~ 2

96. 胡述兆, 王梅玲. 台湾地区图书馆与资讯科学教育现况. 见: 海峡两岸第三届图书资讯学学术研讨会论文集(B 辑) 武汉: 武汉大学图书情报学院, 1997. 15 ~ 44

97. 顾敏. 现代图书馆学探讨. 台北: 台湾学生书局, 1988. 11 ~ 19, 6, 137, 249, 26

98. 王振鹄. 台湾地区的图书馆学研究. 见: 图书馆与资讯研究论集——庆祝胡述兆教授七秩荣庆论文集. 台湾: 汉美图书有限公司, 1996. 15 ~ 24

99. 崔钰, 康军. 中国台湾图书馆学家王振鹄的学术思想与实践. 图书情报工作, 1997(4): 7 ~ 12

100. 王振鹄. 图书馆学论丛. 台北: 台湾学生书局, 1984. 1 ~ 20

101. 胡述兆, 吴祖善. 图书馆学导论. 台北: 汉美图书有限公司, 1991. 1 ~ 36

102. 赖鼎铭. 资讯研究的典范变迁. 图书情报工作, 1997(5): 2 ~ 11

103. 周宁森. 图书资讯学导论. 台北: 三民书局, 1991. 2, 4, 24 ~ 25

4 图书馆透析

4.1 图书馆要素与矛盾分析

4.1.1 图书馆的要素与矛盾

图书馆学是关于图书馆的学问,它首先要回答什么是图书馆的问题,为此,就需要对图书馆进行全方位、多层面的透彻分析。在研究中国图书馆学学说进化史的时候,我们发现,如果撇开不同学说的理论内涵,单纯从方法论的意义上来考察,那么,中国图书馆学学说进化史就是一种展开的科学认识方法论:首先从要素分析入手,考察图书馆的组成要素;继而分析要素之间的矛盾关系,特别是图书馆的主要矛盾和主要矛盾方面;再寻求图书馆诸要素的结构方式以及由这些结构所决定的图书馆功能,并进一步寻求这些结构在时空中发展、变化的规律性;最后将作为类事物的图书馆置于社会大系统中,在"交流"的同时实现图书馆的动态平衡发展。中国图书馆学发展的路径和程序本身是值得肯定的,我们将其精髓提取出来形成一种认识的方法论,并以此为据对图书馆进行透彻的分析。

科学认识一般是从要素分析入手的。"传统的分析方法,把整体分解为部分,一旦了解了部分的性质,把它们加和起来,就是整体的性质。这就是先分析、后综合的方法,而且,这里的综合是线性相加。但是,系统的整体性和相关性,使传统的分析——综合方法失去了效用。它要求把综合作为分析的出发点,经过分解之后,再回到综合。这里的综合,不是线性的相加,而是非线性的、非加和性的。也就是说,考虑要素之间的相关效应。因此,从综合出发,经过分析,又回到综合,这个'综合——分析——综合'的公式,反映了系统科学方法的综合性"。[1]以此来考察我国早期的图书馆学"要素说",不难发现其局限性:一方面,"要素说"是以具体的静止的图书馆即作为机构或建筑的图书馆为分析对象,而不是以抽象的图书馆即作为一种社会现象的图书馆为分析对象;另一方面,"要素说"不是以综合为分析的出发点,它更多地是机械地分割图书馆,而没有考虑到图书馆要素之间的相关效应,譬如,"技术方法"作为一种要素逻辑地包含在"图书馆人员"和"图书馆设施"等要素中,是无法分解出来的;此外,"要素说"所分析的图书馆还是人类社会某一历史时期的图书馆,不具有最大的普遍性,譬如,就"虚拟图书馆"而言,"建筑"已不是一个主要的要素了。总之,从系统科学方法的角度分析,无论杜定友的"三要素说",刘国钧的"四要素说"或"五要素说",还是黄宗忠后来的"六要素说"(藏书、馆员、读者、建筑和设备、技术方法、管理),[2]都已不完全符合变化了的图书馆现实,为此,我们需要对图书馆的组成要素进行再认识。

以"综合—分析—综合"的系统科学分析方法为指导,兼顾图书馆过去、现在、未来的发展,我们认为,作为一种动态的信息资源体系,图书馆主要是由四方面的要素所组成的:(1)信息资源。这是图书馆最为核心的要素,是图书馆的"立身之本",它是针对特定用户群的信息需求而采集、组织、维护和发展的,在此,载体形式是次要的,重要的是信息资源与用户信息需求的匹配程度;(2)用户的信息需求。这也是图书馆的核心要素之一,是图书馆生存与发展的依据,它一方面可以客观化为图书馆的信息资源,另一方面又易受用户自身及环境因素的影响而处于不断的变化之中,从这个意义上讲,它是图书馆、诸要素中最为活跃的要素;(3)信息人员。这是图书馆的主体(相对于客体而言)因素,是图书馆进退荣辱的关键,他们区别于其他人员之处在于他们所掌握的关于信息资源体系及其运动过程的理论知识和技术方法;(4)信息设施。这是图书馆最主要的物质条件,建筑曾经是特定历史时期最为重要的信息活动设施,但随着信息环境特别是现代信息技术的发展变化,建筑的作用日趋减小,取而代之的是多种适用的现代信息技术与设备。

图书馆的组成要素是互为关联的,矛盾关系是其最为普遍的关系之一,为此,图书馆的矛盾分析常常是与要素分析联系在一起的。矛盾分析的首要问题是确定事物诸矛盾中起决定作用的主要矛盾及其主要矛盾方面,并进而确定围绕主要矛盾而形成的矛盾统一体;矛盾分析还有助于明确事物发展的根本原因。对于图书馆而言,信息资源与用户信息需求的矛盾是主要矛盾,至于矛盾的主要方面,在图书馆发展的不同阶段是有区别的。表述得更具体一些,信息资源的有限性与用户信息需求的无限性是图书馆发展的根本原因。

4.1.2　信息资源

切尼克在其专著《图书馆服务导论》第三章"图书馆资源(Library Resources)"中曾谈到:"图书馆的基本目的是获取、保存和利用所有形式的信息。这一目的需要今天的图书馆去网罗仅仅数十年前还前所未闻的大量资源和深入的信息(in - depth information)通过将收藏范围从传统的印刷资料扩大为兼容图形资源、声像资源和计算机资源,目前图书馆可以保存和提供很多形式的信息。除书籍、杂志、报纸和小册子外,图书馆用户还可以存取唱片、电影胶片、声像磁带或磁盘、光盘（CDs）、艺术印刷品（art prints）、游戏用具（games）、玩具和计算机。许多图书馆也提供联机数据库、光盘数据库以及通过通信线路所获取的其它图书馆的资源等方面的以计算机为基础的信息服务。这些多样化的媒体之所以被纳入图书馆，是因为它们的独特性质能够使用户根据自己的能力、兴趣或需求来利用它们，是因为在我们这个视觉化和口语化的社会里大多数信息都是以这些特殊形式记录下来的。"[3]也就是说，由于信息技术和手段的进步，图书馆已能够超越"图书"这种特殊形式为用户（而不仅仅是读者）提供信息服务，它的重心已转到信息资源方面而不再局限图书这种特殊媒体。

图书馆信息资源的表现形式是多种多样的，结合载体和内容来划分，信息资源主要包括印刷资源、缩微资源、图形资源、声像资源、计算机资源、网络资源和图书馆目录七大类型，具体如下：

印刷资源是图书馆用户最熟悉的形式，根据经济性、方便性和习惯性等多种因素推断，即便在未来信息技术高度发达的社会里，印刷资料仍将是一种主要的媒体。印刷资源又可分为几个部分：（1）书籍。据联合国教科文组织的规定，除封面外篇幅不少于49页的非定期出版物称图书，49页以下者为小册子；[4]（2）连续出版物。它是指定期或不定期并计划无限期连续出版的出版物，主要包括期刊、报纸、年刊、系列丛书等形式；（3）政府出版物。泛指政府机构刊行或出版的出版物，其内容极为广泛，几乎涉及所有媒体形式，又有地方、国家和国际政府出版物之分；（4）其它印刷资源。主要包括小册子、技术报告、会议录等。

缩微资源是指储存微型印刷或图形资料的图像的媒体形式，最常见的是缩微胶卷和缩微平片。缩微后的图像多为原始材料的1/20倍。许多期刊和报纸都生产缩微胶卷，如美国著名的大学缩微胶卷公司就提供欧美学位论文的缩微胶片。

图形资源（graphic resources）是指说明或补充印刷资源的图

形化或视觉化媒体,又有二维形式和三维形式之分。二维形式的图形资源主要包括油画、素描、图表、线图(diagrams)、照片、广告(posters)、地图等;三维形式的图形资源则包括地球仪(globes)、模型(models)、导具(dioramas)、展览品、教具(realia),乃至玩具、照相机、打字机、计算机等。

声像资源通常是指那些需要使用视听设备方可利用的媒体资料,主要包括唱片、磁带、影片、幻灯片、录像带、光盘、数字音频唱盘、录像盘、交互式光盘(interactive CDs)等。

计算机资源是指计算机能够处理的信息资源,广义的计算机资源也包括网络资源。以计算机技术为主体的图书馆自动化系统所能处理和提供的信息资源主要包括计算机可读目录(MARC),自建数据库或购置的光盘数据库等。

网络资源则是指通过通信线路和专用设备而获取的其它图书馆或社会组织的信息资源,又有局域网(Local Area Networts,LANs)资源和广域网(Wide Area Networks,WANs)资源之分。局域网通常可以实现一个机构(如大学、企业等)内部的信息资源交流,广域网则可以扩大到几个城市之间或一个大的地区,而最新发展的因特网则实现了国际范围的信息资源交流。网络资源的出现极大地扩充了图书馆的内涵,在一定程度上实现了图书馆人的资源共享理想。

图书馆目录也是重要的信息资源,它们是图书馆信息资源体系的揭示与导引。图书馆目录主要有书本式目录、卡片目录、联机公共检索目录(OPAC)、光盘目录等几种形式。

此外,图书馆信息资源从广义上还包括固定用户的潜在信息资源如专业知识和经验技能等,用户既是图书馆的服务对象,同时若加以组织和开发亦可变为图书馆的资源。

图书馆可以选择的信息资源是多种多样和异常丰富的,但"由于多种原因,图书馆必须从可利用的多变而庞大的媒体和资源中加以选择。因为每年有多于 55000 种书、120000 份期刊和报纸、3900 个数据库和数千种视听磁盘出版或生产,没有哪个图书馆有财力购买所有书写、印刷或生产的资料。即使有这样的财力,也很少有图书馆愿意这样做。要有效地为用户服务,每个图书馆都必须审慎地选择那些有助于实现其既定目标的资源。"[3] 图书馆的信息资源是经过精心选择的,其选择的主要依据就是用户的信息需求。

图书馆的信息资源是互为关联的,这种关联一方面来自于物质世界和人类社会的普遍的联系性,另一方面也是特定用户群信息需求体系客观化的结果。这种关联性使图书馆所采集和保存的多种媒体、多种形式的信息资源自然地形成了一个动态的体系,同时也放大了该体系中任何一种信息资源的作用。

图书馆的信息资源归根结蒂是有限的。如前所述,由于人类智能的有限性,人类所能创造的信息资源本身是有限的。对于图书馆而言,一方面财力及其它资源的有限性限制了信息资源的超量扩张,另一方面,真正切合用户信息需求的资源又总是不足。故此,信息资源的有限性将永远是图书馆所面临的一个难题。

4.1.3 用户的信息需求

随着信息技术和手段的发展及其在图书馆的应用,图书馆服务对象的范围已从传统的读者圈扩大为更为宽泛的用户圈。用户,准确地说是信息用户,通常是指那些接受信息服务的人类个体或群体。用户主要具有三方面特征:一是拥有信息需求,即需要接收信息以解决未知问题;二是具备利用信息的能力(包括观察能力、理解能力、概括能力、抽象能力、分析和综合能力、判断与推理能力、语言能力等),即有能力接收、处理和利用信息;三是具有接受信息服务的行动,即事实上接收和利用了信息。一个人只有具备了上述三方面的特征才能称之为真正的信息用户,如果他只具备信息需求和信息能力而未形成实际的行动,则称之为潜在信息用户。读者则是一类特殊的信息用户,读者除具备用户的所有特征外还有一个严格的先决条件,即读者必须拥有阅读能力或者说必须掌握书面语言。

信息需求是信息用户最为本质的特征。据《情报检索概念》一书的解释,"需求常常是某些未解决的问题的产物,它可能与工作相关,也可能产生于个人的认识:当个人认识到他或她现有的知识储存不足以应付目前的任务、不足以解决特定主题领域的冲突、不足以填补某些知识领域的空白时,需求便出现了。"[5] 在此,情报检索领域所界定的需求更多的是指信息需求,这种需求又更多地是与未解决的问题相关的。但实际上,信息需求的内涵还要宽泛很多,它与用户的性别、年龄、家庭、邻里、兴趣、性格、民族、宗教信仰、学历、职称、职务、所从事的职业、所生活的社区、所处的时代背景等诸多因素皆有关联,这些问题我们将在第6章展开论述。

信息用户实质上也就是社会的人,其需求是多种多样的,但我们所关心的主要是其信息需求以及这些需求发展变化的规律性与如何有效地满足这些需求的问题。具体到每一个信息用户,其信息需求都是多种多样的和全面的,图书馆不可能满足其所有的信息需求,为此就需要结合图书馆的性质和个体用户的信息需求进行整合分析,并从而确定用户信息需求的主要方面。对于特定的图书馆或图书馆网络而言,其研究重点是特定用户群的信息需求结构,这种结构决不是单个用户信息需求简单相加的结果,相反,它是特定范围内若干单个用户信息需求整合异化的结果。

用户的信息需求是无限的,究其原因,由于人类在认识自然和改造自然的过程中及在社会生活中常常面临着无限的不确定性,因而就需要同样多的信息来消除这些不确定性。对于人类社会而言,无限的需求是进步与发展的强大动力;但对于图书馆而言,则是又一个难以解决的问题,其有限的信息资源永远无法全部满足用户无限的信息需求,图书馆的目标应定位在最大限度地满足用户群的主体信息需求方面。

4.1.4 信息人员

图书馆是一种社会现象,人的参与是其重要特征之一。但作为图书馆组成要素的人员主要是指与信息资源体系及其过程直接有关的人员,简称为信息人员。要成为图书馆的信息人员须具备一些先决条件,"除了具备图书馆运行的一般教育和知识外,其它特征对于图书馆雇员而言也很重要。这些特征更多地与雇员的个性和品质有关,它们涉及雇员的内在兴趣和动机,能够表明雇员是否会成为一个成功的图书馆工作人员。"其中,"图书馆工作人员所必需的两种最基本的特征是与他人共事的兴趣及对细节精确性的关注"。其它特征还包括准确的判断能力、应变能力、热情而友好的待人方式、机智、想象力、聪明、虚心、善解人意、良好的记忆力、娴熟的交流能力、幽默感等。[3]概括地讲,图书馆信息人员应具备三方面的素质与能力:一是敬业精神、奉献精神、信息意识、服务意识等职业素养;二是记忆能力、判断能力、理解能力、交流能力、合作能力、应变能力等基本能力;三是专业理论、应用技术和背景知识等职业技能。图书馆信息人员也有种类与层次之分,对于不同类型的信息人员,要求和条件是不同的。

巴特勒早在 30 年代就区分了三种层次的图书馆信息人员,"图书馆专业工作者必须拥有能够使他在混合社区(a mixed community)中发现复杂的图书馆需求的科学而一般化的知识,其关注的焦点是机构的社会效果;图书馆技术工作者必须受过职业训练、熟悉图书馆装置并能够有效地控制它们,其关注的焦点是机构的内在效率;图书馆职员(clerical workers)需要掌握某一特殊过程的操作技巧,其关注的焦点是自己要处理的操作任务"。[6]巴特勒的区分是科学的和综合图书馆实际的,但在美国图书馆领域,这种区分到 70 年代已很少被采纳。1970 年,美国图书馆协会发布了"图书馆教育和人员利用(Library Education and Personnel Utiliza-tion)"声明,将图书馆信息人员划分为专业人员(包括高级馆员或高级专家、馆员或专家两个层次)和辅助人员(包括助理馆员或专家助理、图书馆技术助理或技术助理、职员三个层次)两大类。[3]英国图书馆领域也基本上采用两分法,即将图书馆人员划分为专业人员和非专业人员两大类。[7]我国则在 1981 年颁布的《图书、档案、资料专业干部业务职称暂行规定》中把图书馆信息人员划分为研究馆员、副研究馆员、馆员、助理馆员和管理员 5 个层次,并对其学历、能力、职责等分别做了不同的规定。[2]可以看出,我国的划分主要是以图书馆人员的专业水平为标准,巴特勒的划分以工作性质为主,美国图书馆协会的划分则兼顾了两个方面;而从图书馆要素的角度考虑,我们认为巴特勒的划分更适用一些,但 90年代各类图书馆信息人员的职责已不同于巴特勒时代了。

图书馆专业人员主要负责用户群信息需求的分析,图书馆目标的确定,图书馆管理,图书馆信息资源的选择、评估和剔除,编目指导,参考咨询,资源开发,用户教育,计算机系统设计等事项。

图书馆技术人员主要负责图书馆特藏(如艺术媒体、音乐资料、连续出版物等),信息资源的保存,馆际互借,书目检索,书刊资料的订购,现代化信息设施的操作与维修等事项。

图书馆职员则主要负责"借还资料,传送催书单,录入数据,整理目录卡片,验收新杂志,处理资料,租借影片,准备幻灯片"等事项。[3]

图书馆信息人员是图书馆诸要素中的主体因素,其它三个要素皆为客体因素。正是由于信息人员的参与,图书馆信息资源体系才能不断地趋于序化和优化,图书馆才能称之为一个"发展的有机体"。在现代社会,由于人们赋予计算机以人脑的部分功能,以计算机为核心的现代信息设施也具备了有限的"主体"色彩,它们在图书馆工作中的作用也越来越大,它们将不可避免地承担越来越多的技术处理工作,并将因而缩减图书馆信息人员的层次和改变他们的职责范围。

4.1.5 信息设施

信息设施是开展图书馆服务的物质条件。传统的图书馆信息设施主要包括图书馆建筑、书架、目录柜、阅览桌椅以及打字机、油印机、装订机、图书流动车等简单设备。现代化图书馆信息设施则包括缩微阅读机、视听设备、复印设备、传真设备、文字处理设备、图书馆自动化系统、局域网以及因特网接口等。

图书馆建筑是传统的图书馆信息设施的核心,一些图书馆学家甚至以图书馆建筑为研究方向,但比较而言,图书馆建筑仍然更多地属于建筑学的研究范围,图书馆学家只须在设计的初始阶段提供一些思路和思想即可。图书馆建筑设计通常要考虑以下几方面因素:(1)图书馆建筑设计要求不同于其它机构,譬如图书馆通常只有一个公共的出入口;(2)不同类型图书馆的建筑设计需求是不同的,譬如公共图书馆建筑设计就不同于学校图书馆;(3)图书馆不同部门的功能不同,因而设计要求也不同,譬如图书馆藏、借、阅、整理加工四大区的设计要求就各有特色;(4)要采用模数式原则设计图书馆,使图书馆具有较大的灵活性、适应性和扩展性;(5)要遵循建筑美学原理和环境协调原则,注意采光、空间和造型艺术、环境的协调等问题;(6)要充分考虑各种现代技术设备的应用问题,譬如电子图书馆的设计与安装等。

图书馆自动化系统则是现代化信息设施的主要核心,它由计算机硬件系统、软件系统和数据库三大部分所组成。硬件系统包括计算机主机、外部设备、通讯设备及其它设备等,是自动化系统的物质基础;软件系统包括与硬件系统配套的系统软件以及处理图书馆各项业务的程序和相关程序等的应用软件,是自动化系统的智能中枢;数据库用以存储和组织图书馆工作需要的各种数据,实质上就是电子化的信息资源,它是自动化系统的处理对象和基础。图书馆自动化系统一般可分为图书馆业务自动化系统和图书馆管理自动化系统两大类。

在图书馆自动化系统的基础上整合网络功能而形成的电子图书馆是现代化信息设施的又一主体形式。"所谓电子图书馆,是建立在图书馆内部业务高度自动化基础之上,不仅能使本地和远程用户联机存取其 OPAC 以查寻传统图书馆馆藏(非数字化和数字化的),而且也能使用户通过网络联机存取图书馆内外的其它电子信息资源的现代化图书馆。"[8] 当然,电子图书馆不仅仅是一种信息设施,它也是一种新型的信息资源体系。

信息设施是维系信息资源与用户信息需求的重要媒介,其主要作用是为图书馆信息资源体系的形成、维护、发展和开发提供支撑环境和条件,为用户利用信息资源提供便捷手段,为图书馆管理提供物质基础。对于电子图书馆而言,信息设施已与信息资源融为一体,形成了你中有我、我中有你的格局;进一步分析,信息设施(主要是软件部分)还融入了图书馆信息人员的智慧,信息资源则反映了用户的信息需求;也就是说,当图书馆发展到电子图书馆阶段时,图书馆诸要素已在很大程度上实现了整合,人们再也无法对其实施机械分割并将其还原为相互独立的要素。

4.1.6　图书馆的矛盾分析

矛盾论认为,矛盾是普遍存在的,"其一是说,矛盾存在于一切事物的发展过程中;其二是说,每一事物的发展过程中存在着自始至始的矛盾运动。"[9] 运用矛盾论的思想来分析图书馆,可以发现,图书馆诸要素之间、图书馆的不同层面、图书馆发展的不同阶段都存在着大量的矛盾,黄宗忠对此有精辟的论述,"图书馆既是矛盾的统一体,又是一个完整的整体或系统,在这个系统中包含有

154

要素、特殊矛盾、主要矛盾、矛盾的主要方面。要素是矛盾运动的基础;图书馆运动形态是由矛盾决定的;图书馆规律是矛盾发展的结果;特殊矛盾是区别不同学科研究对象的特殊点,规定了图书馆特有的本质;主要矛盾推动了图书馆的发展。"[2]他还认为,"藏与用"是图书馆的主要矛盾和特殊矛盾。然而,在网络时代的今天,"藏与用"的观点还具有普遍的适用性吗?

如前所述,矛盾分析总是与要素分析联系在一起的,"事物发展的根本原因,不是在事物的外部而是在事物的内部,在于事物内部的矛盾性,"[9]而事物内部的矛盾性首先表现为事物诸要素之间的矛盾运动;当事物的组成要素发生变化后,事物的主要矛盾也会有所变化。一分为二地分析"藏与用"观点,我们认为,它是对传统图书馆即特定历史阶段的图书馆的本质的准确揭示,它在今天依然有存在价值,但却不是对包括电子图书馆在内的所有图书馆(即作为"类"的图书馆)的本质的最为准确的揭示。

在本书所界定的四要素的范围内讨论图书馆的主要矛盾,我们认为,信息资源与用户信息需求的矛盾是图书馆的主要矛盾;但这样的表述还不够精确,因为信息资源与用户信息需求从表面上看似乎没有必然的矛盾关系,只有对它们加以限定才更有说服力,换言之,信息资源的有限性与用户信息需求的无限性的矛盾才是最为准确的表述。回顾历史,可以说,是这一矛盾导致了图书馆的产生;考察现实,可以说,是这一矛盾维持着各级各类图书馆的生存;展望未来,可以说,只要这一矛盾运动还存在,图书馆现象就不会消亡;比较不同发展阶段、不同地域的图书馆,可以说,凡是受人推崇的图书馆都是成功地解决了这一矛盾的图书馆;联系其它信息服务系统进行分析,图书馆是通过建立信息资源体系的方法来解决这一矛盾的,信息资源体系与用户信息需求体系的差异(差异本身也是矛盾)是图书馆的特殊矛盾,是图书馆区别于其它事物的本质之所在。

任何矛盾都是由矛盾着的两个方面所构成的。"矛盾着的两方面中,必有一方面是主要的,其他方面是次要的。其主要的方面,即所谓矛盾起主导作用的方面。事物的性质,主要地是由取得支配地位的矛盾的主要方面所规定的。"[9] 就图书馆的主要矛盾而言,哪个方面是主要方面呢? 从图书馆发展史的角度分析,主要方面与非主要方面有一个转化与发展过程:古代图书馆时期,由于信息资源的生产极为有限,文化教育很不发达,信息资源是矛盾的主要方面,图书馆因而也称为"藏书楼";近代图书馆时期,先进的印刷技术等促成了信息资源的规模生产,资产阶级民主思想唤醒了工业时代的用户的信息需求,信息资源不再是特权和地位的象征,但仍是矛盾的主要方面,图书馆有"社会大学"之称;现代图书馆时期,科学文化教育的普及一方面使信息资源生产成为一种普遍的社会活动,另一方面又极大地扩展了图书馆用户的数量,而现代信息技术又为用户利用信息提供了便捷的手段,在此情况下,用户信息需求顺理成章地变为矛盾的主要方面,如果图书馆不以此为中心来组织信息资源和提供服务,图书馆就可能被信息市场中的竞争对手挤垮,它实质上已演变为一种"信息港"。

信息资源的有限性与用户信息需求的无限性的矛盾是图书馆的主要矛盾,但却不是唯一的矛盾,图书馆还有许多次要的矛盾。首先是图书馆信息人员与其它要素的矛盾:信息人员的知识结构与信息资源体系的结构之间存在矛盾关系,信息人员只有不断地更新自己的知识结构才能解决这个矛盾;信息人员与用户之间存在矛盾关系,他们在许多方面利益是不一致的,譬如,用户希望多看一会书而信息人员希望早些回家,用户希望信息人员博学多闻而信息人员则希望用户最好自己解决问题,等等;信息人员与信息设施之间存在矛盾关系,以现代信息设施的应用而论,信息人员不掌握现代信息技术会被淘汰,掌握现代信息技术也可能被裁减(现代信息设施能够做一些简单的机械的工作,从而会导致人员裁减）；信息人员与主要矛盾之间也存在矛盾关系，如果信息人员社会地位不高、待遇偏低，那么即使抓住了主要矛盾，其它矛盾依然无法"迎刃而解"。其次是信息设施与其它要素的矛盾：信息设施与信息资源之间存在矛盾，在经费有限的前提下，增加信息设施就意味着减少信息资源的补充；信息设施与用户信息需求的满足之间存在矛盾关系，不引进现代信息设施难以满足用户自身的需求，引入信息设施则既要学习使用技术又要付费；信息设施与主要矛盾之间也存在矛盾关系，信息设施的引进、二次开发和推广使用已成为现阶段制约大多数图书馆发展的"瓶颈"问题。图书馆各要素内部还存在着矛盾，如用人不当和分配不公所引起的信息人员之间的矛盾、现代信息设施的应用所引起的传统信息技术与现代信息技术之间的矛盾等。总之，矛盾存在于图书馆发展的全过程及图书馆的各个层面之中，如果处理不当，任何一个细小的矛盾都会影响图书馆的有序运行和正常发展。

图书馆是一个矛盾的统一体，图书馆内部的各种矛盾以及图书馆与其它事物之间的矛盾是永无止境的，旧的矛盾解决了，新的矛盾又会产生，如此不断地产生矛盾、不断的解决矛盾，图书馆也因而不断地向前发展，不断地从低级发展为高级，从简单走向复杂。而在图书馆的诸矛盾中，信息资源有限性与用户信息需求无限性矛盾正是图书馆发展的根本原因。

4.2　图书馆结构与功能分析

4.2.1　图书馆结构与功能

"系统是由两个以上的要素构成的集合体，各个要素之间的相互联系和相互作用，形成特定的整体结构。系统的结构是要素之间相互联系和相互作用的形式。要素的相互联系和相互作用，必须通过交换信息来实现。因此，在形式上，要素之间就要发生加和性和非加和性、正反馈和负反馈以及因果等联系和作用。我们称这种联系和作用为形式结构。它又是同系统的空间结构和时间结构结合在一起的。要素在空间上的排列秩序，构成了系统的空间结构，要素在时间上前后相继的顺序，构成时间结构。"[11]也就是说，图书馆的结构分析从大的方面主要可分为形式结构分析、时间结构分析和空间结构分析三部分，其中，本节重点分析形式结构，时间结构和空间结构将在4.3和4.4两节中论述。

　　图书馆的形式结构主要是指图书馆诸要素通过相互联系和相互作用而形成的整体结构。作为类事物，图书馆本身是一个系统，而"系统的结构是整体与部分之间相互关系的中介，"[1]换言之，正是通过图书馆的结构图书馆诸要素才形成了一个整体。图书馆的形式结构主要有三种类型：一是以信息资源和用户信息需求的相互联系和作用为主体整合图书馆信息人员和信息设施而形成的"流程结构"；二是基于流程结构、以图书馆信息人员为主体而形成的"组织结构"；三是基于流程结构、以现代化信息设施为主体而形成的"信息基础设施结构"。在图书馆的三种结构中，流程结构是核心，它也是衔接传统图书馆工作与现代图书馆工作的媒介。

　　结构分析对于认识图书馆信息资源体系的运动规律及预测它的发展趋势而言是一种无可替代的重要手段，它的重要性还在于结构对功能具有决定的作用。"结构反映系统内部要素之间的关系，功能则反映系统与外部环境之间的关系，表达系统的活动和行为。系统的功能是系统整体在与外部环境相互作用中表现出来的适应环境、改变环境的能力和行为。""功能分析方法是从分析系统与要素、结构、环境的关系来研究系统功能的系统科学方法。"[1]具体到图书馆功能的分析，我们认为，图书馆诸要素量与质的不同影响图书馆功能的差别，图书馆结构决定图书馆的基本功能,图书馆与环境的相互作用则决定图书馆的社会功能。其中,又以基本功能为主体,社会功能是基本功能在社会大环境中的表现形式,功能差别则是指基本功能和社会功能的组合形式及重心等方面的变化。

4.2.2 图书馆的流程结构

图书馆的流程结构是信息资源的有限性与用户信息需求无限性之间的矛盾运动的产物,是信息资源体系的形成、维护、发展和开发过程的浓缩和揭示,它本身是由信息资源的采集(含图书馆目标的确立、用户信息需求分析和反馈分析、信息资源的选择等)、组织(含信息资源的本体、目录和媒体的组织)、检索、开发、提供服务等环节组成的有机整体(见图4-1)。

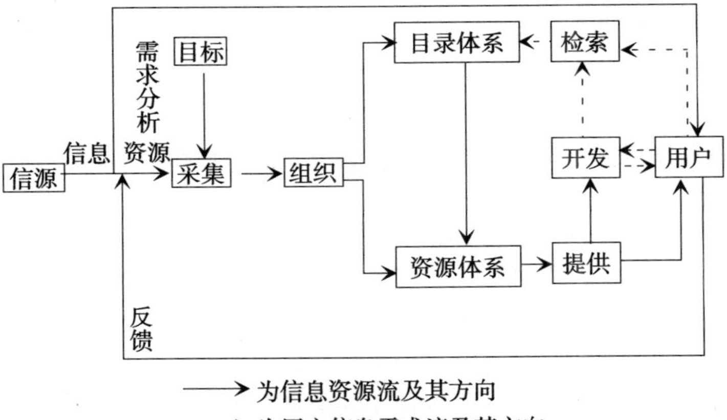

———▶ 为信息资源流及其方向

- - - ▶ 为用户信息需求流及其方向

图4-1　图书馆流程结构模型

在上图中,一方面图书馆信息人员利用一定的信息设施,根据图书馆所确定的目标以及用户信息需求分析和追踪(反馈)的结果,从社会上广泛存在的信源中不断地选择和收集所需的信息资

159

源,并利用所掌握的专业知识和技能对这些信息资源实施组织——结果产生了两种产品:一是表征这些信息资源的目录体系,二是信息媒体依据一定结构而组成的资源体系,它们共同构成了图书馆的信息资源体系;另一方面,图书馆用户基于自身的需求或直接通过检索提出服务要求并得到图书馆所提供的服务,或间接地通过图书馆信息开发人员的劳动而得到附加值高的信息产品;可以看出,信息资源流和用户信息需求流的汇聚点是信息资源体系,图书馆的各种活动也是围绕着它而进行的,这进一步验证了我们对图书馆学研究对象的认识。若根据不同环节之间相关性的强弱来集约图书馆活动,图书馆流程结构又可分为四大板块,即图书馆信息资源活动的规划与管理、信息资源的采集与补充、信息资源的组织、信息资源的服务。

信息资源的活动的规划与管理是指围绕图书馆目标的制定和实施而展开的系列活动,主要包括:目标和规划的制定;政策与规章制度的形成和管理;预算的准备和管理;信息设施的规划和维护;工资表的提供;人员的任命、升迁、调动和解雇;分工与授权;工作监督;进行调查研究,准备和分析报告、统计资料和记录;参与公共关系活动;等等。[10]

信息资源的采集与补充主要是与信息资源体系的形成和发展有关的活动。一般而言,图书馆信息资源体系的规模、性质与内容,主要是由图书馆目标和用户信息需求两方面的因素决定的。信息资源的采集和补充就是根据这两方面的因素选择和获取信息资源的过程。信息资源的选择要求信息人员具备广博的信息源知识及图书馆已有信息资源方面的知识,要求他们熟练地掌握各种信息源工具(如新书目、回溯书目、新书评介、报刊索引等),要求他们具备评价和选择那些能够最有效地满足用户群信息需求的信息资源的能力;信息资源的选择意味着在主题内容和媒体类型两方面维持一个具有生命力的、动态平衡的、时新的信息资源体系;

160

信息资源的选择既包括新资料的补充,也包括过时的和无人利用的资料的剔除。信息资源的获取则要求信息人员掌握出版商的知识,掌握罕见资料和脱销资料的来源,了解直接从出版商那里购买还是通过中介商购买较为有利,了解订购的政策和程序,等等。

信息资源的组织活动主要涉及信息资源体系的形成和维护两个方面。传统的图书馆信息组织活动主要包括分类与编目两个方面。分类(或称归类)是一种语义信息组织,其依据是各种图书分类法如《杜威十进分类法》(DC)、《中图法》、《科图法》等,其实质是析出一种信息资源的主题并找出分类表中与它相对应的类目,然后将该类目的类号分配给该种信息资源作为排检标识的过程;编目则是一种语法信息组织,“编目过程涉及对一份出版物的著者、标题、出版地、出版者、出版时间、提要项(页数、插图等)和主题项的系统描述。”[10] 其实质是依据一定的标准来安排这些著录事项以形成一份份款目的过程;而目录体系则是这样款目依据一定的规则而组成的体系,由于所依持的规则不同,目录体系有分类目录、著者目录、标题目录、主题目录之分。信息资源的贮存主要也是一种信息组织活动,其实质是依据分类的结果、兼顾空间的利用和存取的方便、合理排列和调整信息资源的过程。

信息资源服务活动主要包括检索、开发和提供服务三大部分。信息资源的检索是利用图书馆的前提,有手工检索和计算机检索之分,其实质是将用户信息需求具体化为有效的检索词,并进而通过目录体系搜寻和确定对应的信息资源的过程;信息资源的开发是图书馆信息人员根据用户的要求选择、提取、浓缩、评论、预测和序化相关信息资源,并形成附加值高、针对性强的信息产品的过程;信息资源的提供服务主要包括传统的借阅服务、参考咨询和用户教育等活动,以及现代化的网络信息资源导航和提供服务。

4.2.3　图书馆的组织结构

图书馆的组织结构是以图书馆的目标、功能和活动为依据、以图书馆流程结构为基础、以图书馆信息人员为主体而形成的一种结构,它常常随图书馆类型的不同而不同,如图4－2、图4－3、图4－4所代表的就是目前三种主要类型的图书馆的组织结构,可以看出,它们有着较大的区别。进一步分析,这种区别固然源于不同类型图书馆目标、功能和活动的差异,同时也与图书馆的规模及其所装备的信息设施等因素有关。

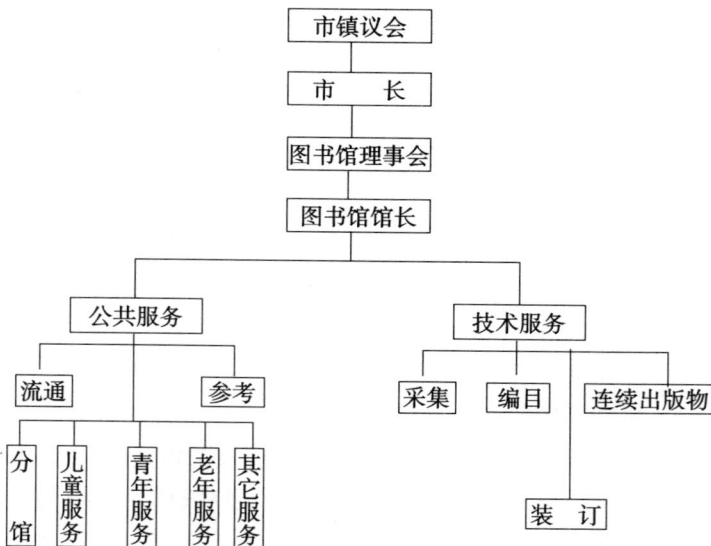

图4-2 公共图书馆的组织结构[3]

图书馆的组织结构是实现图书馆目标和开展图书馆活动的组织保证。传统的组织结构通常呈金字塔形,处于塔尖的是图书馆理事会、馆长和副馆长组成的决策者群体,处于中间层的是由图

162

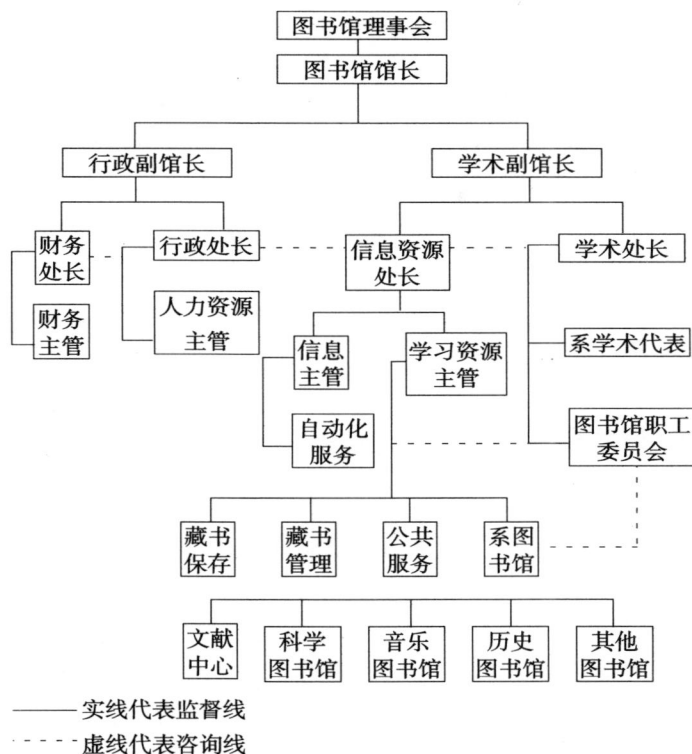

图 4-3　大学图书馆的组织结构[3]

书馆各部门负责人所组成的管理者群体,处于基层的是不同类型
的信息人员所组成的执行者群体;图书馆的规模越大,则中间层次
越多,从决策层到执行层的距离越大。而随着现代化信息设施的
广泛应用,图书馆组织结构也开始朝着平面化的方向发展,也就是
说,中间层次将尽可能缩减,决策者与执行者的距离将进一步拉
近,执行者将能够更多地参与决策过程;这种变化实际上也是一些
发达国家图书馆领域流行的参与式管理或全面质量管理的一部分
内容,从这个意义上讲,图书馆组织结构也是一种管理结构。

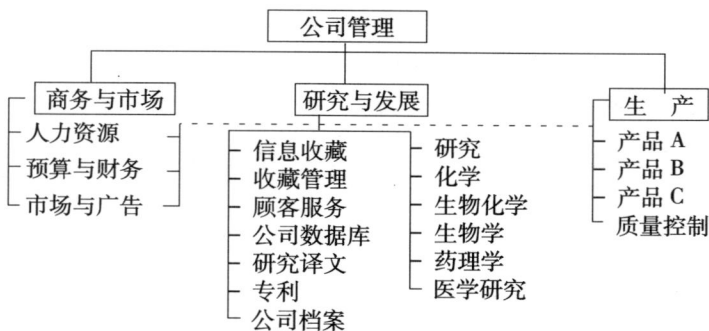

图 4-4　专门图书馆(或信息中心)的组织结构[3]

4.2.4　图书馆的信息基础设施结构

图书馆信息基础设施结构是以流程结构为内核、由通讯网络连接图书馆内的各种现代化信息设施而形成的一种网络结构,也称电子图书馆结构。与前述流程结构和组织结构相比,信息基础设施结构是一种更为开放的结构,它置身于单位网、地区网、国家网、因特网等各种各样、或大或小的网络之中,只要满足一定条件,便可自由进出这些网络并利用其丰富的信息资源,它或者可以说就是这些网络的一个触角。在此,我们分析两种电子图书馆模型,以期对图书馆信息基础设施结构有一个具体的认识。

一种是英国德蒙特福特(De Montfort)大学、英国图书馆、国际商用机器公司(IBM)英国公司合作研究的 ELINOR (Electronic Library Information Online Retrieval)电子图书馆项目,他们所设计的"电子图书馆原型系统"更多地展示了电子图书馆的工作原理(见图 4-5)[8]。

在图 4-5 中,ELINOR 电子图书馆系统采用客户机/服务器体系结构,一台 IBM RS6000 520 工作站做数据库服务器,扫描工作站是一台 486PC 机,用户工作站是 4 台 486PC 机;遵循的协议

164

是 TCP/IP 协议（传输控制协议和内部协议），但也支持校园网运行的 Novell Netware IPX 协议。其中，服务器功能的实现，是通过检索机、文献输入系统、使用情况统计数字收集与管理子系统、打印控制子系统、工具箱（包括操作数据库的工具）等协同完成的；外部的印刷文献须用 DIP（文献图像处理）技术扫描进入系统并以图像形式贮存，目次页、索引页等还须用 OCR（光学字符识别）技术转换为 ASCII 文本，以便于索引和自由检索；电子文献经过滤后则可直接供索引和自由检索；而所有上述信息设施及其活动都是在以太网上运行的。

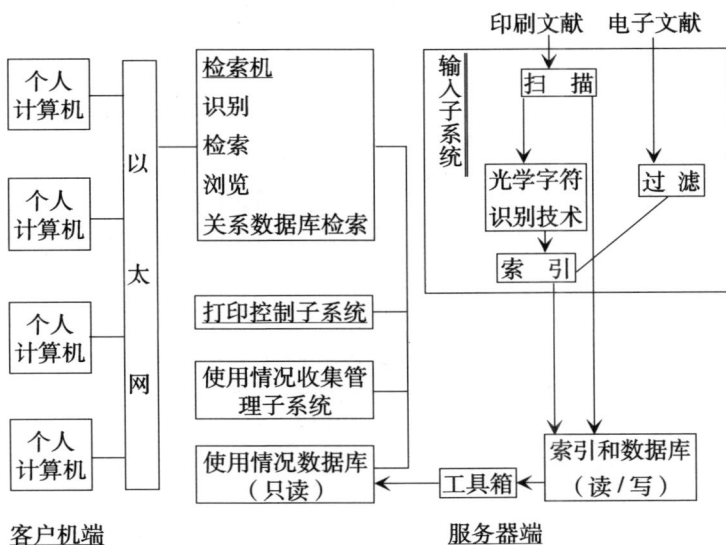

图 4-5 ELINOR 电子图书馆原型系统

另一种是汪冰综合国内外大量电子图书馆模型而提出的"电子图书馆内部资源模型"(见图 4 – 6)[8],与 ELINOR 电子图书馆原型系统相比,该模型更多地展示了电子图书馆的静态结构:在图4 – 6 中,馆内工作站、各种数据库和服务器等信息设施均连接在图书馆网络上,而图书馆网络本身又连接在单位网或校园网上,后者又通过"信息高速公路"与因特网相连,这就是以现代化信息设施为骨架的图书馆信息基础设施结构的缩影。

　　电子图书馆还处于研制和初试阶段,目前尚未形成标准化的广为接受的模型结构,但根据现有资料推测,无论如何变化,上述两种电子图书馆模型所展示的原理结构都将是适用的,变异将主要与特定图书馆的具体情况以及所选用的现代信息设施和技术有关。

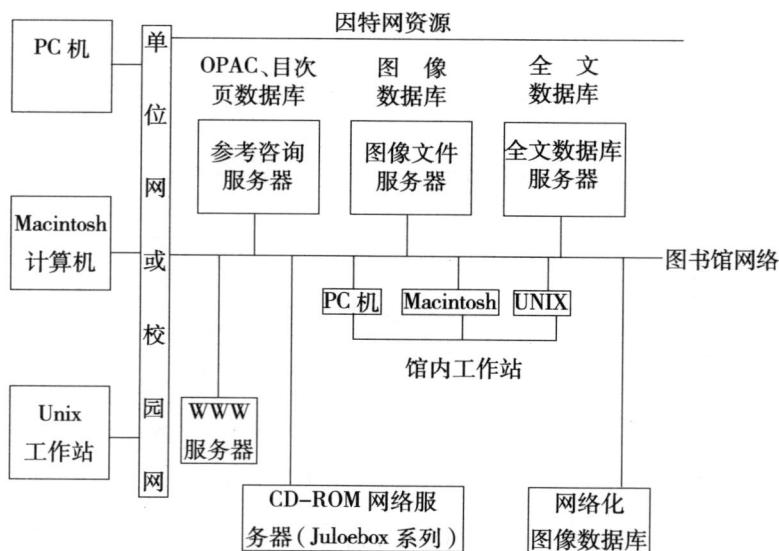

图 4-6　电子图书馆的内部资源模型

4.2.5 图书馆的功能分析

图书馆的功能是由图书馆的要素、结构及其与外部环境的相互作用共同决定的。图书馆要素对图书馆功能的影响表现在三个主要的方面:一是要素数量对图书馆功能的影响。图书馆要素直接决定着图书馆的规模,而规模不同功能也有差异,譬如,北京图书馆与北京市海淀区图书馆的功能就不可相提并论,前者具有流通、阅览、参考、咨询、开发、组织(全国联合编目活动等)、协调(图书馆学研究活动等)、外事等功能,后者可能只有流通、阅览和简单的参考功能;二是要素质量对图书馆功能的影响。对于规模大致相同的图书馆,由于要素质量的差别功能也会有所不同,经验证明,如果一个图书馆信息人员的整体素质比较高,那么该图书馆的功能就会增强和扩展,反之就会减弱和萎缩,清华大学图书馆近年来的崛起就提供了一个正面的例子;三是诸要素的比例结构对图书馆功能的影响。可以说,图书馆诸要素比例结构的不同是导致图书馆类型分化的主要原因之一,如图4-4专门图书馆信息资源体系的构成就明显不同于图4-3大学图书馆信息资源体系的构成,专门图书馆相对较少重视信息资源的收藏而较多注重信息人员的整体素质和信息设施的更新换代,因此它更接近于情报服务。需要指出,图书馆要素对功能的影响一般是间接的,是以图书馆结构为中介的。

图书馆结构对图书馆功能具有决定的意义。在上述三种结构中,流程结构是图书馆的根本结构,组织结构只是围绕流程结构的人员安排,信息基础设施结构只是支撑流程结构的技术基础,所以,由流程结构所决定的图书馆功能也就是图书馆的基本功能。图书馆的基本功能主要包括四个方面:一是信息资源体系的建立;二是信息资源体系的维护;三是信息资源体系的发展;四是信息资源体系的开发。对于所有的图书馆而言,它们都具备这四方面的功能,差别仅在于信息资源体系的规模大小、质量高低、支撑技术的先进与落后、开发的深度与广度、诸要素的组合方式等方面有所不同而已。

"每一个系统,尽管它具有多种功能,但是,在特定条件下,总有一种功能是主要的。其他的功能只是作为一种可能状态而存在。当条件发生变化时,作为可能而存在的功能,就会转化为现实发挥作用的功能。"[1]就图书馆而言,现代信息技术的介入就是这样一种"条件",它通过影响图书馆的要素和结构进而激活了图书馆的一些潜在功能。道林(K. E. Dowlin)在谈到电子图书馆的功能时指出,电子图书馆主要具备五方面的功能:(1)服务指南功能。电子图书馆通过指南系统可以为用户提供服务选择;(2)专家介入功能。电子图书馆可以自动地把用户指引给信息专家;(3)资源功能。电子图书馆允许用户检索非电子形式出版物的目录,并以手工方式传递资料;(4)信息功能。电子图书馆能够充当社区信息中心;(5)通讯功能。用户可以把电子图书馆作为一个结点,进入其它电子图书馆或数据库提供者的网络。[8]电子图书馆确实扩展了图书馆的功能,但仔细分析,道林所论及的功能绝大多数已包容在图书馆的基本功能之中,只是由于条件不具备它们一直处于潜在状态或功能较弱而已。

图书馆的社会功能则是图书馆与外界环境相互作用的产物,是其基本功能的社会表现形式。1975年国际图联(IFLA)在法国里昂召开的图书馆职能科学讨论会认为,图书馆的社会职能主要包括四个方面:一是保存人类文化遗产;二是开展社会教育;三是传递科学情报;四是开发智力资源。[2]后来有人认为这种概括不尽全面,又添加了"文化娱乐功能"。[2]如今,图书馆已发展到"虚拟图书馆"时代,其社会功能是否也发生了变化呢?

系统科学认为,"系统的功能只有在系统与环境的相互作用的过程中,才能得到发挥。环境总是不断地变化着的,系统的功能必须适应环境的变化。"[1] 同时，环境也会对系统功能进行选择，可谓"适者生存"。以系统科学原理为指导，联系电子图书馆的新发展，我们认为，图书馆的社会功能应做以下调整：（1）"保存人类文化遗产"应改为"保存人类信息资源"。文化一词"广义指人类社会历史实践过程中所创造的物质财富和精神财富的总和。狭义指社会的意识形态，以及与之相适应的制度和组织机构。"[11] 但无论哪一种涵义，均超越了图书馆的职能范围，故以改为"信息资源"为宜；（2）"开展社会教育"应并入"开发智力资源"之中。因为图书馆不仅是一种重要的社会教育机构同时也是学校教育的重要组成部分，另一方面，教育过程主要是开发智力资源的过程；（3）"传递科技情报"应改为"传递适用信息"。因为图书馆收藏的只是信息而不仅是情报，同时图书馆也不仅仅传递科技信息，它也传递经济信息、政治信息、文化信息、生活信息等；（4）"提供文化娱乐"应改为"提供信息娱乐"。因为目前流行的"虚拟实在（Virtual Reality，VR）技术"等所提供的更多地是一种信息娱乐而不是文化娱乐；（5）应增加"开发信息产品"和"开展网络导航"两项功能。因为随着环境的变化和图书馆信息人员素质的提高，开发信息产品并发展信息产业已是图书馆所面临的重要议题；同时，由于网络进入了普通人的生活，如何帮助用户在浩瀚的信息网络中迅捷地寻找所需信息资源也成为图书馆不可推卸的一项义务。综上所述，现代图书馆的社会功能应包括六个方面：

（1）保存信息资源

（2）开发智力资源

（3）传递适用信息

（4）开发信息产品

（5）提供信息娱乐

（6）开展网络导航

在上述六个社会功能中，又以"保存信息资源"为图书馆根本的社会功能,它反映了图书馆在信息服务业社会分工中的侧重点,是图书馆区别于其它信息服务部门的重要标志,图书馆的其它社会功能都是由它派生出来的,是以它为本的。

4.3 图书馆时间结构分析

4.3.1 图书馆的历史分期

"把系统中的结构按时间上延续的顺序,划分为若干独立的部分,揭示系统的进化过程和各相继延续的稳态结构之间的相互联系和相互作用,这就是时间结构方法。"[1]世间万物莫不是在时间结构中发生、发展和消亡的,事物在时间维上的产生、延续、变迁及其规律性就是时间结构分析的重点。

图书馆时间结构分析始于对图书馆起源的分析,对此,谢拉曾有精辟的论述:"图书馆正是社会的这样一种新生事物:当人类积累的知识大量增加以至于超过了人类大脑记忆的限度时,当口头流传无法将这些知识保留下来时,图书馆便应运而生了。"[12]谢拉的论述隐含着两层意思:其一,图书馆的产生本身就是一个从量变到质变(积累)的过程;其二,图书馆是一种物化(非口语化)的知识体系(积累的结果)。联系我们对图书馆要素的分析来考察历史上的图书馆,可以认为,公元前30世纪两河流域苏美尔人的泥版藏书[13]和公元前16~11世纪我国商代的甲骨文收藏[14]已初步具备了图书馆(实质上是图书馆和档案馆的自然统一体)的雏形,因为它们拥有较为稳定的用户群(主要是神职人员和王宫贵族)、一定的信息资源积累(如泥版图书和甲骨文献)和相对专职的信息人员(据考古发现,甲骨文是依年代或商代统治者的顺序收藏的,这说明有专职人员管理)。

图书馆产生后,在相当长时期内呈现出缓慢发展的态势,这个时期也称为古代图书馆时期。古代图书馆又称藏书楼,它是为统治者、宗教神职人员和少数知识拥有者服务的,通常表现为宫廷和宗教的附属品;它的主要职能是搜求和保存各种知识载体,这些知识载体在拥有者的意识中已更多地异化为一种财产;它的主要业务活动是知识载体的整理(包括搜求),但有时也扩展到知识载体的开发和生产,如大型藏书楼附设的抄写室或刻书坊就是从事知识载体的批量生产的。古代图书馆在世界范围内大约从公元前30世纪一直延续到公元18世纪末期,在我国则从公元前16世纪一直延续到公元19世纪末期。

　　古代图书馆发展的缓慢态势到19世纪终于被工业革命所导致的科学技术进步和资产阶级革命成功所推动的民主化进程所改变,图书馆至此进入了近代图书馆时期。近代图书馆又称传统图书馆,从理论上讲它是面向社会为所有人服务的,但实际上它的最大受益者是城市居民,农村居民所得到的图书馆服务是有限而不能令人满意的;它的主要职能已从片面注重保存信息资源扩展到强调社会教育等方面,它的主要业务活动也从整理为主扩展为包括采集、组织、贮存、提供利用等科学工序在内的科学工作体系,它所采用的信息设施也渐趋复杂化并日益走向机械化,它的工作人员则越来越多地接受过正规的专业训练。近代图书馆的标志是公共图书馆的出现,公共图书馆是一种相对独立的图书馆,它的存在表明图书馆已成为社会生活中不可缺少的一个组成部分,图书馆活动已成为一种经常性社会活动。近代图书馆在世界范围内大约从19世纪上半叶一直持续到20世纪中期,在我国则从20世纪初持续到70年代末。

　　现代图书馆的出现主要有两个标志:一是图书馆合作的国际化,1946年成立的联合国教科文组织(UNESCO)为图书馆的国际合作提供了组织保证;二是图书馆信息设施的智能化,1954年计算机技术首次应用于图书馆标志着一场图书馆革命的开始。在我国,由于社会历史等多方面的原因,图书馆现代化进程直至 70 年代中期方才起步,70 年代末的改革开放标志着我国进入了全面的图书馆现代化建设时期。现代图书馆的主要特征包括如下几个方面:(1)图书馆服务对象已超越读者范围而发展为信息用户;(2)图书馆业务范围已超越单个图书馆而扩展到图书馆网络;(3)图书馆业务活动已由手工操作发展为人机联合作业;(4)图书馆信息设施强有力地牵动图书馆的发展,成为现代图书馆时期最活跃的要素;(5)图书馆信息资源体系突破"藏书"框架而呈现出整合发展的态势;(6)图书馆信息人员已具备了适应现代化图书馆的知识结构和职业技能;等等。

图书馆的发展是连续性和间断性的统一。连续性表现为渐进的量变过程,表现为信息资源体系的积累和进化过程;间断性则表现为革命的质变过程,表现为图书馆结构和功能的变革和突进过程,公共图书馆和电子图书馆的出现就可视为一种"质变"。图书馆的发展还揭示了图书馆进化的方向性、节律性、协变性和不均衡性等方面的规律,这些都是图书馆时间结构分析的内容。

4.3.2　中国图书馆的产生与发展[14]

我国最早的图书馆雏形出现于殷商(公元前 16～11 世纪)时期,本世纪初在河南安阳小屯村发现的大量甲骨文收藏已具备了图书馆的要素特征。殷代以降,周朝有专掌图书的史官,相传道家的老子就是"第一任国家图书馆馆长"——柱下史。该时期出现了新的文字载体即竹简和缣帛,成语"学富五车",指的就是竹简文献。战国时期,私人藏书随着"士"阶层的形成而逐渐产生,这是文献普及的象征,也是"学术统于王者"时代结束的标志。

秦灭六国,收天下之书聚于咸阳,设御史大夫执掌图籍。汉代统治者进一步解除"挟书之律",使民间藏书合法化;同时又"广开献书之路"，极大地丰富了官府藏书。两汉时期出现了古代图书馆史上的两件大事：一是《七略》的编制。《七略》是我国最早的图书分类法，它的出现标志着图书馆技术与管理已发展到了一个新的阶段；二是东汉蔡伦发明造纸术。纸的发明既弥补了竹简笨重不便也弥补了缣帛昂贵难得的缺点，从而极大地促进了图书的激增和图书馆的发展。

魏晋南北朝时期，官府藏书和私人藏书发展都很迅速。该时期出现了寺院藏书。佛教于东汉时传入中国，至此才急速普及开来；由于人们厌恶战争而又无可奈何，信佛信道者颇众，加之寺院得到官方的支持，有钱有势，因而在藏书方面也不甘落后。但该时期战乱频仍，藏书多有损毁。该时期发生的一件大事是确立了经、史、子、集的"四分法"体系，这种分类法一直沿用到清末，迄今各大图书馆古籍藏书仍沿用此法。

隋唐五代图书馆的发展达到了一个高潮。唐代是中国历史上一个值得自豪的时代，是当时世界上最为发达的国家之一，无论官府藏书、私人藏书还是寺院藏书，规模都很大。唐代雕版印刷术的发明是图书馆史上的又一件大事，它加快了图书生产速度从而加速了图书馆的发展。

宋元时期，官府藏书成为朝廷文化事业建设的重要内容，规模进一步扩大，分工渐趋细密，它同时还是朝廷的学术中心，如宋代四大类书（《太平御览》、《太平广纪》、《文苑英华》、《册府元龟》）就是官府藏书机构组织编写的。宋代开始设书院，类似于今天的大学，著名的四大书院为"白鹿洞书院"、"岳麓书院"、"应天书院"和"嵩阳书院"，书院皆备有藏书，这是我国古代的第四大藏书体系。此外，宋代毕升发明活字印刷术，进一步加速了各类藏书的发展。

明清时期，古代图书馆的发展达到顶峰，其标志是明代《永乐大典》和清代《四库全书》的编纂，这是我国古代图书的两次大汇总。该时期的私人藏书颇具规模,如明代末年江南藏书家毛晋的"汲古阁"共收书达 84000 册之多,他同时还是刻书家和书商。19世纪中期之后,由于封建经济的解体及太平天国农民起义的冲击,封建藏书楼开始走向衰落,部分藏书家公开藏书供人阅读,近代图书馆已然萌芽。

我国近代图书馆出现于 20 世纪初。1902 年,浙江绍兴古越藏书楼对外开放,是为中国近代图书馆出现的标志。1904 年,湖南省和湖北省图书馆相继建立,这是最早以"图书馆"命名的机构。1912 年,北京图书馆的前身京师图书馆正式对外开放。1917~1927 年,从欧美留学归国的有识之士发起了"新图书馆运动",促进了公共图书馆的发展与普及。1925 年,中华图书馆协会成立,并开展了有限的国际交流活动。1936 年,近代图书馆发展达到第一个高峰,各类型图书馆总计达 5196 所。抗战期间和解放战争期间,图书馆急剧减少,1943 年为 940 所,1949 年仅存 391 所。

20 世纪 50 年代之后,我国图书馆进入了一个新的发展阶段,但直到 70 年代末仍处于近代图书馆时期。50 年代初至 60 年代中期,主要的成就是完成了图书馆的所有制改造,初步建立了门类齐全的图书馆体系,发展了传统的图书馆技术与管理,促成了《全国图书协调方案》的批准与实施,培养了一批图书馆干部。10 年"文革"期间,图书馆建设几无成就可言,唯一值得提及的是 70 年代中期《中国图书馆图书分类法》和《汉语主题词表》的编制,以及 1974 年 8 月"汉字信息处理工程"的实施。70 年代末 80 年代初,开放的中国图书馆界启动了现代化工程,这可以视作现代图书馆的发端。

70 年代末有两件大事影响了我国现代图书馆的出现:一是中国图书馆学会的成立(1979),二是中国科学院宣布在全院实行图书情报一体化体制;其中,前者为我国重返国际图联铺平了道路,后者则提供了一种适合现代图书馆的新体制。1980 年,北京图书馆、中国科学院图书馆、北京大学图书馆、清华大学图书馆、中国人民大学图书馆和中国图书进出口公司共同成立了"北京地区研究试验西文图书机读目录协作组",并于1981年研制成功利用LCMARC磁带编制西文图书目录的模拟系统,这个事件有力地推动了我国图书馆自动化进程,是我国图书馆进入现代图书馆时期的标志。整个80年代,图书馆自动化研究蔚然成风,引进和开发并举,成绩不俗,于1991年通过鉴定的图书馆自动化集成系统(ILAS,深圳图书馆等单位研制)就是我国自行开发的代表成果之一。90年代,我国图书馆又开始了网络化研究和试验,北京"中关村地区教育科研示范网(NCFC)"是其中的重头戏。1996年,我国成功地组织了国际图联'96年会;与此同时,许多图书馆进入了因特网并建立了自己的主页(homepage),图书馆国际合作已初具雏形;这些事实说明,我国图书馆已在现代化的道路上迈出了坚实的一步。

4.3.3 世界图书馆的起源与发展[13]

世界上最早的图书馆要数在伊拉克境内尼普尔的一个寺庙废墟中发现的泥版图书,据估计,这是公元前30世纪苏美尔人所刻制的。古埃及也曾有过图书馆,其藏书是用莎草纸写就的。西方所公认的第一个图书馆是公元前7世纪亚述帝国建立的尼尼微皇家图书馆,该馆收藏了大约25000块泥版图书。

古希腊罗马时期,一些面向"市民"开放的公共图书馆出现了,但当时的市民大多拥有奴隶,他们实质上是统治阶级的成员。该时期最宏伟的图书馆建立在埃及的亚历山大城,该馆的藏书据估计有70万卷,该馆于公元7世纪被入侵的回教徒烧毁。古希腊的私人藏书也很发达,著名哲学家柏拉图(Plato)和亚里士多德(Aristoteles)都有自己的藏书。该时期唯一可以与亚历山大图书馆相媲美的,是建于小亚细亚(今土耳其)的拍加马图书馆,据记载,该馆的藏书有20万卷之多。

在古罗马,恺撒(Gaius Julius Caesar)计划建立一座公共图书馆,但在该馆建立之前他就被杀身亡。公元前37年,恺撒的部下波利奥(Gaius Asinius Pollio)建立了罗马第一个公共图书馆,老普林尼(Gaius Plinius Secundus)在《自然史》中这样写道,"他(波利奥)使人们的聪明才智为社会所共有。"其后,恺撒的继任者奥古斯都(Augustus)及其他几任皇帝也建立了一些图书馆,到公元4世纪,罗马共有28座图书馆。不过当时建立的公共图书馆是专供学者们使用的,不对平民百姓开放,与近代的公共图书馆意义不同。古罗马的私人藏书也很丰富,但这些藏书随着罗马帝国的崩溃大部分被北方蛮族毁掉了。

中世纪,西方为宗教统治所笼罩,当时几乎只剩下了宗教图书馆。但也正是这些宗教图书馆保存了西方的文化。中世纪的寺院都有抄写室,寺院图书馆规模不大,约为200～600卷左右。当西方处于宗教的黑暗统治之际,中近东的伊斯兰国家逐渐壮大起来。哈里法诸王执政期间(750-1100),仅巴格达一城就有30所公共图书馆。1228年,有位地理学家访问巴格达,他观察到,大约有12家图书馆对公众开放,且借阅制度慷慨,他一次就借出了200册图书。古希腊罗马时期的许多著作就是回教徒保存下来的。

12～13世纪,大学在欧洲兴起。早期的大学不设图书馆,教师与学生都用自己的藏书。1250年,教父索邦(Robert de Sorben)给巴黎大学索邦学院捐赠了一笔钱和一批书,建立了最早的大学图书馆。14世纪,牛津大学和剑桥大学也开始设图书馆。但那时图书馆的藏书大多是用铁链系在书架上的,不外借;室内采用自然光,开放时间很短。

文艺复兴时期意大利出现了藏书热。当时意大利的美弟其家族在佛罗伦萨建立了洛伦佐图书馆,该馆是由艺术大师米开朗琪罗(Michelangelo Buonarroti)设计的,气魄宏伟。该馆向公众开放。该时期,经过重建和扩充的梵蒂冈图书馆也成了欧洲著名的藏书中心,它同样是由著名建筑师设计的,向学者开放。本时期的图书馆建筑追求外观美,它本身就是一件艺术品。随着时间的推移,建筑设计有了变化,变得愈加有利于增加藏书和确立使人们更自由地接触图书馆的思想。该时期一些重要的私人图书馆、王侯图书馆、教会图书馆也发展起来,它们中的一部分后来成了国家图书馆或公共图书馆的核心。1537 年,法国国王弗朗斯瓦一世(Francoi-sI)颁布了呈缴本法令,为国家图书馆的产生奠定了基础。

17~18 世纪,欧美许多国家都建立了全国性的图书馆。法国皇家图书馆渊源于 14 世纪,法国大革命后于 1792 年改为国家图书馆并向公众开放。英国不列颠博物院图书馆成立于 1753 年,美国国会图书馆则成立于 1800 年。该时期大学图书馆也呈现出蓬勃发展的势头,专门图书馆虽出现于 16 世纪,但在该时期才得到了较大地发展。该时期值得一提的还有在英美等国出现的会员图书馆,它采取个人入股的方式筹建,共建共享,风行一时。

19 世纪中期,西方国家已进入近代图书馆时期,1833 年,美国新罕布什尔州的彼得博罗镇建立了一个由地方财政资助、面向全镇居民免费服务的图书馆,可以说是最早的公共图书馆。1850年,英国议会通过了世界上第一个"公共图书馆法",标志着世界图书馆发展进入了近代图书馆时期。1852 年,英国曼彻斯特和美国波士顿同时建立了公共图书馆,这是根据图书馆法建立的最早的公共图书馆。此后,公共图书馆迅速在西方国家发展起来,世界其它地区公共图书馆的发展则多是 20 世纪之后的事情。

图书馆组织的建立和图书馆学教育的兴起也是近代图书馆的重要特征。1876 年,美国图书馆协会成立,这是世界上最早的图书馆国家组织;1895 年,国际文献联合会(FID)在比利时成立,这是图书馆领域最早的国际组织;1927 年,国际图联在英国爱丁堡成立,这是迄今为止图书馆领域影响最大的国际组织;这些组织的出现加强了图书馆之间的合作,促进了图书馆的发展。图书馆学教育源于 1887 年杜威创建的哥伦比亚大学图书馆学校,在 20 世纪上半叶开始遍布五大洲,它的兴起和普及标志着图书馆职业的成熟与繁荣。

20 世纪中期,联合国教科文组织的成立(1946)和计算机技术在图书馆的应用(1954)将世界图书馆带入了现代图书馆时期。50 年代,计算机技术在图书馆的应用研究主要发生在美国图书馆领域,1954 年,美国海军兵器中心图书馆利用 IBM－701 型计算机建立了世界上第一个计算机情报检索系统,这是图书馆史上划时代的大事。60 年代,联机检索成为研究热点,美国国会图书馆成功地研制(1966)和发行(1969) MARC(计算机可读目录)磁带、俄亥俄学院图书馆中心(OCLC)成立以及更多的国家(如德、日、英、法、苏等)参与图书馆自动化的研究是 60 年代的三件大事。70 年代是联网检索的时代,据统计,1979 年全世界共有 100 多个检索网络,500 多个机读型数据库,联网检索已成功地实现了商业化运营。80 年代,图书馆自动化研究成为世界性潮流,发达国家研制成功图书馆自动化集成系统,电子图书馆成为新的热点。90 年代,信息高速公路和因特网的出现为图书馆发展提供了全新的网络环境,虚拟图书馆(virtual library)成为时尚,资源共享初见成效,世界图书馆正在朝着一体化的全球信息资源体系发展,图书馆人世代的理想正在一步步地变为现实。

4.3.4　图书馆的变迁规律

图书馆在时间维上的发展从总体上而言属于一种社会变迁现象。"社会变迁是客观存在的普遍现象,有它内在的客观规律性,是一个自然历史过程。社会虽然是人自己创造的,但并不是说人们可以随心所欲地创造历史。人们的活动包括他们的思想、观点,归根到底都要受到现实的社会关系、经济状况所制约。只有当人们的活动符合社会发展规律,才能推动社会的进步,否则就会阻碍

178

或者延缓社会的进步。"[15]同理，图书馆变迁也有其自身的规律性，人们不能随意曲解和改造图书馆，而只能顺应图书馆的规律，因势利导，积极倡变。图书馆变迁的规律性主要包括方向性、节律性、协变性和不均衡性等几个方面。

方向性也称目的性。"系统的进化，一定要到达于某一个终点，这个终点，就是系统的目的。"[1]综观图书馆的发展，它一直在朝着建立全球信息资源体系的方向运动；如前所述，这样的体系对应于人类全部的认识成果，而以人类所创造和积累的全部信息资源服务于人的全面发展，正是图书馆的崇高理想和终极目的，只要图书馆一息尚存，它就会锲而不舍地向着这个目标迈进。回顾一下亚历山大图书馆扩充馆藏的历程，有助于我们理解图书馆的目的，"国王经常派专人到各国，支付高价购买图书。只要在亚历山大城出现好书，就有这个图书馆的采购人员前去抢购。他们还借来不少书籍，抄成复本。埃及国王为了搜集图书甚至采取了专横手段。"他下令强行"租借"进入亚历山大港的船只上的书籍，然后将抄写本予以退还；他还用保证金借来雅典的珍本，同样只退回抄本；等等。[13]亚历山大图书馆如此"不择手段"，无非是希望建立一个包罗万象的图书馆，一个能够覆盖所有人类认识成果的图书馆，其原始冲动与 20 世纪 90 年代因特网所要达到的目的没有区别。图书馆变迁的方向性还意味着其发展是一个从低级到高级、由简单到复杂的过程，是由一个个具体的信息资源体系逐渐整合为一个互为联系的一体化信息资源体系的过程。

节律性也称周期性。"系统进化的出发点和归宿都是稳定态。一个处于稳定态的系统，由于外界的干扰到达于临界点，系统偏离稳定态之后，不能回到原来的稳定状态，但又未到达新的稳定态。这时，系统处在失稳态。经过失稳态，系统才到达新的稳定态。因此，系统的进化是'稳态—失稳—稳态'的不断循环。"[1]图书馆也是如此。尽管从总体上看图书馆是不断地向着目的地前进的,但具体到各个发展阶段,它又是在重复着一个模式。这就是"稳态—失稳—稳态"的发展模式。我国 20 世纪的图书馆发展史有助于说明这个问题:20 世纪初藏书楼的稳态模式被打破,图书馆发展进入失稳状态,到 30 年代中期达成新的稳态,但随之而来的战争又使图书馆进入失稳发展;50 年代,所有制改造完成后,图书馆逐步进入稳态发展,但又遇上了 60～70 年代的 10 年动乱;80 年代初,图书馆开始走向新的平衡态,但急剧发展的现代信息技术又打破了图书馆的平衡,……总之,图书馆是在"稳态——失稳——稳态"的反复过程中向前发展的,"发展似乎是重复以往的阶段,但那是另一种重复,是在更高基础上的重复"[15](列宁语)这种重复每进行一次,图书馆的有序度就会提高一步。

协变性是指图书馆与社会协同发展的规律性。从总体上考察,图书馆是与人类文明同步发展的,图书馆产生于人类文明的形成时期——农业社会,发展于人类文明的成熟时期——工业社会,发达于人类文明的飞跃时期——信息社会。具体考察,图书馆与下述因素密切相关:(1)推进图书馆事业发展的基本动力是经济。图书馆史证明,历史上最强盛的国家大都建立了最好的图书馆,如亚述图书馆、亚历山大图书馆、梵蒂冈图书馆、英国不列颠博物馆、美国国会图书馆、前苏联列宁图书馆等都是这样的图书馆;(2)科学技术的进步是图书馆发展的催化剂。在图书馆史上,纸的发明、印刷术的发明、电子计算机的发明都曾带来了图书馆的革命性变化;(3)活跃的学术空气是图书馆事业发展的重要条件之一。图书馆最直接地与学术研究联系在一起,所以,大凡学术活跃的时期,也是图书馆昌盛的时期,如古希腊时期、文艺复兴时期、我国 20 世纪后半叶的改革开放时期都产生了大量的图书馆;(4)领导人物的重视是图书馆发展的重要外因之一。图书馆是上层建筑的一部分,统治阶级尤其是领导人物的图书馆观念对特定时期的图书馆发展能够产生重大影响,如恺撒大帝与古罗马公共图书馆、列宁夫妇与前苏联图书馆就是例证。图书馆的协变性表明,无论何时何地的图书馆,只要能够处理好与社会的协同作用,就可以发展得快一些,发挥的作用也就大一些。

不均衡性是协变性的延伸。由于不同社会、不同时期图书馆与社会协同作用的性质不同,图书馆进化的先后快慢亦有区别。图书馆史证明,凡是发达国家图书馆发展就快一些,数量就多一些;凡是落后的国家,数量则少一些;先发达后衰落的国家,图书馆也经历了由多到少的发展。从发展速度来看,古代图书馆时期极为缓慢,近代工业革命之后开始加快,现代信息社会到后来更是突飞猛进、一日千里;从发展阶段来看,欧美等发达国家已进入电子图书馆时代,在亚非拉的一些地区,图书馆尚处于近代图书馆初期。总之,图书馆发展的均衡是相对的,不均衡是绝对的,在不均衡中寻求均衡正是图书馆人的重要使命之一。

4.4　图书馆空间结构分析

4.4.1　图书馆的分布与规划

"研究系统的要素在空间上的排列次序和方式的方法,就是空间结构方法"。"系统的空间结构,有三种类型,第一种类型是等级结构,第二种类型是并列结构,第三种类型是等级——并列综合结构。因此,空间结构方法也有三种,即等级结构方法、并列结构方法和等级——并列结构方法。"[1]然而,这只是一种较为单纯的空间结构分析,在现实中,空间与时间是不可分割的;以上述三种空间结构方法为内核,联系时间结构分析,我们认为,图书馆空间结构分析主要包括三方面的内容:(1)图书馆分布。主要研究某一时间点上图书馆的空间排列状况,这种空间排列实质上是图书馆在时间结构中发展的积淀;(2)图书馆的资源配置。以图书馆分布为依据,综合用户信息需求分布,对图书馆的空间排列实施调整和优化,其实质是一种面向未来的空间结构分析;(3)图书馆网络规划。以资源配置为前提,以资源共享为目的,以现代化信息设施为手段,链接所有的图书馆,其实质是在理论认识的指导下自主自觉地参与图书馆变迁,改变图书馆现状。

4.4.2　图书馆分布

图书馆分布是一种社会历史现象,是图书馆历史发展轨迹在现实空间中的积淀形式。探讨图书馆的分布,着重要了解三方面的内容:一是现实空间中图书馆分布的数量特征,二是特定空间中不同类型图书馆的组合结构,三是特定空间中图书馆的信息资源体系及其特色。

图书馆分布的数量特征主要涉及二个方面:一是不同国家或地区拥有的各类型图书馆的数量,以及由此派生出的平均每馆服务区域(平方公里)、平均每馆服务人数等指标;二是不同国家或地区各类型图书馆所拥有的信息资源总量,以及由此派生出的平均每馆拥有信息资源总量、人均图书馆信息资源量等;图书馆分布的数量特征能够粗略地从总体上反映一个国家或地区的图书馆发展水平。从附录一所反映的统计数字来看,世界范围内的图书馆分布是极不均衡的,一般来说,发达国家拥有的图书馆数量要多一些、平均每馆服务人数要少一些,发展中国家的图书馆数量要少一些、平均每馆服务人数要多一些,但也不尽然,譬如,同样是发展中国家,南亚的印度、尼泊尔、斯里兰卡等国的图书馆数量就要多于东南亚的印度尼西亚、泰国、缅甸等国;东西欧国家尽管经济发展水平有较大差距,图书馆数量方面的指标却很接近;而越南和古巴的图书馆数量指标则要远远超过大多数发展中国家;等等。究其原因,图书馆主要是一种社会文化现象,除经济发展水平的制约外,它还受城市化水平、文化传统、国家制度、图书馆观念等因素的影响,切尼克对此有过简约的论述,"当一个社会稳定的社会、政治、经济等方面的综合条件具备之后,图书馆就易于繁荣起来。图书馆繁荣于稳定的社会环境之中,相对和平和安宁的时期有利于人们开展各种闲暇活动。图书馆繁荣于文化人居多的社会中,文化人对艺术和文化、自我实现、智力创造活动的追求有利于图书馆的发展。图书馆也繁荣于城市化发达的社会,城市社区对科学发现和技术进步的激励有利于图书馆的增长和使用。图书馆还与一个社会的各种机构有共生关系,当社会的各种机构——学校和政府——需要为公民提供教育和信息时,图书馆就会变得很重要。最后,图书馆的繁荣离不开经济的支撑作用,经济繁荣及社会财富的增加是图书馆繁荣的财政基础。"[3] 图书馆的发展与繁荣需要多方面的条件,当这些条件在某一社会(空间)成熟时,该社会的图书馆数量就会迅速增加,从而形成一个生长点,并能够带动周围地区的图书馆发展;据我们的分析,独立后的印度就形成了一个图书馆生长点,由于阮冈纳赞及几代印度图书馆学家的努力,图书馆观念在印度深入人心,印度的崛起还促进了周边国家如尼泊尔、斯里兰卡等国图书馆的发展。从发展上来看,古希腊、古罗马、中世纪的阿拉伯帝国、文艺复兴时期的意大利、工业革命时期的英国、现代的美国和前苏联、20 世纪 80 年代后我国的长江三角洲地区和珠江三角洲地区,都可以称之为图书馆的生长点——图书馆生长点及其成因与扩散规律是图书馆分布研究的重点之一。

评价一个国家或地区的图书馆发展水平,不能仅仅考虑其图书馆数量,我们还须进一步考察其图书馆构成,具体地讲,包括两个方面:一是各类型图书馆的比例结构,二是不同进化阶段图书馆的比例结构。"由于事物发展的不平衡,使同一类型的系统在进化过程中,不可能同时处于一个阶段,从而使同一类型的系统,在同一时间点上,处于进化过程中的各个不同的形态,各自具有不同的空间结构,并列地分布在空间中。"[1]也就是说,现实空间中的具体图书馆往往处于进化过程的不同阶段,而不同进化阶段的图书馆又有着不同的空间结构,这些不同的空间结构同时并存于某一国家、地区或城市的现象,我们称之为进化结构,这是图书馆分析研究的又一重点;但由于该方面的课题较为复杂兼且资料不足,本书不拟展开论述。本书将重点探讨的是不同类型图书馆在特定空间的聚合所形成的类型结构,它能够在一定程度上展示特定空间图书馆发展的特色。以法国和日本为例,它们的图书馆类型结构如下:

表4-1　法国和日本的图书馆类型结构比较

国别	公共图书馆	高校图书馆	专门图书馆	学校图书馆
法国	1697	67	10000	7828
日本	1928	926	2116	41591

可以看出,法国更强调专门图书馆的发展,而日本则注重在教育方面的投入。再以我国的北京和上海为例,若仅看统计数字(见附录一),则上海人均公共图书馆藏书量(1.1册)高于北京(0.6册),但实际上,位于北京的国家图书馆(北京图书馆)的读者主要是北京读者,将国家图书馆的藏书考虑进来,则北京人均公共图书馆藏书量为2.4册;北京和上海还拥有大量的其它类型图书馆尤其是大型的高校或科技图书馆,若与其它省(区)比较,其优势自不待言。

　　图书馆分布研究的第三个方面是特定空间各类型图书馆的信息资源体系及其特色,具体内容包括以下几个方面:一是特定空间各类型图书馆的信息资源收藏总量;二是各类型图书馆信息资源体系之间的协调程度;三是特定空间各类型图书馆信息资源体系所组成的整体的特色;四是个体图书馆信息资源体系的特色。从附录二各省级公共图书馆的藏书特色来看,我国图书馆界的观念尚需要更新,因为,他们更多地将古籍善本和地方史志视为"特色"的同义词,而事实上,图书馆信息资源体系的特色首先应还原为它所服务的用户的信息需求体系的特色,在这方面,北京市东城区图书馆和崇文区图书馆就做得非常到位,前者根据本区服装企业多的特点建立了"服装资料馆",后者则根据市场信息需求分析建立了"包装资料馆",它们的创举和服务均得到了用户的认可并取得了良好的社会和经济效益。

图书馆的空间分布既是历史发展的结果,也是现实因素的产物,深入分析,它的形成和变迁是有规律可循的,这就是"集聚效应和扩散效应。"[17]所谓"集聚效应",是指图书馆在布局上是信息资源导向的,它倾向于布局在信息资源生产和消费集中的大城市,从而形成图书馆的集聚现象;所谓"扩散效应",则是指图书馆从本质上而言是一种服务业,其最终目的是要谋求产品市场的扩大或者说信息产品与服务的扩散。图书馆在布局上是集聚的,在服务上则是扩散的,这是一个问题的两个方面,是我们研究资源配置和网络规划的指导思想之一。

4.4.3 图书馆资源配置

图书馆资源配置涉及信息资源、信息人员和信息设施三个方面,但以信息资源的配置为主。信息资源配置也称信息资源布局,其核心问题是用有限的信息资源满足用户更多的信息需求,为此,就需要对现实的图书馆分布格局进行调整,以期它能与动态发展的用户信息需求格局相适应。

在信息资源供给的有限性和信息资源需求的无限性同时并存的条件下,图书馆及其它信息服务部门必须对信息资源配置做出选择。信息资源配置的选择包括三个方面:(1)在不考虑资源的多种用途的条件下,确定资源的使用方向及数量。也就是说,在资源供给有限的情况下,图书馆必须依据最小机会成本原则,按用户信息需求的重要性顺序来安排信息资源的补充和提供活动,尽量使重要的需求优先得到满足;(2)在考虑资源的多种用途的条件下,确定资源的使用方向和数量。由于社会上存在着多种类型的信息服务部门,一种信息资源既可配置在图书馆,也可配置在情报部门、档案馆、经济信息中心或专利局,这样就势必导致这些服务部门在大的分工的前提下的竞争,而效益好的服务部门将会得到更多的资源配置;(3)使资源尽可能有效地被加以利用,杜绝浪费。图书馆在空间上的集聚易于造成资源的重复配置和浪费,为此,在加强集聚区图书馆协作的前提下,应适当地促进图书馆服务的扩散化和资源配置的逆向流动,即信息资源向贫集的广大农村地区的流动。

图书馆的资源配置也不可避免地要受市场经济的影响。一般来说,"在市场经济条件下,资源的有效配置是通过价值规律来实现的,而价值规律的作用机制又具体表现为市场功能,所以资源有效配置在市场经济条件下的实现体制就是市场功能。"[18]图书馆诚然也是在信息市场中生存与发展的,它虽然不直接由价格机制来调节,但它却要受用户信息需求的左右,如果图书馆不能很好地满足这些需求,用户就会转向其它信息服务部门,事实上,近年来图书馆已流失了不少用户。有鉴于此,图书馆之间进行资源配置时,也不妨引入竞争机制,以促使资源向管理好、效益好的图书馆流动。

当然,图书馆毕竟是一种事业性质的社会实体,它不能够完全遵循市场规律来实施资源配置,社会效益将长期是它考虑的主要产出物。图书馆资源配置的社会效益原则包括三个方面的内容:从国家的角度考虑,它应成为国家的信息资源储备体系,成为国家长远发展的信息资源基础;从社会的角度考虑,它应成为社会的记忆,应成为人类文明延续和发展的知识源泉;从社会组织的角度考虑,它应成为社会组织的窗口,成为社会组织了解外界环境和开展各种活动的信息保证。

图书馆资源配置的目标是在兼顾效益和公平的原则下,尽可能实现信息资源的均衡配置。均衡是相对于用户信息需求而言的,它绝不等同于"平均"。均衡也是一种理想状态,现实的信息资源分布总是不均衡的,即使暂时实现了均衡,也会很快被动态发展的用户信息需求所打破,所以,图书馆资源配置是一项未来导向的、动态的、长期的艰巨任务。

4.4.4 图书馆网络规划

图书馆信息资源配置的最终目标是实现资源共享,而资源共享的前提则是图书馆的网络化。图书馆网络化是多行业参与的复杂的系统工程,图书馆信息人员所参与的只是其中的一部分工作,从理论的层面来认识,图书馆信息人员研究的重点就是网络规划问题。

图书馆网络是由以下几个部分组成的:(1)通信网。又分公用网和专用网两部分,公用网包括地区公用网、国家公用网和国际(洲际)互联网,专用网则是指图书馆内部的局域网或通信网路,这部分工作基本上不属于图书馆信息人员的权限范围;(2)计算机应用系统。包括两大部分,一是常驻在通信网上用以提供智能交换和加强网络服务的高性能计算机,二是面向图书馆业务和用户的应用软件,其中,图书馆信息人员主要负责应用软件的开发和更新换代,以及计算机硬件的维护和一般故障的处理;(3)数字化信息资源。一般以数据库的形式存在,是图书馆信息人员的工作核心;(4)动态发展的用户信息需求;(5)掌握现代信息技能和专业理论知识的信息人员。可以看出,与图书馆的组成要素相比,图书馆网络增加或者说突出了"通信网"这一要素——正是通信网使单个图书馆连为一体,使单个图书馆的工作发生了质变,使单个图书馆必须在更大的空间中重新定位,换言之,单个图书馆在网络环境中已变换为集成化图书馆网络的要素,这是一种脱胎换骨,是涉及技术、观念、行为模式、工作方法、管理思想、人员素质等因素的一场图书馆变革,是以现代化信息技术为手段、以资源的合理配置为内核、以资源共享为目标的图书馆变迁过程,这个过程即通常所谓的网络化过程。

图书馆网络化是图书馆信息人员在理论认识指导下自主自觉地参与图书馆变迁的过程,其突出特征是"有计划性",具体地讲,图书馆网络化必须在网络规划的指导下组织实施。网络规划也就是寻求图书馆网络化的最佳方案的过程,它主要是在宏观层面进行的,有时也称网络化战略规划,主要内容包括四个方面:一是确立网络化的战略指导思想,二是确立网络化的战略目标,三是确立网络化的战略核心,四是制定网络化的具体措施。[19]

战略指导思想是网络规划的纲领和指南,以我国为例,图书馆网络化应遵循下述指导思想:(1)特色化。要结合我国的国情及图书馆的独特性质,集中有限的资金、资源和技术,区别轻重缓急,分期分批地逐步地建设和发展图书馆"信息资源网";(2)共建共享。"共建"既包括图书馆行业与档案馆、科技信息系统、经济信息中心、专利局等信息资源大户的分工与合作,也包括图书馆行业内部各系统图书馆、各地区图书馆及各个具体图书馆之间的分工与合作,"共享"则是共建的目标与结果;(3)国际合作。积极谋求与国际网络接轨,在国际范围内定位,与世界各国共建国际信息市场;(4)管理先行。发挥社会主义制度的优越性,加强集中管理和宏观调控,立足现实,科学规划,服从全局,突出重点,统筹兼顾,瞻前顾后,以管理带动技术发展,以管理促进资源共享。

战略目标是网络规划的重心。立足网络化现状,面向世界和未来,我国图书馆网络化的总体目标可确定的:争取在 21 世纪中期之前,逐步建立以七个国家级信息资源中心(北京、上海、沈阳、兰州、成都、武汉、广州）为网络中心，以省级公共图书馆、中科院和社科院地区中心图书馆、大学图书馆为节点，以中心城市级和县级图书馆为网点，以广大的基层图书馆为网员，连接国内所有地区网和专业网的网际网，最大限度地实现信息资源共享。

战略核心是网络规划的重中之重，是战略目标的关键部分。图书馆网络化的战略核心包括三个方面：一是信息资源的数字化，也即数据库的建设；二是应用软件的开发和更新换代；三是图书馆信息人员的培训和提高。这三个方面无论哪一个方面处理不好，都会影响网络化的全局。

战略措施是网络规划的着力点，是战略指导思想和战略目标的具体化。我国图书馆网络化的战略措施主要包括以下方面：（1）在国务院信息化领导小组之下设图书馆网络化管理委员会，负责网络化的规划、组织、协调、监督和管理工作；（2）加强政策导向，实施投资倾斜，重点建设一批分工明确、布局合理、能够充分体现我国特色的超大规模电子信息资源中心，以期形成拳头和规模效益，积极参与国际信息市场的竞争；（3）坚持高起点原则，审慎地选择适用技术，积极地开发网络应用软件并不断促成其更新换代，有效地实施技术的标准化，妥善地谋求与国际信息网络接轨；（4）坚持需求导向原则，面向市场，合作与竞争并举；（5）坚持连续发展原则，慎重处理印刷型信息资源和电子信息资源的关系，在变革中求生存、求发展；（6）坚持可持续发展原则，强化教育培训，切实提高图书馆信息人员的素质与技能；等等。

图书馆网络规划是一种以空间结构分析为主兼顾时间分析的应用研究，与任何空间研究一样，它强调特色化，突出"生长点"，力图通过生长点的突破带动网络化的全局发展，如"中关村地区教育与科研示范网（NCFC）"就可视为一个生长点，它的突破必将带动北京地区和高校系统图书馆网络的全面发展。图书馆网络规划也是一个连续的过程，伴随着规划的实施，规划本身需要调整、修改和完善,有时还须重新规划。图书馆网络规划还是一个强化图书馆与用户、市场和社会的交互作用的过程,网络规划将寻求一种最优方案,从而能够使图书馆在动态平衡中向前发展。

4.5 图书馆动态平衡分析

4.5.1 图书馆是一个生长着的有机体

通常说,"图书馆是一个生长着的有机体",然而,何为"生长着的有机体"? 缘何图书馆能够成为一个生长着的有机体? 对此,阮冈纳赞的解释是不能令人满意的,他的解释更多的是一种直觉,"第五定律指出,图书馆是一个生长着的有机体。生长着的有机体能独自生存,停止生长的有机体将会僵化,直到死亡,这是公认的生物学事实。第五定律使我们注意到这样的事实:作为一种机构的图书馆具有生长着的有机体的一切属性。生长着的有机体吐故纳新、改变大小,形成新的形状和结构。它除了变态过程中突然的、明显的、不连续的变化外,也肯定有导致生物学上所谓'变异'和向新的结构演变的缓慢而持续的变化。……在所有这些形态变化中有一点始终保持不变,这就是生命的基本原理。就图书馆而言,也是如此。""在图书馆中生长着的有机体的主要部分就是图书、读者和工作人员。"[20] 可以看出,阮冈纳赞只是将图书馆与生长着的有机体作了简单的对比,并没有进一步解释什么是"生命的基本原理";当然,他对图书馆中生长着的部分的分析是完全正确的,在 20 世纪 30 年代能够达成这样的认识也是难能可贵的。我们认为,图书馆之所以能够成为一个生长着的有机体,是因为图书馆是一个有人(包括图书馆信息人员和用户)参与的人造系统,它具有自适应、自学习和自组织能力,能够与外界进行不断的物质、能量和信息的交换，并能够随外界环境的发展变化保持动态平衡。

　　"一个系统能获得不断地进化，必须有自适应的能力，在环境迅速变化的条件下，获得生存和发展。为了维持生存，在环境发生变化时系统要适应环境的变化，而保持自己的稳定状态，不至于被淘汰。这种系统必须具备将组织结构维持在稳定状态中的能力。显然，这种对系统稳定性的维持，并不是保持结构和功能的绝对不变性，而是不断地按照外界环境条件的变化，自动地调整系统自身的结构和行为，从而使系统在适应环境的过程中获得进化。这种进化过程，就是自适应过程，这种系统，就是自适应系统。可见，系统的进化，既是对外部环境的适应过程，又是对内部要素和结构的调整过程。这种'适应'和'调整'都是自动实现的，因而是自组织的过程。""自学习系统是自适应系统的进一步发展。自学习系统能够综合地造出一些目标参数来衡量控制行为的'好'和'差'，并相应地作出对原来的系统作'加强'与'修正'的选择，使有关系数逐步达到最优或较优的程度。"[1]在此，系统论所阐述的实际上就是"生命的基本原理"，有生命的机体具有自适应、自学习和自组织能力，所以能够"生长或发展"，而这三种能力又可合称为"维持动态平衡的能力"。

　　依据系统论原理来考察图书馆，我们认为，图书馆维持动态平衡的能力主要取决于作为主体的图书馆信息人员的能力以及部分具有"智能"的信息设备的能力，他（它）们的能力决定着图书馆的"生长或发展"，决定着图书馆的兴衰荣辱。具体地讲，图书馆要维持自身的动态平衡发展，需要解决三个方面的问题：一是搞清图书馆与社会环境的相互作用，二是识别图书馆的竞争环境，三是探索图书馆的可持续发展。

4.5.2　图书馆发展的社会环境

图书馆是一个开放的人造系统,它是在社会环境中生长与发展的,或者说,它就是社会大系统的一个子系统,是人类社会能动的记忆系统。图书馆需要从社会上输入信息资源、信息人员、信息设施、经费、能源及其它必要的资源,输入活动本身是社会对图书馆的作用过程;同时,图书馆通过对信息资源的选择、整序、保存、开发和提供,也需要向社会输出信息产品和信息服务,输出活动是图书馆对社会的反作用过程;图书馆正是在与社会环境进行不间断的物质、能量和信息的交流过程中,得以维持动态平衡和循序进化的。图书馆的社会环境是一个复杂的综合体,几乎牵涉到社会的各个方面,其中,对图书馆具有直接的、重要影响的社会环境因素主要包括政治环境、经济环境、科技环境、教育环境、交流环境等。[21]

政治环境。图书馆自产生起,就与社会政治活动发生了密切联系。最早的图书馆一般都是王室图书馆,其收藏的档案文献是直接为维持和延续王室统治服务的。图书馆历史证明:一个稳定的政治环境是图书馆发展与繁荣的必要前提,而良好的社会信息资源体系的存在则是社会进步与昌盛的象征和重要保证。图书馆与政治的关系还通过一个社会的统治阶级尤其是领导者对图书馆的认识与态度表现出来,如前所述,历史上重视图书馆发展的国家元首,都曾深刻地影响了其所处社会的图书馆,有时,这种影响还扩展到邻近国家或地区,列宁与社会主义国家图书馆的发展就是一个例证。

经济环境。图书馆的发展取决于社会经济的发展:一方面,只有当社会经济有了一定的发展、社会有相对多余的财力来支持和提供图书馆发展时图书馆才会产生,只有当社会经济发展到较高水平时社会才能提供更多的资金和物力来保障图书馆的发展,一定的经济环境决定着一定社会的图书馆发展规模和水平;另一方面,经济的发展增加了社会成员的闲暇时间,使他们有更多的时间从事信息资源的开发与利用,这样就从另一个侧面带动了图书馆的发展。同时,社会经济的发展也需要信息资源体系的支持,在现代社会,信息资源已成为一种普遍的生产要素,物质经济正在向信息经济转化,图书馆对经济发展的促进或制约的作用也有增强的趋势。

科学环境。科学环境对图书馆的作用主要表现在四个方面:其一,科学的发展活跃了学术空气,推进了人们认识的广泛与深入,促进了信息资源总量的迅速增加,从而为图书馆信息资源体系的建立提供了丰富的信息源;其二,科学通过技术的发展直接促进了信息载体和信息设施的进化,并从而带动了图书馆的发展;其三,科学工作者是图书馆最为重要的用户群,他们在一定程度上支撑着图书馆的发展;其四,图书馆学本身是科学知识体系的组成部分,它的发展受科学知识体系的制约,而它又在很大程度上决定着图书馆活动的效率与反作用。图书馆对科学环境的反作用则主要表现为:其一,图书馆工作是科学研究的前期工作,其水平与效率决定着科学活动的生产率;其二,图书馆所提供的信息资源是科学生产的原材料和催化剂,图书馆的信息资源体系还是科学发展轨迹的物化形式,是衡量科学发展的重要标准之一。

教育环境。严格地讲,图书馆是伴随着教育的兴起而出现的社会现象,教育职业形成之前的图书馆难以区别于档案馆。教育对图书馆的作用主要表现在三个方面:其一,由于教育活动而产生的信息资源是图书馆的主要信息源之一;其二,教育的普及所造就的"文化人"是图书馆的主要用户群体,他们的需求决定着图书馆的发展;其三,教育也造就了高素质的图书馆信息人员,他们是图书馆发展的决定力量。图书馆对教育的反作用则表现为:其一,图书馆是学校教育的重要组成部分,它在一定程度上决定着教育的深度与广度;其二,图书馆是自学教育和终身教育的主导形式之一,它能够通过用户进而影响社会的发展。

交流环境。交流环境是图书馆最为直接的外部社会环境。图书馆本身只是社会交流过程的一个环节,是社会交流系统的一部分,社会交流系统的完善程度极大地制约着图书馆的发展,同时,图书馆的发展水平也对社会交流系统的社会功能有重要影响。以因特网为例,一方面,因特网为图书馆的整合和资源共享提供了必要的交流环境;另一方面,因特网上主要的信息源又是图书馆,图书馆使因特网更有价值。

图书馆与社会环境是息息相关的,它只有不断适应时时变化的社会环境,才能维持自身的生存并求得发展。为此,图书馆一方面要了解自身与社会的作用与反作用机制,另一方面还要建立一个反馈系统,随时监测社会环境的发展变化,并采取适当措施与之保持同步发展。需要指出,虽然社会对图书馆的作用是直接的和多方面的,图书馆对社会的作用却是间接的,它主要是通过用户这一"媒介"而起作用的,所以,图书馆应更多地关注用户的需求和反馈,这是图书馆维持动态平衡发展的关键。

4.5.3 图书馆的竞争环境

构成图书馆竞争环境的主要是交流环境内部以信息资源的整序、传播、开发和提供为内容的各种信息资源管理系统,主要包括大众传播系统、书刊出版发行系统、科技信息系统、经济信息系统、商业化网络信息检索系统和个体书社系统等。竞争环境不同于社会环境之处在于:一定时期内社会投入信息资源服务业的资源是有限的,这些有限的资源将在上述有关信息资源管理系统之间进行分配,而效益好的系统将得到更多的资源。进一步分析,为了得到更多的资源,这些系统之间必然展开激烈的竞争,而它们争取的主要对象就是用户。

用户是图书馆的生命线。决定图书馆存在价值的不是它本身的什么，而是它拥有的用户：用户的数量、用户利用图书馆的程度，以及用户所取得的社会效益和经济效益。图书馆的用户服务能力（包括服务项目的多少、服务的广度和深度、服务方式等）是衡量图书馆发展水平的依据。图书馆的既定目标是争取用户，争取一切能够利用图书馆的社会成员成为图书馆的用户。[22]

在众多竞争对手中，电视与图书馆的用户之争最具代表性。电视的竞争优势表现在三个方面：一是通过它的娱乐功能吸引了大批图书馆的消遣型用户；二是以其时差短、报道及时、专用频道的开设，吸引了部分图书馆的重点用户；三是以其便利和多样化的节目侵占了图书馆用户的闲暇时间，从而影响了用户对图书馆的充分利用。面对电视的竞争，图书馆应采取以下措施：（1）充分发挥信息资源体系累积时间长、覆盖面宽、选择自由度大等优势，注重信息资源服务的层次性，逐步形成与电视系统的分工互补关系；（2）扩大服务范围，增加服务项目，使信息资源的利用更为便利；（3）加速信息资源的数字化，力争使图书馆信息资源服务尽快进入用户办公和居家所在。

书刊出版发行系统与图书馆的竞争关系较为复杂：一方面，出版发行系统是图书馆信息资源的主要供应者，它与图书馆是唇齿相依的关系；另一方面，出版发行系统又直接面向用户，减少了用户对图书馆的依赖。出版发行系统的优势主要包括：（1）极为重视用户研究与图书宣传；（2）十分注重信誉和服务质量；（3）讲究竞争技巧，注重时效；（4）拥有较为发达的发行网络。对此，图书馆应做到：（1）发挥自身累积性资源体系和免费服务的优势，为用户提供系统全面的服务；（2）注重用户研究和信息资源体系的宣传；（3）改进服务方式；（4）缩短时差；（5）建立高效的图书馆网络。

图书馆与科技信息系统、经济信息系统的竞争则集中表现在重点用户的争夺方面。重点用户多处于科研、生产的第一线或决策层,他们需要针对性和实用性强的再生型信息,而科技、经济信息系统由于自身的人才优势和技术优势,在提供再生型信息方面具有较强的竞争力;对此,图书馆应发挥自己的资源优势,强化开发力量,提供多层次、多样化的信息产品和服务,吸引更多的重点用户。

网络数据公司主要是指各种新兴的数据库公司,它们得风气之先,以自建或购买的数字化信息资源体系(数据库)为依托,利用四通八达的先进网络通信手段,为各类用户提供便捷、高效的信息服务;它们的优势主要在于拥有高素质的专业化队伍和较强的市场开发力量。面对网络数据公司的竞争,图书馆要加快信息资源数字化速度,加速图书馆网络建设,加强网络市场的研究。

个体书社对图书馆的冲击主要表现在它们更为接近用户、更能把握用户需求的时代脉搏、相对灵活的服务方式和宽松亲和的人际关系等方面;个体书社所吸引的主要是一般用户。对此,图书馆应发挥资源丰厚和免费服务的优势,通过增设分馆和服务点缩小服务半径,通过融资等方式及时调整信息资源体系结构,提供针对性强的特色服务,等等。

图书馆的竞争对手相当于图书馆的"替代品",如果图书馆在竞争中稍有不慎,竞争对手就有可能取而代之。引入竞争战略分析,[23]我们认为,图书馆相对于上述竞争对手的主要优势主要在于它拥有一个长期积累的、具有一定规模的信息资源体系,这个体系构成了"进入壁垒",任何试图进入图书馆领域的竞争对手都会对此望而生畏,有鉴于此,图书馆应以信息资源体系的建设和优化为竞争战略核心,同时加大资源开发力度,加强信息市场研究,加快网络系统的建设,最大限度地吸引了一切现实的和潜在的用户,确保在竞争中处于不败之地。

4.5.4　图书馆的可持续发展

根据联合国有关组织的定义,可持续发展(susainable development)是指既能满足当代的需求,又不对后代满足其需求能力构成危害的发展的精神;可持续发展的目标是既要满足现代人的需求,又要照顾到后代人的未来需求,也就是要满足全人类能过好生活的合理愿望。[24]"可持续发展既是一种发展模式,又是人类近期的发展目标,其核心实际上是资源(物质资源)作为一种物质财富和文化作为一种精神财富,在当代人群之间以及在代与代人群之间公平合理的分配,以适应人类整体的发展要求。"[24]简言之,持续发展就是面向未来、充分协调人与自然关系的一种新型发展模式。

图书馆本身是社会持续发展的重要组成部分,正如记忆是一个人智力发展的前提一样,作为人类社会记忆系统的图书馆也是人类社会进一步发展的必要前提之一。就图书馆自身的持续发展而言,如何处理好信息资源的保存与利用是持续发展的核心,如何肯定图书馆信息人员的主体地位和发挥他们的能动作用是持续发展的关键,如何预知和满足用户的信息需求并进而促进社会的协调发展是持续发展的目标。

图书馆最本质的社会功能是保存人类的信息资源,"保存"本身是一种面向未来的活动,是确保人类社会连续发展的最为重要的条件之一,从而也是确保图书馆持续发展的最为重要的基础。然而,近年来图书馆领域流行的一些观念和做法却与保存的宗旨背道而驰,这些观念和做法已严重地侵蚀了图书馆生存的基础,具体表现在:(1)片面强调利用,大规模削减复本,部分图书馆甚至取消复本,还有一些图书馆以流行书刊为收集重点,强调用户即时需求的满足,而置长远发展于不顾;(2)曲解或生搬硬套市场经济理论,倡导多途径"开发"和创收,以致本末倒置;(3)在不具备条件的情况下强行上马现代化工程,挤占了本应用于保存的有限资金;(4)在网络环境中不适当地强调存取而忽视保存,致使图书馆的性质发生变化,最终必将使网络无可存取之"源";等等。针对这些情况,图书馆必须采取有力措施以图持续发展:(1)变换观念,充分认识图书馆在社会中的地位与作用,摆正保存与利用的位置;(2)处理好信息资源保存与网络建设、资源开发的关系,以用户信息需求为"的",以信息资源的保存为"本",以网络建设和资源开发为"矢";(3)处理好网络环境中信息资源的保存(collection)与存取(access)的关系,在加强数据库建设的同时,积极开发和利用网络信息资源。

图书馆持续发展的关键是图书馆信息人员,他们的意识、知识、技术、能力和综合素质决定着图书馆持续发展的成败得失。而目前图书馆信息人员的整体素质依然偏低,人员结构也不能适应现代图书馆的要求,优秀人才又大批流失,为此,图书馆应采取以下措施:(1)强化图书馆信息人员的教育与培训,坚决执行持证上岗制度;(2)灌输可持续发展思想,培养可持续发展意识;(3)制定和落实图书馆信息人员定期轮训和提高制度,鼓励自学成才和自我实现;(4)逐步调整图书馆信息人员的知识结构、专业技能结构、学历结构和职称结构,确保图书馆现代化的顺利实施;(5)创造使优秀人才脱颖而出和发挥才干的气氛和机会,以人才竞争赢得信息服务业之间的竞争;等等。图书馆信息人员的培养和提高已成为制约图书馆现代化的"瓶颈"问题,对此,各级管理部门应予以高度重视。

图书馆持续发展的最终目标是不仅要满足当代人的信息需求,而且也要为满足后代人的信息需求而完整、系统地保存历代和当代所有重要的信息资源。"持续发展的根本问题是资源分配,既包括不同代之间的时间上的分配,又包括当代不同国家、地区和人群间的资源分配。它包括需要、限制、平等三个概念。"[24] 所谓需要,即发展的目标是满足人类需要;所谓限制,包括技术状况和社会组织对环境满足眼前和将来需要能力施加的限制;所谓平等,既包括各代之间的平等,也包括当代不同地区、不同人群之间的平等。具体到图书馆领域,持续发展的目标也就是实现全人类的资源共享,以人类创造的所有信息资源来为全人类服务,为此,图书馆应从以下几方面做起:(1)所有图书馆都应认识到保存人类信息资源是它们共同的使命,它们应超越意识形态,携起手来,共建人类的信息资源体系;(2)图书馆网络是实现资源共享的最佳形式,所有图书馆应在分工合作的基础上,共建全球图书馆信息资源共享网络,使当代不同地区、不同人群能够平等地利用人类迄今为止所创造的信息资源;(3)加强图书馆的信息资源开发,增强图书馆的输出功能,在社会持续发展中发挥信息保证和导引作用,确保图书馆与社会环境的协调发展和动态平衡。

参考和引用文献

1. 李志才. 方法论全书(Ⅲ):自然科学方法. 南京:南京大学出版社,1995,41 ~ 129

2. 黄宗忠. 图书馆学导论. 武汉:武汉大学出版社,1988,122,323 ~ 324,20,143,148

3. B. E. Chernik. Introduction to Library Services. Englewood: LibrariesUnlimited, Inc. ,1992. 28, 13 ~ 14,205 ~ 212,24,60,62,63,2

4. 图书馆学百科全书编委会. 图书馆学百科全书. 北京:中国大百科全书出版社,1993. 456

5. M. L. Pao. Concepts of Information Retrieval. Englewood: Libraries Unlimited, Inc. ,1989. 41

6. Pierce Butler. An Introduction to library Science. Chicago: The University of Chicago Press, 1934. 111 ~ 112

7. R. Beenham, Colin Harrison. The Basics of Librarianship. London: Library Association Publishing Ltd. ,1990. 21

8. 汪冰. 电子图书馆理论与实践研究. 北京：中国科学院文献情报中心博士论文,1997.12,56～57,80,22～24

9. 毛泽东. 毛泽东选集(一卷本). 北京：人民出版社,1964.280,276,297

10. Jean Kay Gates. Introduction to Librarianship. New York：Neal – Schuman Publishers, Inc. ,1990. 107～111

11. 辞海编辑委员会. 辞海(缩印本). 上海：上海辞书出版社,1989.1731

12. 杰西·H·谢拉著；张沙丽译. 图书馆学引论. 兰州：兰州大学出版社,1986.1

13. 杨威理. 西方图书馆史. 北京：商务印书馆,1988.4,18～19

14. 谢灼华. 中国图书和图书馆史. 武汉：武汉大学出版社,1987.6～10

15. 社会学概论编写组. 社会学概论. 天津；天津人民出版社,1984.248～249,250

16. 中国图书馆年鉴编委会. 中国图书馆年鉴(1996). 北京：北京图书馆出版社,1997.57～59

17. 霍国庆. 信息产业的积聚效应和扩散效应. 中国信息导报,1994(8):17

18. 魏杰,林亚琳. 中国经济体制的新选择——中国市场经济通论. 成都：四川人民出版社,1993.204

19. 霍国庆. 面向21世纪的中国图书情报档案网络化发展战略构想图书馆,1997(3):9～11

20. 阮冈纳赞著；夏云等译. 图书馆学五定律. 北京：书目文献出版社,1988.308～309

21. 宓浩. 图书馆学原理. 上海；华东师范大学出版社,1988.48～51

22. 周志华. 论图书馆的竞争环境. 图书馆学通讯,1989(3)

23. 迈克尔·波特著；陈小悦译. 竞争战略. 北京：华夏出版社,1997.

24. 北京大学中国持续发展研究中心. 可持续发展之路. 北京：北京大学出版社,1995.53,58,34

5 图书馆类型的理论重组

5.1 常见的图书馆类型划分

5.1.1 图书馆类型划分的常见标准

图书馆类型是社会分工的产物。随着社会分工日益向专门化方向发展,不同人群对图书馆的需求也日趋多样化和专门化;而为了满足不同人群的不同需求,不同类型的图书馆便应运而生了。在世界上,不同类型的图书馆是次递产生和发展起来的,当它们发展到一定数量时,为了管理、交流和合作的方便,就需要对它们进行分类研究,这种分类研究也称图书馆类型划分。

图书馆类型划分实质上是对自然形成的图书馆类型的整序,它将性质相同或相近的图书馆归并在一起,将性质相异的图书馆区别开来,其目的是把握不同类型图书馆的不同特点和发展规律,充分发挥各类型图书馆的作用,并为特定国家或地区图书馆资源配置、网络规划和资源共享提供理论依据。图书馆类型划分由于所采用的标准不同而有较大差异,常见的标准有:(1)图书馆所属部门的性质,依此可划分为高校图书馆、中小学校图书馆、科学院图书馆、企业图书馆、政府机关图书馆等;(2)信息资源体系的覆盖面,依此可划分为综合性图书馆、多科性科学技术图书馆、专科图书馆;(3)用户特征,依此可划分为儿童图书馆、青年图书馆、盲人图书馆、少数民族图书馆等;(4)图书馆现代化程度,依此可划分为传统图书馆和电子图书馆;等等。但在现实中,图书馆类型划分很少单纯采用上述某一标准,不同国家常常兼顾本国历史发展、综合几种标准以形成本国图书馆类型划分的特有标准,这样也就形成了各具特色的图书馆类型划分,本节将主要介绍国际标准化组织(ISO)的统计标准、世界主要国家的图书馆类型划分和我国实际的图书馆类型划分。

5.1.2 图书馆类型划分的国际标准

为了避免因图书馆类型划分标准的不同而给图书馆统计和图书馆国际交流造成困难,在联合国教科文组织(UNESCO)的支持下,国际标准化组织和国际图联(IFLA)从 1966 年开始就图书馆统计的国际标准制订事宜进行了合作;1974 年,《ISO2789 – 1974(E)国际图书馆统计标准》颁布实施,从此揭开了图书馆国际交流新的一页。在该标准中,专门有"图书馆的分类"一章,它将图书馆区分为国家图书馆、高校图书馆、其它主要的非专门图书馆、学校图书馆、专门图书馆和公共图书馆六大类型。[1]

国家图书馆是指按照法律或其它安排,负责搜集和保管国内出版的所有重要出版物的副本,并且起贮藏图书馆作用的图书馆。其主要功能包括:编制全国总目录;拥有并更新一个大型的有代表性的外国文献馆藏;编制联合目录;出版回溯性全国总书目;等等。

高校图书馆是主要服务于大学和其它第三级教学单位的学生和教师的图书馆。它们也可能向公众开放。

其它主要的非专门图书馆是指有学术特征的非专门图书馆,它们既不是高校图书馆,又不是国家图书馆,但它们对特定的地理区域履行一个国家图书馆的作用。

学校图书馆是指属于第三级院校以下的所有类型的学校图书馆,虽然它们也向公众开放,但主要服务于这些学校的教师和学生。

专门图书馆是指那些由协会、政府部门、议会、研究机构(高校研究所除外)、学术性学会、专业性协会、博物馆、商业公司、工业企业商会等或其它有组织的集团所支持的图书馆。它们收藏的大部分是有关某一特殊领域或课题诸如自然科学、社会科学、农业、化学、医学、经济学、工程、法律、历史等方面的书刊。

公共图书馆是指那些免费或只收少量费用为一个团体或区域的公众服务的图书馆。它们可以为一般群众服务,或为专门类别的用户,例如儿童、军人、医院患者、囚犯、工人和雇员等服务。

《国际图书馆统计标准》颁布后,得到了国际上部分国家的赞同,但也有相当一部分国家因为种种原因未采用该标准。略加分析,可发现,该标准所选择的划分标志杂乱且不具有普遍代表性,它似乎想迁就所有国家(主要是西方国家)图书馆类型的现实存在,但结果又不符合大多数国家的实情,譬如"其它主要的非专门图书馆"就令人莫名其妙;这样的标准自然不能够被国际社会普遍地接受。

5.1.3 美、英、前苏联的图书馆类型划分

美国、英国、前苏联因为各自图书馆的历史发展、社会政治体制、文化传统及国家战略的不同,图书馆类型划分也各有特色。其中,美国以"中小学媒体中心"的建立而独树一帜,英国更强调图书馆为工商业服务,前苏联则突出图书馆为居民服务。

美国图书馆界一般将图书馆划分为公共图书馆、中小学媒体中心、高校图书馆和专门图书馆四大类型,具体情况见表 5－1[2]:

从表 5－1 中可以看出,美国的高校图书馆(Academic Libraries)不同于我国的高校图书馆,它包括两年制学院(post-secondary schools,相当我国的中等专业学校)图书馆在内;此外,美国的 3 所国家图书馆皆被划归专业图书馆。

表 5 - 1　　美国的图书馆类型划分[2]

图书馆类型		目标或功能	用　　户	财政资助
公共图书馆 　地方 　县 　跨县		娱乐 信息 自学(Self - educa-tion) 文化 社会职责	一个社区或一个区(district)的所有居民	公共税收
中小学媒体中心 　小学 　中学		教育 研究 信息 保存	学校师生	公共税收(公立学校) 学费、捐赠(私立学校)
高校图书馆 学院(colleges) 大学(universities) 两年制学院		教育 研究 信息 保存	学生,教职员工,校友及一般公众	公共税收 学费 捐赠
专门图书馆	工业 商业	研究 信息	专业人员和顾客	商务预算
	组织 协会	研究 信息 保存	组织或协会成员	非赢利组织的预算
	公共机构 (Institution)	娱乐 信息	病人、犯人等	公共机构预算
	联邦	所有上述目标或功能	专业人员、纳税者	联邦税收

　　英国图书馆领域则将图书馆划分为国家图书馆、公共图书馆、学校图书馆(Academic Libraries)、工商业图书馆、信息和咨询中心

（见表 5 - 2）[3]五大类型,这实质是一种图书情报一体化的分类结构,后两类图书馆与我国的情报机构没什么区别。英国学者将高校图书馆和学校图书馆合而为一是一种创举,作为学校图书馆,它们都是为教师和学生服务的。

表 5 - 2　英国的图书馆类型划分[3]

图书馆类型		主要目标或功能
公共图书馆		教育、信息、文化、闲暇与消遣
学校图书馆 　大学、学院、中小学		满足学术需求、提供参考资料、提供学习区、提供外借服务、提供信息服务
国家图书馆		国家藏书中心、国家书目中心、图书馆学研究中心等
工业和商业图书馆		生产和分配与公司产品有关的信息简报、根据关键职员的兴趣提供原始资料、建立馆藏、提供文献检索
信息与 咨询中心	法律咨询中心 市民咨询局 旅游信息中心	为负担不起一般法律服务的人提供咨询和法律支持;提供消费、家庭、财政和社会服务等方面的咨询;为旅游者提供当地信息

前苏联的图书馆类型划分另具特色。根据丘巴梁的《普通图书馆学》,前苏联的图书馆可分为农村图书馆(包括国立农村图书馆、集体农庄图书馆、国营农场工会图书馆、附属俱乐部图书馆和区立图书馆)、城市图书馆(包括市中心图书馆、区中心图书馆、分馆、流动图书馆、企业工会图书馆等)、儿童和青少年图书馆(包括儿童图书馆、青年图书馆、农村或城市图书馆的儿童部、青少年部)、科学与专门图书馆(包括州立图书馆、加盟共和国图书馆、技术图书馆、国立公共科技图书馆、农业图书馆、医学图书馆、科学院图书馆、高校图书馆)和国家图书馆五大类型,其中前三类合称大众图书馆,后两类合称科学图书馆[4]。丘巴梁以普及和提高为准

绳,将图书馆划分为面向居民的大众图书馆和面向专家的科学图书馆,这样的划分虽然失之简略,但却是以用户的综合特征为标准的,因而是值得借鉴和耐人寻味的。

5.1.4　我国的图书馆类型划分

在现实的研究与实践中,我国图书馆界一般是以图书馆的主管部门为主要依据,结合图书馆的性质、读者对象和藏书范围等标准对图书馆进行划分的。我国的图书馆主要包括国家图书馆、公共图书馆、高校图书馆、科学和专门图书馆、工会图书馆、军队图书馆和学校图书馆七大类型。

我国的国家图书馆是北京图书馆。其前身是清末筹建的京师图书馆,1912 年正式对外开放。1987 年,新落成的馆舍开始接待读者,建筑面积达 14 万平方米。到 1995 年底,北京图书馆共有工作人员 1946 人,文献总藏量达 1959 万册(件),年投入经费达 9421 万元,年流通人次达 133.2 万人次。[5]北京图书馆还在文津街设有分馆。

我国的公共图书馆一般按行政区域设置,包括省(直辖市、自治区)图书馆,地(盟)、市图书馆,县(旗、区)图书馆,农村乡镇图书馆,城市街道图书馆和儿童图书馆。到 1995 年底,我国共有县级以上公共图书馆 2615 所,农村乡镇和城市街道图书馆(室)约 53000 个,独立建制的少儿图书馆 71 所;其中,县级以上公共图书馆共有工作人员 45323 人,文献总藏量达 3.09 亿册(件),全年接待读者 1.8 亿人次。[5]

我国的高校图书馆包括大学、学院和高等专科学校图书馆。到 1995 年底,我国共有高校图书馆 1080 所,文献总藏量达 4.2 亿册,工作人员 38162 人。[5]其中,规模最大的北京大学图书馆文献总藏量达 430 万册。

我国的科学与专门图书馆门类很多,主要包括研究机构图书馆、企业技术图书馆、中央及国家机关图书馆、社会团体图书馆和事业单位图书馆等。据 1994 年的调查统计,各类科学与专门图书馆的总数约 8000~9000 所,文献总藏量约 10.6 亿册(件),工作人员约 8.89 万人,年度经费约 2.7 亿元。其中,规模最大的中国科学院文献情报中心的文献总藏量达 560 万册(件)。[5]

工会图书馆包括中华全国总工会及其所属各级工会图书馆(室)和厂矿、企业的工会图书馆(室)等。到 1991 年底,我国的工会图书馆共有 195029 所,文献总藏量达 10.8 亿册,专职工作人员 113091 人。[6]

军队图书馆包括军区、集团军、师、团和连队图书馆(室)。据不完全统计,到 1987 年底,我国军队图书馆(室)达 32264 个,文献总藏量达 1864.3 万册。[6]

学校图书馆则包括中等专业学校、职业技校、职业高中和中小学图书馆。据 1995 年统计,中专图书馆和职业技校图书馆共有 16246 所,年服务读者 750 万人次。[5]中小学图书馆统计数字不详。

我国的图书馆类型划分也是迁就图书馆发展现状的产物,以公共图书馆(主要是县级以上公共图书馆)、高校图书馆、科学和专门图书馆三大系统为支柱,将剩余的图书馆归并在一起形成"其它图书馆",是我国图书馆类型划分的特色。然而,图书馆的"主管部门"只是图书馆的外在特征,以此为类型划分的主要依据是不科学的;事实上,我国长期存在的严重的条块分割的弊端,就与这种类型划分有关。

5.1.5　图书馆类型的理论重组

比较和分析现实存在的各种图书馆类型划分,可以肯定,它们都存在着这样或那样的问题,因而都是不科学的。究其原因,图书馆类型划分不等于承认图书馆类型存在的史实,相反,划分是对现实存在的图书馆类型进行重新整序,划分作为一种分类过程要尽可能遵守分类规则,否则就会出现各类型图书馆互相重叠、交叉、"漏分"等现象。譬如,《国际图书馆统计标准》所划分的"其它主要的非专门图书馆"与"公共图书馆"就存在重叠的问题,大型公共图书馆多具有学术特征而在特定地区又相当于履行国家图书馆的作用(我国的省级公共图书馆就是如此);若以经费来源为区分公共图书馆的主要标准,那么表5-1中美国的公共图书馆、中小学媒体中心和部分高校图书馆之间就存在交叉问题,在美国,相当一部分高校图书馆和中小学媒体中心是向居民开放的;我国图书馆类型划分以"主管部门"为主要依据也是不恰当的,以教委系统的图书馆为例,"高等学校图书馆由国家教育委员会,有关部门(委、局)和各省(市)教育厅(局)以及所在学校分别管理","中小学图书馆由各地教育机构及所在学校管理",[6]然而,中专图书馆呢?在权威的《图书馆学百科全书》中,图书馆类型划分居然漏掉了"中专图书馆",[6]这不能不说明类型划分体系本身存在问题。

图书馆类型划分本身是一个分类问题,科学的分类必须遵守基本的分类规则:(1)在每一次划分时,只使用一个划分标准,不同时使用两个或两个以上的划分标准,否则会出现划分后所得各子类互相交叉、重叠的混乱现象;(2)划分后所得各子类的外延之和应等于其母类的外延,避免"不完全划分"的错误和"多出子类"的错误;(3)要选择事物本质的、符合分类目的的属性作为划分标准,否则分类便失去科学性和实用价值。[7]根据这些规则对图书馆类型实施整序,也就是我们所说的理论重组。

图书馆本身具有多种属性,每一种属性皆可做为类型划分的标准,但问题的关键在于,哪一种属性是图书馆的本质属性呢?无疑,用户的信息需求,只有用户的信息需求才是决定图书馆类型的最本质的属性。进一步分析,图书馆从来不是为单个的用户服务的,它是为用户群或者说社会组织服务的,而社会组织又可整合为两大体系,即行业体系和社区体系;[8]与此相关,图书馆也可划分为行业图书馆和社区图书馆两大类型。一般来说,公共图书馆应该属于社区图书馆,其它图书馆皆归属行业图书馆;但在世界上一些国家尤其是我国,公共图书馆既非行业图书馆又非社区图书馆,其服务对象极不明确,社会效益也就不尽人意,为此,在实施图书馆类型的理论重组之前,必须对公共图书馆进行理论上的改造。

5.2 公共图书馆的改造

5.2.1 公共图书馆起源的理论分析

要改造公共图书馆,首先需要搞清公共图书馆的来龙去脉。公共图书馆为何兴起? 对此,美国图书馆学界的研究成果最为丰硕,谢拉的博士论文就是以此为题的,其原名为"关于1629~1855年间新英格兰公共图书馆的起源",正式出版时改名为《公共图书馆的基础》。[9]

谢拉认为,美国波士顿公共图书馆之所以产生,有以下几方面的原因:(1)历史研究的需要;(2)文化保存的需求;(3)国家与地方的自尊;(4)全民教育的信仰;(5)职业训练的需求;(6)宗教的贡献;(7)经济能力;(8)欧洲的影响。其中需要解释的是第6条,19世纪美国新英格兰地区的宗教认为阅读是"好事",宗教徒相信图书馆透过书籍可以让罪恶悔改,使道德提升,所以,谢拉认为宗教对公共图书馆的产生做出了贡献。[10]

另一位美国图书馆学家斯宾塞(Gwladys Spencer)研究了芝加哥公共图书馆的起源,她认为,主要原因有8条:(1)经济的因素;(2)教育的因素;(3)社会图书馆运动的影响;(4)新英格兰的影响;(5)合适的领袖的出现;(6)组织化宗教的影响;(7)报纸的影响;(8)立法的影响。[10]这种认识与谢拉的认识大同小异。

对于谢拉和斯宾塞的观点,美国图书馆学界认同者并不多,一些学者更倾向于以人道主义史观解释公共图书馆的起源。狄强(Sidney Ditzion)认为,早期公共图书馆之所以产生,最主要的目的是推动社会的进步:(1)让穷人的生命更光明;(2)帮助远离家乡和亲人在城市谋生的芸芸众生摆脱城市的不良诱惑。[10]罗伯特·李(Robert Lee)也认为,波士顿公共图书馆之所以产生是基于下列三个信仰:(1)人是无限的完美;(2)书籍是人类迈向思想完善的主要工具;(3)书籍价格太高,并非平常人所能买得起。[10]人道主义者提供了又一种解释,根据他们的观点,公共图书馆的产生基于人类可能趋向完美的信仰,而为了帮助人民达到完善,就需要图书馆这样的公共机构。

然而,人道主义的解释也遭到了一些学者的抨击。哈里斯(Michael H. Harris)认为,当初创建公共图书馆的其实不是人道主义者,而是具有权威性格的精英分子,他们惧怕不理性的行为,担心社会的不安定,企图通过图书馆这样的社会机构对移民中的"危险阶级"实施"教化"或"控制",加上他们对教育的无上信仰,对文字影响与模塑人类行为的功效的信仰,就促成了波士顿公共图书馆的产生。[10]哈里斯的观点理所当然地受到了其他图书馆学家的批评,他们认为,"历史应该让它如实地表达;去使用它是种聪明,但如果试图改造历史则是不智的。"[10]

美国图书馆学界并未就公共图书馆起源的认识达成一致,可以说,上述每一种观点都或多或少有可取之处。与美国学者的认识相比,我国学者杨威理的认识又有不同,他在谈到公共图书馆产生的历史背景及其历史意义时认为:(1)产业革命后,出现了大城市,城市中迅速增加的工人阶级及其他中下层贫民对知识和教育的要求日益增多;(2)英国的公共图书馆法不是在民众的压力下被迫采纳的;(3)公共图书馆的设立是符合资产阶级的利益的,因为掌握一定知识和技术的工人和民众的存在是资本主义生产继续发展的必要条件;(4)资产阶级把公共图书馆的建立看成是一种所谓的"社会政策",试图以此达到缓和阶级矛盾的目的;等等。[11]杨威理的认识虽然存在"阶级分析"的倾向,但也不无道理。

我们认为,公共图书馆之所以产生,最主要的推动力是社会信息需求的迅速增加,具体而言,有以下几方面的原因:(1)工业革命的产物。源于 17 世纪英国的产业革命极大地改变了社会生产方式,新的工业化大生产需要掌握一定知识和技术的劳动者,这样就刺激了意图就业的广大劳动者的信息需求;(2)资产阶级革命的产物。相对于封建地主阶级,资产阶级是进步的,他们意识到"愚民政策"是阻碍社会进步的主要因素之一,因此,他们中的优秀分子积极提倡在民众中普及文化和教育,公共图书馆就是这种思潮的产物,如谢拉就认为,法国大革命"对图书馆的主要影响之一是发展了国家图书馆。……第二个重要的结果是确定和实施了便于普通公众使用图书的各项原则";[12](3)城市化的产物。产业革命后破产的农民都涌入了城市,城市在迅速膨胀的同时积累了一定的财富,因而有能力为那些需要知识和教育的人们提供一所图书馆,同时,新兴产业在城市的集聚也使公共图书馆有可能募集到所需经费;(4)到 18 世纪,社会信息需求已增加到一个临界点,一些身处中下层的市民自发成立了"会员图书馆",以个人入股方式共同购买和利用图书,"会员图书馆的出现和发展,已经预示了公共图书馆即将应运而生";[11](5)到 19 世纪,在近代工业最为发达的英国和美国,已基本上具备了公共图书馆产生的各种条件,公共图书馆终于在大西洋两岸同时诞生。

公共图书馆是特定历史时期社会进步的产物,是多种因素综合作用的结果。其中,近代工业革命所引发的社会成员信息需求的迅速增加是其产生的内因,资产阶级的进步意识和新兴城市的经济实力是外部条件,会员图书馆的出现与发展则是直接的诱因。

公共图书馆也是人类理想的一种实践,它体现了"人人有权利用人类所创造的信息资源"的公理;然而,理想的实现注定是一个漫长而艰巨的过程,公共图书馆还需要在发展中不断完善。

5.2.2 公共图书馆的发展模式

最初的公共图书馆几乎无一例外地产生于城市,从这个意义上说,公共图书馆是城市文明的产物。在历史上,罗马帝国的"公共图书馆"就是为自由市民服务的;在近代,西方各国的公共图书馆伴随城市化而兴起,又伴随城市化的发展而发展;在我国,公共图书馆迄今仍徘徊在城市,广大农村居民实际上无缘接受公共图书馆服务。公共图书馆与城市的亲缘关系决定了它是一种更适合城市或城市化地区的图书馆发展模式。

早期的公共图书馆一般设在大城市且每座城市只有一个。单一的公共图书馆只能满足少数人的求知需求,虽然它在理论上是向特定地区的所有居民开放的,但由于它的服务能力有限以及地理距离方面的原因,经常性的用户多为周围社区的居民。要实现公共图书馆的理想,市政当局及公共图书馆实践者就不能仅仅满足于免费向所有居民开放,他们还要设法做到"使所有居民都能够方便地利用图书馆",这将是一个长期的探索和实践过程。

进入 20 世纪,西方国家的公共图书馆开始寻求发展。它们首先是在城市内各大区设置分馆,然后通过图书流动车使图书馆接近居民。在发展较快的英国,公共图书馆服务已开始向农村地区延伸。1915 年,受卡内基托拉斯的委托,牛津大学教授亚当斯(W. G. S. Adams)对公共图书馆现状进行了调查并提交了《亚当斯报告》;该报告建议加强农村图书馆的建设,要求把农村的公共图书馆变成农民的精神生活的中心;但这一建议并没有立即引起英国政府的重视,只是由卡内基托拉斯建立了试验性的农村公共图书馆。根据 1925 年的图书馆法,各郡开始建立中心图书馆,到

1926年,除5个郡外各郡都建立了图书馆,其中有一些是个人捐献的。[11]但总的来说,第二次世界大战之前,英国农村地区的公共图书馆服务没有很好地开展起来。"从1958年起,全国(指英国)重新掀起修建公共图书馆的热潮,各市、镇、郡修建了几百个分馆","无论在英国农村的什么地方,一英里之内就总有一个图书馆。"[13]70年代,随着英国地方政府的改组,公共图书馆系统也进行了大的调整,历史上形成的城镇馆、乡村馆和郊区图书馆的分离消除了,"一个以市、郡图书馆为中心设总馆,下设分区(镇)中心馆组,再设分馆和汽车图书馆的网络形式已经形成。总馆负责统一管理、统一图书采编加工等项工作,分馆主要是办理阅览和外借等项工作。"[14]经过一个多世纪的发展,英国公共图书馆完成了从单一的城市公共图书馆到城乡结合的社区图书馆体系的转变,这是一种比较理想的公共图书馆发展模式,它的形成也对西欧公共图书馆的发展产生了一定影响。"西欧公共馆发展是以社区为中心的,公共馆成为社区重要的教育和文化机构。随着通信和交通的发展,公共馆逐渐形成了网络,产生了英国城乡结合的网络模式,德国以城市为中心的图书馆网络,以及北欧以社区为中心的公共馆网络。"[14]需要指出,西、北欧诸国的国土面积均较小,而城市化程度又很高,公共图书馆的发展模式是一种较好的选择,但对于多数发展中国家,这种模式就未必是最好的选择。

美国公共图书馆的演变证实了英国模式的局限性。美国公共图书馆有城市馆、县馆、地方馆(或跨县馆,即由几个县联合组建的公共图书馆)之分。城市馆的发展模式与英国相仿,基本上遵循"市馆—分馆—图书流动车"的扩展方式,由点到面,覆盖城市社区,譬如,纽约市公共图书馆于1901年在市内曼哈顿、布朗克斯和期塔腾岛3个区各设一个分馆中心,其后又陆续在市内人口集中的区域设置了分馆,到1987~1988年度,该馆已拥有3个分馆中心、78个分馆和若干辆图书馆流动车,从而由最初单一的公共图书馆发展为一个完备的社区图书馆服务体系。[6]但美国各州图书馆的发展却与此有别：19世纪上半叶，一般的趋势是将图书馆作为州政府的一部分加以建设，到1876年，每个州都在州府所在地建立了一所图书馆；19世纪末，许多州都设立了州图书馆局，旨在将公共图书馆服务扩展到全州境内；20世纪初，一些社会成员、俱乐部、协会、书商、慈善组织为图书馆提供了有限的资助，图书馆服务开始通过流动汽车、邮寄借书、电话咨询等方式向城市周围的乡镇社区辐射，但图书馆服务的扩展由于30年代的经济萧条和40年代的战争而停顿下来；到50年代后期，"29个州的319个县没有地方公共图书馆服务，州政府的图书馆拨款只有29%到了县或跨县图书馆。30年后（80年代），187个县仍没有地方公共图书馆服务。23个州的至少650万人未能接受图书馆服务。"[15]可见，即使在美国这样经济发达的国家，由于幅员广阔，公共图书馆的模式也运行不畅；乡村地区图书馆的发展还须探索新的模式。

　　同样是幅员辽阔的大国，前苏联大众图书馆的发展模式就要适用一些。大众图书馆与其说是公共图书馆，不如说是社区图书馆。大众图书馆渊源于十月革命前俄国的国民图书馆，但又有"质"的不同。国民图书馆产生于19世纪后期，是由一批资产阶级民主主义知识分子和地方自治局创建的，1914年，俄国共有大众图书馆13900所（其中农村图书馆11300所），但"能够利用这类图书馆的读者范围，只是极有限的一部分民众。"[4]十月革命后，前苏联对国民图书馆进行了彻底的整顿，他们以阅读的普及性为依据，结合各地人口分布情况和民族生活特点，确立了图书馆的普及性原则，其内涵包括：(1)免费使用图书馆；(2)图书馆接近居民；(3)运用各种积极的和灵活的方式为居民服务和宣传图书；(4)图书馆的建立要最大限度地方便读者。普及性原则突出了为居民服务，它"依靠不断地增加图书馆的数量（固定的和流动的），并且将图书馆分布在各个居民点和工作地点，使人人都能通过最方便的方式经常利用图书馆的藏书。"[4]这比之公共图书馆仅强调"免费向所有居民开放"要进了一步。普及性原则的第二个优越性是划定了图书馆服务区,"图书馆服务区(小区)包括个别的居民点,或者是大规模居民点的一个部分,或者是一批小的居民点。这就是固定图书馆的明确的活动范围。""图书馆服务区的活动范围,是由:第一,居民的密度和一所图书馆能容纳居民人数的大致标准;第二,每所图书馆的活动半径来决定的。"[4]根据图书馆的服务能力来确定其服务范围,正是公共图书馆与社区图书馆的主要区别之一。除普及性原则外,前苏联还确立了图书馆网建设的计划性和统一性原则、图书馆事业的集中管理原则和图书馆发展的社会性原则。社会性原则鼓励各种社会团体和广大居民参与图书馆的建设和管理,鼓励社会人士创办图书馆并尽可能将其纳入为居民服务的统一的图书馆网,这样就冲破了公共图书馆的最后一个"堡垒",即公共图书馆必须由地方税收维持的原则,形成了适合前苏联国情的大众图书馆发展模式。

我国早期的公共图书馆是 20 世纪初由各省政府所兴办的省级公共图书馆,一般座落在省会所在地,无分馆。建国以后,我国公共图书馆的发展借鉴了苏联模式,提出了"国家办馆与群众办馆相结合"等原则,但远未吸取苏联模式的精华;事实上,我国公共图书馆的发展模式主要是早期公共图书馆发展模式的变体,其特征是多头并行设置、既无分馆发展计划又无各馆之间的分工协作计划,只注重公共图书馆免费开放之"名"而不注重方便利用之"实",致使我国公共图书馆发展远远落后于发达国家乃至一些发展中国家。

仔细地划分,世界各国公共图书馆的发展模式是多种多样的。但归纳起来,主要有 3 种:一是英国的城乡一体化发展模式,二是美国的以城市为中心向乡村辐射的模式,三是前苏联以社区为中心的发展模式。比较而言,我国更适合采用苏联的模式,这也是城市化不发达国家或地区较为理想的发展模式。

5.2.3　公共图书馆的误区

公共图书馆在近两个世纪的发展过程中取得了巨大的成就，它事实上已变成了许多公民追求进步的中心。"公共图书馆作为一个机构存在是为了提供人与人之间交流经验和思想的资料。这种功能就是收集、组织和保存印刷和非印刷资料并使这些资料容易为所有人利用。这些资料将帮助他们：不断教育自己；跟上所有知识领域进步的步伐；成为家庭和社区中更好的成员；履行政治和社会义务；提高其日常工作的能力；发展其创造能力和精神能力；欣赏和享受艺术作品和文学作品；利用业余时间来促进个人和社会的健康；对知识的增长做贡献"。[13]公共图书馆的作用其实还不止这些，它也从整体上加速了人类的进化速度和促进了社会的进步，它的功能是有目共睹的和不可磨灭的，这一点勿庸讳言。然而，公共图书馆在发展的同时也存在一些误区，主要包括：

误区之一：公共图书馆是为所有人服务的。几乎所有的公共图书馆都标榜自己是"免费向全体人民开放的"。譬如，《世界图书馆与情报服务百科全书》中"公共图书馆"条目这样写道，公共图书馆应"满足尽可能多的生活在社区内的各种团体的需要，包括识字的人、文盲、受过教育的人、未受过教育的人、儿童、成年人、老年人、多数人的文化和少数民族文化"；[13]我国图书馆学界的表述则更抽象更全面，"读者对象十分广泛，包括工、农、商、学、兵、干部、知识分子、儿童等各种职业、各种年龄、各种文化程度的读者。有的馆还有少数民族的读者。"[1]对此，我们不禁要问：公共图书馆有能力为所有人服务吗？即便条件允许，有这个必要吗？社会上还存在着其它类型图书馆，公共图书馆没必要大包大揽，它应有所选择。要明白，为所有的人服务意味着没有明确的服务对象，这对于服务性行业是致命的问题。

216

误区之二:公共图书馆满足所有的需求。这是误区之一逻辑发展的必然结果。对此,我国图书馆学界的表述是:"公共图书馆担负着为科学研究服务和为大众服务两大任务。"[1]国际上部分国家虽有所侧重,但流行的认识依然是"包医百病"。显然,这也是一种误导。社会成员除尚未就业的儿童和待业者以及退休的老年人外,其社会活动可粗略地分为两大部分:一部分是职业活动,另一部分是生活、社交和休闲等活动;一般而言,各类行业图书馆所满足的主要是由职业活动所引发的信息需求,公共图书馆或者说社区图书馆体系所满足的是后一部分活动所激发的信息需求。

误区之三:公共图书馆全部是由公共基金来维持的。联合国教科文组织 1949 年发表经国际图联 1972 年修改的"公共图书馆宣言"明确规定,"公共图书馆的生存完全由公共资金来维持,它对任何人的服务都不应该直接收取费用。"[16]这一原则一直是公共图书馆赖以生存的根本之一。然而,我们可做这样一个推论:既然公共图书馆是为所有人服务的,那么公共图书馆就不能只是城市的点缀,它应该是触角延伸到每一个居民点的庞大的公共图书馆网,这个网的建设、运行和维持费用均应由公共资金承担,可是,像我们这样人口多、底子薄的大国能承担起如此庞大的费用吗?如果承担不起,只好引进社会资金,合资办馆,但这又与公共图书馆的定义不符;看来只有两个办法可以解决这个矛盾,一是彻底改造公共图书馆的运营和发展模式,二是有限改造公共图书馆同时大力发展社区图书馆。

误区之四:公共图书馆的服务是免费的。这是误区之三的逻辑发展,"公共图书馆宣言"规定"对任何人的服务都不应该直接收取费用"。这是一个值得商榷的问题。从理论上推导,一般居民都尽了纳税的义务,他们完全应该拥有平等的利用图书馆的机会,但由于种种原因,利用图书馆或经常利用图书馆的用户总是少数,这部分用户是否应该为他们的超额利用而做出补偿? 在实践中,图书馆服务有多种类型,一般的借阅和参考服务可以不收费,但信息资源开发服务、网络检索服务等是否应该收费? 可见"免费服务"不能一概而论。事实上,欧洲有许多公共图书馆就收取一定的费用,在美国则有人提出,根据今天影响信息分配的迅速变化着的技术力量和经济力量,公共图书馆必须抛弃其"为了公众的利益,信息应当免费"的道德观念。[13]

误区之五:公共图书馆归属文化系统或其它社会部门。这实质上是一种传统的近代图书馆观念,它认为图书馆是一种文化机构。以我国为例,公共图书馆归文化部下属的图书馆司领导,这种归属使公共图书馆失却了为社区服务的色彩而更多地演化为一种半官僚的系统图书馆。而在欧洲各国,公共图书馆多属议会或地方议会下属的图书馆局领导,这样更为合理一些。其如英国公共图书馆 70 年代前属地方议会下的图书馆局领导,70 年代后归地方政府中的闲暇委员会或教育委员会领导,这种归属的变化直接影响了公共图书馆的发展,因为这些委员会多认为公共图书馆无足轻重,而馆长又失去了与地方最高行政长官的直接联系。[14]

公共图书馆从它产生的那一天起就一直在不断地变化着。坎贝尔(H. C. Campbell)在《公共图书馆系统及其服务》一书中谈到,"每隔 10 年,地方、地区和国家公共图书馆系统的目标和目的就会发生许多变化。上一代人的目标,由于情况的变化,下一代人要对它进行修改和补充。一个图书馆系统是否取得成绩一定要同它的目标和目的联合起来考虑,如果图书馆取得的成绩甚微,那么,反过来它就不能期望人们会对它有很大的支持。"[16]上述误区或者说问题正是公共图书馆在发展的同时暴露出来的,它们同样需要在发展中解决。

5.2.4 公共图书馆的改造

时代在发展,社会在进步,公共图书馆也必须随之调整和改造。所谓改造,就是根据时代和社会的要求,针对上述误区,重塑公共图书馆形象的过程。在此,我们主要以中国公共图书馆的现在和未来为考察对象,从理论上阐明其发展方向。我们认为,公共图书馆应在以下几个方面实施改造:

首先,缩小公共图书馆的概念,区分公共图书馆和社区图书馆。公共图书馆保留最初的涵义,由公共基金维持,免费向特定地区的所有公民开放,但其延伸的功能"使所有居民都能够方便地利用图书馆",将由社区图书馆来承担。具体到我国的公共图书馆,可做以下调整:(1)公共图书馆的概念仅用于指完全由国家或地方税收支持的县级以上公共图书馆(含儿童图书馆),县级以下的城市街道图书馆、乡村图书馆、儿童图书馆以及现有的工会图书馆均应改造为社区图书馆;(2)社区图书馆应归属公共图书馆统一管理,鼓励公共图书馆与居民区合办分馆体系,国家或地方政府应投入部分经费,将社区图书馆纳入以公共图书馆为骨干网的统一的公共—社区图书馆网络;(3)对于暂时无法建立分馆或服务点的居民区,公共图书馆有义务以图书流动车、邮寄借书等方式提供一定的图书馆服务。

其次,理顺公共图书馆的归属,形成公共图书馆网络。公共图书馆是为全体人民服务的,它不仅是文化教育中心,而且也是信息中心和未来的经济增长点之一,"每一个国家的公共图书馆系统对于提高生活水平和征服贫穷,都起着重要的作用。"[16]有鉴于此,我们认为公共图书馆应归属代表广大人民的"人民代表大会常务委员会"领导,具体而言,可以在人大常委会下设图书馆局,全面负责公共图书馆的规划、预算、管理、协调、合作、监督以及公共图书馆与其它类型图书馆的合作和资源共享等事宜。需要强调,公共图书馆包括国家图书馆、省级图书馆、地市级图书馆、县级图书馆之间必须自成体系,形成明确的分工协作乃至一定程度的领导与被领导关系,坚决杜绝目前存在的"一个城市并存省馆、市馆、区馆而又互不往来和各自为政"的现象,必须保证广大人民的每一分钱都花在最有价值的地方。

第三,明确公共图书馆的服务对象,提高公共图书馆的服务效率。公共图书馆不可能也没有能力为所有的人服务,"检测现在和未来的需求,公共图书馆面临着一个主要的窘境(dilemma),那就是'为所有的人提供服务'。作为唯一的一个服务于人们从出生到老年全过程的机构,公共图书馆在以往的岁月里为所有的人尽了最大的努力。公共图书馆人试图为到馆的各种年龄和兴趣群体的用户提供平等的服务,他们引以为荣的是公共图书馆能够比其它类型图书馆为用户提供更多主题领域的更多的资料和服务。然而,随着 80 年代角色选择和目标定位概念的出现,90 年代的图书馆开始重新评估单方面提供图书馆服务的要求(this need to provide unilateral library services)问题。当发展满足所有用户的需求的规划和服务时,公共图书馆会考虑图书馆。经济的波动、电子技术的利用、与其它图书馆联网的能力等问题。"[2]美国图书馆学领域对公共图书馆认识的变化足以说明公共图书馆不切实际的观念已到了非改不可的地步。我们认为,应该树立两种新观念:其一,公共图书馆为所有人提供平等服务而不是平均服务,它所强调的是公共图书馆面前人人平等,而不是在公共图书馆的信息资源体系中为每一个人都准备所需的信息资源;其二,在社会经济尚不发达的情况下,全体人民的需求应通过国家、社区组织乃至个人合作建立的社区图书馆体系来满足,公共图书馆的重点是满足特定国家或地区决策集团、重大工程和科研项目、龙头企业和支柱产业等方面的信息需求,可以相信,这些需求的满足必将会造福全体人员,更有力地推动社会的进步,从而也更为符合全体人民的利益。与此相关,公共图书馆的主要服务对象应是特定国家或地区的党、政、军、群决策人员,重大项目研究人员,重大工程设计和建筑指挥人员,支柱产业和骨干企业的决策者、管理者和研究发展人员,以及其他社会经济和文化发展所需的战略研究人员;在此前提下,公共图书馆免费向全体人民开放。

第四,确立公共图书馆的特色,再造人类地域记忆系统。公共图书馆信息资源体系的建设应置于统一的图书馆网络和现代信息技术所提供的信息资源存取网络中加以考虑和规划,其特色主要表现在两个方面:一是建立满足上述主要服务对象信息需求的特色信息资源体系,二是建立较完备的本国(或地区)出版物和与本国(或地区)有关的出版物所组成的地域信息资源体系,这也是公共图书馆区别于其它类型图书馆的根本点之一。

第五,实现公共图书馆的战略转变,完善公共图书馆的服务体系。新型的公共图书馆是战略层次的研究型图书馆,是社区图书馆网络的资源保障,它的主要任务包括:(1)从国家或地区的角度规划和协调信息资源的配置;(2)与其它类型图书馆合作,共建国家或地区的统一的图书馆网络;(3)领导、指导、支援和补充社区图书馆服务体系,充当社区图书馆的组织者和协调者;(4)协助国家或地区人大常委会制订有关图书馆的法规、政策、标准及其它指导性文件,参与图书馆事务的决策过程。具体到公共图书馆自身的服务体系,应将工作重点转到信息资源的开发和高层次咨询服务方面,同时继续面向大众免费提供一般的借阅和参考服务,但附加值高的技术服务和咨询服务应适当收取费用。

第六,走自己的路,建设有中国特色的以公共图书馆为龙头的统一的图书馆网络。我国公共图书馆的发展既不能照搬欧美的模式,也不能挪用前苏联的模式,既要承认现状更要考虑未来的发展,这注定是一条有中国特色的"未来之路"——它将以公共图书馆为骨干带动和推动社区图书馆的发展,将形成面向广大居民的以公共图书馆为核心的公共——社区图书馆网络。从更大的范围来讲,由于改造后的公共图书馆是归属人大常委会领导的战略图书馆体系,它具有最广泛的代表性和更浓厚的全局色彩,因此,在全国统一的图书馆网络的建设中,公共图书馆亦应充当组织和协调的角色。

5.3 社区图书馆[17]

5.3.1 社区图书馆的界定

社区图书馆是为特定地域内的所有居民服务的图书馆。所谓社区,归根结蒂是一种"人类生活群体",参照社会学家对社区的种种定义,[18]我们可以将社区界定为"一定地域中具有共同联系和社会互动关系的人类生活群体"。社区强调地域特征,强调人们之间的共同联系和社会互动,社区的这些属性也是我们界定社区图书馆的重要基础。

社区图书馆首先是社区的有机组成部分。作为一种人类生活群体,社区是由各种社会组织相互联系、相互作用而构成的,这些社会组织各自担负着社区某一方面的功能,譬如,居委会是从事社区日常管理的,派出所负责社区治安,社区图书馆则担负着社区的记忆功能和沟通功能。所谓记忆功能,是指社区通过搜集、组织和贮存有关社区的信息资源,能够反映社区的历史和现状,并有助于人们规划社区的未来。所谓沟通功能,是指社区图书馆通过信息资源服务能够实现社区与外界、社区的过去与未来、社区内部组织以及个人之间的交流。社区图书馆是由社区与所在地区公共图书馆合办或由社区出资、集资兴办的图书馆,它不仅对社区内的所有居民开放,而且也能够使所有居民方便地利用,其发展水平已成为衡量一个社区发达与否的重要标志。

社区图书馆也是一种特殊的图书馆类型,在现有的图书馆分类体系中,它最容易与公共图书馆以及城市街道图书馆和农村乡镇图书馆相混淆。一般来说,公共图书馆是全部由公共资金维持、面向一定地区不特定的所有人免费开放的图书馆,社区图书馆则是为特定居住点的特定居民服务(包括有偿与无偿两种方式)的图书馆,经费来源于多种渠道。街道图书馆和乡镇图书馆与社区图书馆有更多的相似之处,但现有的街道图书馆或乡镇图书馆通常是为一部分居民(如待业青年、街道工厂工人、社区管理人员、退休人员等)服务的,社区图书馆则是为全体居民服务的,在今后的发展中,街道图书馆和乡镇图书馆都有待于改造为社区图书馆。

　　西方发达国家的图书馆实践证明,要真正满足所有居民的信息需求,公共图书馆必须发展为社区图书馆体系。但我国是一个人口多、底子薄的大国,完全靠国家投资兴办公共图书馆来满足所有居民的需求是不现实的,为此,我们必须充分调动广大社区居民的积极性,在条件成熟的社区积极兴办社区图书馆,同时充分发挥公共图书馆的骨干作用、协调作用和中心作用,将社区图书馆组织起来,逐步建立面向 12 亿人民的公共—社区图书馆网络。

5.3.2　社区图书馆的特征和类型

　　与公共图书馆和行业图书馆相比,社区图书馆具有区域性、全民性、系统性和多样性四个明显的特征。

　　区域性。在现有各类型图书馆中,除公共图书馆外,其它类型图书馆可统称为"行业图书馆",它们都是为某个行业服务的,不具备区域性特征。公共图书馆(主要指我国)虽然是一种地区性的图书馆,但其服务边界模糊(没有确定的服务对象),服务范围(一个省、一个市或一个县)过大,又没有分馆和服务点延伸服务半径,实际上无法满足它所界定的服务地域的所有用户的需求,对于农村居民而言,它更似一个抽象的概念。而社区图书馆强调服务半径和服务边界,强调图书馆的承载能力,强调社区图书馆在社区中的纽带作用,这一切都是其区域性特征的集中表现。

全民性。如前所述,行业图书馆一般不对行业组织以外的人开放,公共图书馆虽然面向全社会,但"心有余而力不足",所以它们都不具有全民性。而社区图书馆分布在人口集中的居民区,服务半径小,能够为特定居住区的所有居民服务,它在区域内具有全民性,因而通过区域的全民性也能达到普遍的全民性。此外,社区图书馆以居民点为布局依据,能够有效地避免现有图书馆类型划分所造成的部分居民无法得到图书馆服务的现象,这也是其全民性的表现。

系统性。社区图书馆非常注重科学的"切分"和内在的联系性,这是其系统性的集中体现。在具体工作中,把大规模的居民点(如百万人口以上的大都市)划分为几十个甚至上百个既相互独立又彼此联系的社区图书馆服务区域,就必须运用系统论的观点和方法,在注重统一规划的前提下,充分考虑社区的人口分布及其内在的联系,合理地确定每一个社区图书馆的服务半径和服务边界,譬如,英国伦敦 70 年代时共划分大区 32 个,每区人口 25 万,设一个区中心图书馆,其下再设分馆和汽车图书馆,以便利全区居民利用,[14]这是一种典型的系统规划方法,结果自然形成了内在统一的社区图书馆服务体系。

多样性。我国幅员辽阔,各地历史文化、环境资源及经济发达程度不尽相同,因此,不同区域中人们对图书馆的需求也个个有别。社区图书馆根据不同区域中人们的主体需求建立独特的信息资源体系,小型多样,灵活方便,这是最适合当今社会发展的图书馆模式,它能充分地满足现代人多样化的需求。

社区图书馆还可以依据不同的标准进行细分。在此,我们主要从布局的角度,以人们在生产和生活中的自然聚居情况为依据,将社区图书馆划分为三大类,即都市社区图书馆、小城镇社区图书馆和乡村社区图书馆。(1)都市社区图书馆是指为都市特定区域内所有居民服务的图书馆所组成的体系。都市社区图书馆通常不是指一所图书馆,它是由统一划分、分区设置、相对独立又相互联系的若干社区图书馆所组成的集合,如上述伦敦市社区图书馆体系就是由伦敦市馆、32个区中心图书馆和若干个分馆、汽车图书馆所组成的,都市社区图书馆主要是社区的文化中心;(2)小城镇社区图书馆是为县城和建制镇居民服务的图书馆。它可以是由几个区域(如街道或城区等)的社区图书馆所组成的体系,也可以是小城或小镇上唯一的为全体居民服务的图书馆;由于小城镇介于都市和乡村之间,是城乡之间的纽带,所以,小城镇社区图书馆既是特定区域的文化中心,同时也是信息交流中心;(3)乡村社区图书馆是为广大乡村居民服务的图书馆。乡村社区图书馆大多设置在人口集中的农村居民点,它是社区图书馆网络的基层网点,也是我国今后需要重点发展的图书馆类型;乡村社区图书馆是乡村的文化中心、信息交流中心和社会交往中心。

5.3.3 社区图书馆的功能

社区图书馆主要具有促进社区发展、培育社区文化、开发闲暇时间和传递实用信息四个方面的功能。

促进社区发展。"社区发展"是国际间通用的一个名称,它是一种组织民众、教育民众、引导社区变迁和促进国家现代化的过程,是社区中的人们以积极的行动来改造社区使之更适合于环境和人们的生活愿望的过程。[19]社区发展包括两方面的内容:一是经济发展,二是社会进步。作为社区重要组成部分的社区图书馆,对于社区发展负有不可推卸的神圣使命。通过对社区的自然环境、社区人口、社区组织、社区文化和社区变迁等方面的调查研究,并有计划地组织信息传播,社区图书馆能够普遍地提高社区居民的文化素质,增进社区成员的交往和联系,激发社区成员关心、支持、参与社区建设和发展的意识,培育和谐进取的社区文化,推动社区经济繁荣,并有利于社区物质文明和精神文明的协调发展。

培育社区文化。培育社区文化是社区图书馆促进社区发展的最主要的方式。社区文化泛指具有社区特征的文化风貌，既包括有形的建筑、装饰和技术发明等，也包括无形的知识、信仰、价值、艺术、道德、习惯、法规和制度等，[18]其核心是价值观和社会规范。而社区图书馆在其信息传播活动中，一方面能够帮忙社区成员树立正确的价值观、人生观和世界观，引导他们将个人目标与社会目标协调一致，并进而引导他们接受新思想、新风尚、新技术，移风易俗，推陈出新；另一方面，又能够引导社区成员通过社会许可的途径来追求和实现自己的目标，使他们善于约束自己的行为，善于调整个人与社会、个人与集体、个人与个人之间的社会关系，从外在行为到内心世界都尽可能合乎社会的需要。总之，社区图书馆是通过组织阅读和提供信息资源来培育社区文化的，通过这些活动，将能够在社区内部形成一种团结的精神、和谐的人际关系、积极的人生态度和文明的社会环境。

开发闲暇时间。这是社区图书馆独具特色的功能。所谓闲暇时间，"一般是指人们每天除了必要的工作时间、满足生理需要的时间（睡眠、个人卫生、吃饭等）、家务劳动和上下班往返时间外，可供自己自由支配的时间。"[19]从现状看，公共图书馆和行业图书馆主要分布在工作地点，为生产和学习服务，开放时间与人们的工作时间重合，不太注重开发闲暇时间。社区图书馆则主要分布在居住地点，兼顾为生活和生产服务，而以为生活服务为主，开发闲暇时间是其最主要的一种功能。该功能也对社区图书馆提出了要求：(1)要延长或适当调整图书馆开放时间；(2)要研究社区居民的闲暇活动和闲暇时间利用结构；(3)要改进图书馆服务方式，加强宣传，吸引居民，提高居民利用图书馆时间在闲暇时间中的比例；(3)要引导居民接受多方面的知识和训练，自觉地追求自我的全面发展。

传递实用信息。该项功能集中地体现了社区图书馆为居民生

226

活服务的实质。社区图书馆担负着沟通社会组织和社区成员的任务，在特定的社区中，它不仅是文化中心，同时也是信息交流中心。社区图书馆以传递实用信息为主。所谓实用信息，泛指技术信息、商品信息、消费信息、证券信息、价格信息、娱乐信息、宗教信息、就业信息、社区活动信息、社区发展与规划信息，以及与社区居民生活密切相关的各种信息。社区图书馆组织专门人员收集、处理、编辑和传播各种实用信息，上可为社区发展规划的制订提供依据，下可满足社区居民的多方面需求，同时有助于提高社区图书馆服务的整体水平，强化社区图书馆的纽带作用。传递实用信息实质上也是社区图书馆参考咨询功能的外延发展。

5.3.4 社区图书馆的组建

由于我国社区图书馆的发展水平还很低，组建与发展社区图书馆时应坚持以下原则：（1）统一规划，合理布局。具体而言，一要由公共图书馆牵头，制订统一的发展规划、标准和法规，加强统一管理；二要借鉴西方发达国家公共图书馆布局的经验和银行设置营业点的做法，即首先在都市的重要区域设点渗透，然后在其它都市社区和小城镇社区推广，最后在乡村社区普及；（2）自愿自主，稳步发展。组建社区图书馆要充分调动社区的积极性，坚持"自愿建馆，自主管理"的原则，条件成熟一个设置一个，坚决杜绝一哄而上，大起大落；（3）密切联系，协调发展。社区图书馆的组建与发展要以公共图书馆为核心和保障，鼓励社区图书馆以分馆的形式运行；社区图书馆之间则要加强协作与合作，力求互为补充、协调发展；（4）城乡结合，资源共享。社区图书馆的发展要以都市为中心，围绕每个都市，形成"都市—小城镇—乡村"三级结构，组建城乡结合的都市中心图书馆网络，并逐步实现都市中心图书馆网络之间的联网，最终形成覆盖全国、面向 12 亿人的公共—社区图书馆网络。以这些原则为指导，结合社区图书馆的多样性，各类社区图书馆的组建和发展都可以采用多种模式,在此,我们着重分析三大类社区图书馆组建的一般模式。

都市社区图书馆是一个体系,组建前应参照社会学中的都市区位理论以及都市的人口分布及其内在联系,对都市进行区域细分,从而确定每个社区图书馆的位置和服务范围。根据区域细分的结果,在条件成熟的区域逐步组建社区图书馆,并进而通过合作或联网的方式实现资源共享,这就是都市社区图书馆组建的一般模式。由于都市中同时并存着公共图书馆和各种行业图书馆,它们又分散在各个社区中,这就为都市社区图书馆的组建提供了有利的条件和多种可供选择的模式:模式之一,由公共图书馆与社区合作,在特定区域设置分馆,既发挥大型公共图书馆的核心和调剂作用,又便于接近用户提供服务,还有利于自然形成网络式服务;模式之二,将特定区域中的某个行业组织图书馆改造为社区图书馆,譬如,可以通过协商或合作等方式,让社区中的高校图书馆向社区居民开放,这在美国等西方国家不乏先例;模式之三,由社区出资或集资、集书(向社区成员及社会组织征集图书),兴办社区图书馆,以社区税收或收费服务、开发创收等方式维持生存与发展;等等。总之,都市社区图书馆得天时地利之便,组建模式可以不拘一格,问题的关键在于"人和",换言之,只要社区领导重视,社区管理组织和社区居民能达成共识,那么,都市社区图书馆的组建就会化为行动,成为事实。

小城镇社区的规模较之都市要小得多,社区结构也比较简单,这为小城镇社区图书馆的规划与布局提供了极为有利的条件。对于小城镇社区图书馆的组建,我们认为应更多地采用改造方式,将社区中的公共图书馆或行业组织图书馆改造为社区图书馆;这样可以集中有限的经费加强现有图书馆的建设,提高其服务能力,必要时再通过设立服务点等方式扩大服务半径。具体而言,小城镇社区图书馆的组建可以采用以下方式:(1)社区与公共图书馆合作,由社区出资或主办,由公共图书馆以设置分馆的方式组建小城镇社区图书馆;(2)将原有的街道图书馆(室)、镇图书馆(室)、中学图书馆(室)或工会图书馆(室)改造为面向全体居民的社区图书馆;(3)由城镇企业赞助并责成团组织、妇联等群众组织承办,充分发挥群众组织的普及作用,使社区图书馆成为群众组织的活动阵地,同时借群众组织普及图书馆服务;等等。小城镇处于都市和乡村的联接地段,其特殊地位决定了小城镇社区图书馆功能的集约化特点:它不仅要成为社区的文化中心,而且也可成为社区的信息中心、娱乐中心、发行中心和科学技术普及中心。

乡村社区图书馆面向广大的农民居民,其布局的主要特点是点多面广,小型多样。组建乡村社区图书馆应注意以下问题:(1)乡村社区图书馆的发展规划应纳入小城镇社区图书馆体系的统一规划之中;(2)乡村社区图书馆应该成为乡村社区唯一的图书馆,这样可以集中有限的人力、物力、财力,为广大居民提供更好的服务;(3)乡村社区图书馆要设置在规模较大、交通便利的居民点,服务半径可适当大一些;(4)乡村社区图书馆应该成为乡村社区的综合文化信息中心,既传播知识和技术,也进行信息交流,同时还是乡村的娱乐中心、社会交往中心、舆论中心和议政中心。具体到乡村图书馆的组建,要因时因地制宜,方式有:(1)以乡村社区集体投资或集资的方式组建图书馆;(2)鼓励先富起来的社区成员兴办图书馆,为家乡和子孙后代造福;(3)多方动员和宣传,接受捐书和赠书,积少成多,逐步筹建;(4)将乡村学校图书馆改造为社区图书馆,增加投资,服务居民;(5)作为集体读者加入城镇公共图书馆服务体系,随着社区居民信息需求的增加,循序建立服务点和乡村社区图书馆。我国是一个农业大国,农村居民占总人口的比例很大,如何切实提高广大农村居民的文化素质和科技水平,是关系到国家和民族发展的大事,因此,建立和发展乡村社区图书馆应成为今后我国图书馆发展战略的重点。

5.4 行业图书馆

5.4.1 行业图书馆概述

顾名思义,行业图书馆就是为一个行业服务的图书馆。行业也泛指职业,"是个人在社会中所从事的作为主要生活来源的工作。"[20]从社会的角度来认识,行业就是社会成员围绕专门化的社会活动而形成的社会组织体系,这个社会组织体系通常也称为一个部门或系统,如政法、财经、文教、卫生、体育、交通运输、邮电、商业等不同的部门都各自构成了一个行业。行业是社会分工的产物,专门化是其最主要的特色,与此相关,行业图书馆也就是专门化的图书馆,这与公共图书馆的综合性和社区图书馆的全面性(为全民服务)适成对照。

行业图书馆与社区图书馆是相对而言的,它们也就是通常所说的"条条、块块"。与社区图书馆相比,行业图书馆具有以下几方面的特征:(1)专门化。所谓专门化,是指特定行业的图书馆是为从事特定职业的用户群服务的,它所满足的主要是与该职业有关的信息需求,它所建立的信息资源体系也能够反映该职业的特色,它的信息人员不仅要掌握图书馆学理论知识和方法技能,而且也要了解该职业的理论知识和方法技能;(2)依附性。公共图书馆和社区图书馆都是相对独立的,是与社区中的其它行业并列的一种专门职业,它们要满足不同行业居民的信息需求,但行业图书馆仅仅是行业组织的一个组成部分,有时甚至是行业组织某个部门的组成部分(如企业图书馆往往是 R&D 部门的一个分支),"组织中的工作可分为两大类:为环境中基本服务对象服务的主干性工作,它是组织的主业;以及为进行这主干性工作服务的辅助性工

230

作,它的服务对象主要是组织成员自身,"[21]图书馆工作无疑属于行业组织的辅助性工作,它的服务范围是本组织的成员;(3)不完整性。一个国家或地区的所有行业图书馆加和起来不能够覆盖所有信息用户的需求,它们所覆盖的主要是职业用户群的信息需求,而社会成员中的儿童、失业者、退休的老人、医院的病人、监狱的犯人及其他无业者一般不是行业图书馆的服务对象,这些用户是社区图书馆服务的重点,但社区图书馆也为职业用户群服务——社区图书馆所满足的主要是职业用户群闲暇时间的信息需求;(4)互补性。这是不完整性的延伸,由于每一行业图书馆的信息资源体系都是与某一专门化社会活动相对应的,只能最大限度地满足用户某一方面的信息需求,所以,它们之间只有相互联系、互为补充,才能满足用户多方面的信息需求,这种互补性对于社区图书馆就不是特别重要。

社会中的行业种类很多。我国的行业组织一般分为经济组织、政治组织、教(育)科(研)文(化)组织、群众组织和宗教组织五大类,其中经济组织又可分为15类行业,即农业(包括种植业、畜牧业、水产业、农村工副业、水利、气象事业)、林业(包括造林、采伐运输和林产加工)、消费品工业(主要包括纺织、造纸、食品、医药、耐用消费品、日用化学、轻工业等)、能源工业(包括煤炭、石油、电力工业)、冶金工业(包括钢铁、有色金属工业)、化学工业(包括化肥、农药、基本化学、石油化学、精细化学等)、建筑材料工业、地质勘探业、机械和电子工业、建筑业、运输和邮电(包括铁路、公路、水运、民用航空、邮电通信)、国内商业、对外经济贸易(包括进出口贸易、旅游、海关和商品检验)、手工业和金融业。[8]发达国家的职业分工则更细密,据美国劳动部统计,仅合法职业就有2万余种。[22]应该说,有多少种行业,就有多少种行业图书馆;但在实际的分类过程中,人们总是坚持"最简化原则",舍弃不同行业图书馆的一般性差异,而根据其共同的特有的性质加以区分和归类,这样,所有的行业图书馆就可以归入两大类型图书馆即学校图书馆和专门图书馆之中。

学校图书馆包括高校图书馆、中专图书馆和中小学图书馆。学校图书馆同其它行业图书馆的区别在于它是为所有行业培养后备人才的,因而与每个行业都有关系,部分学校图书馆还具有综合性的特征;但学校图书馆通常只为本校师生服务,就此而言,它不同于社区图书馆。在以往的类型划分中,高校图书馆(含中专图书馆)常与中小学图书馆并列为两种类型,它们之间确有较大的差别,但它们之间同样有更多的相似之处,"我们把学校图书馆和高等院校图书馆放在一起考虑,因为这两种图书馆有许多共同之处。这两者都是规定目标、决定发展方向的一个大型组织的不可分割的部分。两者在各自的院系中都有智囊团提供帮助,两者在满足师生需要方面都达到一定的效果。"[12]谢拉的分析基本上说明了中小学图书馆和高校图书馆的共同性质,需要补充的是,中小学主要是一种基础素质教育,强调全面发展,且中小学生的主要活动范围是社区,因此,中小学图书馆与社区图书馆亦有很多共同之处,在我国广大农村社区及部分城镇社区,应提倡中小学图书馆和当地社区图书馆合并。

专门图书馆包括的种类较多,主要有科研机构图书馆、企业技术图书馆、政府部门图书馆、社会团体图书馆、文化组织图书馆、军队图书馆和宗教图书馆等。需要说明:(1)我国的科技信息(情报)机构实质上就是一种专门图书馆;(2)为数众多的工会图书馆主要是满足企事业单位职工闲暇时间的信息需求的,因此应改造为社区图书馆,对当地居民开放,它们不再列为一种专门图书馆;(3)群众组织如共青团、妇联所举办的为数不多的图书馆也划归社区图书馆,因为这些图书馆的用户涉及多个行业,具有较大的普遍性。

行业图书馆与公共图书馆、社区图书馆一起构成了新的图书馆分类体系,这是兼顾用户信息需求的差异性、图书馆的战略分工、图书馆的社会归属和经费来源等标准而划分的结果。其中,公共图书馆是全部由国家投资的战略型图书馆,社区图书馆是由国家、集体乃至个人联合兴办的普及型图书馆,行业图书馆则是由社会各行业建构的专门型图书馆,它们各自又包括若干子类,这样就形成了体系完整、层次分明、点面结合的图书馆类型结构(见图 5 -1)。

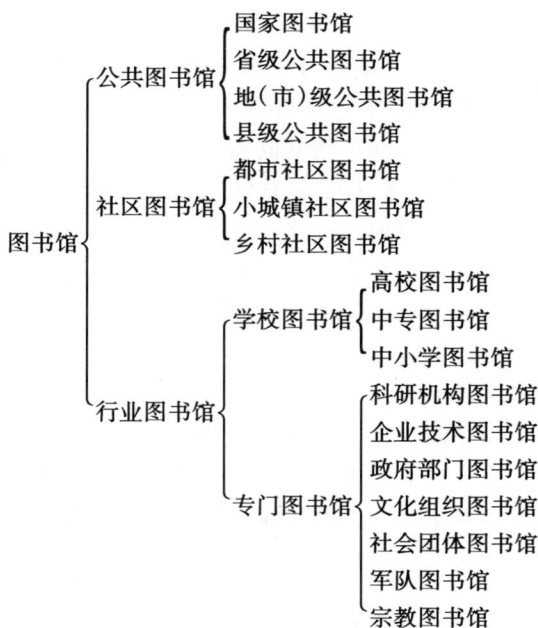

图书馆

公共图书馆
- 国家图书馆
- 省级公共图书馆
- 地(市)级公共图书馆
- 县级公共图书馆

社区图书馆
- 都市社区图书馆
- 小城镇社区图书馆
- 乡村社区图书馆

行业图书馆

学校图书馆
- 高校图书馆
- 中专图书馆
- 中小学图书馆

专门图书馆
- 科研机构图书馆
- 企业技术图书馆
- 政府部门图书馆
- 文化组织图书馆
- 社会团体图书馆
- 军队图书馆
- 宗教图书馆

图 5 - 1　理论重组后的图书馆类型结构

5.4.2 学校图书馆

　　学校图书馆是从属于教育职业的行业图书馆。在教育系统，教学是主干性工作，"通过教学，学生在教师有目的、有计划和有组织的指导下，积极、主动地掌握系统的文化、科学、技术知识和技能，发展智力和体力，陶冶一定的审美观点，培养一定的思想品德。"[23]这也可称为教育的目标，学校图书馆就是为这个目标服务的，它属于一种教学辅助机构。

　　学校图书馆在所有的图书馆类型中属于一种比较单纯的图书馆，它的服务对象整齐划一，它的服务工作节律性很强，它的服务内容明确而稳定，这些都有助于它开展深入的导读和咨询工作。具体地讲，学校图书馆具有这样一些共同特征：（1）用户构成的同质性。学校图书馆的服务对象主要是教师、学生和教辅人员（高校图书馆虽包括研究人员，但他们大多兼做教师），教师和教辅人员一般比较固定，学生虽在不断流动，但他们在年龄、文化水平、将要学习的课程等方面具有高度的同质性，其信息需求是近似稳定的；（2）用户信息需求的稳定性。学校的教学活动是围绕培养目标、教学计划和教学大纲而展开的，这些内容在一定时期是稳定的，即使有变化也是循序渐进地发生的，这些因素决定了用户信息需求的稳定性；（3）用户信息行为的可塑性。现代教育不仅仅是灌输知识，它更注重培养学生多方面的能力包括检索、获取和利用信息的能力，由于学生时代是可塑性较强的时期，该时期形成的习惯和行为方式会影响他们的一生，所以用户教育是学校图书馆最重要的特征之一；（4）用户信息利用的节律性。学生从小学、中学到大学，从低年级到高年级，从学期开始、教学、期中考试、教学、期末考试到放假，这一连串的活动均有极强的规律性，掌握这些规律性并灵活地加以运用，将能够极大地提高学校图书馆的服务效率与质量。以上是各类型学校图书馆的共同特征，具体到不同类型的学校图书馆,细节之处又有不同,如美国的中小学图书馆又称"媒体中心(Media Centers),"高校图书馆普遍存在校图书馆与院系图书馆(或资料室)的关系问题,中专图书馆则更多地与所属的行业关系密切,等等。

高校图书馆通常与公共图书馆、科研机构图书馆一起并称为我国图书馆的三大系统。高校图书馆又有大学图书馆和专科学校图书馆之分,国外的高校图书馆还包括两年制学校(相当于我国的中专)图书馆。高校图书馆的主要服务对象是本校的教师、学生和研究人员,但也适度地向校外的相关研究人员开放。高校图书馆的主要任务是为教学和科研服务,"各大学图书馆收藏的资料必须对研究生和大学生两级教学大纲有直接帮助,而且还要求收藏综合性资料,以帮助学生和全体教师的学术研究。"[13] 高校图书馆除开展传统的流通阅览、馆际互借和参考咨询等服务项目外,还重点地开展了用户教育、导读服务和技术服务三个方面的工作,这些工作在一定程度上改变了高校图书馆的形象,"图书馆不再是一个机构的被动成员,它开始超越传统的局限性而参与学习过程(learning process)。图书馆提供藏书、媒体和图像生产设施、训练设备,包括听力实验室、电视和照像机、电影放映机等。图书馆人员开始参与教学过程,他们或与教师共同发展目录单元或课程,或独立发展图书馆指向的目录单元或课程。一些机构(的图书馆)甚至发展成为'图书馆大学',从而在学生的教育过程中成为首要的因素。另一些图书馆确实变成了'大学的心脏'"。"这些新的图书馆发展了新的称谓,诸如学习资源中心(learning resource centers)、媒体中心(media centers)、学习中心(learning centers)等。"[2] 高校图书馆的馆际协作工作在各类型图书馆中也是开展得最有成效的,著名的 OCLC 就是在高校图书馆领域发展起来的。高校图书馆所面临的特殊问题是校中心图书馆与院系图书馆(或资料室)的关系问题,就此而言,集中化管理是发展潮流和趋势,

"较大型的大学图书馆探索了种种使它们收藏的努力更系统更协调的方法。从前的大多数系科图书馆有的已转变为中心图书馆系统的分馆,有的则纳入了主要图书馆的馆藏"。[13]高校图书馆是研究型图书馆,它在我国图书馆体系中占有举足轻重的地位,如果说国家图书馆是全国信息资源保障的最后一道屏障,那么高校图书馆就是第二道屏障的主力。

中等专业学校图书馆(简称中专图书馆)是介于高校图书馆和中小学图书馆之间的一种学校图书馆,其最显著的特征是职业技术性。在我国,中专图书馆大致分为三类:(1)为各部门培养专门人才的中专图书馆,如银行学校图书馆、公安学校图书馆、卫生学校图书馆、水利学校图书馆等;(2)为各类生产部门培养初级技术人员的技工学校图书馆,如机械学校图书馆、烹调学校图书馆等;(3)为社会各行业培养受过基本训练的专门人员的职业高中图书馆,如美术学校图书馆、外语学校图书馆等。中专图书馆的主要服务对象是教师、学生和教辅人员,收藏特色与所依附的行业或所面向的生产领域密切相关,收藏范围涉及基础科学、技术科学及与本专业有关的信息资源。中专图书馆的主要任务是为教学和实践服务,注重实验、实习、技术实践或生产实践是中专教学的主要特色之一。在国外,中专相当于两年制学院,"到70年代末,美国大约已有1000所两年制学院。人们常常把这些院校图书馆叫做学习资源中心。这种叫法反映了图书馆的性质和提供服务的形式。它们的馆藏由书籍、期刊、电影片、录像带、图片、模型、成套器材和实物教具所构成。与其它大学图书馆不同的是,两年制学院图书馆服务往往比较着重非印刷资料。因为这些学校常常是培养准备以后进入学士学位学习的学生,它们只能是起着各种学科的技术培训中心的作用。所以它们常常被称为企业短期大学。"[13]中专由于强调技术培训,常常有忽视图书馆的倾向,这样做不利于学生的全面发展。在我国,学者们乃至官方统计部门进行图书馆

236

类型划分和统计时,也时常忽略中专图书馆的存在,这一方面说明现有图书馆类型划分不尽准确,另一方面也说明中专图书馆是一个薄弱环节,今后应加强发展。

中小学图书馆是最为重要的图书馆类型之一,它常被誉为中小学生的第二课堂。1980年联合国教科文组织制订的《中小学图书馆宣言》认为,"中小学图书馆是保证学校对青少年和儿童进行卓有成效的教育的一项必不可少的事业,是保证学校取得教育成就的基本条件,也是整个图书馆事业的不可缺少的组成部分。"该宣言规定中小学图书馆工作的目标为:(1)紧密配合学校的教学大纲,促进教育事业的发展与改革;(2)千方百计扩大图书馆资源与服务,为学生提供获取知识的途径;(3)对学生进行基本技能的训练,使他们掌握广泛使用图书馆资源的能力;(4)引导学生养成终生利用图书馆的习惯,使图书馆成为获取知识和接受再教育的源泉。该宣言还强调中小学图书馆是图书馆网的一个组成部分,它们可以利用自身的资源为整个社区的图书馆服务作出贡献。[6]然而,中小学图书馆的主要服务对象依然是教师与学生,它们提供的服务既包括传统的阅读、参考咨询、传授图书馆知识等内容,也包括特有的和新增的教学辅助服务、新技术服务等内容。切尼克是这样描述美国的中小学媒体中心的:"在今天的许多学校中,一个运行良好的图书馆媒体中心可能是整个学校最为活跃的地方。孩子们可能是一个人到那里去选择书籍,利用计算机,看视盘,听资料;也可能是整个班级去那里学习如何利用媒体中心或为他们的报告查找信息;还可能是若干小组的学生到那里帮助制作幻灯片或为班级活动录制视盘。所有这些学生都会得到专业图书馆员、媒体专家、媒体技师或职员的帮助。这些活跃的媒体中心表明它们在现代教育体系中是多么重要。"[2]事实上,切尼克在此不仅说明了中小学图书馆的重要性,而且也描述了它是多么美好:中小学图书馆同样是人类理想的实践。然而,我国中小学图书馆的发展却不尽如人意,展望未来,如何切实加强中小学图书馆的发展,为广大青少年的成长和成才提供丰富的信息资源和良好的信息环境,将是 21 世纪我国图书馆发展的又一战略重点。

5.4.3 专门图书馆

专门图书馆在各类型图书馆之中是构成最为复杂的一类,它实质上是多种行业图书馆的总称。"专门图书馆有数千种,它们服务于历史学会;报社;法律学校、法律事务所和州律师协会;联邦、州、县或自治市政府机构;航空公司;医学院、医院和医学会;神学院、教堂和宗教组织;博物馆;军队;监狱;各种学会(learned societies);音乐组织;银行、保险公司、广告机构、出版社及其它商务机构;大大小小的公司等。"[15] 这些不同行业的图书馆之间很难说有什么共同之处,它们之间的异质性非常大,它们只是在形式上有一个主要的共同点,即它们都是为一个行业服务的专门化图书馆。

专门图书馆也称"信息中心(information centers)"。我国,科技情报(信息)机构也是一种专门图书馆,它们的名称虽然不同,但性质和内容都是一致的。专门图书馆主要具有三方面的特征:"首先,它们的信息资源体系局限于一个'专门化的主题领域';其次,它们收集信息资源和设计服务项目以支持和促进'母机构'的目标,而不像学校和大学图书馆那样是为了支持课程计划;最后,它们关注的焦点是为满足母机构的用户需求积极地寻找和提供信息,而不仅仅是获取信息并将这些信息存储起来。换言之,专门图书馆为它们的用户提供'专门的甚至是个别化的服务。'这三个特征是任何专门图书馆或信息中心的关键要素,专门图书馆因此可定义为'以专门的形式为专门的用户提供专门化主题领域的专门服务的图书馆'。"[2] 然而,这些特征依然是专门图书馆共同的外部特征,就它们的服务内容而言,异质性还是主要的,服务内容的异质性决定了专门图书馆信息人员知识结构的异质性,"专门图书馆和信息中心人员的（学科）背景比之任何其它类型图书馆的信息人员都要变化多端。理想的情况是同时拥有图书馆和其它学科的专业知识。专业图书馆员或信息专家可能拥有图书馆学和其它专业两个领域的学位，专门图书馆信息人员则可能包括学科专家和语言专家。"[2]专门图书馆对其信息人员的专门要求可视为专门图书馆的第四个特征。此外，与第三个特征相关，专门图书馆更侧重信息资源的开发与利用，它们所收藏的信息资源有限，它们不得不依靠馆外资源来弥补收藏的不足，但正因为这样，专门图书馆的馆际互借与合作才开展得最有成效，"据说，专业图书馆员最好的朋友就是当地的'专业图书馆指南'。专业图书馆之间的非正式馆际协作由来已久。通过更为正式的馆际互借，获得会员资格、公司注册、偿付用户费、加入各种图书馆协会和网络等正式方式，利用公共图书馆、高校图书馆和研究图书馆的正式资料。它们还从研究机构、职业商会、专题研究专家和被称为'信息经纪人'的信息商业公司那里获取信息。"[13]注重利用馆外资源是专门图书馆的第五个特征。总之，专门图书馆比其它类型图书馆更注重高层次的"情报服务"，它们一方面根据用户请求提供参考服务和研究工作，另一方面还在预测用户需求的基础上提供"最新资料报导"和"情报定题服务（SDI）"，这些极富挑战性的工作使专门图书馆本身成为图书馆领域中最为活跃的部分，成为许多新观念、新思想、新技术的发源地和首倡者，譬如情报、信息管理、"虚拟图书馆"等都是专门图书馆首先提出来或倡导实践的。

"专业图书馆常常按学科分类，因为它们规模不大，往往侧重于某一学科或侧重于构成某一领域的若干相关学科。"[13]专门图书馆也常常依其母机构的性质来分类，因为它们是母机构的一个单元，必然地具有母机构的性质。在此，结合我国专门图书馆的实际情况，以母机构的性质为主要标准，专门图书馆可归并为科研机构图书馆、企业技术图书馆、政府部门图书馆、文化组织图书馆、社会团体图书馆、军队图书馆和宗教图书馆7大类。

科研机构图书馆是最为重要的专门图书馆,国外的一些类型划分常将它独立列类,与专门图书馆、公共图书馆等相提并论。[15] 科研机构图书馆的服务对象主要是科研人员,他们外语水平一般较高,从事的多为前沿和尖端课题,因而更多地需要外文资料和最新情报服务。与此相关,科研机构图书馆就需配备外语专家和学科情报专家,并需协助研究人员开展前期研究工作。在我国,科研机构图书馆又有一般科研系统和国防科研系统之分,前者主要包括中国科学院文献情报中心、中国社会科学院文献信息中心、中国农业科学院科技文献信息中心、中国医学科学院图书馆、全国地质图书馆等,后者主要包括国防科技信息中心资料馆、军事科学院军事图书馆、军事医学科学院图书馆等。

企业技术图书馆是从属于各类工商企业或公司的图书馆,它们不同于工会图书馆,后者更似社区图书馆。由于工商企业的主要目标是赢利,所以,企业技术图书馆必须从最大限度地提高企业效率的角度收集、组织和利用信息资源。"赢利的动机可能是工商企业图书馆构成中最具影响的因素",[2]它因而也是企业技术图书馆区别于其它类型图书馆的最主要特征。在企业内部,技术图书馆往往归R&D部门领导;80年代后,西方发达国家的企业在引进和应用现代信息技术的基础上发展了信息资源管理思想,企业图书馆成为整合的信息资源管理的一部分,它为此面临着重新定位的问题。

政府部门图书馆则是为各级政府部门服务的图书馆,在我国又有党政之分。党务系统有中国共产党的党校系统图书馆和民主党派的社会主义学院系统图书馆,政务系统有各部委和各级地方政府机构的图书馆。政府部门图书馆的主要服务对象是各类决策者及政府部门工作人员,它们除收集各类媒体资料外,还须着重收集相关的准确而翔实的事实材料和统计数据,并需做初步的分析

240

和综合。内参性和机密性是政府部门图书馆区别于其它类型图书馆的主要特征之一。

文化组织图书馆主要包括各类大众传播机构、文化团体及博物馆的图书馆。它们的主要服务对象是本组织的成员,收藏范围除与母机构的目标相关的资料外,还着重收藏母机构生产、出版或传播的各种媒体资料。我国著名的文化组织图书馆包括人民日报社图书馆、《求是》杂志社图书馆、人民出版社图书馆、中华书局图书馆、商务印书馆图书馆、中国历史博物馆图书馆、故宫博物院图书馆等。

社会团体图书馆主要包括各类学会和协会的图书馆,它们主要是为学会或协会成员服务的,侧重收集某一学科领域或与某一领域相关的几个学科方面的信息资源。社会团体图书馆的规模一般都比较小。我国著名的社会团体图书馆有中国科学技术协会图书馆、中国国际贸易促进会图书馆、中国佛教学会图书馆等。

军队图书馆是为中国人民解放军干部和战士服务的文化设施,分别设在军区、集团军、师、团和连队。在国外,公共图书馆有为军队服务的义务,一些军队图书馆就是公共图书馆的分馆。军队图书馆的任务是利用各种媒体资料来提高广大指战员的政治思想觉悟和文化水平,帮助他们掌握先进的军事理论和现代化作战技术,同时也丰富他们的文化生活。军队图书馆的服务方式强调群众性,通过群众性的媒体宣传和利用活动,来为干部和战士服务。军队图书馆在一些方面类似于社区图书馆,但因为它不向当地居民开放,且主要用户是干部与战士,故归入专门图书馆。

宗教图书馆也是一种重要的图书馆类型。我国现有全国性爱国宗教组织8个,其中的佛教、道教素有藏书的传统,其它宗教组织为了传教或其它原因也都有大小不等的图书馆。宗教图书馆的服务对象主要是宗教徒和部分信徒,收藏对象仍以传统的印刷媒体为主,收藏范围则严格地与宗教有关。宗教图书馆是宗教文化的重要组成部分。

参考和引用文献

1. 黄宗忠. 图书馆学导论. 武汉:武汉大学出版社,1988. 245 ~ 289

2. B. E. Chernik. Introduction to Library Services. Englewood:Libraries Unlimited, Inc. ,1992. 65,85,108,91,117,126,121

3. R. Beenham, Colin Harrison. The Basics of Librarianship. London: Library Association Publishing Ltd. ,1990. 1 ~ 11

4. O. C. 丘巴梁著;徐克敏等译. 普通图书馆学. 北京:书目文献出版社, 1983 . 194 ~ 386,94 ~ 193

5. 中国图书馆年鉴编委会. 中国图书馆年鉴(1996). 北京:北京图书馆出版社,1997. 472 ~ 485,20 ~ 55

6. 图书馆学百科全书编委会. 图书馆学百科全书. 北京:中国大百科全书出版社,1993. 701 ~ 703,355,711 ~ 712

7. 张琪玉. 情报检索语言. 武汉:武汉大学出版社,1983. 24

8. 社会学概论编写组. 社会学概论. 天津:天津人民出版社,1984. 111 ~ 115,106 ~ 107

9. 袁咏秋,李家乔. 外国图书馆学名著选读. 北京:北京大学出版社, 1988. 387

10. 赖鼎铭. 图书馆学的哲学. 台北:文华图书馆管理资讯股份有限公司, 1993. 105 ~ 134

11. 杨威理. 西方图书馆史. 北京:商务印书馆,1988. 184 ~ 195,243

12. 杰西·H·谢拉著;张沙丽译. 图书馆学引论. 兰州:兰州大学出版社,1986. 28 ~ 29,182

13. 孙光成. 世界图书馆与情报服务百科全书. 成都:四川民族出版社, 1991. 234 ~ 235,51 ~ 57,408,412,409,18,16

14. 郑挺编译. 西欧图书情报事业,北京:北京大学出版社,1989. 39 ~ 47,5

15. Jean Key Gates. Introduction to Librarianship. New York:Neal – Schu – man Publishers, Inc. ,1990. 123 ~ 138,197,187 ~ 194

16. H．C. 坎贝尔著；黄健元、张保明译. 公共图书馆系统及其服务. 北京:科学技术文献出版社,1986. 157～161,8,3

17. 霍国庆,金高尚. 论社区图书馆. 中国图书馆学报,1995(4):54～59

18. 何肇发. 社区概论. 广州:中山大学出版社,1991. 1～120

19. 郑杭生. 社会学概论新编. 北京:中国人民大学出版社,1987. 301

20. 中国社会科学院语言研究所词典编辑室. 现代汉语词典. 北京:商务印书馆,1980. 1468

21. 鲁品越. 社会组织学原理与中国体制改革. 北京:中国人民大学出版社,1992. 152～153

22. 伊恩·罗伯逊著；黄育馥译. 社会学(下册),北京:商务印书馆,1991. 604

23. 辞海编辑委员会. 辞海(缩印本). 上海:上海辞书出版社,1989. 1657

6 人类需求的图书馆

6.1 人类信息需求的决定性

6.1.1 人的需要与信息需求

需要是一切生命体的本能。生命体要生存下去,就会不断地产生种种需要,如植物的生长就需要适当的热量、水分、养分和良好的生态环境,如果这些需要得不到满足,植物就会枯萎直至死亡。人也不例外,人的生存本身就意味着需要的存在,"我们还有一些生来就有的基本驱力——自卫的需要、对食物和饮料的需要、对性的需要,也许,还有对别人陪伴的需要。但是,我们满足这些欲望的实际做法却是从文化经验中学来的。"[1]这段话包含着三层意思:其一,人的某些需要(或欲望)是与生俱来的,所谓"食、色,性也";其二,人的需要一般都可以还原为对物质、能量和社会的要求;其三,人的需要的实现是一个主动的复杂的过程,"不能靠本能行为来满足人自己的需要,必须靠脑力劳动来创造性地满足自己的需要,"[2]也就是说,在需要产生和满足的过程中,同时伴生着一个信息过程。

如前所述,人的需要一般都可以还原为对物质、能量和社会的需要,但这些需要不是直接作用于物质、能量和社会的,由于存在信息与物质、能量的转换关系,这些需要常常以信息需求的形式首

244

先表现出来,于是,信息需求就逐渐成为人们的本质需要与人们行动之间的中介物;当人的本质需要与人的信息需求的转换及交互关系发展到一定阶段时,信息需求也成为人的一种基本需要,人们可以直接用信息来满足自身的某些需要。以寻医看病为例,当人们的机体出现不协调时,他们就会产生治疗的需要;但他们一般不会直接去寻找治病的药草或到药店买药,他们的第一反应往往是找一位大夫,确诊病情和病因,然后根据大夫的安排吃药治病,在此,信息需求已成为一种"中介物";如果一个人就诊的次数多了,就会明白一些病症是如何引起的、有什么症状、怎样可以预防等道理,这时,他可能会买一些医理、药理及其它方面的医学书籍,用以指导自己的日常行为,以减少疾病发生的可能性,他甚至可能因此而成为一名大夫,在此,信息已成为满足需要的"对象"。可见,人们的本质需要与人的信息需求是互相转换的,在一定的条件下,它们还可以彼此替代。

　　人的需要不同于一般生命体(如动植物)的需要。人不仅有物质的需要,而且有高级的精神需要。"人与一般动物不同。动物为了自己的生存,只有本能地获取食物等的物质需要,而人是有意识有思想的高级动物,除了有衣、食、住等生存方面的物质需要之外,还要有文化生活、理想、荣誉等精神方面的需要。"[3]人的需要是多方面的,是受一定的社会生活条件如社会制度、阶级地位、职业、生活水平、工作与生活环境等的制约的。人的需要一般地也表现为愿望、意向、兴趣、理想、信念等形式,这些需要形式都可以直接地转化为信息需求。据马斯洛(A. H. Maslow)的研究,人的需要可以归纳为五大类,它们互为相关,若依其重要性和发生的先后次序,可以排成一个需要等级(见图 6 - 1);[4]人们一般是按照这个梯级从低级到高级地来追求各项需要的满足,但在特定条件下,人们也可能越过较低级的需要而追求较高级的需要,如安于清贫、追求自我实现的知识分子就是特例。对照信息需求理论进行分析,前三级需求即生理需求、安全需求、感情和归属需求的满足需要以"信息需求及其满足"为中介,后两级需求即受人尊敬的需求和自我实现的需求的满足则可直接通过"信息需求及其满足"来实现。

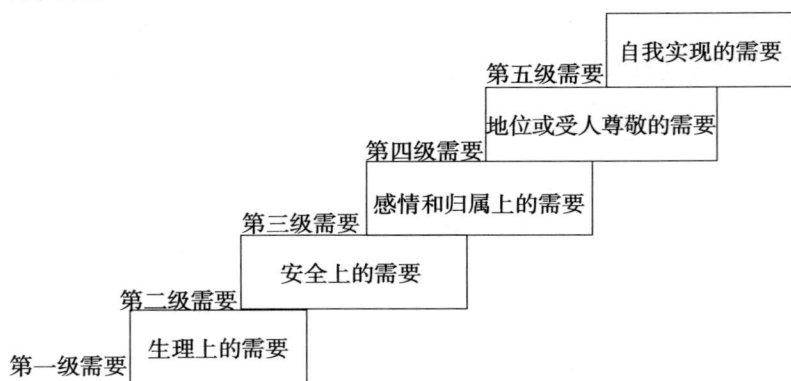

图 6-1　马斯洛的需求等级模型[4]

人的需要是人的行为的出发点。"当人们产生了某种欲望或需要时,心理就会产生不安和紧张的情绪,成为一种内在的驱动力,心理学上称之为动机。有了动机就要寻找、选择目标,即目标导向行动。当目标找到后,就进行满足需要的活动,即目标行动。当行动告成,动机在需要不断得到满足的过程中而削弱。行为结束了,需要满足了,人的心理紧张消除了。然后又有新的需要发生,再引起第二个动机与行为。这样,周而复始,往复循环,直到人的生命终结为止,这是人的动机与行为的一个客观规律。"(见图6-2)[3]联系这个规律来分析信息用户,可以认为,人皆有信息需求,但要把人的信息需求转化为实际的信息行为,我们还须为他们创造和提供条件,争取使用户的信息需求成为其需要体系中的"优势需要"。

用户的信息需求体现了人的需要,是由人的需要决定的,人的需要是一种客观存在,"人们的一切活动都是为了满足自己的某种需要",[3] "人们通过每一个人追求他自己的、自觉期望的目的而创造自己的历史。"[5] 可以说,人类的所有成就都是人类需要的产物,图书馆也不例外。"图书馆正是社会的这样一种新生事物:当人类积累的知识大量增加以至于超过了人类大脑记忆的限度时,当口头流传无法将这些知识保留下来时,图书馆便应运而生了。"[6]

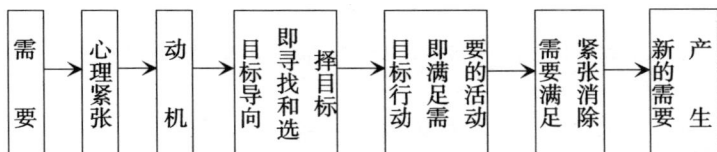

图 6-2　需要、动机、行为关系图

6.1.2　图书馆是人类信息需求的产物

人类的信息需求属于一种次生的需要。马克思(Karl Marx)和恩格斯(Friedrich Engels)在《德意志意识形态》一文中曾谈到,"……我们应当确定一切人类生存的第一个前提,也就是一切历史的第一个前提,这个前提就是:人们为了能够创造历史,必须能够生活。但是为了生活首先就需要衣、食、住以及其它东西。因此第一个历史活动就是生产满足这些需要的资料,即生产物质生活本身。"[5] 换言之,人类对衣、食、住等物质资料的需要是最原始、最基本的需要,它们是与生俱来的,并贯穿人类生命的始终。但人与动物的区别就在于人往往不是直接地去满足这些需要,人通过自己的劳动创造出满足需要的对象,"世界不会满足人,人决心以自己的行动来改变世界"(列宁语)。[3] 而要改变世界,首先需要认识和了解世界,这就涉及信息的问题。

所谓信息,最一般地理解,就是事物运动的状态与方式。对于原始人类来说,他们需要掌握的信息很多:为了吃饱肚子,他们需要了解各种植物的性状,首先是有没有毒,我国远古时期"神农尝百草"的故事就与此有关;为了在植物枯萎死亡的冬季有必要的食物来源,他们需要了解动物的驯化和饲养问题,需要联合起来对付大型的猛兽,据推测,语言就是在合作劳动的过程中产生的;为了在部落内部合理地分配产品和在部落之间公平地交换产品,他们需要掌握事物的数量特征和计算方法,"结绳记事"就是这样出现的;……。但总的来说,原始人在劳动中创造的信息(实质上是信息资源)是有限的,靠他们的记忆基本上能够满足同样有限的信息需求。

到原始社会后期,信息积累已达到一个小的极限,靠每个个人分别的记忆已不能够满足部落成员特别是部落首领和神职人员的信息需求,这时,一些部落的做法是在部落成员中寻找记忆力最强的人,由他们专司"记忆",保存部落的起源、资源、疾病诊治及其它方面的重要信息。美国现代小说《根》中就生动地描写了一个非洲原始部落中的"先知",他的任务是专门记诵部落的重要事件,并在合适的时候选择合适的接班人以承继这种记忆。事实上,古代的许多神话传说都是通过"记忆"的方式世代相传和保存下来的。

然而,人的记忆能力毕竟是有限的。据现代脑科学研究发现,人类在接受信息和贮存信息方面具有巨大的潜力,但是人类对大脑的利用与开发却是非常有限的。人的大脑有150亿个神经元,可存贮信息10^{15}比特,相当于1000万亿个信息单位。但人类能开发与利用的只是其中的一小部分,因为:(1)大脑感知信息和信息编码的生理机制仍是一个未解开的谜;(2)人类感知信息的通道狭窄,约80%以上的信息是通过眼睛感知的,但人的眼睛每分钟只能读几百个词,而且单位时间内输入的信息太多,会造成"信息超载",人的记忆能力也会下降;(3)人类感知和记忆信息受环境和情绪等因素的影响,效果不太稳定;(4)记忆具有不确定性,随着时间的推移,记忆的信息就会模糊、消失和遗忘,记忆曲线表明,一定量的信息输入大脑,1 小时后将消失 50%,1 天以后仅能保存30% 左右。[7]为此,人类不得不到体外去寻找信息存贮的方式与装置。

据现有资料,最早的文字出现于公元前三千年左右的两河流域,恩格斯对文字的产生给予了高度的评价,"(人类社会)由于文字的发明及其应用于文献记录而过渡到文明时代。"[5]事实上,文字必然是与文献联系在一起的,有了文字也一定会产生文献,而文字和文献正是人类体外信息存贮的最重要的第一媒介和第二媒介。回过头来分析,当原始部落任用专人司职"部落记忆"时,他们所需要的已不是零散的信息,相反,他们需要有关部落及其环境的系统的信息,这些人类早期的"先知"因此也就是"活的图书馆"。此后,由于信息积累的激增,人类记忆不胜负荷,唯一的出路就是寻找体外存贮方式,文字因而产生了,以文字为中介的文献也顺理成章地成为人类记忆的物化形式。

文字和文献的产生是图书馆出现的必要前提,但却不是充分必要前提。文献产生后,还有一个量的积累过程,以及与之相伴的信息资源体系化需求的形成过程。我们知道,信息的主要作用是消除不确定性。当早期人类在生产实践和社会生活中遇到疑难问题时,他们最直接的途径是咨询先知;先知们为了满足王宫贵族和其他社会成员的需求,仅靠记忆是不够的,他们通常要将了解到的信息记录在文献上;文献积累得多了,为了迅速找到所需的信息,就要对这些文献加以整理,这样就形成了原始的文献收藏体系或信息资源体系,而这个体系又是与当时的社会信息需求体系相对应的。据考古发现,古埃及有一座以"纸草房"而闻名的图书馆,"在这个建筑的一面墙上刻着该馆馆藏目录,共分为两部分:一边是 12 箱图书资料的内容,涉及各门学科,包括有关国家的行政管理和职能方面的著作;另一边是 22 箱图书资料的内容,都是关于魔术、神话方面的书籍以及当时被认为是医学和科学方面的著作,例如如何驱逐塞特这个黑暗与争吵之神;占星术;怎样驱走鳄鱼;怎样防爬虫和蛇咬以及其它各种神秘莫测的书籍。"[6]可以看出,这样一个藏书体系基本上覆盖了当时社会上主要的信息用户——王室统治者和神职人员——的信息需求,它也从一个侧面证实了图书馆是信息需求的产物,证实了人类信息需求对图书馆的决定性。

准确地说,图书馆是体系化信息需求的产物。当人类所创造的信息资源积累到产生了先知这一角色时,人类的体系化信息需求已然形成。但人类记忆能力的局限性注定先知只是一种历史现象,随着文字和文献的出现,以文献体系(体外信息资源体系)为内核的图书馆取代了先知的位置。图书馆的兴起一方面顺应了人类的体系化信息需求,另一方面又激发了这种需求:图书馆的命运将紧密地与这种需求联系在一起。

6.1.3 人类信息需求决定着图书馆的生存与发展

简略地回顾一下图书馆的历史,可以发现,人类信息需求从多方面规定着图书馆的生存与发展:

首先,人类信息需求决定着图书馆的生存本身。如前所述,早期图书馆之所以产生是因为出现了以精神生活为主业的神职人员及与此关系密切的王室统治者,他们的信息需求规定着早期图书馆的存在;谢拉在其《图书馆学引论》中提到古埃及有一所图书馆,该馆正门上方刻着"医治灵魂的良药"字样,[6]这鲜明地表达了早期图书馆存在的依据。亚历山大图书馆的命运则从反面证实了人类信息需求与图书馆存在的关系,据传说,公元 7 世纪回教徒侵入埃及时,针对亚历山大图书馆的存废问题,曾做了一个以"非

周延中项"而闻名的三段论推理:[6]

亚历山大图书馆如藏有与可兰经相敌对的书籍,则该馆应予焚毁;

亚历山大图书馆如藏有与可兰经教义相一致的书籍,则这些书籍毫无必要,应予焚毁;

亚历山大图书馆的藏书或者与可兰经相敌对,或者与可兰经相一致;

故亚历山大图书馆应予焚毁。

上述推理显然忽略了"与可兰经既非敌对也非一致"的那部分藏书,其实,这个推理根本就是没必要的,最深层的原因乃是新崛起的回教徒还未形成较普遍的信息需求。在我国,20世纪80年代前期留给图书馆人的永远是美好的回忆,当时,"为中华崛起而读书"的风潮唤醒了千千万万中华儿女的求知欲,图书馆一时之间门庭若市,图书馆员的地位急速上升,图书馆事业呈现出蓬勃发展的态势;这是人类信息需求决定图书馆存在的又一事例。图书馆是与人类信息需求共存亡的,从某种意义上说,图书馆就是人类信息需求体系的物化形式,哪里存在体系化的信息需求,哪里就会出现图书馆。

其次,人类信息需求决定图书馆的内容。图书馆收藏和提供哪些信息资源,归根到底是由人类信息需求决定的。前面提到的古埃及"纸草房"图书馆的藏书所反映的是神职人员和王室统治者的信息需求。中世纪的修道院图书馆藏书所反映的则是基督教教徒的信息需求,"藏书主要是基督教经文,个别兼收少量希腊、罗马作品。"[8] 18世纪上半叶,美国大政治家、大科学家富兰克林(Benjamin Franklin)创建的会员图书馆的藏书又有不同,据该馆1741年编制的一份目录,其自行购买的291种书按类别统计情况如下:历史91种,文学55种,自然科学51种,哲学28种,神学25种,社会科学21种,其它20种;这份统计表反映了美国独立战争

（1775～1783年）前殖民地资产阶级知识分子的信息需求。[9]而被誉为"21世纪图书馆样板"的美国纽约"科学、工业和商业图书馆"（纽约公共图书馆的四大研究图书馆之一）的藏书则反映了现代美国大都市用户群体的信息需求，该馆藏书范围涉及：（1）源于网络化CD-ROMs、联机服务和因特网的商业和科学资源；（2）内容丰富的美国和他国政府文献、专利、地方法律、纽约市信息以及人口统计方面的信息资源；（3）广泛的国际贸易和商业资源；（4）支持商业发展的应用科学和技术资源；（5）美国和外国的工业指南及购买者指南（buyers'guides）；（5）美国和外国的各种形式（包括缩微型和电子版）的公司年报；（6）财务信息服务；（7）手册和参考书；等等。[10]图书馆是人类信息需求体系的物化形式，由于不同用户群体的信息需求体系各不相同，图书馆信息资源体系的内容也各具特色。

　　第三，人类信息需求决定图书馆的类型。在比较世界图书馆发展史的时候，我们发现，虽然早期图书馆是分别地在几个文明古国发展起来的，但它们却具有惊人的一致性：它们都是为神职人员和王室统治者服务的，因而都是一种兼具图书馆和档案馆功能的寺院图书馆或王室图书馆。到公元前5世纪左右，古希腊的雅典和我国战国时期的各诸侯国相继出现了私人藏书，这与当时较为宽松的政治环境所造就的一批著名学者的信息需求有关，如古希腊亚里士多德的藏书和我国战国时期墨子的藏书在当时都是显赫一时的。[6,11]公元4～5世纪，我国（南北朝）开始出现佛教寺院藏书和道观藏书，欧洲则出现基督教寺院图书馆，这是与当时宗教的流行及宗教徒的信息需求相呼应的。[11,9]10～13世纪，我国（宋代）和欧洲差不多同时出现了书院图书馆和早期的大学图书馆，这些图书馆是为当时的科举考试（书院）和学术研究（早期大学）服务的。[11,9]若不考虑宗教图书馆，狭义的专门图书馆是从16世纪开始出现的，它体现了社会分工日益细密的专业团体的信息需求,如 1497 年成立的伦敦法律团体的林肯学院图书馆和 1735 年德国汉堡的商业图书馆等都是如此。[9]公共图书馆则是在社会各阶层成员的信息需求普遍趋热的情况下于 19 世纪中叶在英美等国家首先出现的。可见,一部图书馆发展史,也是一部人类信息需求演变史。

第四,人类信息需求决定着图书馆的分布。如前所述,图书馆的分布服从集聚效应和扩散效应,在图书馆史上,凡是图书馆集聚的区域必是知识分子集中的区域,是信息需求密集的区域;我们一般将特定时期图书馆最为集中的区域称为图书馆的生长点。下面是历史上图书馆生长点的转移情况:古巴比伦→古埃及→亚述帝国→古希腊→古罗马→中世纪的中东(巴格达等地)→文艺复兴时期的意大利→16～18 世纪的法国和德国→19 世纪的英国→20世纪的美国、俄罗斯(包括前苏联)、北欧诸国和日本。粗略地看,图书馆生长点的转移路径与科学中心的转移路径是极其相似的,这是偶合还是有某种内在关联? 无疑,答案是后一种,图书馆实质上最直接地与学术研究联系在一起的,学者和学术研究集中的区域必然会形成新的图书馆生长点。

人类信息需求还直接或间接地决定着图书馆的性质(为科学服务还是为大众服务?)、功能(可参见表 5－1)、馆员的知识结构、藏书的排列和书库的划分、馆址的选择等多个方面。对于图书馆而言,只有顺应人类的信息需求并随之动态发展,才能够生存下去并获得发展。当然,图书馆也不是完全被动的,作为人类信息需求的物化形式,图书馆本身具有激发用户信息需求的功能,图书馆工作开展得好或差也对用户信息需求具有促进或制约的作用;有鉴于此,图书馆应积极地探索用户信息需求及其规律性,以期全面调动用户的信息需求,并因而带动图书馆的发展。

6.2 用户信息需求的规律性

6.2.1 用户信息需求综论

用户信息需求研究的重点是需求的决定因素及其发展变化的规律性。图书馆的信息用户可以简略地分为个体用户和群体用户两大类,一般而言,图书馆是为群体用户服务的;虽然从形式上看图书馆的服务对象多为个体用户,但这些个体用户彼此之间都有这样那样的联系或共同的"归属感",这种归属感使群体内部成员彼此认同,并使成员与非成员有所区别。譬如,作为"中国科学院文献情报中心"的主要用户,科学院的各类研究人员、研究生和行政管理人员彼此有着强烈的认同感(即"我们感"),他们会认为"这是我们的文献情报中心",因而他们感到自己有权要求文献情报中心考虑自己的信息需求并提供相应的服务;而外单位的用户虽然也可以利用文献情报中心的信息资源,但却不会产生"归属感",因而也就不会提出进一步的要求。这也就是说,在分析用户的信息需求之前,图书馆首先应该确定自己所服务的用户群体的范围,从而区别"法定用户"和"社会用户"。

图书馆需要掌握的主要是"法定用户"的信息需求,这是图书馆信息资源体系形成和发展的主要依据。所谓法定用户,是指对图书馆的财政资源做出贡献的个人或组织,或根据某项法律或规定属于图书馆服务范围的个人或组织。对于行业图书馆而言,法定用户也就是特定行业组织的成员;对于社区图书馆而言,法定用户则是特定社区的全体居民;对于公共图书馆而言,法定用户的确定稍为困难,从理论上来说,特定行政区划内的所有居民均是法定用户,但在实际操作过程中,应以前述重点用户为主要的服务对象,而将其他用户类同于"社会用户"进行处理。

图书馆是为群体用户服务的,但任何一个群体都是由分别的个体用户所组成的,为此,对个体用户信息需求的分析就构成了图书馆用户研究的基础与核心。我们认为,可以从两种角度来剖析个体用户的信息需求:从静态的角色分析,特定时期个体用户的信息需求是由他(或她)所扮演的多种社会角色所决定的;从动态的角度分析,不同年龄阶段个体用户的信息需求的结构和重点是不同的;综合静态分析和动态分析,就可形成个体用户信息需求的规律性认识。

然而,群体用户的信息需求决不是个体用户信息需求的加和,作为一个群体尤其是一个正式的组织,群体用户的信息需求是个体用户信息需求"整合"的结果,整合意味着质变。这是因为,当我们面对着作为个体的社会成员时,我们是将他作为一个有个性的人来看待的,他的信息需求是全面的;当我们面对着作为群体的社会成员时,我们是将个体成员作为群体中的一个角色来看待的,他的信息需求取决于他所处的职位,而这只是他所承担的社会角色之一,因而是片面的和不完整的。科学地分析群体用户的信息需求,我们需要引入群体目标、群体界限、群体内部活动、群体职位结构和群体规模等参照系,需要区分重点用户和一般用户、重点需求和一般需求、战略需求和时尚需求,而这也就是群体用户信息需求的规律性。

6.2.2 个体用户的信息需求及其规律性

个体用户信息需求的多样性是由他所承担的社会角色的多样性所决定的。"社会角色是指与人们的某种社会地位、身份相一致的一整套权利、义务的规范与行为模式,它是人们对具有特定身份的人的行为期望,它构成社会群体或组织的基础。"[12]社会角色依其获得的方式可分为先赋角色和自致角色两大类:先赋角色是

255

指建立在血缘、遗传等先天的或生理的因素基础上的社会角色,如性别角色、种族角色、民族角色、家庭出身角色等都属于先赋角色;自致角色是指主要通过个人的活动与努力而获得的角色,如职务角色、职称角色、学历角色、荣誉角色等就是自致角色。倡导社会成员追求自致角色有利于促进社会的进步。

在社会生活中,任何人都不可能仅仅承担某一种社会角色,而总是承担着多种社会角色,这些社会角色又总是与更多的社会角色相联系,所有这些社会角色就构成了一个"角色丛"。譬如,一位女医生,在家庭里,对丈夫而言她是妻子,对儿子她是母亲,对母亲她是女儿;在医院里,她可能同时承担着内科医生、科主任、工会会员、学术团体成员、先进工作者、党员等多种角色;在日常生活中,在商店里她是顾客,在汽车上她是乘客,对老同学她是朋友,对同一楼居住的人她是邻居,对报社她是订户或投稿的作者;此外,在国家生活中,她还是公民、市民、选民等等。集于这位女医生身上的角色丛现象在任何人身上都存在,所不同者仅在于角色的数量多少而已。对于角色丛中的每一种角色,承担者都需要相应的知识或信息才能胜任,这正是信息需求产生的动因。换个角度来分析,社会个体所承担的每一种角色都是与他的某一特征相对应的,一个人具有多少特征也就拥有多少种社会角色;我们大体可以把社会个体的特征分为个人特征、组织特征和社会特征三部分,它们作为整体决定着一个人的信息需求。

个体用户的个人特征反映用户生理的、社会的独特性和多样性,又可分为个人自然特征和个人社会特征:自然特征是指用户与生俱来的特征,包括性别、年龄、血型、肤色、体质、种族等,它们决定着用户信息需求的类型和范围,如女性对时装的偏爱、儿童的好奇等都会直接影响他们各自的信息需求;社会特征是指用户后天发展的特征,包括兴趣、爱好、家庭、宗教、学历、职称、荣誉称号等,它们决定着用户信息需求的性质与数量,如集邮爱好、佛教信徒、

256

博士、教授等特征对用户的信息需求都起着制约或促进的作用。个体用户的组织特征反映用户所从属的社会组织的数量及其性质,这些组织大致可分为三类:个体用户所从属的职业组织对其信息需求具有决定的意义,职业组织的目标及个体用户在组织中所处的位置直接决定着个体用户的主要信息需求;个人所参加的业余组织主要从多个侧面展现个体用户的个性,从而刺激用户多方面的信息需求;个体用户所归属的社区组织则从环境资源、文化传统、街坊邻里等方面规定着用户的信息需求,这亦是职业信息需求的补充。个体用户的社会特征从宏观上反映用户所处的时代背景和社会环境,包括社会制度、经济结构、科技水平、教育普及程度、民族文化等,它们也是个体用户信息需求的共同特征。

个体用户的信息需求结构包括个人信息需求、组织信息需求和社会信息需求三部分,其中,一般以组织信息需求中的职业信息需求为主体;这是个体用户信息需求的一般模式,具体到个体用户生命的不同时期,这个模式又有不同。社会学一般将人的一生划分为6个阶段,每个阶段各有其主要的发展任务(见表6-1):[12]

表6-1　人生的六个阶段及其发展任务[12]

幼儿期	(1)学习走路, (2)学习吃固体食物, (3)学习说话, (4)学习大小便的方法, (5)懂得脾气的好坏,学习控制自 　己的脾气, (6)获得生理上的安定, (7)形成有关社会与事物的简单 　概念,	(8)与父母、兄弟姐妹及他人建立 　情感, (9)学习区分善恶。

儿童期	(1)学习一般性游戏中必要的动作技能， (2)培养对于自身有机体的健康的态度， (3)和同伴建立良好的关系， (4)学习男孩或女孩角色，标准，	(5)发展读、写、算的能力， (6)发展日常生活必要的概念， (7)发展道德性及价值判断， (8)发展人格的独立性， (9)发展对于社会各个单位和团体的态度。
青春期	(1)学习与同龄男女的新的交际， (2)学习男性与女性的社会角色， (3)认识自己的生理结构，有效保护自己的机体， (4)从父母和其他成人那里独立地体验情绪， (5)有信心实现经济独立， (6)准备选择职业，	(7)做结婚与组织家庭的准备， (8)发展作为一个市民的必要的知识和态度， (9)追求并实现具有社会性质的行为， (10)学习作为行为指南的价值与伦理体系。
壮年初期	(1)选择配偶， (2)学会与配偶一起生活， (3)家庭中添了第一个孩子， (4)教养孩子，	(5)管理家庭， (6)就职， (7)担负起市民的责任， (8)寻找合适的社会团体。
中年期	(1)形成作为市民的社会责任， (2)建立一定的经济生活水平，并维护这种水平， (3)帮助十几岁的孩子成为一个能被人信赖的幸福的成人，	(4)充实成人的业余生活， (5)接受并适应中年期生理方面的变化， (6)照顾年老的双亲。
老年期	(1)适应体力与健康的衰退， (2)适应退休和收入的减少， (3)适应配偶的死亡， (4)与自己年龄相近的人建立快活而亲密的关系，	(5)承担市民的社会义务， (6)对于物质生活方面的需求降低。

对照表6-1来分析个体用户信息需求的一般模式,可以发现,这个模式只适用于青春期、壮年初期和中年期,儿童期、少年期和老年期由于没有"职业组织"这一主体因素,信息需求结构呈现出多中心的态势;譬如,少年儿童既要学功课、又要上各种业余班、还要顾及自己的种种兴趣;老年人除怀恋自己的职业生涯外,还能够自如地做一些从前想做而未能做的事情,社区组织成为主要的归属。总之,人生不同阶段的发展任务有别,与此相关的信息需求也不相同。

个体用户的信息需求是多种因素的综合产物,当我们进行研究时,应将上述多种特征所激发的信息需求围绕特定人生阶段的主要发展任务叠加起来,以形成有主有次、综合全面的用户信息需求体系。同时,还应将若干个体用户的信息需求体系加以比较研究,这样就可以寻找出一些共同规律。一般而言,个体用户信息需求及其变化的规律性包括五个方面:[13]

一是用户信息需求的全面性。如前所述,每个个体用户都具有个人的、组织的、社会的多方面特征,而每一个特征都能够激发相应的信息需求,若条件允可,人们会将每一特征所激发的信息需求都转化为实际的信息行为;俗话说,"人无完人,金无足赤",但在人们的潜意识中,谁都希望自己成为一个完人。譬如,爱因斯坦以相对论和自然哲学思想享誉全球,但他引以自豪的却是自己的小提琴技能;当代中国的家长们则不仅希望自己的孩子学习成绩优良,而且还不惜代价送自己的孩子上音乐舞蹈班、书法绘画班、游泳田径班、武术健美班、电脑网络班等,其用意无非是希望自己的孩子能够全面发展。可见,个体用户信息需求的全面性是客观存在的,但一个具体的图书馆不能也无能满足全面性要求,这种要求应通过图书馆网来满足。

二是用户信息需求的集中性。用户具有多方面的生理、心理和社会特征,但并非这些特征都是同等重要的,通常,只有当某一特征或某些特征在经常性的人际互动和社会活动中形成相对稳定的社会关系时，它们才能在用户信息需求方面起到经常性和决定性的作用。我们认为，由血缘关系决定的家庭、性别、年龄等特征，由地缘关系决定的地域环境、风俗习惯、价值取向、乡亲邻里群体等特征，由业缘关系所决定的职业、职位、职称等特征，以及由上述三种关系综合决定的兴趣、爱好、朋友群体等特征，共同构成了用户信息需求最主要的决定因素，它们充分体现了个体用户信息需求的集中性。

三是用户信息需求的叠加性。这是用户信息需求在空间特性方面所展示的规律性。每个用户都生活在特定的空间之中，其生长的空间称为"故乡"，其求学、服役或工作的空间称为"第二故乡"，其旅游、探索、参加学术会议、公差所及的空间可称为"缘乡"（有缘之乡），而所有这些空间及与这些空间有关的人物叠加起来，我们称之为"生命空间"；一个用户的生命空间对其信息需求有重要的影响。譬如，当人们远离故乡时，广播、电视或报纸上任何有关故乡的报道都会引起他们的极大关注，有时，这种信息需求强烈到足以在同乡人聚居区办一份报纸来传递有关信息，如美国一些华裔聚居区就有中文报纸。生命空间也可以理解为人们的经验、知识、观念及思想等的叠加，这些经验、知识等本身是信息需求的产物，但它们作为一种存在同时又是新的信息需求产生的源泉。

四是用户信息需求的节律性。这是用户信息需求在时间维度上所呈现的规律性。人的生命是一个单向的不可逆过程，该过程呈现出强烈的阶段性；从大的方面讲，该过程可分为表6-1中的6个阶段；仅就青年期而言，又可分为中学阶段、大学阶段和研究生阶段；就大学阶段而言，又可分为一年级、二年级、三年级、四年级四个阶段；就每一年级而言，又可分为两个学期，而每个学期又有升学、上课、考试、放假等阶段划分，……人的生命过程还可做进一步细分，这种生命的节律性运动现象我们称之为"生命周期"，这是影响个体用户信息需求的又一重要因素。在表 6-1 中, 个体用户在人生的每一阶段都面临着不同的发展任务, 这些任务就是信息需求产生的强有力的刺激源。

五是用户信息需求的马太效应。这是指用户信息需求及其累积信息量之间的相关性。由于经历、学历、职业活动等方面的关系, 个体用户所累积的信息量是不等的, 有时差距甚至很大。一般而言, 信息需求量大的用户, 随着时间的推移, 其累积的信息量越多, 其信息需求也愈来愈高于平均水平; 而信息需求量小的用户, 随着时间的推移, 其累积的信息总量出现停滞的态势, 其信息需求量也因而愈来愈低于平均水平, 这就是用户信息需求的马太效应。譬如, 科学家、教授、决策者等为了生产信息资源需要不断地搜集和累积信息, 这样就不断地衍生出新的思想与成果, 因而也不断地激发出新的信息需求; 而一些坐办公室的大学毕业生, 满足于一张报纸一杯茶的工作方式, 久而久之, 思想僵化, 也就不会有新的信息需求再生了。

6.2.3　群体用户的信息需求及其规律性

群体用户与个体用户的区别在于: 当我们考察个体用户时, 我们是将他看作一个全面发展的人, 我们会尽量考虑他所处的多方面的社会关系以及由此决定的全方位的信息需求; 而当我们考察群体用户时, 我们是将群体视作一组相互依存的角色体系, 每个个体用户在其中一般只承担一种特定的角色, 我们考虑的主要是与这一角色有关的信息需求, 譬如, 医院这一社会组织(或群体)是由医生、护士、化验员、卫生员、司药员、病人等角色构成的, 尽管前述那位女医生在社会生活中承担着多种角色, 但医院图书馆在建立信息资源体系时通常只会考虑她作为医生的信息需求。"所谓社会群体, 指人们通过一定的社会互动或关系而结合起来进行共同活动的集体。"[12] 社会群体一般具有明确的成员关系、一致的群体意识、持续的互动关系和一致行动的能力等特征,社会群体又有初级群体和次级群体之分。

初级群体又称首属群体,是建立在直接的、亲密的、个人化的相互作用基础上的社会群体,主要包括家庭、邻里、村社、亲戚、朋友和同龄群体(peer groups),这些群体通常都是社区图书馆的服务对象。初级群体具有以下特征:规模小;有直接的、经常的、长期的、面对面的互动关系;其成员之间具有多重角色,表现了全部人格,成员之间有感情的交流;成员的难以替代性(相对于次级群体职位结构中角色的可置换性而言);靠非正式的控制(如风俗、习惯、伦理道德等)来维持。与这些特征相关,初级群体在社会生活中发挥着以下重要功能:(1)承担着社会化的任务,也就是说,承担着使初级群体成员适应社会生活的任务;(2)满足人们的感情需要;(3)实现社会控制,具体而言,初级群体通过帮助成员确立在一个社会中占主导地位的那些思想、价值观和行为规范,而间接地达到实现社会控制的目的。[12]初级群体的特征和功能决定了其成员的信息需求,从而也决定了社区图书馆的服务方向和内容。展开讲,社区图书馆应做到:(1)为社区居民的生活服务,基本上不考虑他们的职业信息需求;(2)促进社区居民个性的形成与发展,引导他们追求自我的全面发展;(3)通过信息资源的选择和传播,帮助社区居民树立正确的价值观,学习和遵守各种社会规范,自觉地运用合法的手段来追求正当的目标;(4)协助社区居民掌握生活技能,胜任各种社会角色,承担相应的权利和义务;(5)强化与社区居民的经常性、面对面的互动关系,营造一种亲和温馨的气氛,使社区图书馆成为社区居民"感情的港湾"。

次级群体又称次属群体,也就是狭义的社会组织,"是人们为了有效地达到特定目标而建立的一种共同活动群体。它

262

有着清楚的界线,内部实行明确的分工,并确立了旨在协调成员活动的正式关系结构。"[12]展开来讲,社会组织具有以下特征:(1)社会组织成员之间的互动具有片面性和间接性,他们彼此之间存在着依附于职位的、先于互动的角色关系,同时还具有个性差异大、异质性强的特点;(2)具有特定的、明确的目标和宗旨;(3)具有清楚的组织边界,社会成员只有符合一定条件,履行一定手续,才能成为组织成员;(4)具有发达的内部分工体系,组织成员往往长期从事某项具体工作,由于任务的简化、目标的狭窄以及活动的重复性而造成了专业化,这种专业化常常能够获得较高的工作效率;(5)存在着正式的、稳定的职位结构,它既可以保证组织整体功能的发挥,也可以保证组织活动不受人事变动、成员个性等不确定因素的影响;(6)规模一般比较大,如特大型企业可以拥有数十万职工;等等。[12]狭义的社会组织实质上也就是职业化组织,这些组织是行业图书馆的服务对象。

在上述组织特征中,决定组织成员信息需求的主要因素包括:(1)组织目标。组织目标是组织争取达到的一种未来状态,是开展各项组织活动的依据和动力,它直接规定着组织的整体需求并从而规定着每一个组织成员的信息需求,它是行业图书馆建立信息资源体系的最主要的依据之一;(2)组织活动。组织活动是组织在社会分工体系中所承担的作为职业的专门化活动,如教育、金融、交通运输等,它是组织目标的展开和实现过程,它规定着组织的边界,决定着组织及组织成员的信息需求,是影响行业图书馆运行的又一重要因素;(3)组织结构。也称组织的正式结构,是组织内部各个职位、各个部门之间正式确定的、比较稳定的相互关系形式,包括职位结构和部门结构两部分,它们限制了特定组织成员的信息要求,为行业图书馆的区别服务提供了依据;(4)组织环境。组织环境是组织界线以外一切影响组织活动的因素,又有一般环境和具体环境之分,一般环境是指自然地理环境、社会生产力水平、所有制状况、社会政治制度、社会意识形态和价值观念、文化传统、教育水平、社会分工状况等因素,具体环境则指与组织输入有关的资源状况、接受组织输出的环境需求和环境承受力、组织外部的竞争对手和协作伙伴,以及与社会组织活动有关的具体政策、法规等外部干涉力量,这些因素从宏观方面规定着社会组织的信息需求,并从而对行业图书馆的情报功能提出了更高的要求。

从社会的角度分析,每个社会如要生存下去并向它的成员提供一种令人满意的生活,就必须满足某些基本的社会需要。譬如,必须抚养和照顾儿童;文化知识必须世世代代传下去;必须共同遵守和支持重要的社会价值标准;必须维持社会秩序;必须生产商品和服务;等等。而为了解决这些反复出现的问题,社会成员创造了种种思想和行为模式,这就是制度。"制度是稳定地组合在一起的一套价值标准、规范、地位、角色和群体,它是围绕着一种基本的社会需求而形成的。"[1]社会制度有许多种,表6-2列举的仅是其中的一部分。我们认为,公共图书馆本身就是一种社会制度,一方面,它的存在是为了满足人类文化知识世世代代传递下去的社会需要,另一方面,它的存在又是所有其它社会需要实现和满足的信息保证。从理论上来说,公共图书馆应为所有社会群体和社会个体服务,但在实际操作中,它主要是为政治制度、经济制度、法律制度以及教科文制度服务的,表6-2中各类社会制度及相应社会群体的社会需求、基本价值观、主导规范、有关的地位与角色等因素有利于公共图书馆及其它图书馆进行用户信息需求分析并提供高质量的服务。

表 6 – 2　主要社会制度[1]

制　　度	社会需要	某些价值标准	某些规范	某些地位角色	某些群体
家　　庭	对性行为加以控制 照顾儿童	夫妇彼此忠贞	一夫一妻	丈夫、祖母	亲属群体
教　　育	向年轻人传授文化知识	钻研知识	到校学习	教师、学生	班级组织
宗　　教	共同遵守和重申社会的价值标准和团结	信仰上帝	定期做礼拜	犹太教教士、红衣主教	路德教派组织、公理会
科　　学	研究社会和自然界	无偏见地寻求真理	进行研究	物理学家、人类学家	研究小组、科学学会
政治制度	分配权力；维护秩序	自由	无记名投票选举	参议员、说客	立法机关、政党
经济制度	生产和分配商品和服务	自由经营	谋取最大利润	会计、卖主	公司董事会、工会
医疗制度	照顾病人	身体健康	尽可能挽救生命	外科医生、病人	医院全体职工、病人
军　　队	进攻或抵抗国家的敌人	纪律	服从命令	将军、士兵	排、师
法律制度	加强社会控制	公正审判	让嫌疑犯知道他们的权利	法官、律师	陪审团、同牢囚犯
运　　动	娱乐、锻炼	获胜	按规则进行	裁判、教练	棒球队

　　群体用户的信息需求不同于个体用户的信息需求,由于特定社会组织所从事的社会活动的内容及其所处的社会自然环境不同,由于特定社会组织的目标不同,由于特定成员在社会组织结构中的位置不同,这些组织及其成员的信息需求也不相同。概括地

讲,群体用户信息需求分析应注意区分以下几种规律性现象:

首先,某些行业比其它行业更需要信息的支持。一般而言,以知识、信息的生产、研究、加工、组织、传播、再生和利用为主干活动的行业,更倾向于依赖图书馆的信息资源供应与服务。如为教育部门服务的学校图书馆、为科研部门服务的研究图书馆、为决策部门服务的政府部门图书馆和部分公共图书馆等都发展得较为完备,发展水平也较为整齐。行业的信息依赖性程度可作为公共图书馆制订目标、规范和政策的依据之一。

其次,具体到某个社会组织中,某些组织成员比其他成员更需要信息服务。通常,一个组织的决策人员、研究与发展人员、工程技术人员、教育培训人员、调查咨询人员、市场公关人员、战略管理人员等倾向于经常地、大量地利用图书馆的信息资源,他们是图书馆的重点用户;而一般操作人员、行政人员、辅助人员等则是一般用户,他们的工作多是经验导向的熟练工作,较少有经常性的不断更新的信息需求。

再次,就重点用户的信息需求而言,又有重点需求和一般需求之分。重点需求是指与组织目标紧密相关、涉及组织前途与命运的信息需求,如大型国有企业的技改工程、中小型企业的市场竞争等方面的信息需求就属于重点需求;一般需求则是与组织活动相关的信息需求,如货源、产品包装、销路等方面的信息需求。应当指出,重点需求是时时变化着的,随着时间的推移和环境的变化,重点需求和一般需求也可能互易其位。

最后,重点需求又有战略需求和时尚需求之分。战略需求是关系到组织长远发展的信息需求,而时尚需求则是围绕特定时期的主题和时尚而形成的信息需求。譬如,"十五大"之后,国内学术界和企业界兴起了一种"股份制热",这种流行的政治风潮必将激发组织成员相应的信息需求,这种需求就属于时尚需求;而如何应用日新月异的信息技术来改造或重塑企业的生产结构、组织结构和人员结构,有效地提高生产率和竞争力,逐步扩大市场份额和树立品牌形象等,则属于战略信息需求。企业图书馆无疑要运用一定的艺术来处理好这两种信息需求,以确保企业的生存与发展。

群体用户信息需求分析的关键是不能平均地对待每个组织成员的信息需求,由于存在整合作用,我们就可以忽略组织成员特殊的、个体化的信息需求,而将重点放在组织目标所决定的重要活动和重点用户的信息需求方面,在突出重点的前提也适当兼顾一般,只有这样,才能更好地满足群体用户的信息需求,才符合组织的整体利益。

6.3　图书馆与人的全面发展[14]

6.3.1　人的全面发展及其实现条件

所谓用户,实质上也就是社会的人。人的多方面信息需求是与人所处的多种社会关系直接相关的,而人的多种社会关系又规定着人的本质。"人的本质并不是单个人所固有的抽象物。在其现实性上,它是一切社会关系的总和。"[5]马克思对人的本质的论述实现了人的研究和社会的研究的统一,同时也说明了追求全面发展是人的本质的要求。

马克思认为,人的全面发展是指普遍的(每个)个人的全面发展,而个人的全面发展往往是相对于他们的片面发展而言的。就个人而言,具有三种本质特征,即类特性(个人不同于动物,他属于人这个"类")、社会特性(个人不同于"一般人",他是现实的个人,是社会的存在物)、个人特性(也叫个性,个人不同于单个他人,他具有与他人不同的个人独特性)。因此,个人的全面发展就指个人的类特性、社会特性和个人特性在个人那里的充分发展。[15]

首先,人的全面发展是指人的"类特性"在个人那里的充分发展。马克思指出,自由自觉的创造性生活是人之所以为人的本质特征,即是人的"类特性"。这表明,个人作为人类的一分子,按其必然性来说,他必须追求和实现这种类特性,只有这样,个人才能成其为人,换言之,每个人必须充分发展和实现人的类特性。而人的自由自觉的创造性劳动在个人那里的充分发挥又包括两方面的内容:一是活动的内容与性质,这是指活动的独立自主性、自由自觉性和能动创造性等多种能力,这方面的发展实质上是个人主体性及其本质力量(能力)的充分发展;二是活动的形式,即从事的是何种活动,这方面的发展在马克思看来,实质上是个人活动充分达到丰富性、完整性和可变动性。马克思指出,全面发展的个人,是能从事多种活动的、在许多部门内发展的和可自由变换劳动活动的个人。

其次,人的全面发展是指人的"社会特性"在个人那里的充分发展。马克思认为,个人的社会特性的发展有如下具体内容:(1)个人与他人不仅以社会群体中的某一成员的身份发生相互关系,而且还作为个人发生相互关系;(2)在我和别人的交往中,我把别人当作发展自己力量所需要的对象,在这种关系中,个人彼此间交流经验和知识;(3)个人的主要社会关系(个人和他人的关系、个人和集体的关系、个人和人类的关系)的和谐发展;(4)个人积极参加社会生活的多种领域和世界的交往,并发生全面而丰富的联系,尽可能利用全社会和世界的全面生产和关系的成果,来为自己的发展服务,以摆脱个人的个体局限、职业局限、地域局限和民族局限;(5)在丰富全面的社会关系中,个人之间的关系成为他们自己的共同关系并服从他们的共同控制,从而使他们获得现实关系和观念关系的全面性。

最后,人的全面发展是指人的"个性"在个人那里的充分发展。马克思认为,个人的个性的发展包括如下具体内容:(1)个人自身中的自然潜力的充分发挥;(2)在社会意义上,个人的肉体和心理的完善;(3)个人需要的相对全面和丰富;(4)相对丰富全面而又深刻的感觉;(5)精神道德观念和自我意识的全面性;(6)个性的自由发挥。

人的全面发展是相对于人的片面发展而言的。人的片面发展,主要是由于社会生产力发展水平较低和社会分工不合理造成的。马克思和恩格斯通过对人类社会发展的历史考察,他们发现,是第一次大分工,即城市和乡村的分离,给人带来了片面发展,它表现在"使农村人口陷于数千年的愚昧状况,使城市居民受到各自的专门手艺的奴役。它破坏了农村居民的精神发展的基础和城市居民的体力发展的基础。"[5]而正是社会化大工业生产的发展,对生产者提出了"全面发展"的要求。所以,要实现人的全面发展,首先要大力发展生产力,消除社会不合理的分工。具体地说,实现人的全面发展需要以下决定性的条件:[16]

第一,要大力发展生产力,消除不合理的社会分工。社会生产力尤其是科学技术的飞速发展,是实现人的全面发展的最根本的前提。我们知道,社会分工从形式上是不会消除的,但随着科学技术的进步,生产过程全部达到自动化之后,由于机器不仅会替代原来由人手完成的加工动作,而且也会执行原来由人脑担负的指挥与调节生产的职能,这样就把人力从直接的物质生产过程中完全解放出来,因而也就从根本上消灭了社会不合理的分工。到那时,劳动主体的全面发展就无可阻挡了。

第二,自由时间的充裕。只有人们除了生产物质产品所花费的社会必要劳动时间外,还有相当多的自由时间可以运用,人们才能来发展文化艺术、科学智力和精神生活的能力,从而才能得到全面的发展。"节约劳动时间等于增加自由时间,即增加个人得到充分发展的时间,而个人的充分发展又作为最大生产力反作用于劳动生产力。"[17]马克思这段论述说明了生产力发展、自由时间的运用与人的全面发展的关系,即:一方面,生产力的发展决定着自由时间的存在与多寡,而自由时间的存在又是人的全面发展的重要前提;另一方面,自由时间的运用促进了人的全面发展,从而又直接地推动了生产力的进一步发展。

第三,劳动的自主性。随着劳动者基本退出直接生产过程以及社会不合理分工的消除,必然促成劳动性质的深刻变革:由谋生手段转变为生活目的,转变为自由自觉的活动即创造性的劳动。在这种性质的劳动中,劳动者不再被限定在社会不合理分工的位置上,而是作为既通晓多种文化知识,又懂得按照各种尺度进行生产的积极主体,活跃在各个生产领域。为此,人不再把劳动的需要仅仅当作外在生存和必需,而是作为自身的内在驱动予以积极的实现,人在劳动中感到的不再是辛劳乏味,而是充满创造的乐趣。自由自觉的创造性劳动既是实现的人的全面发展的前提,也是人的全面发展的体现。

人的全面发展是人类的奋斗目标,它的实现无疑需要一个相当长的历程。但令人鼓舞的是,人类一直在向着这个目标靠近,并不断地在为实现这个目标创造和提供各种前提条件。图书馆正是人类所创造的促进人的全面发展的社会系统。

6.3.2 图书馆是人的本质的物化形式之一

根据马克思的有关论述,人的全面发展是指人的类特性、社会特性和个人特性在个人那里的充分发展,简言之,是指人的本质在个人身上的充分体现。然而,什么是人的本质呢? 人的本质和图书馆有什么联系? 只有搞清这些问题我们才能更好地把握图书馆与人的全面发展的关系。

人的本质是人类产生以后就一直困扰着人类的问题。不同时代的不同人们都曾从各自的角度提出了自己对人的本质的认识,在此,我们选择几种有代表性的观点进行分析,以求对人的本质有一个更为接近的全面的认识。

"人是理性的动物"。早在公元前 6 世纪,古希腊哲学家毕达哥拉斯(Pythagras)就论及了人的本质,他把人的灵魂分为三部分,即表象、心灵和生气。动物有表象和生气,只有人有心灵。心灵就是人的"灵魂的理性部分"。稍晚一些,古希腊大思想家亚里士多德也认为,人的灵魂中除了具有和动物一样的能感觉的部分之外,还有能作理论思维的"理性灵魂",具有"理性灵魂"是人区别于动物的特点,所以说,"人是理性的动物。"[18]

"劳动创造了人"。马克思主义哲学认为,生产劳动是决定人与动物的区别的本质特征,因而也是人的本质之所在。"动物仅仅利用外部自然界,单纯地以自己的生存来使自然界改变;而人则通过他所作出的改变来使自然界为自己的目的服务,来支配自然界。这便是人同其它动物的最后的本质区别,而造就这一区别的还是劳动。"[17]劳动创造了人。人在生产劳动中变革自然,结成社会,发展思维,自然不再是和人无关的外部世界,而是人的作品,是人的现实世界;生产中结成的社会关系也是人们能够现实地意识到的社会;而且,通过生产实践,意识也不再仅仅在头脑中,而是转化到劳动的产品中。总之,通过生产实践,人的本质不仅在自身中存在,并且在生产创造的世界中存在,也就是使人的本质二重化了,产生了对象化的人的本质,使人能在自身之外来认识自己的本质。[18]需要指出,马克思主义哲学所界定的作为人与动物本质区别的劳动,是指自由自觉的创造性劳动,而图书馆就是这种劳动的产物之一,是一种对象化的人的本质。

"人是符号的动物"。德国当代著名哲学家恩斯特·卡西尔(E. Cassirer)在其名著《人论》中指出,人与其说是"理性的动物",不如说是"符号的动物",亦即能利用符号去创造文化的动物。人与动物的根本区别在于:动物只能对信号作出条件反射,而只有人才能将这些信号改造为有意义的符号。信号是物理的存在世界的一部分,符号则是人类的意义世界的一部分。人能发明运用各种符号,所以能够创造他自己需要的"理想世界"。[19]

"人的本质是自由"。我国著名美学家高尔泰认为,自由是人类历史的起点。人曾经是动物,与大自然结为一体,是大自然的一个自在的部分。人之所以为人,是从他不把自己当作自然的部分,而是把自然当作自己的对象进行加工改造时开始的。换言之,人之所以为人,是从他超越了自然的束缚,超越了自然必然性的束缚,把自己当作自由的主体加以解放时开始的。当人不是盲目地受环境和自然必然性的支配,而是作为能驾驭自然必然性以改造环境的主体而出现时,人才成其为人。[20]

总之,人们对"人的本质"的认识是不尽一致的,以上述几种观点为例,它们之间就存在着歧异,这大约与认识角度不同有关。但细加分析,可以发现,它们之间还是有着共同的内容:创造和积累信息资源。劳动是创造和积累信息资源的过程,理性和符号是创造和积累信息资源的手段,自由则是创造和积累信息资源的结果。也就是说,从一个新的角度,我们可以把人的本质概括为"创造和积累信息资源"。

人是能够创造和积累信息资源的动物。之所以这么表述,主要有以下几方面的根据:(1)马克思认为,"一个种的全部特性、种的类特性就在于生命活动的性质,而人的类特性恰恰就是自由自觉的活动"。[17]在这里,自由自觉的活动也就是自由自觉的劳动,如果作进一步的分析,劳动是创造和积累信息资源的过程,"自由自觉"则是信息资源积累的结果,也就是说,自由自觉的活动本身可以表述为"创造和积累信息资源的活动";(2)"创造和积累信息资源"的逻辑起点是语言能力(包括文字能力)的发展,它的发展决定着人的思维能力的发展,而能思维正是人的本质特征,思维的过程也是创造和积累信息资源的过程;(3)迄今为止,在所有动物

272

中,只有人能够创造和积累信息资源,而其它动物只能感知和利用信号,所以,"创造和积累信息资源"可以看作是人与动物的本质区别;(4)因为人能够创造和积累信息资源,所以每一代人的劳动都是先前各代人劳动的继续,社会总是在新的起点上向前发展;而其它动物由于不懂得创造和积累信息资源,所以只能简单地受生理遗传的支配,每一代都几乎千篇一律地重复上一代的生活。由此可见,"创造和积累信息资源"规定着人与动物的根本区别,从而也表征着人的本质。

人类是从开始懂得创造和积累信息资源时揖别动物的。创造和积累信息资源的结果,使人类拥有了自己的世界,并使人类能在自身之外来认识自己的本质,来逐步地全面地占有人的本质。如前所述,人在生产中创造的产品,本来是人的本质的对象化,反过来这些产品又满足了人的物质和精神的需要,成为保持和发展人的本质的基础。同理,人类在创造和积累信息资源的过程中,实现了人的本质,这些信息资源可谓是人的本质的外化,而这些信息资源反过来又满足了人们的需要,成为保持和发展人的本质的基础。从这个意义上讲,作为信息资源积累的结果,图书馆正是人的本质的物化形式之一,是对象化了的人的本质。

英国当代科学哲学家波普尔(K. Popper)曾做过两个思想实验:(1)如果我们人类所有的机器和工具都破坏了,而图书馆还存在,那么人类仍然能够重新发展起来;(2)如果图书馆连同所有的机器与工具一起都破坏了,那么人类文明的重新出现,就是几千年以后的事情了。[21]波普尔的实验并不难理解,因为图书馆是人的本质的物化,一旦图书馆毁掉了,人类将不能从自身之外来认识和占有人的本质,而只能在实践中从头开始创造和积累信息资源——这将是一个漫长而艰难的过程。

人的本质不是静止的和绝对不变的,人的本质随着人类的发展进化而不断地改变着,"整个历史也无非是人类本性的不断改变而已"。[17] 也就是说,人类社会的历史不外是人们创造和积累信息资源的历史,是人的本质不断发展的历史。而图书馆就是这种历史的见证,是人的本质变迁史的缩影。

图书馆是人的本质的物化形式之一,这决定了它的崇高地位。就此而言,图书馆工作就是使人充分占有人的本质、使人成其为人的工作,世上还有哪种工作比这样的工作更高尚? 恩格斯说过,"人来源于动物界这一事实已决定人永远不能完全摆脱兽性,所以问题永远只能在于摆脱得多些或少些,在于兽性或人性的程度上的差异。"[17] 恩格斯的话给我们提供了极大的启发,我们研究图书馆、发展图书馆,其目的不就是使每个人更多地占有人的本质,使每个人充分地发展自己各方面的潜能,从而促进人的发展和人类社会的发展吗?

6.3.3 促进人的全面发展是图书馆的最终与最高目标

图书馆作为人的本质的物化形式,其最直接的功能就是促进人的全面发展。这是因为,人的全面发展意味着个人全面地占有人的本质,"作为一个完整的人,占有自己的全面的本质。"[17] 在现实意义上,则意味着个人全面地占有人类所创造和积累的各种信息资源。一般而言,个人获取和占有信息资源的途径有两种:一是通过个人的实践活动直接获取各种信息资源,这些信息资源也称直接信息资源;二是通过人际交流和各种信息媒体间接地获取他人的直接信息资源,这些信息资源也称间接信息资源。由于直接信息资源的获取要受时间、空间、条件及心理等因素的限制,在现代社会中,它在个人所占有的信息资源集合中的比例已越来越小;而间接信息资源作为整体反映了人的本质的发展程度,是人的全面发展的基础和条件,在现代社会,个人获取间接信息资源的途径又越来越多,手段也越来越便利,所以,间接信息资源的获取在人的全面发展中占有着越来越重要的地位。

图书馆是人类所创造的最重要的传播间接信息资源和开发直接信息资源的社会系统之一,与教育系统、情报系统和大众传播系统等信息资源传播系统相比较,图书馆在造就全面发展的人方面具有得天独厚的优势。主要表现在:(1)图书馆全面系统地收藏着人类所创造和积累的各种信息资源,其博大精深是教育系统等所不可比拟的,这些信息资源反映了人类进化与发展的历史,充分体现了人的"类特性";(2)图书馆正在进行的网络化和现代化建设,将能够通过资源共享的方式,让全人类所创造和积累的信息资源为每一个人的全面发展服务;(3)图书馆的信息资源传播不受时空限制,一方面它能够把先前各代人所创造和积累的信息资源保存下来并传递给每一个人,另一方面它又能把当代不同地区的人们所创造的信息资源尽快地传递给每一个人;(4)图书馆能够在人生的每一个阶段以及人们所需要的任何时间,满足人们的不同层次的需要,人们在图书馆可以各取所需,充分发挥自己的主观能动性,开展自由自觉的创造性活动,发展自己多方面的能力;(5)在现代社会,人们利用图书馆通常只需要具备阅读能力即可,比之教育系统和大众传播系统,其所需投资少,所受限制亦少,同时还有利于学为所用、学用结合;此外,图书馆还能为人们提供社会交往的机会,有助于摆脱个人的个体局限、职业局限、地域局限和民族局限,有助于个性的自由发挥,等等。

　　一个全面发展的人就是一个各方面潜能得到充分发挥的人。就个人而言,一个片面发展的人在他所活动的狭窄领域内的发展往往是十分有限的,个人某一方面能力的发展程度既是其个性发展程度的体现,同时又受个性整体发展程度的制约。历史证明,许多在某一领域作出了独特贡献的人物,往往是在他们所处的历史条件允许的范围内尽可能全面发展的人。如古希腊的亚里士多德、春秋战国时的孔子、中世纪的达·芬奇(Leonardo da Vinci),近代的马克思和恩格斯、现代的毛泽东等人,就是在他们所处历史条件下全面发展的人,而他们的发展都在很大程度上得益于图书馆,有大英图书馆圆顶阅览室马克思的"脚印"为证。可见,图书馆在人的全面发展中具有多么重要的作用,这是图书馆的光荣与骄傲,同时也是每一个图书馆员肩负的伟大使命。

图书馆直接地是为人服务的,其社会影响是通过它所直接服务的人的发展而体现出来的,所以,图书馆首当其冲地应该是研究人,研究如何为人的发展服务——以系统选择的信息资源体系为立足点,通过提供信息资源和组织信息利用为人的全面发展服务。我们认为,为了更好促进人的全面发展,图书馆需要处理好以下几方面的关系:

一是资源共享与机会均等的关系。图书馆资源共享的目的是通过图书馆之间的合作或一体化,在信息资源剧增与经费日益拮据的矛盾不断激化的情况下,仍能维持和不断提高各馆的信息资源提供能力,最大限度地满足人们的信息需求。资源共享有助于扩大图书馆的用户面并为他们提供更优良的服务,但资源共享不等同于机会均等。作为人类进步的事业,图书馆有义务为所有的人提供均等的利用图书馆的机会,为此,图书馆在推行资源共享的同时,还须加强信息资源的合理布局,大力普及图书馆和图书馆服务,并要积极参与扫盲和普及教育活动,力争把每一个有阅读能力的人都吸引到图书馆中来,用全人类所创造的精神财富为每一个个人的全面发展服务。需要指出,为人的全面发展服务是所有图书馆的共同使命,并不是说每一个具体的图书馆都应考虑用户的所有信息需求及为此收集所有的信息资源;对于行业图书馆而言,在主要考虑职业活动的信息需求的同时可适当兼顾本行业组织用户的全面发展需求;对于社区图书馆而言,应根据社区居民的具体情况设计信息资源体系,最大限度地服务于他们的全面发展;至于公共图书馆,则应在为特定区域重点用户服务的前提下,无条件地向所有的人开放,从而为人的全面发展提供最后一道屏障;统而言之,只有各类型和各层次的图书馆联合起来,真正地实现资源共享,才会满足每一个个人的全面发展的需求。

二是信息服务与生产劳动的关系。马克思认为,教育同生产劳动相结合,"不仅是提高社会生产力的一种方法,而且是造就全面发展的人的唯一方法。"[17]这种思想反映到图书馆工作中,则要求图书馆的信息服务要紧密围绕生产劳动,积极为生产劳动服务。我们知道,生产劳动是人们的主要活动,在现阶段,还是人们谋生的主要手段,人们通过图书馆获取有关生产劳动的信息资源则是人们利用图书馆的主要动机之一。为了满足人们在生产劳动方面的信息需求,图书馆需要做到:(1)通过调研了解本地区或本部门内部的各种生产劳动的性质、内容及其发展趋势,从而有针对性地组织信息资源;(2)注重理论与实践的结合,间接信息资源服务与直接信息资源服务的结合,在进行信息资源传播的同时,请有关专家或实践部门的人员传授经验,积极为用户提供各种实用信息和信息源;(3)主动搜集用户的反馈信息,及时了解生产劳动的新进展、新发现和新技术,保持图书馆信息服务与生产劳动的密切联系;(4)引导用户扩大知识面,发展多方面的能力,以摆脱他们个人的职业局限和地区局限,最大限度地实现全面发展。

三是美育和智力开发的关系。图书馆注重智力资源的开发,但在美育方面却重视不够。其实,美育在人的全面发展中有着重要的作用,它与人的智力发展是相辅相成的。美育用现实生活中的美好事物和反映在艺术作品中的先进人物的思想感情和活动来感染读者,对人的情感、思想、意志和性格有着广泛而深刻的影响,它丰富了人们的精神生活,有助于促进人的个性的和谐发展,因而也有利于人的智力发展。所以,图书馆应该把智力资源的开发同美育有机结合起来,在传播信息资源的同时,积极地通过推荐优秀健康的文艺作品、组织书评和讲座、举办艺术展览等方式,通过图书馆员的美的行为,对广大用户进行美的教育。

四是全面发展和因材施教的关系。全面发展并不是要求每个人在德、智、体、美、劳诸方面平均发展，每个人都有体力、智力、兴趣、爱好、能力等方面的差异，只有根据每个人的特点，因材施教，才能达到每一个个人的全面发展的目的。落实因材施教要求图书馆工作要细致，要全方位地普遍地开展用户研究，建立用户档案，掌握每个用户的个性特征及其阅读的规律性，从而为用户提供"个别的服务"，使他们能够取己所长，更好地实现自己的价值。

可以说，图书馆学是众多的以人为研究对象的学科之一。一方面，图书馆是人类思维的产物，是人的本质的物化形式之一，要研究图书馆，首先要研究人类的精神生产活动及其历史；另一方面，任何一个具体的图书馆的信息资源体系都是特定用户群的信息需求的对象化，是为人的发展服务的，要提高图书馆的服务质量和社会效益，就要研究人的需求和人的发展。所以，我们认为，图书馆学是一门研究人的学问，它的最终和最高目标是为人的全面发展的服务。

参考和引用文献

1. 伊恩·罗伯逊著；黄育馥译. 社会学（上册）. 北京：商务印书馆，1990. 73,108～111

2. 社会学概论编写组. 社会学概论. 天津：天津人民出版社，1984. 56,

3. 苏东水. 管理心理学（修订版）. 上海：复旦大学出版社，1992. 122,116, 119,122～123

4. 孙耀君. 西方管理思想史. 太原：山西人民出版社，1987. 306～308

5. 马克思，恩格斯. 马克思恩格斯选集. 北京：人民出版社，1972. 第 4 卷 243～244 页，第 1 卷 22 页，第 4 卷 21 页，第 1 卷 18 页，第 3 卷 330 页

6. 杰西·H·谢拉著；张沙丽译. 图书馆学引论. 兰州：兰州大学出版社，1986. 1～56

7. 黄宗忠. 图书馆学导论. 武汉：武汉大学出版社，1988. 180

8. 图书馆学百科全书编委会. 图书馆学百科全书. 北京：中国大百科全书

出版社,1993.586

    9. 杨威理. 西方图书馆史. 北京:商务印书馆,1988. 187,42 ~ 68 , 69 ~ 76,145

    10. 资源来源于 http//www. hypl. org(科学、工业和商业图书馆的 homepage).

    11. 谢灼华. 中国图书和图书馆史. 武汉:武汉大学出版社,1987. 29 ~ 31, 75 ~ 80,163 ~ 165

    12. 郑杭生. 社会学概论新编. 北京:中国人民大学出版社,1987. 105 ~ 219

    13. 孟广均等. 信息资源管理导论. 北京:科学出版社,1998

    14. 霍国庆. 图书馆与人的全面发展(上)、(下). 山西图书馆学报,1994 (2),(4)

    15. 韩庆祥,关于马克思"人的全面发展"涵义的商榷. 新华文摘,1991 (2):21 ~ 25

    16. 袁贵仁. 人的哲学. 北京:工人出版社,1988

    17. 马克思,恩格斯. 马克思恩格斯全集. 北京:人民出版社,1957. 第 46 卷下册 225 页,第 20 卷 518 页,第 42 卷 96 页,第 4 卷 174 页,第 20 卷 40 页, 第 42 卷 123 页,第 23 卷 530 页

    18. 人民出版社编. 关于人的学说的哲学探讨. 北京:人民出版社,1982.

    19. 恩斯特·卡西尔著;甘阳译. 人论. 上海:上海译文出版社,1985.

    20. 高尔泰. 美是自由的象征. 北京:人民文学出版社,1986.

    21. 宓浩. 图书馆学原理. 上海:华东师范大学出版社,1988.

7 信息市场中的图书馆

7.1 市场经济给图书馆带来的新问题[1]

7.1.1 市场经济与图书馆

从理论上讲,人们一旦产生了信息需求,作为需求方,他们就会进一步产生满足需求的行为,就会想方设法获取信息(包括购买信息)来满足自己的需求;与此相关,受利益的驱动,作为供给方的人们就会根据这些需求生产并供给信息,这样就形成了信息的供求活动,从而也必然会形成承载信息供求活动的信息市场。但事实上,由于信息是一种特殊的商品,在封建社会之前,信息长时间地垄断在统治者及少数御用文人或知识分子之间,广大劳动者无权和无条件获取信息,因此也就谈不上有真正的信息市场。信息市场的出现除了信息需求和信息供给这两个必要条件外,还需要两方面的促进因素:一是生产劳动性质的变化,这种变化使劳动者潜在的信息需求现实化,从而迫使他们产生信息行为,寻求和获取信息以适应生产劳动的新要求;二是市场经济体制,它为信息市场的运行提供了一种适当的外部环境,从而有利于信息交易活动的展开。马费成等在《信息经济学》一书中认为:"信息商品在我国出现绝非偶然现象,它是当代新技术革命与我国经济体制改革这两股浪潮撞击汇聚的必然结果"。[2] 马费成等人的认识可谓是对信息市场产生原因的注解。

市场经济促进了信息市场的形成,并从而影响了图书馆的发展,可以说,市场经济既给图书馆提供了发展的机会,也给图书馆带来了诸多新的问题,其如 80 年代末 90 年代初图书馆界流行的"低谷论"就与市场经济的推行有关。当时,部分研究人员和管理人员过分夸大了市场经济对图书馆的作用,不加分析地胡乱套用市场经济的种种规律,从而扰乱了图书馆的正常发展秩序,给图书馆的发展蒙上了一层阴影。有鉴于此,我们需要对市场经济进行客观的分析,并在此基础上理清图书馆与市场经济的关系,为图书馆的良性运行和健康发展提供理论依据。

关于市场经济的内涵,当前经济学家多数认为,它是以市场作为资源配置的基础性方式和主导手段的经济,是一切商品生产发展到社会大生产阶段客观上所必需的资源配置方法,它基本上不依存于社会制度的性质。市场经济的主要内容包括:(1)一切经济活动都要以市场为中心,都要受市场机制的调节;(2)市场经济内在的运动规律,主要是价值规律;(3)企业是市场的法人主体,企业能够自主决策、自主经营和自负盈亏;(4)市场调节带有自发性和后发性的特征;(5)市场经济不具有姓"社"姓"资"的区别。社会主义市场经济是在以公有制为主体的条件下所实行的市场经济,它要求各种经济成分和经营方式的企业都要进入市场,平等竞争,共同发展。[3]

而图书馆就其本质而言,自它产生到现在,都是一种信息资源体系,是信息市场中的信息供给方。图书馆有其自身的运行和发展规律,这些规律多数不受社会制度性质的制约,也不因经济体制的不同而不同,譬如,图书馆信息资源的选择方法、组织规则、保存技术、传递方式、用户的阅读规律及其它方面就不会受计划经济或市场经济的根本影响。当然,图书馆毕竟是社会结构的有机组成部分,它的产生、存在、发展与变化不可能脱离社会环境,作为一种精神活动,它必须受物质生产的生产方式的制约,即受生产力发展水平、生产关系所构成的经济制度的制约。物质生产的生产方式,决定着图书馆的发展水平(程度、规模、速度),决定着图书馆的整体结构(类型结构、层次结构、地区布局结构),决定着图书馆的社会性质(公益性、学术性、教育性、服务性)。概括地讲,一定的社会生产方式,决定着图书馆整体的状态,而经济制度中经济体制与图书馆的关系仅是其中的一种关系。所以,我们不能把市场经济与图书馆的关系,看作是与经济的全部关系,我们必须看到图书馆与整个社会的多种关系,切忌将其简单化,否则就会出现歪曲的实践。

市场经济是目前我国社会经济发展的主调,它不可避免地要给图书馆的发展带来这样或那样的影响。客观地分析,市场经济给图书馆带来的问题多于机遇,择其要者而论,这些问题主要包括:图书馆能否进入市场? 图书馆能否完全按照市场经济规律运行? 图书馆能否实行"一馆两制"? 等等。对于这些问题,图书馆只有兼顾市场经济的基本规定和图书馆自身的运行规律进行分析,才能得出切近事实的结论,才能最大限度地促进图书馆自身的发展。

7.1.2 图书馆能否进入市场

图书馆进入市场的先决条件是图书馆的产品能够成为商品。一般而言,图书馆的产品主要包括经过组织加工的信息资源和图书馆服务两大类,它们能否算作商品呢? 根据马克思的政治经济学理论,商品是用于交换的劳动产品,要交换,不同商品必然要有某种同质的东西存在,这种同质的东西,就是商品的价值,即人类无差别劳动的凝结。商品只有在价值量相当的基础上,才能进行相互交换,这叫做等价交换,也叫做价值规律。图书馆本身并不生产信息资源,即使勉强说"生产",也只是组织加工而已,其本质是

282

信息资源的贮存与传播系统。同样作为中介机构,新华书店系统则不同于图书馆,新华书店是用自己的经费购进书刊,再转卖给用户,从中赚取批零差价,可谓十足的商业机构;而图书馆是用国家的财政拨款来支付购书费用和图书馆工作人员的薪水,是用社会的财富来维持生存与发展的,是代表社会来行使这部分社会职能的,换言之,社会成员已通过纳税等方式支付了图书馆的使用费,我们不能再要求他们有偿地利用图书馆所收存的信息资源。从这个意义上讲,图书馆的信息资源虽然具有商品的属性,但却不是商品。推而论之,一般的图书馆服务也不是商品。

图书馆的主导产品不是商品,但是否图书馆的所有产品都不是商品呢? 这个问题需要联系图书馆的产业化来做具体分析。图书馆产业一般是相对图书馆事业而言的。目前的所谓图书馆产业,并不是要把图书馆当作企业或商场来办,它的实质在于重新确立图书馆与其它社会部门的关系,明确社会部门和社会成员要获取图书馆信息及其服务是要支付报偿的。所谓图书馆产业化,也不是要把整体图书馆作为产业来经营,而只是把图书馆的信息开发等部分产业化。因为,图书馆所收存的信息资源虽然不是商品,但以图书馆所收存的信息资源为对象开发出来的信息却可以是商品,这些再生的信息凝结着图书馆开发研究人员的劳动,可以在等价交换的原则下交换。总之,强调图书馆产业,并不是要否定图书馆作为事业的属性,图书馆既有产业的特征,也有事业的特征,但从根本上来说它还是一种国家事业。近年来图书馆界提倡的是"一馆两制"、"一馆两业",就是以图书馆的两重属性为依据的。

图书馆有着自己的运行规律,它与市场经济的运行规律不同,其区别表现在:(1)市场经济由于供求关系的影响,在资源配置上变化较快,市场对信息的需求变化也快,而图书馆组织、积累信息资源却具有长期性,简单地为适应市场需要而大量收存热门书刊和流行的信息资源,只是一种短期行为,它必将导致图书馆的功能退化;(2)市场经济对图书馆的影响,仅限于和经济联系较直接的那部分信息资源,而不是作为整体的信息资源体系,作为整体的图书馆是社会整体进步的需要,这就形成了市场经济的有限性与图书馆整体发展的差异,如果认为市场经济对图书馆的制约是全局的,将会使图书馆趋于狭隘的功利化;(3)市场经济的基本原则是价值规律,一切商品通过市场进行等价交换,而"图书馆产品"在市场上交换是不等价的,因为:一方面,用户是无偿或近乎无偿地利用图书馆的,即使从纳税的意义上来讲,由于人均图书馆经费少得可怜,其实是无等价交换可言的;另一方面,即便图书馆实行收费服务,用户租借图书馆所收存的信息媒介,其间也不存在等价交换——用户所购买的仅仅是其中的部分信息资源,而不是信息媒介,但租金一般是以信息媒介为单位计量的;(4)市场经济的运行动力是利益原则,在市场上什么赚钱最多,资源配置就将向那个生产领域流动;而图书馆却不可能完全根据用户的功利性需求来组织和积累信息资源,因为用户选择信息是根据自身利益取向的,但图书馆则是根据社会需求或国家整体需求取向的;(5)市场经济所需要的信息带有明显的实用性和功利性,而图书馆选择信息则具有广阔的适用性,其最终目的是促进人的全面发展。

市场经济给图书馆带来的问题很多,但最主要的问题是"图书馆能否进入市场"的问题。根据上述分析,图书馆所收存的信息资源不是商品,一般的图书馆服务亦不是商品,所以图书馆不存在市场化的前提。从社会发展的角度而言,图书馆主要是人类记忆功能的社会化,它的出现是社会进步的表征,其目的是为每一个人提供发展的机会,使每一个人成为全面的人,因此,图书馆不能完全进入市场实行企业化经营,它必须保证每一个人利用人类精神财富来发展自己的权利。不过由于图书馆的延伸功能——信息开发及其产品具有商品生产的性质,所以,图书馆可以在一定程度上采用市场化的管理方法,同时也可以把图书馆的信息开发等活动市场化并实行产业化经营。

7.1.3 图书馆能否完全按照市场经济规律运行

如前所述,图书馆的价值取向不完全取决于经济的需求,而是取决于满足社会进步的全面发展需求;图书馆活动有其固有的规律,但经济体制对图书馆的若干方面也有直接和间接的影响。也就是说,图书馆不能完全按照市场经济规律运行,但由于市场经济的推行改变了图书馆的外部环境并进而改变了图书馆与其它社会部门的关系,所以,图书馆必须作出相应的变革,以适应动态平衡发展的需求。具体而言,图书馆应在管理体制、业务活动、经费来源及人事制度等几个主要方面寻求与市场经济的接轨或协调发展。

4 在管理体制方面,主要是图书馆与政府的关系上,长期以来,政府对图书馆采取了直接的行政管理,结果出现了包得过多,统得过死,图书馆居为政府的附庸地位。根据市场经济体制的需要和政治民主化的进程,按照政事分开的原则,图书馆应当真正成为面向社会自主管理的法人实体。图书馆要在信息资源的补充、机构设置、人员任免、经费使用、职称评定、工资分配、馆际合作和资源共享等方面,逐步行使自主权。政府则可以运用立法、拨款、规划、信息服务、政策指导和必要的行政手段,对图书馆进行宏观管理。

在信息资源的补充方面,图书馆可以在完成国家规定的信息资源建设任务和保证满足本馆用户基本信息需求的前提下,灵活地根据信息市场的变化,调节信息资源的品种与复本,并进而建立"调节性信息资源",有条件地实行收费服务。同时,图书馆还可以在不影响本馆用户基本信息需求满足的前提下,向周围社区开放,并可以适当收取费用。需要指出,收费服务只是图书馆缓减社会信息需求压力的一种手段,不宜普遍化。

在图书馆经费方面,图书馆要由国家"统包"转向多渠道筹措经费的体制。当然,由于图书馆从根本上说是国家的事业,所以图书馆经费仍应以国家财政拨款为主。但为了保证每一个人都有利用图书馆的机会和权利,国家必须通过法律规定人们对图书馆应尽的义务,譬如说可以征收图书馆附加税。在目前国家财政拨款不足、图书馆经费日见拮据的情况下,我们认为,图书馆可以根据市场需要对某些需求量大且集中的信息资源(如娱乐性信息资源)实行收费服务,以便给更多的人提供利用的机会,并达到以书养书的目的。[4]此外,图书馆还应大力开发信息资源,兴办图书馆产业,为社会提供多层次、多品种的信息产品,以增加图书馆的收入。随着市场经济的进一步发展,图书馆通过公关和高质量的信息服务,争取社会团体、企业以及个人的捐赠,也将是图书馆经费的重要来源之一。

在图书馆信息人员的任用方面,图书馆应实行真正的聘任制。从理论上讲,图书馆信息人员也是劳动力,市场经济要求劳动力也要投入市场,也要按价值规律进行交换,受价值规律的调节,这就导致了图书馆信息人员流动的必然性。然而,图书馆职业又要求图书馆信息人员要相对稳定。为此,国家只有保证图书馆信息人员待遇与同等劳动力相等,才能稳定图书馆队伍。实行真正的聘任制,主要有两层含义:一是按劳动力价值规律,图书馆必须保证图书馆信息人员的工资与同等劳动力相等,否则可以不受聘,自由流动;二是按价值规律,图书馆可以不聘用那些不称职的信息人员。目前,图书馆用人中的不合理现象相当严重,人浮于事也很普遍。真正实行聘任制后,被聘者工作量要倍增,但工资也要倍增,多劳多得原则将进一步得到体现。未被聘用者,只能进入劳务市场,自由流动。

7.1.4　图书馆能否实行"一馆两制"

　　"一馆两制"是市场经济的典型产物,是邓小平"一国两制"思想在图书馆领域的变化和应用。所谓"一馆两制",也称"一馆两业",即在一个图书馆内同时存在着两种不同性质的部门,一是提供无偿信息资源服务的事业部门,二是生产和营销信息产品的产业部门,这两种部门的运行和管理分别采用不同的体制和方法。至于图书馆能否实行"一馆两制",近年来,图书馆界的多数人持肯定态度,他们认为,尽管"图书馆过去、现在、将来都是事业单位",但图书馆也应增强自身的"造血"功能,逐步改变完全依靠外界"输血"来维持生存的状态,具体而言,"图书馆可以利用自己丰富的信息资源和信息技术,创办文献信息产业、信息咨询业,开辟新的经费来源。"[5] "一馆两制"的广泛采用改变了图书馆长期以来的单一的运行和管理模式,它既给图书馆带来了生机和活力,同时也给图书馆造成了无序和混乱,向图书馆管理者和从业人员提出了更高的要求。

　　"一馆两制"源于这样一个事实,即:由国家资助的图书馆主要负责满足用户最一般的阅读需求及与此相关的信息需求,过于个人化、复杂化和高成本化的信息需求的满足应由个人或有关组织负担。也就是说,作为国家举办的事业性信息组织,图书馆本没有满足后一类信息需求的义务,但由于社会的发展和信息化,用户后一类信息需求日益呈现增长的态势,图书馆又必须设法满足这些需求,否则就可能在激烈的市场竞争中衰落、萎缩乃至消亡。于是,图书馆只有自筹资金,组织信息开发和咨询部门,对图书馆收存的信息资源进行个别化处理和深加工,并进而生产适销对路的信息产品,部分地进入信息市场,实行企业化经营。

　　在当前情况下,图书馆实行"一馆两制"是一种有益的选择:首先,这样做有助于缓减或部分解决信息资源总量激增与图书馆经费日益拮据的矛盾,有益于增强图书馆自身的"造血"功能,并从而增强图书馆在信息市场的竞争能力;其次,这样做有利于满足用户多层次的信息需求,有利于用户的全面发展,同时还有利于直接促进经济的发展;第三,这样做有利于充分地开发和利用图书馆的信息资源,最大限度地发挥图书馆信息资源的作用,促进图书馆信息资源的增值;第四,这样做有助于锻炼和造就一支高素质、高水平和适应能力强的信息开发队伍,有助于图书馆的可持续发展;最后,这样做还有助于改善图书馆的环境、技术条件和福利待遇,有助于图书馆的良性运行;等等。总之,图书馆实行"一馆两制"是顺应时代潮流的,是值得肯定的。

然而,图书馆实行"一馆两制"也有许多负效应,赵友、郭恩金在"市场经济对图书馆的负面效应及对策"一文中对此曾做了探讨,他们认为,市场经济对图书馆的负面效应主要包括三个方面:一是图书馆效益观念的混乱和实践行为的扭曲,二是读者服务功能的萎缩,三是经费严重短缺和队伍波动。[6] 实际上,图书馆实行"一馆两制"所带来的负效应还不止上述三个方面,详细地讲,这些负效应主要表现在:(1)一个图书馆内存在两种体制,势必增加管理的难度,一旦处理不好,则会影响图书馆工作的全局;(2)图书馆的信息资源和信息设施是国家财产,开发部门利用这些资源和设施生产信息产品,需要处理好国家、集体和个人利益的关系,否则就会造成国家资产的流失;(3)由于开发部门能够带来直接的收益,图书馆可能会将优秀的信息人员调整到开发部门,部分图书馆甚至可能将工作重点转向开发,这样就可能造成基本服务功能的萎缩,并直接影响用户基本信息需求的满足;(4)开发部门实行企业化经营,必须采用收入与效益挂钩的分配制度,这样就会出现一些高收入的开发人员,就会在图书馆内部引发观念碰撞和人员单向流动等问题,如果思想工作跟不上,就会导致思想混乱和服务滑坡;(5)从长远来说,由于事业体制与企业体制有着根本的区别,它们的并存只能增加图书馆的无序度,而无法实现真正的融合;等等。

我们认为,正如"一国两制"是特定历史时期的一种特殊做法一样,"一馆两制"也将是一种历史现象。如前所述,图书馆是人类进步的产物,肩负着为人的全面发展服务的使命,任何一个民族和国家都有义务建立和维持这样的组织,这是人类进化的必要前提。如果图书馆一味地以经济效益来衡量其发展,那将是人类的悲哀;而"一馆两制"的衍变就可能扭曲图书馆的效益观念。为此,我们应当保持图书馆作为无偿服务组织的主体地位,适度提倡"一馆两制",积极宣传和推广图书馆服务,争取社会各界和广大居民的大力支持,确保图书馆在市场经济环境中的动态平衡发展。

7.2　信息咨询:图书馆与信息市场的接口[7]

7.2.1　图书馆工作的两个基本层次

任何事物或组织与其它事物或组织之间的关系,都是以其功能为媒介的,图书馆与信息市场也不例外,图书馆正是通过其信息咨询功能与信息市场相链接的。图书馆的功能有多种划分方法,从用户服务的角度划分,图书馆功能主要包括信息资源提供功能和信息咨询功能两大类,与此相关,图书馆工作也可划分为信息资源提供服务工作和信息咨询服务工作两大部分。

信息资源提供服务工作是传统图书馆工作的核心,它是以信息媒体为工作对象,以信息资源提供为手段,从采集信息资源、组织信息资源到提供信息资源的一系列工作的总称。信息资源提供服务工作是随着图书馆的产生而产生的,可谓最古老的图书馆工作,其主要特征是它不生产新的信息产品,而只是对社会生产的信息产品进行集中贮存和管理,其输出的主要是"服务"。形象地说,图书馆如同水库,它将社会信息资源流汇聚起来,再有计划地将它们导向既定的目的地,而信息资源提供服务在其中不过扮演了一个"管理者"的角色,其功能是筛选、组织、贮存和分流。

信息咨询服务工作则是高层次的图书馆工作,它是以信息媒体中的信息资源为工作对象,结合特定用户的信息需求,以信息开发为手段,对信息进行分析、综合、浓缩、转换与创新等一系列工作的总称。信息咨询服务工作是图书馆发展到一定阶段的产物,在我国图书馆史上,司马迁的《史记》、宋代的"类书"、明代的《永乐大典》和清代的《四库全书》等都是图书馆信息开发的结晶;在国外,美国国会图书馆在开展信息资源提供服务工作的同时,为国会的立法工作提供各种信息咨询,则是当代图书馆信息咨询服务工作的范例。勿庸讳言,第二次世界大战之后,情报工作的独立在一定程度上消减了图书馆开展信息咨询工作的积极性和经费补充,但几十年的实践证明,情报工作只不过是重复了图书馆工作的过程,而以信息咨询工作为主罢了,信息资源提供服务工作仍是情报工作的主要基础。在市场经济迅速发展以及信息产业内部相互渗透与竞争加剧的今天;图书馆工作如果仅仅停留在信息资源提供服务工作的层次上,则很难在竞争中赢得主动和优势。

需要说明,信息咨询服务工作有别于目前图书馆中所谓的"参考咨询工作"或"文献咨询工作",它们最根本的区别在于,信息咨询工作是以信息媒体中的信息资源为工作对象的,它所提供的是信息产品;而参考咨询工作是以信息媒体本身为工作对象的,对于用户的信息需求,它一般是通过提供信息媒体(主要是工具书)的途径予以满足的,因而它只能是信息资源提供服务工作的组成部分。再以"图书馆和水库"为例,信息资源提供服务工作只是聚集了社会所生产的信息资源,在时间上和流向上做了一些调整;而信息咨询服务工作则类似于水库的"发电工作",它将蕴藏在信息资源体系中的"势能"转化为"电能",从而引发了信息资源的质变。

信息资源提供服务工作和信息咨询服务工作是图书馆工作的两个基本层次,它们是相互联系、相互促进和互为补充的。其中,信息资源提供服务工作是图书馆的基础工作,是满足人们一般的信息需求的主要途径,它构成了图书馆中的事业部分;信息咨询服务工作则是图书馆基础工作的延伸和拓展,是满足特殊用户的信息需求和一般用户的特殊信息需求的主要途径,它是图书馆产业化经营的重点。在当前形势下,图书馆应在加强信息资源提供服务工作的基础上,有计划地逐步地把工作重点转到信息咨询方面,这是时代的要求,也是图书馆内在发展规律的要求。

7.2.2 信息咨询是图书馆的发展方向

进入 90 年代以后,为了适应市场经济的发展,使图书馆走上良性运行的轨道,图书馆界做了大量的探索。在摸索的过程中,有一部分图书馆不惜挤让出有限的空间和经费用于经营商店、饭店、时装店,用于开办歌厅、舞厅、美容厅,这种做法在短期内虽然能够缓解图书馆经费短缺的燃眉之急,但从长远发展而言殊不足取:一则它有损图书馆的形象,二则易于使主、副业倒置,三则可能降低图书馆队伍的整体素质。当然,图书馆改革本身也是摸着石头过河,什么方法都不妨尝试一下,但无论如何,对于图书馆发展这样的重大问题,我们还是应该立足于对图书馆的科学分析,我们只有从图书馆内部寻找出路才是最根本的出路。在此,基于上述分析,我们认为,只有变换图书馆的功能,积极发展信息咨询,才能使图书馆更好地满足用户多方面、多层次的信息需求,才能使图书馆在信息市场的激烈竞争中处于有利的位置。

发展信息咨询是图书馆内在规律发展的必然。与其它事物一样,图书馆所遵循的也是从简单到复杂、从低级到高级的发展规律。现在有这么一种说法,即不同的时代需要不同的信息机构:农业社会的信息机构是档案馆,工业社会的信息机构是图书馆,信息社会的信息机构是一体化的信息中心。这种说法虽然简单了些,但却不无道理,细加分析,它其实是对不同时代图书馆的主要功能的简明概括。如前所述,图书馆工作可以分为信息资源提供服务工作和信息咨询服务工作两个基本层次,若再进行细分,则信息资源提供服务工作又可分为收藏工作和提供工作两部分。在农业社会,由于封建统治者实行愚民政策,加之信息资源生产和流通手段的落后,图书馆必然将战略重点放在收藏工作方面,此时图书馆与档案馆之间的界线很模糊,档案馆是占主导地位的信息机构。在工业社会,大机器工业的发展要求劳动者必须掌握一定的科学文化知识,资产阶级为追逐高额利润也鼓励并资助发展科学文化事业,于是,以信息资源提供为己任的公共图书馆迅速发展起来,它们与其它类型图书馆共同构成了工业社会人们获得信息的主要信息源。到20世纪后期,一些西方发达国家率先进入了信息社会,与信息社会伴生的是经济的高度发达、科学技术的飞速发展、文化教育的普及和人们整体素质的提高,这时人们对图书馆的要求已不仅仅是如何检索和借阅信息媒体的问题,他们希望图书馆能够满足自己的各种信息需求,而这些需求的满足通常又不能简单地通过提供信息媒体的方式来实现,于是,图书馆面临着这样的选择:要么适时地转向信息咨询,以保持在信息资源提供领域的主导地位;要么对新的信息需求置之不理而听任社会的淘汰。图书馆无疑没有别的选择,信息社会中的图书馆只能是以信息开发和咨询为主导的图书馆,这是逻辑与历史发展的必然,也是图书馆进化的必然。

发展信息咨询也是当代图书馆实践的要求。当代图书馆实践所遇到的最普遍的问题是经费短缺问题,至于如何解决这个问题,图书馆界的做法不尽相同,概括起来,主要有以下几种途径:一是实行有偿服务。国际图联（IFLA）曾对此进行过专门调查，并将图书馆的有偿服务归纳为 5 种类型、5 种方式，[8]但就这些类型与方式而言，看不出一个主导方向，其总体仿佛给人一种"百货店"的印象，可见，有偿服务只能是一种辅助手段，它不可能解决根本问题；二是经营"副业"，如经营商店、饭店、书店、歌厅、舞厅、录像厅、酒吧等。这种做法不考虑图书馆自身的提高与发展，单纯着眼于经费问题，颇有"病急乱投医"的嫌疑，它虽能为图书馆的发展筹措一部分资金，但不是长久之计，更不是发展方向；三是优先发展图书馆的现代化，以技术的优势来弥补经费短缺的劣势。这种做法初看似乎不失为一个好办法，但略加分析就会发现，图书馆现代化不仅需要经费而且需要大量的经费保证，在经费短缺的情况下若硬性地"没有条件也要上"，则无异于杀鸡取卵，故这种做法也不可取；四是以信息开发和咨询为主导，多种经营，既考虑自身的提高与发展，也注重解决经费不足的困扰，同时还能为图书馆现代化积累资金，这种做法扬长避短、主次分明，应是图书馆的发展方向。当代图书馆实践所面临的第二个问题与经费短缺有关，由于图书馆信息媒体复本量的大幅度减少，图书馆满足用户一般信息需求特别是阅读需求的能力受到很大的制约，这一矛盾的激化表明以借阅为中心的信息资源提供服务已不能适应发展的需要，图书馆只能走开发信息资源、发展信息咨询的道路，这是目前解决信息资源入藏量减少与需求激增之矛盾的主要途径之一。当代图书馆实践所面临的第三个问题是人才问题，人才短缺和人才流失给图书馆带来了灾难性影响，这个问题的产生固然与经费拮据及工资待遇低等因素有关，但换个角度分析，它也与图书馆工作的现状有关，以借阅服务为中心的低水平的图书馆工作令许多高学历的人才看不到自我价值实现的可能性；为此，要吸引人才和留住人才，就必须提高图书馆工作的水平，积极发展信息咨询，这在某种意义上说是比经费问题更重要的问题。

发展信息咨询也是现代科学技术尤其是信息技术的高速发展给图书馆提出的新课题。对于图书馆的发展而言,电子计算机技术和现代通信技术的发展及其应用实实在在是一场革命;前者使图书馆信息资源提供服务工作进入了自动化时期,由此而裁减的原来以机械作业为主的信息人员,只有经过培训和再提高,转入信息开发和咨询部门,否则是没有出路的;后者则使异地图书馆之间的联网和资源共享成为现实,这在很大程度上能够解决图书馆信息资源入藏量减少和用户信息需求激增的矛盾,但却无法满足用户日益增加的复杂的高层次信息需求,因此,在信息资源共享的前提下更需要发展信息咨询。事实上,现代信息技术也为信息开发和咨询提供了强有力的便捷的手段,从而有助于提高信息开发的生产率。

综上所述,发展信息咨询是由理论的、实践的和技术的多方面的因素所共同决定的。展开来讲,发展信息咨询对于图书馆具有多重的意义和价值,其中最为重要的是,信息咨询缩短了图书馆与经济发展的距离,为图书馆进入信息市场提供了"接口"。

7.2.3 信息咨询是图书馆与信息市场的接口

市场经济是以市场作为资源配置的基础性方式和主导手段的一种经济体系,其最本质的特点是根据市场的供求关系决定商品的生产,并以对市场需求的调查作为决策的主要依据。市场经济的前提是商品生产,没有商品就没有市场,没有商品的市场化,也就不叫市场经济。推而论之,图书馆要进入市场,必须以信息产品的生产作为前提条件——信息产品的生产就如同计算机系统中的"接口",通过它,图书馆才能与信息市场发生直接的关系,才能真正成为信息市场的组成部分。如前所述,图书馆收存的信息资源不是商品,而且图书馆信息资源的选择和提供也基本上不受市场供求关系的支配,所以,信息资源提供服务不能成为连接图书馆与信息市场的纽带。而信息咨询则以信息市场的需求为导向,以信息产品的开发与生产为核心,以服务信息用户为目的,通过将信息资源转化为生产力,进而推动社会经济的发展,因此,可以说是图书馆进入信息市场直接促进经济发展的主要途径。

信息咨询逻辑地包含着信息开发。所谓咨询,简言之,就是根据用户的要求提供信息产品的一种活动。通常,咨询不是提供现成的信息,它需要根据用户的需求进行调查研究、收集素材、分析整理、并最终形成和提供信息产品。咨询最重要的特征在于它能够使信息再生,也就是说,它能够通过信息的集中、浓缩、重组、综合等方式而产生新的信息,其本质是一种信息开发活动。联系咨询的产生与发展进一步分析,咨询的信息再生功能是以大量的信息贮存为起点,通过信息从量变到质变的转换过程而实现的,譬如中国古代的"士",他们在"读万卷书,行万里路"的实践中积累了大量的知识与经验,他们就是凭这些知识与经验为统治阶级提供咨询并赖以谋生的。而图书馆所蕴藏的丰富的信息资源无疑是士大夫们的大脑所无法比拟的,这是图书馆发展信息咨询的优势之所在。但是,潜在的优势只是一种可能性,要把潜在的优势转化为现实的优势,图书馆还须借助于信息开发:信息开发是图书馆信息咨询的中心环节。

图书馆信息咨询是以信息产品的开发为核心的信息交流过程,这个过程主要包括以下三个有序的环节:其一是市场调研。图书馆信息咨询始于对信息市场的调查研究,这是一项细致的工作,它决定着图书馆能否开发出适销对路的产品,与此相适应,图书馆咨询人员需要运用市场细分等手段对用户的信息需求进行详细而准确的划分,从而解析出一个个"专题"作为信息开发的单位;其二是信息开发。在掌握用户信息需求的基础上,信息咨询人员需要对有关专题的信息进行全面收集、消化吸收、提炼重组、评述预测,并最终生产出符合用户需求的信息产品。信息开发的难点在于它对开发人员的要求很高,他们既要有广阔的信息视野,又要有一定深度的专业知识,还要熟练地掌握现代信息技术尤其是计算机技术,而符合这些要求的咨询人员只能是一个协调互补的集体;其三是产品推销。信息产品能否最终进入信息市场,取得经济效益,还有赖于推销手段,而图书馆在这方面拥有自己的优势——众多的信息用户本身可以成为推销者,以图书馆信息用户作为第一圈层向外辐射,形成多层的用户圈和推销网,再辅之以广告推销、市场经营、上门推销等方式,图书馆在信息市场中是大有可为的。

图书馆信息咨询始于信息市场也终于信息市场,信息市场可谓其生命源泉和用武之地。在信息市场中,图书馆也是一支不容忽视的有生力量,其优势在于拥有丰富的信息资源,为此,图书馆信息咨询必须充分利用这一优势,形成自己的特色。但图书馆信息咨询又不能局限于馆藏信息资源的范围,它应该以馆藏信息资源的开发为主导,逐步向外扩展,从而形成一个既有主导方向又很强的兼容性的多层次的咨询服务体系。具体地说,图书馆信息咨询的内容和类型大致有以下几个方面:

·口头信息咨询,即以咨询者的知识积累为基础,针对用户提出的各种问题,以口头形式予以解答的一种咨询类型。它又有两种主要方式:一是个别解答,二是知识讲座。图书馆口头信息咨询的范围很广,其内容大致包括文献检索知识、书目信息、馆藏信息、推荐导读信息、百科知识、生活常识、学术动态信息、科技进展信息、文化娱乐信息、市场价格信息、形势政策信息以及各种热点问题信息等。图书馆口头信息咨询也包括电话咨询,譬如,英国曼彻斯特公共商业图书馆平均每年要答复的 35000 个电话信息咨询。[9]

·文献信息咨询,即以文献信息资源的开发为基础,通过提供信息产品来满足用户需求的一处咨询类型。它又可以分为三个层次:一是书目信息的开发与咨询,其最终产品是书目、索引、文摘等二次文献;二是综述信息的开发与咨询,其最终产品是综述、述评或研究报告等三次文献;三是著述信息的开发与咨询,其最终产品是专著、汇编及各种工具书。文献信息咨询要求以专题形式进行,所谓"专题",也就是经过细分的信息需求,如"股份制"、"儿童营养"、"时装走向"、"香港回归"等都可称为的专题。在文献信息咨询活动中,有两点是至关重要的:一是专题的选择,好的选题常常可以给图书馆带来经济效益和社会效益两方面的收益;二是信息产品的开发与生产必须符合用户的要求,要具有最大限度的普遍性和针对性。

·数据库信息咨询,也称计算机信息咨询,即以数字化的信息资源为基础,以计算机检索为手段,根据用户的要求快捷地提供所需信息资源的一种咨询类型。它又有两种主要方式:一是通过馆藏印刷文本的数字化自建数据库,或通过购买光盘数据库,向用户提供信息咨询服务;二是通过联网的形式,利用网络信息资源开展信息咨询服务。数据库在信息咨询的优势在于信源广、信息新、速度快,同时,由于许多数据库在开发时较为注意商业价值,它也是与经济发展联系最为紧密的一种咨询。

·扩展式信息咨询,即以馆藏信息咨询的开发为依托,充分利用信息用户中各类专家的专业知识和技能、利用大众传播及各类信息网络所传播的信息资源,深入信息市场,主动争取和承接课题,通过调查研究等途径为信息用户提供高质量的信息产品的过程。扩展式信息咨询的实施可分为 4 个主要阶段(即寻找用户、接受委托、调查研究和总结报告),目前的难点在于争取和发展用户。从选题的角度而言,扩展式信息咨询又可分为两种主要类型:一是接受上级部门或各类顾客的委托,开发和提供符合要求的信息产品,简称委托式咨询;二是深入信息市场,捕捉用户的信息需求热点及其发展趋势,并据此开发信息产品,参与信息市场竞争,这种咨询可称为自选式咨询。扩展式信息咨询是一种更为复杂和高级的信息咨询,其中如自选式咨询还带有相当程度的风险性,但唯其如此,若能够开展起来,它将会给图书馆带来可观的经济效益和巨大的社会效益。

· 人才培训,其实质是以馆藏信息资源的开发为依托,以信息资源和技能的传授为手段,面向社会的一种智力开发活动。图书馆人才培训主要采用两种形式:一是在职教育和成人教育,二是短期培训。其中,前者注重系统的知识传授,以学历教育为主;后者侧重实用知识与技能的传授,以操作训练为主。就当前及今后几年而言,图书馆应配合社会与企业,将培训重点放在下岗人员再就业方面,这既是图书馆的义务,也是一个机会:图书馆可以借此重塑自己的形象。

图书馆信息咨询改变了传统图书馆工作"简单位移"和"坐、等、靠"的性质,增强了图书馆自我生存能力和市场竞争能力,提高了图书馆工作的层次和社会地位,代表着市场经济环境中和网络时代图书馆的发展方向。与其它类型的信息咨询活动相比较,图书馆信息咨询的优势在于图书馆拥有丰富的信息资源,劣势则在于缺乏高层次的开发和咨询人才。有鉴于此,我们认为,在图书馆还没有形成职业性的咨询阶段之前,可设法争取、吸引高素质和高水平的信息用户参加图书馆信息咨询活动,以期尽快开创图书馆工作的新局面。

7.3 信息资源开发及信息产品[10]

7.3.1 信息资源开发论

信息资源开发和信息产品的生产是图书馆信息咨询活动的核心环节,是图书馆信息咨询工作有别于传统图书馆工作的最为本质的特征。我们认为,图书馆信息资源开发主要是一种创造和生产新的信息产品的活动,是图书馆信息资源服务的一种高级形式。

图书馆信息资源开发是以可获取的信息资源为开发对象,以生产新的信息产品为目标,以图书馆咨询开发人员的智力和电脑为手段的一种创造性劳动。它本身可分为馆藏信息资源开发和网络信息资源开发两大部分。馆藏信息资源开发以一馆所藏的特色信息资源为开发对象,以加工、研究、编纂等为主要手段;网络信息资源开发则以网络中可获取的"海量"信息资源为开发对象,以先进的信息技术为主导手段;它们的目标都是生产各种类型的信息产品,主要包括索引类、汇编类、综述类、述评类、预测类 5 大类。

信息资源开发是一种市场导向性的研究活动,它需要深入信息市场了解用户的热点需求或重点用户的迫切需求或接受用户的委托,制定相应的研究课题,然后通过信息资源的搜集、提炼、归纳、整理、比较、分析、综合、演绎、推理、调适,以形成能够反映和满足用户信息需求的信息产品,并将这些信息产品推向市场以实现其社会价值和经济价值。信息资源开发的实质是一种研究活动,但它又不同于一般的学术研究,其最终目的不是为了形成一种理论、一种学说或一项专利,相反,它是为这些理论学说的形成、专利的研制、决策的形成、信息消费等活动服务的,它是一种前导性的研究活动。此外,信息资源开发是以市场机制驱动的,经济效益是其运行的核心动力,它可谓是一种实用性和经济性的研究活动。

信息资源开发也是一种高层次的信息服务,它既不是纯粹的学术研究活动,也不是纯粹的生产经营活动,它是两者的综合,是信息资源贮藏量的积累发展到一定的程度由信息资源管理机构所设计或引进的一种"发电机制",其目的是将蕴藏在信息资源体系中的"势能"转化为"电能",变输"水"为输"电";虽然提供的服务内容有所区别,但服务性质是不变的。作为图书馆信息咨询服务的一部分,信息资源开发决定着咨询服务的深度、广度和质量,信息咨询服务也就是以所开发的信息产品为依据提供事实、数据、文本、线索等的过程。

7.3.2　信息产品结构论

信息产品或称信息商品,是指以信息资源为对象,经过开发、加工、组织、转换而形成的,能够满足用户信息需求的,可在市场中自由移动的信息媒体或信息内容本身。信息产品大约可分为生产型信息产品和再生型信息产品两大类:生产型信息产品是指那些在信息资源生产阶段所形成的信息产品,如研究人员、作家、记者等撰写的著作、论文,以及各类社会组织在日常活动中形成的标准、法规和统计报表等,均属于生产型信息产品;再生型信息产品则是指在信息资源管理过程中所形成的信息产品,它们是对生产型信息产品实施再开发的结果,如图书馆、情报机构、各类信息公司等信息机构所开发的书目、索引、手册、百科全书、研究报告等就大都属于再生型信息产品。[11]再生型信息产品又可依据开发的深度大约划分为索引类、汇编类、综述类、述评类、预测类 5 大类型,这可以称之为再生型信息产品的种类结构,它是与图书馆的信息资源开发活动相对应的。

索引类信息产品也称为线索型信息产品,其功能是为人们利用信息资源提供线索和指导服务。图书馆可开发的索引类信息产品主要包括各种目录、书目、题录、索引、文摘、新书通报、网址目录、数据库目录等。譬如,中国科学院文献情报中心所开发的数学文摘、物理文摘、中国科学引文索引(CSCI)等就属于索引类信息产品;而在美国,将文摘、索引、目录等信息产品商品化并取得成功者所在多有,著名的《化学文摘(CA)》和《科学引文索引(SCI)》就是这方面的典范。目前,图书馆应加强推荐书目、馆藏联合目录、网址目录、数据库索引等信息产品的开发和商品化,以期满足人们在工作、生活和学习等方面获取信息的需求。

汇编类信息产品是根据特定用户群的信息需求,将相关的信息资源汇集起来,加以鉴别和筛选,并按一定顺序编排而成的一种信息产品。它不仅提供线索,而且也提供具体的事实、数据、图片、论文、人物信息等。图书馆可开发的汇编类信息产品主要包括文集、图集、手册、大事记、人物年谱、机构名录、专家名录等。汇编类信息产品的开发应注意两点:一是要与当前的政治经济形势紧密结合,要掌握大众用户的需求心理,有计划地进行开发,如 1998 年是周恩来的百年诞辰,图书馆可利用馆藏的信息资源,提前组织和编排纪念文集或图集等,以满足社会各界了解和学习周总理的愿望;二是要与大众传播机构如电视台、电台、报社、杂志社、出版社等密切合作,力争所开发的信息产品能够发表、出版或播放,以实现信息产品的商品化。

综述类信息产品是针对某一时期内某一学科或专题的信息资源,进行较全面的收集和较系统的分析,进而归纳条理、综合叙述而形成的一种信息产品。它也提供线索和具体的事实、数据和观点等,但它更主要的是提供人们对某一主题的理解、认识和研究成果,与前两类信息产品相比,它需要更多的智力投入。图书馆可开发的综述类信息产品主要包括各类综述、学科总结、专题总结、阶段性总结、阶段性进展等。如目前一些大中型图书馆开展的定题情报服务(SDI, Selective Dissemination of Information)和进行中的科研项目服务(ORI – On going Research Information)就是以开发综述类信息产品为主导任务的。

述评类信息产品是围绕某一学科或专题,在对大量的相关信息资源进行总结和综述的基础上,进一步作出评价和提出建议而形成的一种信息产品。与综述类信息产品相比,综述类产品可谓"述而不作",而述评类产品不仅要"述",更重要的是要"评",要引入开发者的观点,以形成"画龙点睛"的效应。图书馆可开发的述评类信息产品主要包括各类述评、评论、论析、点评、评校等。需要说明，"书评"类产品虽有别于述评，但从"评"的角度出发，亦可归入此类；由于书评类产品有助于"为书找人"和充分提高馆藏信息资源的利用效率，故应作为今后图书馆信息资源开发的重点之一。

预测类信息产品在大量综述和分析某一学科或专题的相关信息资源的基础上，探测和确定其发展规律，并进而预测未来一段时间内的发展动向和趋势而形成的一种信息产品。从理论上讲，图书馆可开发的预测类信息产品包括各类预测、展望、趋势分析等；但由于种种条件限制，特别是受开发人员专业知识和理论深度的限制，在当前及今后一段时间，预测类信息产品将不能成为图书馆信息资源开发的重点。

再生型信息产品是信息资源开发过程的产物，如果我们将一个完整的开发过程分解为信息资源的采集、筛选、提炼、评论、预测、序化等6个主要环节，那么上述5类信息产品所内含的环节数是不一样的，我们将每类再生型信息产品所内含的环节数及其有机联系称为再生型信息产品的内在结构。若我们进而将各类再生型信息产品所内含的开发环节依次用加号"＋"连接起来，则上述各类信息产品的内在结构分别如下：

索引类：采集＋序化

汇编类：采集＋筛选＋序化

综述类：采集＋筛选＋提炼＋序化

述评类：采集＋筛选＋提炼＋评论＋序化

预测类：采集＋筛选＋提炼＋评论＋预测＋序化

可以看出，信息产品所内含的环节数越多，其开发过程就越复杂、约束条件越多，但同时其价值也越大，这是符合马克思的商品价值理论的。

7.3.3　信息产品开发策略论

信息产品开发是一个研究过程,但它却不同于单纯的学术研究:学术研究的目标是探索未知、弄清规律,产品开发的目标则是面向信息市场生产能够满足人们不断变化着的需求的新产品并获取利润。有鉴于此,信息产品开发必须选准目标市场、保证高智力投入、紧跟技术进步、确立竞争优势、实现规模经营和争创名牌产品,这些观念和措施也就是信息产品开发的策略。

选准目标市场是信息产品开发的首要问题,也称市场定位策略。再生型信息产品的市场定位有如下特点:其一,再生型信息产品的用户主要是文化程度和素质较高的各类信息工作者和学生;其二,再生型信息产品的目标市场的容量一般不大,开发者多选择差异性市场营销策略,也就是说,需要根据不同细分市场的需求差异,有针对性地生产多品种、系列化的信息产品,并采取有区别的促销手段;其三,在目标市场中,信息用户最关心的产品属性主要是信息量、内容深度、针对性、连续性、服务水平和价格等,这些因素构成了一个多维空间,某一具体产品在这一多维空间中一定有一点与之对应,这一点就是产品的市场定位点,如文摘的市场定位点主要是大信息量和连续性。市场定位策略要求信息资源开发者根据用户对信息产品不同属性的重视程度,运用有目的的措施,有力地塑造信息产品鲜明的、与众不同的个性和形象,从而使信息产品在市场中确立自己的位置,这是信息产品开发的第一步,也是至关重要的一步。

保证高智力投入是确保信息产品质量和档次的重要前提。再生型信息产品的生命周期比较短,需求批量比较小,用户层次又比较高,这就要求信息产品开发必须注意速度和时效,及时更新换代主要品种(如手册、名录)等,不断改善产品结构,提高产品档次,尽可能地预测用户将要产生的新需求并为之服务——而要实现这些目标,就必须聚集一流的开发人才和管理人才,组织力量联合攻关。信息产品是一种智力产品,而开发人员的智力就是其形成的主要机制。对于述评类和预测类这样的高档信息产品,开发人员在坚持自主开发的前提下,还可通过"特尔斐法"等方式"借用"高层次用户的智力以形成高质量的信息产品。

紧跟技术进步是提高产品开发效率的重要举措。当今社会,图书馆已成为现代信息技术高速渗透和全面应用的主要领域之一,先进的信息技术不仅可以提高信息产品开发的速度和效率,而且从根本上说还是信息产品更新换代的主要原因。譬如,因特网及各类信息网络的迅速发展大大激发了人们对机读目录(MARC)的需求,而机读目录的出现又极大地提高了各类再生型信息产品的开发速度;从发展的角度来认识,各类机读型信息产品有可能取代纸本型信息产品而成为再生型信息产品的主要品种。

确立竞争优势是信息产品开发的制胜法宝。在信息市场中,图书馆如何与其它信息机构和信息公司展开竞争呢?答案是确立自己的竞争优势。图书馆信息资源开发部门可以从两方面来确立这种优势:一方面,图书馆拥有丰富的、累积的和动态发展的各类信息资源,这是信息产品开发取之不尽、用之不竭的源泉;另一方面,每个图书馆都拥有固定的或相对稳定的用户群,他们是图书馆信息产品的最基本的消费者,图书馆可以他们为核心向外拓展,争取更多的市场份额。

实现规模经营是提高信息产品开发效益的核心问题。要实现规模化经营,需要做到:(1)选准目标市场,即根据信息市场的主脉搏、根据潮流化的信息需求开发信息产品;(2)实现信息产品的标准化,可以断言,谁的产品标准获得市场的认可,谁的产品就将在市场竞争中获胜,而标准化正是规模化的前提;(3)强化高技术手段的应用,以高技术的优势换取规模效益,如利用计算机技术可在极短的时间内针对多样化的信息需求开发出多种推荐书目,这也相当于一种规模效益。总之,只有规模化,图书馆信息开发才能降低成本、提高质量、获得高效益。

创造名牌产品是信息开发部门巩固和扩大市场的基本策略。名牌产品的创立绝非一朝一夕之功,它们往往是一代人甚至几代人拼搏、兢业和努力的结晶。要创立名牌,开发者必须拥有"用户意识"、"质量意识"、"第一意识"、"创新意识"和"形象意识",必须一以贯之地爱惜和维护自己的产品和品牌形象。近年,国内涌现出了"布老虎丛书"和"火凤凰丛书"等优秀的品牌形象,它们的成功值得图书馆信息开发部门学习和借鉴。

信息产品开发是一个复杂而充满风险的领域。所谓复杂,是指开发过程涉及多个知识领域、多种技术与方法以及多个信息环节;所谓风险,则是指对信息产品的选择、开发和营销带有一定的不确定性,如果选择不当或策略制定及实施出现失误,就会造成经济上的损失。为此,信息产品开发一定要以市场调查为前导,认真制订和落实开发策略,确保市场营销的顺畅和成功。

7.3.4　信息产品开发的方法论

信息产品开发就其实质而言是一种研究过程,方法论在其中具有极为重要的作用。我们认为,图书馆信息产品开发的方法论主要是由信息分析方法、信息综合方法和信息预测方法所组成的,其中,索引类和汇编类信息产品的开发以信息分析为主,综述类和述评类信息产品的开发兼顾信息分析和信息综合,而预测类信息产品的开发则兼具信息分析、综合和预测3种方法。

信息分析是将概念化的用户信息需求分解为各种简单要素,然后分别地进行研究,找出其中的主要要素及要素间的联系,并以此为据组织信息资源的方法。信息分析主要包括要素分析、矛盾分析、结构和功能分析、动态平衡分析等方法,其内容分别如下:
(1)信息要素分析法。其实质是将作为整体的特定信息需求及其对应的信息资源分解为各个简单的要素并分别地进行研究,譬如,我们可以把当代社会家长对独生子女的期望分解为身体发育的需求、道德教育的需求、升学的需求、全面发展的需求等;(2)矛盾分析法。其实质是分析构成一事物的主要要素的矛盾关系以寻求解决问题的途径,譬如,当前对于家长而言,独生子女的升学问题和全面发展问题就是一对主要矛盾,它决定着家长的信息消费倾向;(3)结构与功能分析法。其实质是分析构成一事物的所有要素之间的各种联系以及由这些联系所决定的事物的功能,譬如,当我们准备编写一套《少儿百科全书》时,固然要考虑它对少儿成长的作用,但同时更要考虑家长们对独生子女的种种期望及其决定的信息需求,因为家长们才是真正的购买决策者;(4)动态平衡分析法。其实质是分析一事物的要素、矛盾关系、结构与功能等随环境动态发展的规律,譬如,网络时代的家长们普遍希望自己的孩子能够掌握电脑技能,图书馆信息产品开发即可就此大做文章。

信息综合是将与特定用户群信息需求相关的零散信息资源通过归纳整理,依据一定的逻辑关联、效用关联或形式关联,组成能够反映事物的全貌或全过程并能满足用户信息需求的信息产品的方法。信息综合又可分为主题综合、归纳综合、模型综合、移植综合等方法,其内容大致如下:(1)主题综合法。即围绕某一主题集约信息资源并形成信息产品的方法,譬如,编写"少儿推荐书目"就需运用主题综合法;(2)归纳综合法。即依据归纳逻辑从大量信息资源中推导、衍生新知识和新结论并形成信息产品的方法,譬如,撰写"西方图书馆学流派论评"一文就需要运用归纳综合方法;(3)模型综合法。即依据模型组织信息资源并形成信息产品的方法,譬如,"布拉德福定律的发展及评价"一文的撰写就需围绕"文献分散曲线模型"来组织信息资源;(4)移植综合法。即把相关学科的理论、方法或模型移入目标学科,在交叉渗透的过程中实现综合的方法,譬如,"市场经济与教育发展"一文的撰写就需运用移植综合法。

信息预测是在综合大量信息资源的基础上,归纳总结出信息资源所表征的事物的发展规律,并根据这些规律预测未来一段时间内事物发展趋势的一种方法。信息预测方法又包括时间预测法、空间预测法和特尔斐法,其内容如下:(1)时间预测法。即根据事物在时间序列中所呈现的节律性、周期性、连续性等特征,由已知推测未知、由现在推测将来的一种方法,趋势外推法、指数平滑法等都可称之为时间预测法,譬如,"21世纪的资源共享"论文的撰写就多用时间预测法;(2)空间预测法。即根据各种因素在空间中的集聚及其变化情况预测物质、能量、信息、人口的空间分布与变化的一种方法,譬如,"21世纪世界政治和经济格局"一文的撰写就需运用空间预测法;(3)特尔斐法。它是充分开发和利用各类专家的潜在信息资源以预测未来的方法,譬如"未来10年北京市城建发展规划"的制订就需运用特尔斐法。

信息分析、信息综合、信息预测共同构成了一个方法论整体,它们是互为联系和补充的,在实际的信息产品开发过程中,常以不同组合的形式出现,可以先分析、后综合(如综述类信息产品的开发),也可以先综合、后分析(如述评类信息产品的开发),还可以分析、综合、预测有序或交叉地灵活运用(如大型调查报告的撰写)。总之,方法论是信息产品开发的灵魂,加强方法论研究将有助于提高图书馆信息产品开发的效率和效益。

7.4 图书馆服务及信息产品的市场营销

7.4.1 图书馆市场营销论

图书馆信息资源开发主要是生产信息产品的过程,要实现信息产品的价值,还须将其推向市场,进行有效的市场营销。事实上,由于图书馆信息资源提供服务也必须面向市场(用户需求)且面临着严酷的市场竞争,所以,传统意义上的图书馆服务也存在市场营销问题。"产品与用户之间距离的存在以及同种产品多家经营现象的存在是推销活动产生的土壤。换言之,一切的推销活动都是为了缩短产品生产者(提供者)与用户之间的距离。因此,公共信息服务部门是否要进行推销与公关工作,就要看其提供的服务和产品与用户之间有无距离。事实上,公共信息服务部门不是人们获取信息的唯一部门,而且其所能提供的信息服务和产品,与用户之间的确存在距离。"[12]这就是图书馆开展市场营销的根本原因。

图书馆的市场营销不同于目前流行的图书馆有偿服务。据国际图联(IFLA)对各国图书馆开展有偿服务的调查,图书馆有偿服务大约可归纳为 5 种类型、5 种方式。5 种类型为:(1)纯赢利型服务,如照像复制等;(2)增值型服务,如出租唱片等;(3)象征收费型服务,如进馆收费等;(4)临时服务,如租借图书馆建筑等;(5)其它服务。5 种方式为(1)文献复制、代销图书、书刊评价、代销艺术品、代售车船票、处理闲置图书设备;(2)出租唱片、磁带、玩具、场地、计算机软件、计算机等;(3)图书逾期罚款、丢失图书赔偿、图书预约收费等;(4)处理旧书、报刊装订、传呼电话、有线咨询、代发信件、出售缩微品、饮食招待、租借用具、播放电影等;

(5)其它方式。[8]国际图联对图书馆有偿服务的调查总结基本上能够反映目前图书馆有偿服务的概貌,可以看出,这些服务活动与方式主要是传统图书馆服务的外延扩展和经营,它既没有将作为整体的图书馆服务作为市场营销的对象,更没有以信息产品的生产和商品化为前提,因此,图书馆有偿服务只能是一种过渡性的做法。

图书馆市场营销也不同于图书馆的商业化经营。据美国学者克罗宁(Blaise Cronin)主编的论文集《图书情报服务的市场营销(2)》中的一篇论文,[13]英国的一个研究协会的图书馆曾进行了商业化经营的实践。该图书馆是研究协会情报部门的一个组成部分,其主要任务是为协会研究人员和会员公司提供图书馆服务以及为情报学家浏览和编写文摘采集源文献。为了实现商业化经营,该馆开始着手编制收支平衡表,他们是这样做的:首先,他们算出次年需要多少钱才能为用户提供可接受的服务,这笔钱包括资料成本的上涨、雇员薪水的增加、主要设备的成本以及附加的雇员开支;其次,他们对当前的图书馆利用情况进行了详细的分析和统计,得出了不同用户群体利用图书馆的结构比例,并进一步将上述成本分摊到这些用户头上,作为各用户群体应负担的图书馆费用;再次,他们对未来的图书馆收入进行了计算,图书馆若想盈利,就不能仅仅让用户承担图书馆服务的成本,为此,经过认真的市场分析和权衡,他们决定在每一图书馆服务项目的成本上加收18%的费用作为图书馆的利润;最后,他们设法说服研究协会各部门(包括情报部门)及会员公司接受了图书馆的经营方案,并进行了为期不长的商业化运营。该馆的商业化经营实践最终未能进行下去,其中的原因很多,但最为重要的一点是它必须与那些提供免费服务的图书馆及众多的信息机构展开竞争,这对于它是不利的;无疑,我们不能将图书馆办成盈利的信息企业,我们提倡图书馆的市场营销,是希望藉此缩短图书馆服务与信息用户的距离,最大限度地发挥图书馆信息资源的作用,让更多的人认识和感受到图书馆对他们的用处,从而赢得广大用户和社会的支持,使图书馆走向良性发展的轨道。同时,图书馆营销本身也有区别,图书馆服务(主要指信息资源提供服务)的市场营销就不同于图书馆信息产品的市场营销。

7.4.2 图书馆服务的市场营销

图书馆服务的市场营销是将整体的图书馆服务作为营销对象,其目的不是盈利,而是更好地完成图书馆的任务和服务于图书馆的法定用户,在此前提下,适当扩大服务范围,收取一定的费用,尽力拓宽图书馆的经费来源,确保图书馆的生存与发展。据我们了解,英国曼彻斯特公共商业图书馆的服务营销工作开展得较为出色,故此,我们将以曼彻斯特市(以下简称曼城)商业公共图书馆的实践和探索为内容,概略地谈一谈图书馆服务市场营销的一般模式。[9]

曼城公共商业图书馆是英国主要的公共图书馆之一。近年来,由于曼城居民的服务需求与外地用户对图书馆的高频利用之间的矛盾日益突出,该馆决定开展市场营销,具体而言,其原因主要有:(1)市场在持续地变化,商业场所、商业人员、学生数量及城市人口也在变化,许多用户只是偶然光顾图书馆;(2)商业信息的潜在市场很大,公共商业图书馆只占有一部分市场份额;(3)有必要将所有可利用的信息提供给当前和潜在的用户;(4)市场竞争激烈,潜在用户可能会忽略公共部门的服务;等等。总之,曼城公共商业图书馆开展营销的主要目的是为曼城的组织和个人服务,是更多地吸引曼城居民中没有利用图书馆的潜在用户,是促进图书馆服务效益的最大化,而不是盈利。

营销是管理过程的一部分,它很容易以一种无计划的方式发展,若想以最有效的方式去开发信息资源和满足法定用户的信息需求,就须制定合适的策略。为此,曼城公共商业图书馆根据管理学家西蒙(H. A. Simon)的决策模型发展了图书馆服务的营销模式,这一模式包括6个步骤:(1)任务分析;(2)市场分析;(3)资源分析;(4)促销;(5)评估;(6)反馈。

任务分析也称目标分析,这是图书馆服务营销的重点内容之一。任务分析包括以下几个方面:(1)我们所从事的是什么活动?(2)谁是我们的顾客?(3)我们试图满足什么样的需求?(4)我们重点关注的是哪一个细分市场?(5)谁是我们的主要竞争对手?(6)我们在目标市场上具有什么优势?(7)我们的目标是什么?对于曼城公共商业图书馆而言,其职业活动是通过免费提供和营销商业信息来满足曼城居民的需要并进而对当地经济发展做出积极的贡献,其主要顾客是曼城的居民和组织,其试图满足的是曼城居民和组织的商业信息需求,其主要竞争对手包括小公司服务社、政府部门的专家组织、商业俱乐部、专家公司以及拥有商业信息资源的商业院校,其主要优势则包括服务是免费的、信息是公开存取的、信息资源极为丰富、可提供学习或研究用的设施、交通位置优越(位于市中心)等。构成曼城公共商业图书馆营销策略的主要目标都是长期性的,它们包括:(1)改进曼城居民和组织对曼城商业图书馆及其商业信息的价值的认识;(2)增加到馆查寻信息的用户数量(电话咨询耗资人力较多);(3)更有效地激活图书馆中那些具有重要的潜在价值的信息资源;(4)将目标集中在目前很少或没有利用图书馆的潜在用户群体方面。

市场分析的主要目的是界定市场以及评估用户和潜在用户的信息需求。市场分析主要包括以下几方面内容:(1)环境分析。曼城公共商业图书馆的主要市场是由地域因素决定的,其市场开发应限于曼城,应鼓励本地区更多的人利用图书馆服务,其法定任务是满足公众而不是特定用户群的信息需求,因此,它必须持续地跟踪工业、商业和经济的发展,必须根据可预测的未来的用户需求提供服务,必须宣传这些服务以引起潜在用户的注意;(2)市场细分。曼城公共商业图书馆服务的主要细分市场是各类公司及其从业人员,其他确定的用户包括政府部门、新闻工作者、顾问、市场经理、学生、教师、研究人员及其它信息或咨询机构,它还拥有许多个人用户;在分析和确定这些用户的信息需求时,可聘用职业的市场研究人员,可利用已发表的研究报告,可运用用户调查和受控咨询方式,可利用当地的人口统计资料和各类组织的相关数据,可利用工商企业名录和数据库资源,而在评价用户需求时,则应密切关注用户的建议和反馈;此外,市场分析还应涉及用户的信息意识,市场营销的部分任务就是培养人们对商业信息效用的意识;(3)形象。形象问题是营销领域最重要也最难处理的问题,作为公共图书馆的一部分,曼城公共商业图书馆会在用户和非用户的脑中形成"免费服务"的形象,其它诸如图书馆位置、建筑式样、内部装潢、固定设施、藏书排列、咨询人员、整体氛围等因素也会影响用户脑中的图书馆形象,有鉴于此,图书馆应针对不同的细分市场树立不同的形象,如果同种信息对不同用户群皆有价值,就应以不同的包装来推销它们,只有这样,才能最大限度地促进图书馆信息资源的利用。

资源分析的重点是图书馆能够为用户提供哪些信息资源、服务项目和便利条件。资源分析主要包括 3 个方面:(1)服务内容。曼城公共商业图书馆主要提供商业信息资源,其信息资源体系包括工商名录、公司信息、市场研究报告、统计资料、经济信息、期刊、报纸、地图和旅行信息、经济法案、进出口条例、贸易标识以及覆盖当地公司的商业数据库,这就是它所能提供的信息资源;(2)服务项目。除直接提供信息资源服务外,曼城公共商业图书馆还可提供学习或研究用的设施、影印和复印服务、电话咨询、用户教育等服务项目;(3)便利条件。曼城公共商业图书馆可提供的便利条件包括接近商业中心的图书馆馆址、合理的开放时间、方便的通信条件以及直观的图书馆示意图等。

促销是图书馆服务市场营销的又一重点,其目的是使当前及潜在用户了解图书馆的资源与服务。根据前面的分析,曼城公共商业图书馆在开展促销活动时应注意以下几点:(1)应鼓励用户到图书馆查询信息而不要过分依赖电话咨询;(2)促销活动应限于曼城;(3)要挤出促销活动的时间,促销人员则应能同时扮演商业信息专家和图书馆管理者两种角色;(4)由于缺少促销预算,必须寻找不同于一般宣传促销方法的更省钱的方式;(5)要根据不同类型的信息制订有区别的促销策略,譬如,对于公司信息之类有广泛需求的信息应尽力向各类型用户推销,对于新近引入的服务或信息资源应努力使更多的人知道它们,等等;总之,促销活动要确保各种活动能够整合为统一的营销策略,要在服务的各个方面保持平衡,不应过分宣传某些方面,以免由此产生的需求占用过多的人力与资源从而削弱其它活动。在实际的促销过程中,曼城公共商业图书馆则采取了以下一系列措施:(1)增强公众的图书馆意识。具体举措包括主动与当地新闻机构接触以增加宣传和公关机会、在曼城各种组织中发展广泛的关系网、与用户直接交流并邀请他们参观图书馆等;(2)增加自主的图书馆利用。具体措施包括开展图书馆咨询指导活动、调整布局、公开各种信息资源、安装图书馆自动化系统、散发促销传单等;(3)突出特定类型信息的促销。譬如,通过传单等方式更多地宣传馆藏中利用不充分、被忽略或具有更大利用潜能的信息资源;(4)强化对重点用户的促销活动。譬如,通过用外来语种写传单和接触少数民族社区的舆论领袖向少数民族用户进行促销,通过散发传单、登广告、上门服务等形式向工会会员促销,通过专门的小公司联络员遍访曼城的小公司向小公司用户宣传促销,等等。

评估和反馈是图书馆服务营销必不可少的两个步骤,评估的目的是测度图书馆资源和服务的利用程度,反馈的实质则是在评估的基础上修改和逐步完善营销策略。图书馆服务营销不同于信息企业的市场营销,后者可以通过销售额和利润的增长来评价营销策略是否成功,而图书馆却没有简单的方法对市场营销活动作出评价。一般来说,一项新的服务易于追踪并了解其利用情况,譬如,曼城公共商业图书馆曾推出市场研究报告专集服务,并用传单和海报等方式进行了促销,跟踪结果表明,该专集的推出确实吸引了对这类信息有特殊需求的新用户,促进了图书馆信息资源的利用。在曼城公共商业图书馆的促销活动中,唯一可以详加评论的是小公司用户,由于小公司联络员对曼城所有小公司的访问和促销,小公司用户的信息需求明显增加了,但遗憾的是,图书馆目前的资源和人力却无法满足这些需求。总之,促销活动的成效是值得肯定的,它不仅扩大了图书馆的影响、巩固和扩展了市场份额,而且也从用户那里获得了许多反馈信息,这些信息将有助于调整和完善营销策略,有助于改进图书馆服务,更恰切地满足用户的信息需求。

图书馆服务营销是一种新的探索与实践,面对日益加剧的信息市场竞争,积极开展促销活动是图书馆的必然选择。在这方面,英国曼彻斯特公共商业图书馆的做法值得我们借鉴和学习。需要说明,图书馆服务营销不同于其它市场营销活动,不同于图书馆的有偿服务,其目的不是谋求图书馆利用的短期增长和单纯的经济效益,相反,它是通过评估用户需求、为这些需求提供服务、确保所有潜在用户了解提供给他们的服务等方式,谋求进一步发展和巩固图书馆的用户基础,谋求图书馆的长期发展。

7.4.3 图书馆信息产品的市场营销

图书馆服务营销建立在图书馆所累积的信息资源体系的基础上,其营销的范围主要限于图书馆的法定用户,其重点在于促销,其目的是谋求图书馆服务效益的最大化;而图书馆信息产品的市

314

场营销则完全建立在用户信息需求的基础上,用户需要什么信息产品,它就生产和推销什么信息产品,其营销活动面向整个信息市场(不局限于图书馆的法定用户),其重点在于拓展市场,其目的在于盈利。可见,图书馆信息产品的市场营销是一类性质不同于图书馆服务营销的市场营销活动,它实质上是一种企业化行为,是遵循市场经济规律运行的。

图书馆信息产品的市场营销始于信息产品的市场定位,这是一项复杂的工作,它关系到信息产品在用户心目中的形象,也关系到产品能否最大限度地占领和开拓市场。信息产品的市场定位本身又包括市场细分、目标市场的确定和市场定位 3 个步骤,我们在"信息产品开发策略论"中已谈及这些内容,此处从略。需要补充的是,图书馆应以现实的和潜在的信息用户为营销的主体对象或者说目标市场,应围绕信息用户的需求差异,针对大众传播机构、科研教学单位及形形色色的信息公司所提供的同类产品或服务,避实就虚或展开竞争,在竞争中实现定位、创造形象、图谋长远发展。譬如,目前一些图书馆所开展的剪报服务,就是一种"避实就虚"的市场定位,它利用图书馆报纸收藏量大的优势,针对企业或决策部门的信息需求,提供有针对性的、连续的、快速的剪报信息,既拓展了新的市场,也为图书馆增加了收入。

图书馆信息产品市场营销的难点是信息产品的定价。关于信息产品的定价,又有定价策略和定价方法之分。马费成等在其专著《信息经济学》中论述了信息商品的 7 种定价策略和 8 种定价方法,[2]这些策略与方法对于图书馆信息产品也同样适用。7 种定价策略为:(1)撇脂定价策略。即在信息产品投入市场初期,将商品价格定得较高,以获取尽可能多的利润,图书馆信息产品的定价一般不采用这种策略;(2)渗透性定价策略。即把信息产品的价格定得较低,使信息产品迅速占领市场,扩大市场占有率,这是图书馆信息产品常用的定价策略,如推荐书目等就宜采用这种策略;(3)垄断价格策略。即在有限的价格范围内可随意定价,用户别无选择,如根据图书馆的独家藏书开发出来的信息产品即可采用这种定价策略;(4)输出效果定价策略。即根据信息服务的输出效果(包括图书馆咨询人员的服务时间、用户占用机时、信息产品输出的数量与质量等)制定价格,图书馆的电子信息产品多采用这种定价策略;(5)区别性价格策略。即结合信息系统的实际服务状况和信息用户的支付能力采用灵活的收费标准,这也是图书馆信息产品常用的定价策略之一,如为了拓展市场,"送信息下乡",图书馆就可以灵活地调整信息产品的价格;(6)平均价格策略。即根据信息产品及信息服务的平均成本及一定的系统收益率制定价格,这种价格不反映各个项目的真实成本,而是将各个项目的成本予以平均,再考虑系统的收益等因素确定的,图书馆的咨询、代检等活动多采用这种定价策略;(7)免费价格策略。即对一些本来可以收费的信息产品或服务项目实行策略性免费,借以达到特定的目的,如图书馆所开发的信息产品的目录就可以免费赠送。

　　信息产品的定价策略主要是针对信息环境、目标市场及竞争对手的情况而形成的关于定价的指导思想,具体到如何定价、定在什么价位以及用什么算法等,则是由定价方法所规定的。常用的信息商品定价方法有 8 种:(1)成本定价法。这是一种按成本加适当利润来确定价格的方法,其中,成本的计算又有两种方式,一是既考虑信息产品的固定成本(包括固定资产的折旧费、日常维持费、管理费、定编人员的基本工资等)又考虑其可变成本(包括资料费、咨询费、差旅费、能源消耗费及开发服务人员的工资和奖金等),二是仅考虑可变成本;我们认为,在目前图书馆尚处于转轨的情况下,应采取扶助的做法,选择后一种成本定价法;(2)效益分成定价法。即按用户利用信息产品或服务后所获得的经济效益大小来分成的定价方法,这是专利及应用型科技成果常用的定价方法,图书馆信息产品很少采用;(3)产值分成定价法。即用户采用信息商提供的某项信息产品后,按其所创的产值来分成定价,图书馆信息产品亦较少采用这种定价方法;(4)资金利用率分成定价法。即由双方共同投资联营并开发信息产品,收益分配主要取决于双方的投资比例,这是图书馆信息产品开发的较好形式,是值得提倡的定价方法之一,目前一些图书馆的剪报服务就是联合开发和按比例分成的;(5)比较定价法。即通过与信息市场中相关或类似的信息产品的比较,运用加权平均法等确定信息产品的价格,如图书馆开发的文摘、文集、工具书等可与出版社、杂志社或信息公司的同类产品相比较后再定价;(6)计时定价法。即根据提供服务的时间制定价格,如图书馆开发的数据库的使用费即可依此方法确定;(7)等级定价法。即根据信息产品的质量和档次、信息人员的技术水平和能力等划分出不同等级,每种等级列出相应价格,如图书馆口头信息咨询就可采用这种定价方法;(8)协商定价法。即由信息产品生产者和用户双方进行协调,以能够共同接受的价格作为信息产品的价格,如对于图书馆信息产品的大宗订户就可采用这种定价方法。

信息定价的 8 种方法基本上是套用物质产品或服务的定价方法而来,在图书馆信息产品的市场营销中运用时,还宜稍做调整。近年来,由于图书馆现代化和网络化的速度很快,电子信息产品或者说联机信息产品的定价也成为人们关注的热点。据美国电话电报公司(AT&T)霍金斯(Donald T. Hawkins)的研究,联机信息服务的定价一般涉及 3 个方面,即支付检索过程、支付检索信息、支付远程通信费用。[14]支付检索过程本身又有几种方法:(1)连接时间定价法。即以用户与数据库系统连接时间的长短确定服务的价格;(2)资源单位定价法。即以检索过程中所利用的计算机资源单位数量为基础来给他们的产品定价,如美国化学文摘社(CAS)从 1988 年开始实行查寻项目收费,它规定,从作为查寻项目所使用的文件中每提取一条 CAS 记录收抽取费 1 美分,从浏览输出中使用的每一条记录收取使用费 5 美分;(3)统一收费率定价法。这种定价法类似于城市公交汽车的一票制(即无论乘多远,只要上车就买一张统一价格的通票),如美国的远程数据库系统(Telebase Systems)在引入 EasyNet 服务时就采用了统一收费率定价法,它规定,用户每次查寻只付单一费用 10 美元,而每一查寻被定义为查寻 1 ~ 10 个查寻项目,若查寻无结果将不用付费,若超出 10 个将再次支付 10 美元的统一费用;(4)无限制访问定价法。即一次性支付规定的费用,在规定期限内可无限制访问规定的数据库,如美国的书目检索服务(BRS)公司启动了一个系统,用户只需支付 13500 美元就可对该系统的 7 个数据库进行 6 个月的无限制访问;(5)分时付费定价法。即在利用的高峰时期实行正常收费而在负荷较低时实行低收费的定价法,目前有不少数据库系统在晚上和周末收费都较低。支付检索信息包括几种方式:(1)命中收费。即对每一个联机或脱机打印的项目收费,或者说根据用户所查寻到的信息收费;(2)免费格式。即允许用户免费浏览项目的题名和索引项,借以提高信息的检准率和检全率;(3)下载。即允许用户下载信息但要收较高的费用,如欧洲航天局情报检索系统(ESAIRS)有一个特殊的下载格式,它可以定义字段等特征,利用它可以对下载输出内容实施收费。支付远程通信费用也有几种方式:(1)包交换网收费。即以连接时间或包交换的数量或兼顾两者收取远程通信费用,一般在计算时对通话的距离忽略不计;(2)直接拨号收费。即按正常的电话通信制度收费,费用一般比包交换网收费高;(3)区别性定价方法。一是给予利用量大的用户或特殊用户群体(如学术界用户)提供折扣,二是区分订户和非订户而对订户实施优惠;等等。总之,联机信息定价与印刷型信息定价有着很大的不同:印刷型信息是在利用信息前支付费用,而联机信息则通常是在检索中或检索后支付费用;一个人在阅读前购买图书,但只有在检索完成并获得信息后才支付联机检索的费用。

图书馆信息产品市场营销的重要保证是建立顺畅的分销渠道网,这也称之为分销策略。所谓分销渠道,即信息产品从图书馆向信息用户移动时所经过的流通环节,又有直接销售渠道和间接销售渠道之分。直接销售渠道是指图书馆直接将信息产品销售给用户,不经过中间商;间接销售渠道是指信息产品至少要经过一个中间商才能到达用户手中。图书馆信息产品由于其自身的特点,不可能像一般商品那样广设销售点,我们认为,可以根据不同类型的用户建立不同的分销渠道:(1)对于图书馆的法定用户,以在图书馆设点销售信息产品的方式为宜;(2)对于重点用户如学术研究类用户、企业用户、决策部门用户等,以任用专人定期上门推销信息产品的方式为宜;(3)对于大众用户,以选择和利用信息经纪人、中间商或新华书店、大众传播系统等中介渠道,多层次地撒网式地销售为宜。需要指出,图书馆信息产品的销售要善于利用图书馆网——图书馆网是每一个图书馆的信息产品的最好的分销渠道之一。

图书馆信息产品市场营销的重点依然在于促销:"市场促销是营销学中最复杂、最富技巧也最有风险的一个环节,"[15]它直接决定着图书馆信息产品的销售数量和生命周期。目前,大多数图书馆仍沿用传统的促销手段,如散发传单、广告宣传、公关推广、直接交谈等,这些手段虽然发挥了一定的作用,但还不够理想。我们认为,图书馆信息产品的促销还可采用以下策略:(1)培训促销策略。图书馆不能仅仅满足于为用户现有的信息需求服务,它还应该设法帮助用户创造新的信息需求,而培训就是创造新需求的最佳方式之一,如图书馆可以举办"独生子女教育培训班",向那些年轻的父母灌输儿童心理学、生理发育、智力开发及全面发展等方面的知识,从而使他们对图书馆的系列信息产品发生兴趣,并成为这些产品的长期订户;(2)展览促销策略。举办信息产品展览也是刺激新的信息需求的主要方法之一,这种展览活动可以在图书馆内举办,可以在有关城市专门的展览场所举办,也可以在用户集中的地方如农村的集市举办;(3)公关促销策略。与电视台、电台、报社合作,在广播电视或报纸上开辟专栏,介绍科技热点、社会新闻和生活常识等内容,以引起各类受众对图书馆信息产品的注意;(4)网络促销策略。建立主页(homepage),利用多媒体形象、直观、生动的特点,向广大网络用户宣传和推广图书馆的信息产品;等等。市场促销是一个强调创造的领域,在此,促销人员可以开动大脑,各显神通,创造一个又一个的奇迹。当然,奇迹的创造亦不是轻而易举的,图书馆信息产品市场营销的成功还须培养一批高水平、高素质的优秀营销队伍。

实行"一馆两制"后,图书馆中走企业化经营之路的信息开发和咨询部门将逐步过渡到完全依靠市场来生存,这不啻为一场革命性转变。对此,他们只有深入市场,以市场为师,在市场中摸索和磨炼,才能赢得生存、求得发展,才能为图书馆的运行另辟蹊径,才能更直接地切入社会,为社会经济的发展做出更大的贡献。

参考和引用文献

1. 霍国庆. 关于图书馆与市场经济的思考. 图书馆理论与实践,1994(1):37~39

2. 马费成等. 信息经济学. 武汉:武汉大学出版社,1997. 181,293~301

3. 魏杰,林亚琳. 中国经济体制的新选择——中国市场经济通论. 成都:四川人民出版社,1993.

4. 霍国庆. 图书馆娱乐性书刊的收费服务问题. 北京图书馆馆刊,1993(1~2):24~27

5. 黄宗忠. 论图书馆改革中的几个问题. 晋图学刊,1993(3):1~6

6. 赵友,郭恩金. 市场经济对图书馆的负面效应及对策. 中国图书馆学报,1995(2):51~54

7. 霍国庆,尚珊. 信息咨询:图书馆与市场经济的接口. 图书情报工作,

1996(6):11~15

8. 周志华,毛洪智. 信息产业和图书馆. 中国图书馆学报,1994(3):1~6

9. Alec Gellimore. Marketing A Public Sector Businese Library. See: Blaise Cronin. The Marketing of Library and Information Services 2. London: Aslib, 1992. 126~143

10. 霍国庆. 论信息资源开发. 中国图书馆学报,1998(2):9~14

11. 孟广均,霍国庆,谢阳群,罗曼. 论信息资源及其活动. 见:张力治. 情报学进展(1996~1997 年度评论). 北京:兵器工业出版社,1997. 75~100

12. 杜元清. 公共信息服务机构的推销与公关工作. 北京图书馆馆刊,1993(1~2):28~32

13. Lawraine Wood. Running the Library as a Profit Making Business. See: Blaise Cronin. The Marketing of Library and Information Services 2. London: Aslib, 1992. 286~297

14. Donald T. Hawkins. In Search of Ideal Information Pricing. See: Blaise Cronin. The Marketing of Library and Information Services 2. London: Aslib, 1992. 298~320

15. 何国祥. 开拓市场——高技术产品的市场营销. 济南:山东教育出版社,1996. 102

8　网络时代的图书馆

8.1　现代图书馆的网络环境

8.1.1　网络环境概述

    网络化是 20 世纪末叶影响人类历史进程的最为重要的事件之一,由于它对当代人类生活的影响是如此强大、深刻和全面,人们已将它视为连接两个世纪的主要纽带以及预测新世纪人类生活的主要依据。美国强软(Powersoft)公司总裁科兹曼(M. Coze - mann)曾预言:"19 世纪是铁路的时代,20 世纪是高速公路系统的时代,21 世纪将是宽带网络的时代。"[1]科兹曼在此谈到的宽带网络也就是通常所谓的"信息高速公路"。

    "信息高速公路"(Information Super - highway)最初见诸官方文字是在美国参议院 1991 年 9 月 11 日通过的一项法案中。当时代表田纳西州的参议员戈尔(Albert Gore)是这项议案的发起人和起草者。这项法案要求在此后的 5 年中由联邦政府出资 10 亿美元铺设光导纤维并加强巨型机及其程序软件的研究。1992 年,当克林顿(Bill Clinton)和戈尔搭档竞选美国总统时,建立全国性信息网络是他们向选民做出的最杰出的许诺之一。1993 年伊始,新上任的克林顿随即指示白宫建立了"信息基础设施特别小组",专门讨论有关计划的制订。1993 年 9 月 15 日,戈尔在华盛顿正式宣布,美国将开始建设"国家信息基础设施"(National Information Infrastructure),简称 NII 计划。该计划宣布后,引起了美国电信和传播行业的极大兴趣以及国际社会的广泛关注,许多国家包括发达国家和发展中国家都相继制订和公布了自己的信息高速公路计划,"信息高速公路"这个新名词从此传遍了全球。然而,在 5 年之后的今天看来,各国的信息高速公路计划都不免过于理想化了;而且,就在人们大谈特谈信息高速公路之时,因特网这个"准信息高速公路"就在他们的眼前。

因特网(Internet)始建于 1969 年。当时,美国国防部高级研究计划署(Advanced Research Projects Agency, ARPA)开发了名为 ARPANET 的计算机网络,其设计构想是用这些机器来连接分散在广大地区的异构型计算机,以确保网络在受到外来袭击时仍能正常工作,也就是说,网络中的计算机必须能够通过其中任一可用路线而不是只能通过某一固定路线来发送信息。大约 70 年代中期,ARPANET 获准被用于国防部与大学研究中心的连接。80 年代后期,美国国家科学基金会(NSF, National Science Founda-tion)建立了全美五大超级计算机中心,为了使全国的科学家和工程师能够共享以前仅供军事机构和少数科学家使用的超级计算机设施,NSF 决定建立自己的计算机网络即 NSFNET。NSFNET 首先通过 56kbps 的线路将各大超级计算机中心连接起来,然后,在每一地区就近使大学及其它机构互连,构成一个通信链,把每个通信链连接到一个超级计算机中心,这样,任何计算机最终都能通过地区网转发会话而互相通信,而连接各地区网上主要通信节点计算机的高速数据专线就构成了 NSFNET 的主干网,NSFNET 本身由于成功的设计则成为日后众所周知的因特网的主干网。因特网本是军事实验的产物,即使是它的始作俑者也没有想到它会引发一场信息革命;今天,"无论是法律还是炸弹,都没有办法控制这个网络,"[1]无论如何,信息都能够传送出去,不是经由这条路,就是

323

经由另一条路。因特网从 90 年代开始步入发展的快车道,中国正是在这个时候实现了与它的互联。

早在 80 年代末,中国科学院高能物理研究所的一些研究人员已就因特网(也称互联网)的连接问题与美方进行过接触。1991年 10 月,在中美高能物理年会上,美方发言人托基(Walter Toki)再次提出将中国纳入因特网的合作计划,经过他的努力,会后中美双方达成一项协议,由美方资助联网所需的一半费用,另一半由高能所自行解决;此后,经过了重重波折,高能所的内部网络终于在1993 年 3 月与因特网连通,但这还不是正式的连通,高能网的专线只能连入美方的能源科学网(ESNET);1994 年 3 月,在中国接受了美方的种种条件并由国务委员宋健签字生效后,中国才获准正式加入因特网,中国的网络域名最终确定为. cn。目前,中国共有 7 个因特网国际出口,它们分属中国科学院(2 个)、国家教委(2个)、邮电部(2 个)和电子工业部(1 个),这四大系统就形成了当今中国因特网市场的四大主流体系。

正在建设中的信息高速公路和现存的因特网共同构成了现代图书馆最主要的网络环境。黄宗忠在“论 21 世纪的图书馆”一文中曾将信息高速公路、因特网和数字图书馆比作一个相互联系的有机整体,其中“信息高速公路是系统的最高层,是一个大系统,包括互联网络(即因特网)、数字化图书馆,是国家或全国的信息基础设施。互联网络是信息高速公路的雏形,是由诸多子网络或联机网络组成。数字化图书馆是信息高速公路、互联网络的组成部分,是它们的子网络或联机网络。信息高速公路、互联网络是传递信息的通道,数字化图书馆是信息源,为信息高速公路、互联网络提供信息。”[2]也就是说,数字图书馆是与信息高速公路和因特网紧密地联系在一起的,孤立的数字图书馆将毫无意义。进一步分析,信息高速公路和因特网不仅直接决定着数字图书馆的生存,而且它对传统的图书馆也具有强大的影响力:在日益一体化的信息资源网中,传统的相对独立存在的图书馆将承受着越来越大的压力,它们最终将不得不在网络环境中重新定位。

8.1.2 信息高速公路的基本模型[3]

信息高速公路的确切含义是什么? 对此,美国政府报告有明确的定义:"国家信息基础设施是一个能给用户提供大量信息,由通信网络、计算机、数据库以及日用电讯产品组成的完备的网络系统。""国家信息基础设施能使所有美国人享用信息,并在任何地点和时间,通过声音、数据、图像和影像相互传递信息。"[4]具体而言,信息高速公路是由信息线路设施、信息终端设备、信息传输规则、信息资源和用户等要素所组成的规模庞大的系统工程,其中,这些要素又可综合为高速通信网平台和应用信息系统(见图8-1)两大部分,信息高速公路的基本模型就是由这两大部分所构成的。

在图8-1中,圆圈部分就是高速通信网平台,它主要由信息线路设施、信息传输规则和平台管理程序等要素组成,也称狭义的信息高速公路。应用信息系统则是由信息终端设备、信息资源、应用程序和软件、用户等要素组成的计算机系统,形象地说,它就是信息高速公路上的"车";它可以经由多媒体终端(MMT)直接驶入信息高速公路,也可以通过卫星通信(SAT．COM)或个人通信网(PCN)间接地进入信息高速公路网。从广义上说,应用信息系统也包括仅用于接收信息的电视、电话等终端设备,如目前发达国家已研制出一种可以连入因特网的移动电话,这种电话的普及必将极大地提高因特网的利用率,但它同时也对充当信息源的应用信息系统如图书馆等提出了更高的要求。

高速通信网平台是信息高速公路的核心部分,它能够支持各种不同的计算机,包括服务器和所有的信息装置。平台本身是由铺设在地下或海底的光导纤维所构成的通信网络,按照构想,平台

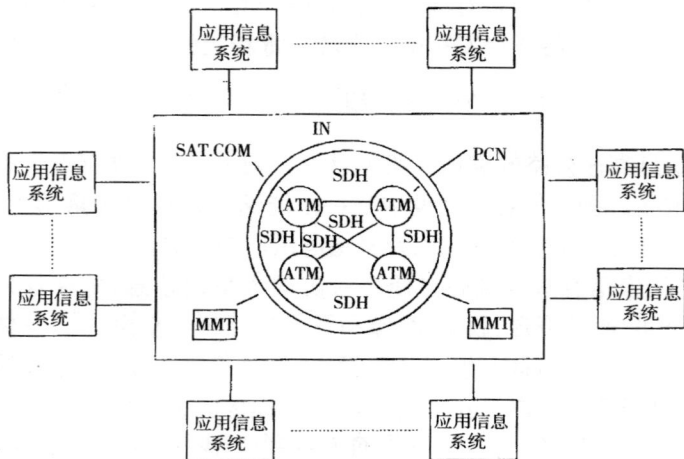

图 8 - 1 信息高速公路基本模型

各交换节点之间采用 SDH(同步数字系列)体制的高速光纤通信, 它将能够以 155Mbps, 622Mbps, 2.4Gbps, 10Gbps 的速率传输信息。平台各节点之间的数据交换则采用异步转移模式(ATM),它的基本原理是,将在网络中传输的信息数据一律切分成一个个固定长度的信息包,每个信息包为 53 个字节,其中的 48 个字节为要传送的信息,5 个字节为控制信息,控制信息能够使信息高速公路中的路由器(router)将信息包迅速送往目的地,当这些信息包分别经由不同的路径到达目的地后,它们又将重新组成完整的信息数据;ATM 技术是 20 世纪网络传输技术最为重要的成果之一,夸张地说,没有它就没有信息高速公路。高速通信网平台也是一个高度复杂的系统,它自身的管理和提供业务需要高度的智能化,其结果就形成了平台的管理机制——智能网(IN)。

高速通信网平台本身又可分为主干网和分支网两大部分。主干网是指连接各地区或大中城市之间的光纤干道网;分支网则是指某一地区或某一城市的地方性高速公路,它通常包括各种广域网(WAN)和局域网(LAN)。以我国为例,正在铺设的所谓"八纵"、"八横"的光缆工程就是我国信息高速公路的主干网,它将以北京、上海、广州为中心,连接全国主要的大中城市,形成我国信息高速公路的"国道"(见图8-2)。[4]

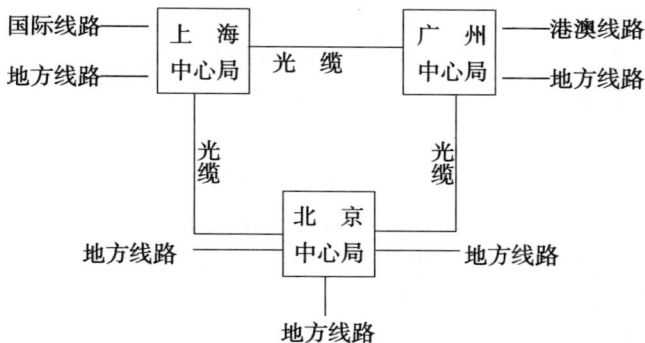

国际线路—— 上海中心局 ——光缆—— 广州中心局 ——港澳线路
地方线路—— 地方线路

光缆   光缆

地方线路—— 北京中心局 ——地方线路

地方线路

图8-2 我国信息高速公路主干网框图[4]

信息高速公路又称高速信息网。美国微软(Microsoft)公司总裁盖茨(Bill Gates)认为,高速公路的比喻并不十分正确,因为"这一字眼令人想起风景和地理,想起两点间的距离,暗示你不得不从一个地方旅行到另一个地方。可实际上,这种新的通信技术的一个最引人注目的特点就是它会消除距离,不管你所联络的人是在隔壁还是在另一个大陆,距离本身并不重要,高速连接的网络将不受英里或公里的限制。"盖茨提醒人们,"当你听到'信息高速公路'这个词儿而不是看到一条公路时,你应该把它想象为一个市场或一个交易所。……各种类型的数字信息(不仅仅是作为货币),都将成为这个市场上的新型交易媒介。"[5]盖茨的提醒对于图书馆尤为适用,当图书馆连入信息高速公路网络时,他们固然应该想到能够从网上获取更多的信息资源,同时更应该想到这是一个具有无穷潜力的大市场,是图书馆大显身手的用武之地,或者说,信息高速公路就是图书馆走向辉煌的"未来之路"。

8.1.3　因特网(Internet)与内部网(Intranet)

因特网的确切含义是什么?对此,人们的认识也不尽相同,可以说,几乎每个人都会从特定的角度形成自己对因特网的认知。美国学者罗兰德(R. Rowland)和克南曼(D. Kinaman)在《Internet信息查询技巧》一书中认为:"Internet 是一个数据网,是一个由信息和思想组成的网络,是人们在全球范围内互相联系的渠道";[6]盖茨则认为,"Internet 指的是一个相互联网的计算机群,它们使用标准的'协议'来交换信息。它远远不是信息高速公路,但这是我们今天所拥有的对未来信息高速公路的最佳模拟,并且它会发展成为信息高速公路。"[5]应该说,这两种认识都是正确的,它们分别是从信息资源和信息设备的角度来认识因特网的结果。其中,盖茨的认识还说明,虽然我们将因特网誉为"现实中的信息高速公路",但它实际上还不是信息高速公路,信息高速公路的容量将比因特网大得多。

因特网是根据标准的 TCP/IP 协议、通过大容量的光缆系统所连接的大量计算机网络和路由器的集合,它为此也称为网际网。光缆系统即因特网的信息线路设施,它是由纵横交错的光导纤维所组成的线路网,若以光纤的容量或传输速率为依据,因特网可分为 3 个层次:第一层次为骨干网,由 NSFNET 担任,连接各种计算机网络,目前线路传输速率为 45Mbps,即 T_3 速率;第二层次为区域网或广域网,覆盖一定地区,目前线路传输速率为 1.544Mbps,即 T_1 速率;第三层次为机构网或局域网,这是大学、企业、科研部门等大型机构所建立的内部网络,其中企业的内部网专称 Intranet,目前,机构网的用户多用传输速率为 14.4Kbps 或 28.8Kbps 的调制解调器与因特网链接。TCP/IP 是因特网上各种计算机之

328

间传输和交流数据的标准协议或规则,它也可以理解为一种标准软件,其中,IP(Internet Protocol,因特网协议)允许任何数量的计算机网络连接起来、统一运行,TCP(Transmission Control Protocol,传输控制协议),则确保所有数据都能以正确的顺序到达目的地;以发送电子邮件信息为例,TCP将信息分成若干小的信息包,IP则将每一个信息包发出去并送到终点,然后再由TCP将所有信息包解包并按正常顺序实施再组合,这实质上是一种异步传输模式(ATM);TCP/IP是因特网中信息传输的基础协议,在TCP/IP的应用层面还有许多应用层协议用于支持各种因特网工具的运行,其中,HTTP(Hyper Text Transport Protocol,超文本传输协议)是最著名的协议之一,它用以支持对万维网(WWW,World Wide Web)的访问,是万维网的基础协议。各类型计算机和路由器则是因特网上最主要的硬件设备,其中,计算机包括各种PC兼容机、Macintosh计算机、Unix工作站、小型机、大型机乃至超级计算机,它们通常也包括各种内置的软件和程序;路由器则是一种多端口网络互联设备,其功能是接收信息包,读出它的送达地址,再通过内装的路由选择表决定最佳路线,把它送往下一个路由器,并最终将信息包送达目的地。因特网是一个信息网,它之所以重要,不仅是因为它能够传输信息,而且更重要的是因特网上拥有极为丰富的包罗万象的信息资源,而丰富的信息资源与快速的信息传输相结合,就形成了因特网强大的资源共享功能。

因特网是信息资源的海洋,人们常常将在因特网上漫游比喻为航海(navigating),而各种因特网工具(或软件)就是信息航行必不可少的导航仪器。主要的因特网工具包括:(1)E-mail,即电子邮件软件,用以与朋友通信、传输文件、获得电子书籍、订购电子报刊、获取电脑软件以及其它任何电脑里储存的东西;(2)Usenet Newsgroups,即用户新闻组,Usenet是因特网上各种新闻组的总称,每个新闻组拥有一个电子公告牌,公告牌允许每个人张贴自己的见解供他人阅读,若与 Usenet 连通,则可阅读各种公告牌上无所不包的讨论内容;(3) IRC (Internet Relay Chat),即因特网现场对话系统,它支持世界各地的因特网用户通过网络就某一共同感兴趣的话题进行讨论;(4) FTP (File Transfer Protocol),即文件传输协议,用于从远程计算机系统向个人计算机下载文件或将本地文件加载到远程计算机系统上;(5) Telnet,即远程登录系统,它允许本地用户在远程计算机上运行程序,将相应的屏幕显示传送到本地计算机,并将在本地计算机上进行的输入传送给远程计算机,这个过程也称为远程对话;(6) Gopher,是一种信息浏览软件,它以菜单方式提供交互式信息服务,用户一旦选择某个菜单项,就可以检索信息或进入另一个菜单,并从而可以找到自己所需的信息;(7) Veronica,是一种基于 Gopher 的信息搜索软件,它可以对 Gopher 空间的多数服务器的多数菜单项进行关键词搜索,最终确定用户所需信息所在的服务器;(8) Archie,是一种自动搜索软件,它不仅可以自动地连接至因特网上的其它计算机,而且能够自动搜索与给定文件名有关的所有文件;(9) WAIS (Wide Area Information Server),即广域信息服务器,它用于查找与给定关键词有关的所有文件;(10) WWW (World Wide Web),即万维网,它是因特网上目前运用最广的一种信息浏览和检索软件,具有创建、编辑和浏览超文本的功能,它不仅支持文本的运行,也支持图形和声音的运行;等等。形形色色的因特网工具承担着为用户提供信息服务的功能,它们既是用户营造网上电子会议室、电子咖啡屋、电子游艺厅、电子商场、电子图书馆、电子书店、电子邮电局、电子报刊、电子论坛、电子医院等的工具,同时也是用户获取这些服务的手段。

因特网允许任何数量的计算机网络连入,其触角已延伸到世界各地,其范围甚至超出了地球本身;因特网不属于任何个人或组织私有,也没有一个高高在上的权威管理机构,它是开放的、民主的,堪称一个"自由空间"。但是,因特网也不是在无序状态下发展的,它的常规事务主要归属因特网协会(ISOC,Internet Society)管理,该协会的目标是通过因特网技术促进世界范围的信息交流。因特网协会下设因特网结构委员会(IAB, Internet Architecture Board),其主要职责是制订因特网标准,制订并通过网络发布因特网的工作文件RFC(Request For Comments)、代表因特网就技术问题进行国际协调、制订因特网发展战略、监督IEEE(Internet Engineering Task Force,因特网工程部)和IRTF(Internet Research Task Force,因特网研究部)的运行。IEEE和IRTF是设在IAB下的两个主要部门,前者主要负责为因特网的运行提供技术支持,后者主要负责对因特网存在的技术问题和未来的发展进行研究。因特网还有一些不同类型、不同级别的管理组织,如因特网的地址就由网络信息中心(NIC,Network Information Center)配发的,它们之间大多不存在隶属关系,相反,它们之间有着良好的合作关系。

因特网从最初用于大学、政府和研究机构之间交流信息和共享资源发展到今天,已成为一个遍及全球、拥有千百万用户的网络,而且,它的用户数量还在像滚雪球一样迅速膨胀。因特网是大众的网络,它正在改变着人们的工作和生活方式。然而,对于一个特定的组织,因特网也有不够安全、不易聚焦、无法控制等不足之处,为此,一些大型组织主要是企业着手将因特网技术引入其内部的作业环境,从而建立了供企业内部使用的网络——Intranet。

"Intranet(内部网)是指根植于因特网为首的一系列技术之上的一种企业网络结构,它将企业管理系统以网络衔接的方式进行重新整合,从而达到企业内部信息的最佳配置。换言之,Intranet也就是将因特网技术应用于企业管理中的最新发展,这种新发展不仅使企业可以在因特网上任意遨游,与各类客户洽谈,而且使企业内部各部门借助这一崭新的技术,达到相互之间最优的资源配置。"[7] 从技术的角度分析,Intranet主要是由机构级的TCP/IP网络和WWW服务器/浏览器系统构成的,其网络应用结构包括三个基本环节:一是物理网络平台,即由通信线路把所有的计算机互连起来,使相互间能传输、交换信息;二是支持各种计算机和服务器运行的一系列协议,包括网络协议、传输协议和应用程序协议等;三是直接与企业用户业务发生关系的、建立在客户机/服务器模式上的网路应用程序。需要说明,Intranet 完全可以独立于因特网,即使一个企业还没有进入因特网,也可以用因特网技术组建自己的 Intranet.

Intranet 具有开放性、安全性、跨平台兼容性、可联机共享多媒体信息、投资少、效益高等优点,它既可以不受限制地在因特网上运行,又可以维护自己的相对独立,"如果说因特网是一张遍布全球、漫无边际的大网,在这张大网上,所有的信息可以不受限制地自由流动,那么 Intranet 则好比是从这漫无边际的网络天地中规划出的一片属于自己的天地,这片天地由一道防火墙(Firewall)与外界隔开,可以确保属于自己的机密不被不速之客窃取,同时,它又能让有关的单位(如供货商、客户等)及时地获取必要的信息。通过 Intranet,企业可以及时获得与发出最新的信息,可以潜心构建属于自己的信息战略,从而最终在千变万化的市场上站稳脚跟,赢得一席之地。"[7] 而所有这一切,都是 Intranet 赢得企业青睐的主要原因。

Intranet 实质上是一种采用因特网技术的局域网,它也可以说是机构层次的因特网,是通常所谓的因特网的组成细胞。与因特网一样,Intranet 也可以从不同的角度归结为通信网、计算机网、信息资源网或三者的结合,但无论如何,提供信息资源和实现资源共享都是其最主要的功能,而图书馆就是因特网和 Intranet 上最主要的信息资源供应者,是因特网和 Intranet 必不可少的组成部分。

8.1.4 中国的因特网

中国的因特网建设始于 90 年代初,但正式与因特网接通则是在 1994 年。据最新的统计数字,截止 1997 年 10 月底,我国直接上网计算机为 4.9 万台,拨号上网计算机达 25 万台,接入网络总数超过 1000 个,上网用户约 62 万人,其中,中国教育与科研计算机网(CERNET)已连接了包括台湾和港澳地区在内的 225 个大学,中国科学技术网(CSTNET)实现了百所联网,中国公用计算机互联网(China Net)覆盖了 31 个省市,中国金桥信息网(China GBN)则在 24 个省市设立了站点。[8]此外,为了协调因特网的管理,我国还于 1997 年 6 月成立了“中国互联网信息中心(CNNIC)”并颁布了《中国互联网络域名注册暂行管理办法》和《中国互联网络域名注册实施细则》等一系列规则条文。这表明,中国因特网市场正在向规范化的方向发展。

中国因特网市场可以说是“四分天下”,其中,中国科学技术网(CSTNET)是我国建设的第一个因特网,它源于 1990 年启动的 NCFC(National Computing&Networking Facility of China,原意为“中国国家计算与网络设施工程”,通称“中关村地区教育与科研示范网”),后由中国科学院主管,也称中国科学院院网,主要用户是教育科研机构和非营利的政府部门;中国教育和科研计算机网(CERNET)归属国家教委主管,网络中心建在清华大学,地区网点分别设在北京、上海、南京、西安、广州、武汉、成都、沈阳,主要目的是为教学、科研和国际学术交流服务,目前网上已有 225 个站点;中国公用计算机网络(China Net)归属邮电部管理,是全国唯一的面向公众提供因特网服务的网络,入网用户多为个人用户;中国金桥信息网(China GBN)归属电子部主管,是面向经济信息领域的商用网,用户主要包括各类政府部门、事业单位和大中型企业。上述四大系统的具体情况见表 8 – 1,它们与国际因特网的互联情况则如图 8 – 3 所示。[9]需要说明,图中北京化工大学经日本连入国际因特网的出口归属 CERNET 管辖,中国科学院高能物理所的因特网国际出口则归 CSTNET 管辖。

表 8 - 1   中国因特网四大系统基本情况一览表

	CSTNET	CERNET	ChinaNet	ChinaGBN
主管部门	中国科学院	国家教委	邮电部	电子部
建设时间	1990 年启动，1992 年完成，1994 年与因特网连通	1994 年启动，1995 年底完成骨干网建成	1995 年 11 月开始骨干网建设，1997 年安装完成	1993 年开始规划，1996 年 9 月开始提供因特网服务
网络结构	主干网、城域网、局域网三级结构	国际网关、国家网络中心；主干网、地区网络中心；地区网三级结构	国际出入口网、全国骨干网、各省接入网三级结构	天地一体、互为备份，中心结点在北京，在 24 个发达城市建有分中心
国际出口速率	64Kbps	128Kbps	2Mbps	128Kbps
接入方式	专线、拨号	光纤、微波、以太网、数字数据网、拨号	专线，X.25，拨号，帧中继、无线数据网，ATM试验网	卫星小站、微波、专线、拨号
入网管理	中国科学院计算机网络信息中心	国家教委、国家网络中心、地区网络中心和各校园网管理机构	各地邮电管理部门	吉通通信有限公司审核，电子部审批
覆盖范围	24 个城市	全国	全国	全国

　　1997 年是中国因特网市场极为火爆的一年，个人用户的大量涌入改变了此前机构用户"一统天下"的格局，可谓"旧时王谢堂前燕，飞入寻常百姓家"。而根据市场预测，个人用户迅猛增长的势头还将持续下去。就现有因特网用户的分布进行分析，他们主要集中在教育和科研领域、中青年年龄段、东部沿海发达地区；以

334

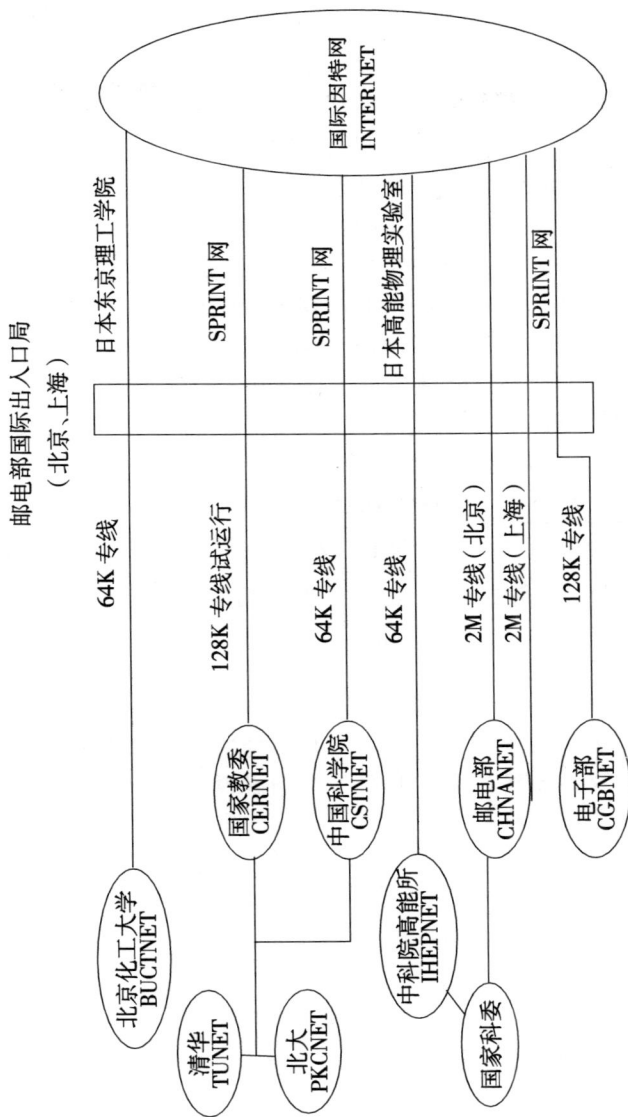

图 8-3 中国因特网与国际因特网互联线路[9]

邮电部国际出入口局
（北京、上海）

日本东京理工学院

SPRINT 网

SPRINT 网

日本高能物理实验室

国际因特网
INTERNET

SPRINT 网

64K 专线

128K 专线试运行

64K 专线

64K 专线

2M 专线（北京）
2M 专线（上海）

128K 专线

北京化工大学
BUCTNET

国家教委
CERNET

中国科学院
CSTNET

中科院高能所
IHEPNET

邮电部
CHNANET

电子部
CGBNET

清华
TUNET

北大
PKCNET

国家科委

335

上网的 225 个大学站点为例,它们的地理分布如表 8－2 所示,可以看出,网上大学站点的地理分布极不平衡,其中仅沿海的北京、天津、辽宁、山东、江苏、上海、浙江、福建、广东 9 个省市的大学站点(112 个)就占了上网大学站点总数的 1/2。而在所有的 225 个大学站点中,能够提供图书馆服务的又不足 1/10,据因特网"国内 WWW 服务器"上的资料,国内主要的网上大学图书馆仅有 20 个,这些图书馆大多只能提供 OPAC 之类的服务。这说明,并非图书馆联入因特网就万事大吉,图书馆在因特网中的主要角色是资源供应者,如果忽略了这一点,图书馆在未来激烈的因特网市场竞争中就会处于不利位置,甚或失去生存空间。有鉴于此,图书馆必须加速馆藏信息资源的数字化进程,加强彼此之间的合作,以资源供应集团的形式参与因特网市场的竞争。

表 8－2　中国因特网上大学站点的地理分布[10]

地区	站点	地区	站点	地区	站点	地区	站点	地区	站点
北京	21	黑龙江	9	山东	9	四川	7	青海	2
天津	4	上海	11	河南	4	贵州	2	宁夏	1
河北	3	江苏	24	湖南	6	云南	7	新疆	1
山西	2	浙江	6	湖北	12	西藏	1	香港	6
内蒙古	2	安徽	4	广东	18	重庆	10	澳门	1
辽宁	12	福建	7	广西	7	陕西	11	台湾	3
吉林	5	江西	2	海南	1	甘肃	4		

8.2　信息网络中的图书馆

8.2.1　图书馆自动化与网络

美国太阳微系统公司(Sun Microsystems)早在 80 年代初就提

出了"网络是计算机"（The network is the computer）的命题，这个命题也许并不十分恰切，但却不无道理，因为，分散存在的各自独立的计算机几乎毫无意义，只有将它们联结为一个整体，才能最大限度地发挥它们的优势、放大它们的功能。这个命题对于图书馆同样适用，它暗含着两层意思：其一，计算机化或自动化是图书馆网络化的前提；其二，网络中的图书馆必须是互联共享的图书馆。

图书馆网络化始于图书馆的自动化。在 20 世纪 60 年代之前，尽管一些发达国家的图书馆之间也存在着这样或那样的合作关系，但这种低水平的以物理媒介（即印本书刊）的位移为基础的合作关系只能有限地实现资源共享，而以这种合作关系联结起来的松散的图书馆联盟也远远称不上是图书馆网络，真正的图书馆网络只能是以计算机为基础、通过现代通信网络联结起来的图书馆系统，其本质是计算机驱动的放大的一体化的信息资源体系。到 20 世纪 60 年代，经过 10 余年发展的计算机已具备了在图书馆全面应用的条件，一些财力雄厚的大型图书馆开始考虑发展自己的图书馆自动化系统。但总的来说，早期图书馆的自动化进程并不顺利，制约其发展的主要因素有两点：一是以计算机为基础的自动化系统成本太高，只有少数大型图书馆能够开发全部用于图书馆操作的计算机系统，而更多图书馆只能与母机构的其它部门共同开发计算机系统，结果，当母机构的计算机需求迅速增加时，这些图书馆就很难利用共同开发出来的计算机系统了；二是缺乏软件开发及图书馆自动化系统方面的标准，那些独立地发展起来的图书馆系统可能对于各自的图书馆较为适用，但它们大多不能互相转换和兼容，这种局面直到 1966 年美国国会图书馆（LC）的 MARC 计划宣告成功后才得以改观，可以说，MARC 计划是图书馆自动化进程的一个里程碑。[11]

MARC 计划是影响 70 年代之后图书馆自动化发展的最为重要的因素之一。MARC 计划的最初目的是为国会图书馆提供最新英语出版物的编目数据计算机磁带,但到 80 年代,它事实上已包容了以多种媒体形式发行的所有罗马字母语言的资料。与此同时,许多图书馆放弃了它们自己的格式,转而购买 MARC 磁带,将这些磁带装在自己的计算机上并利用它们为新购进的资料提供编目信息。于是 MARC 变成了世界范围内的计算机化书目格式的标准,图书馆开始联合起来利用 MARC 格式建立数据库,与其它图书馆共享彼此的数据库,并从而发展了可兼容的图书馆自动化系统。这样一来,实践中的每个图书馆自动化系统要么建立在 MARC 格式的基础上,要么就要与它兼容,否则是没有出路的。70 年代影响图书馆自动化发展的另一重要因素是图书馆自动化系统开发的商业化潮流,由于 MARC 格式的流行,一些图书馆开始与私营公司合作发展和推销他们自己的图书馆自动化系统,其中,私营公司负责提供硬件和软件,图书馆则负责提供书目数据;结果,各种各样的图书馆自动化系统包括自动化采购系统、自动化编目系统、自动化流通系统、自动化参考服务系统等都被开发出来,而 OCLC 最初就是以提供自动化编目系统为主要业务的图书馆公司。

OCLC(Online Computer Library Center,联机图书馆中心)成立于 1967 年,原名俄亥俄州学院图书馆中心(Ohio College Library Center, OCLC),是由美国俄亥俄州的 54 所大专院校图书馆所组成的,1981 年改为现名。OCLC 最初的主要功能是提供共享编目服务(a shared cataloging service),也就是说,成员馆通常是在他们自己的图书馆利用计算机检索位于州府哥伦布市的主机中的编目记录;如果检索到与特定款目相符的编目记录,该成员馆就在该记录上加注本馆的排架号并指示主机将该款目的目录卡片打印出来,该卡片将在随后一周内送达该成员馆;如果没有检索到特定款目的编目记录,该成员馆就必须为之编目并将编目记录送入 OCLC 的数据库,而随着越来越多的图书馆加入 OCLC,其数据库每年都要增加数百万条编目记录。到 80 年代和 90 年代,美国乃至世界各地的许多图书馆都已采用 OCLC 的以 MARC 格式为标准的计算机磁带来建立自己的联机目录或 CD – ROM 目录,OCLC 变成了世界上最大的图书馆网络,它还联入了因特网并是因特网中最主要的资源供应者之一。

我国图书馆自动化的研究始于 70 年代末,当时要解决的核心问题是如何将书目转换为机器可读目录。1980 年,北京图书馆等单位联合成立了"北京地区研究试验西文图书机读目录协作组",并于 1981 年研制成功利用 LC/MARC 磁带编制西文图书目录的模拟系统。80 年代后期,我国图书馆自动化建设进入集成系统开发阶段,并逐渐形成了 3 种模式,即大型机系统模式、中小型机系统模式和微机系统模式。[12] 进入 90 年代,在经济技术条件较好、网络通讯设施较为完备的北京、上海和广东珠江三角洲等地区,部分实现了自动化的图书馆开始探索自动化集成系统的互联,并初步建立了地区性图书馆网络,其中,以北京中关村地区中国科学院、北京大学、清华大学共建的 APTLIN(Library and Information Network of Chinese Academy of Sciences, Peking University and Tsinghua University)最具代表性。

APTLIN 即中国科学院、北京大学、清华大学图书情报网络,它最早源于 70 年代末这 3 个单位的图书馆各自开展的图书馆自动化工作。80 年代初,这 3 个图书馆都参加了北京图书馆牵头的 MARC 协作组。1985 年,这 3 个图书馆就在中关村地区建立一个地区性的图书馆信息网络的可行性进行了讨论,并正式提出了 APT 计划。但由于缺乏资金支持,APT 项目的网络工程迟迟处于搁置状态。1990 年,由世界银行和国家计委支持立项的 NCFC 工程启动,APT 计划受到广泛关注,它最终被列为 NCFC 上的一个重要应用系统,并定名为 APTLIN。[13] 1996 年 12 月,APTLIN 项目通过国家验收,从而成为我国第一个运行在高速计算机网上的地区性图书馆网络。

图书馆自动化是图书馆网络化的前提,没有图书馆的自动化,就谈不上图书馆网络。但仅有图书馆的自动化是不够的,因为,图书馆自动化的目标往往具有个性化的特征,是为特定的图书馆服务的;而图书馆网络化的目标是资源共享,它要求每个个别的图书馆的自动化纳入统一的网络化的轨道,其中涉及到合作精神、义务、权利、标准化等多种因素。结合图书馆自动化和网络化来认识网络中的图书馆,我们认为,这是一种全部或部分实现了自动化、能够与其它图书馆共建信息资源体系和共享信息服务的图书馆,这种图书馆今天也称之为电子图书馆或数字化图书馆。

8.2.2 OCLC 的扩展及其网络服务

要了解信息网络中的图书馆,首先需要了解信息网络中的图书馆网络,而 OCLC 就是世界上发展最早、规模最大、信息资源最为丰富的图书馆网络。据 OCLC 1996 年印发的系列宣传材料介绍,截止 1996 年 7 月,OCLC 的计算机网络与服务已扩展到 64 个国家或地区的 22000 多个图书馆,这是一个非常庞大的信息资源网。然而,OCLC 是怎样发展到今天这样的规模呢? 了解这一点对于我国图书馆网络的发展而言是非常必要的。

OCLC 是一个非赢利的图书馆计算机服务与研究组织,总部设在美国的俄亥俄州,目前主要通过因特网向成员馆及其它组织提供各种处理过程、产品和参考服务。如前所述,OCLC 一开始就采用了国会图书馆研制的 MARC 格式,它可以说是标准化的 MARC 格式的最大得益者,而标准化正是规模发展的必要前提;同时,OCLC 还确立了联机合作编目的制度,从而使其编目数据库能够源源不断地自动地增加新的编目记录,据统计,OCLC 每年新增的编目记录多达 200 多万条;[14] 其后,OCLC 又确立了"回溯转换"的制度,即允许成员馆将原先的手工编目记录转换为机读目录并输入 OCLC 的编目数据库,此举又极大地增加了该数据库的容量,从而使成员馆的编目需求可以满足 85~95%,[11]这样,许多成员馆发现他们不再需要更多的职业编目人员,他们与 OCLC 的依存关系因此得以强化。

当 OCLC 发展成为一个具有全国意义的资源共享数据库后,它又开始以其它方式进行扩张。首先,OCLC 扩充了董事会以便俄亥俄州外的图书馆加入 OCLC,它还鼓励各地的图书馆加入地区图书馆网络,然后以网络的形式而不是个体图书馆的身份加入 OCLC,这样,诸如宾夕法尼亚地区图书馆网络(PALINET)和东南部图书馆网络(SOLINET)等都成了 OCLC 的成员。其次,OCLC 开始进入编目之外的其它资源共享领域,譬如,OCLC 以编目数据库为基础(编目数据库本身就是一种联合目录)发展了馆际互借计划,该计划使各地的 OCLC 成员馆能够通过计算机向其它图书馆借阅资料,该计划又吸引了大批图书馆,诸如伊利诺斯州图书馆网络(ILLINET)甚至要求它的成员加入该计划;OCLC 还发展了连续出版物数据库以及其它交流系统。到 1978 年,OCLC 已成为美国图书馆自动化的领导者,而在此之前许多图书馆都希望国会图书馆扮演这一角色。70 年代,美国国内还出现了研究图书馆信息网络(RLIN)、华盛顿的图书馆网络(WLN,后改称西部图书馆网络)等较为成功的网络,但它们都未能动摇 OCLC 的领导地位。

80 年代和 90 年代,OCLC 愈加成熟,它又在几个方面实施了扩张:(1)它增加了服务内容,能够为成员馆提供全过程的服务,换言之,成员馆能够通过 OCLC 查索、获取、分编、外借和贮存各种书刊资料并能够实现参考服务功能;(2)它超越国界吸收各国的图书馆入网,逐渐变成一个世界性的图书馆网络,1996 年 2 月,OCLC 进入中国,与清华大学合作成立了"清华大学 OCLC 服务中心",开始了它在中国的扩张之旅;(3)它适时地联入因特网并借助因特网开始更大规模和更快速度的扩张,如今,它所开发的第一检索(Firstsearch)联机信息检索系统已成为因特网上"最亮丽的一道风景"。OCLC成功地实现了称雄世界图书馆领域的梦想,这是一个不平凡的团体和一段不平凡的历程,其间种种经验教训,都应是我国图书馆网络建设的"他山之石"。

如果说因特网是未来信息高速公路的雏形,那么,OCLC就是未来世界图书馆网络的雏形。OCLC是从信息资源的角度定位的,目前它能够提供的产品与服务可谓琳琅满目、应有尽有,其中,主要的产品与服务包括:(1) OCLC联机联合目录(OLUG),它包括370种语言的3400万条书目记录和馆藏地址信息,可用于成员馆的采访、编目、馆际互借、参考服务和藏书发展等方面的活动;(2) firstsearch联机信息检索系统,它包括60个数据库,能够提供书目、索引、文献和全文等方面的参考服务,其中包括图书和期刊论文、会议录、工业通告、财政报告、研究发明、图书评论、组织概貌等类型的记录;(3)电子出版物服务,OCLC的联机电子期刊能够为图书馆和终端用户提供可检索的全文文本,它所提供的电子期刊包括 Applied Physics Letters Online、Physical Review Letters On-line、Journal of Applied Physiology、Immunology Today Online 等;(4)藏书和技术服务,这些服务将各种资料从出版者到图书馆书架再到用户的流程实现自动化集成,借以提高图书馆信息人员的工作效率,其中,PRISM 应用子系统用于检索和利用其它图书馆的编目记录以及输入未编目的款目的编目信息,Prompt Cat 子系统用于自动提供 OCLC/MARC 记录和添加馆藏号,PromptSelect 子系统用于藏书选择定购和获取的自动化作业,TECHPRO 子系统用于特定格式的合同编目和手工处理(处理对象主要是特藏、外文文献等),RETROCON 子系统则主要用于成员馆实现书目记录的机读转换,等等;(5)资源共享服务,它将检索、馆际互借和文件传递等功能整合为单一的、快速的和低成本的服务,能够使成员馆通过 OCLC 5500 个图书馆的电子网络互借资料而扩展自身的服务能力;(6)通讯和连接服务,OCLC 通过提供硬件(如 OCLC Work - station)和软件(如 Passport for Windows)的方式,为成员馆提供连接 OCLC 网络和因特网的服务;(7)资源贮存服务,内容包括咨询、制作和培训服务,预拍摄(prefilming)准备服务,高质量的缩微制作,胶卷复制,多硫化合物处理,书目控制,存贮和分布服务,缩微胶卷的数字化扫描和标引等等;(8) Information Dimensions 系列软件,它们能够帮助成员馆将成堆的纸本文件转换为可利用的电子数据库,这些软件包括 BASIS Document Manager Service,BASIS WEBserver Service, BASIS Client Suite Service、TECHLIBplus Service 等;(9) OCLC 还提供联机连续出版物合作计划(CONSER)、OCLC 图书馆学校计划、《杜威分类法(DDC)》系列产品、各种 OCLC 出版物等。

在所有的 OCLC 产品与服务中,最为重要、应用最广泛的当数 OCLC 联机联合目录和 Firstsearch 联机信息检索系统,前者为全球资源共享提供基础,后者则直接满足各类图书馆和终端用户的信息需求。Firstsearch 是一个面向最终用户的联机检索系统,用户需要一定的硬件配置和软件条件方可利用它:在硬件配置方面,只需要有一台联入因特网远程通信网的工作站或 PC 机即可;在软件条件方面,它有两种服务方式,一种是 Client/server(WWW)方式,另一种是 Telnet(TTY)方式;而只要具备上述条件和设备,无论在办公室、图书馆、家中还是其它地方,用户都可利用 Firstsearch 检索 OCLC 的有关图书、期刊文献、影片、计算机软件和其它信息。目前,利用 Firstsearch 可以检索到近 60 个数据库,这些数据库可分为 13 个主题范畴,即艺术和人文科学、商业管理和经济学、会议录、消费者事务、教育、工程技术、科学概论、通用参考、生命科学、医学和保健、新闻和时事、公共事务和法律、社会科学。这些数据库大多数是一些美国的国家机构、联合会、研究院、图书馆和大公司提供的,属于 OCLC 自己的数据库只有 7 个,它们是 Articlelst、

Contentlst、FastDoc、NetFirst、PaperFirst、Proceeding First、World Cat，其中 WorldCat 即 OCLC 的联机联合目录库，它包含 370 多种语言的 3400 万条书目记录，覆盖所有的主题范畴；Articlelst 则包括 13000 种期刊中的文章，它不仅有书目信息，而且绝大多数还可以屏幕上调阅或联机定购全文。需要说明，利用 OCLC 是要付费的，通常用户是按检索的次数付费，用户需事先购买检索卡，获得授权号和口令，然后才能进行检索，在我国，清华大学 OCLC 服务中心可为用户代购检索卡，以每次 0.78 美元计价，可用人民币购买，最低以 10 次起算。

　　OCLC 为世界各国图书馆网络的建设与发展提供了一个成功的范例，概括起来，它的主要特点包括：（1）提供一体化服务。OCLC 的一体化服务分为三个层次；第一层就用户提出的问题进行相关文献检索，可检索的数据库大多为二次文献数据库；第二层是查找文献所在地，其所在地包括世界范围的图书馆、世界上可提供全文服务的文献服务社（如大英图书馆文献供应中心）或 OCLC 自身；第三层是提供一次文献，提供方式可能是馆际互借、由 OCLC 的电子全文库提供，也可能是由第三方的文献服务社提供；（2）收费低。OCLC 按检索次数而不是所用机时收费，用户每递交一次检索式并得到命中记录的一览表后计为一次检索，此后你可以对表中的任一条记录进行联机显示、打印或用 E－mail 方式传回本地信箱，其间无论浏览多少条记录和占用多少机时均不收费；（3）面向最终用户。任何用户只须稍加培训就可熟练地应用 OCLC 联机检索系统，而且还不受地点的限制；（4）信息更新快。OCLC 的数据库每天都在增加新的信息，用户可以从中检索世界上最新的资料和信息。OCLC 还具有全球性、规模性、文种全、信息量大、产品和服务系列化、网络支持服务环境好等特点，而所有这些特点都强化了它在全球信息市场的竞争优势，对此，我国图书馆一方面要利用 OCLC 的世界信息资源来满足用户的信息需求，另一方面则须有针对性地加速国内图书馆网络建设,以期保护我国广大图书馆和用户的利益。

8.2.3　APTLIN 及其未来发展[15]

APTLIN 也称"中关村地区书目文献信息共享系统",它是以 NCFC 高速计算机网络为支撑环境,统筹利用中国科学院、北京大学和清华大学所属图书情报部门的计算机设备的处理能力,实现对这一地区文献信息的科学管理、规范化处理和网络化服务,覆盖中关村地区并逐步向北京市内外扩展的一个地区性图书情报网络。与 NCFC 一样,它的总体目标也是地区实用、国内示范、国内与国际联网。

APTLIN 项目是 1993 年 4 月由国家自然科学基金委正式批准立项的。项目启动时 3 个成员馆的硬件设备条件如下:中国科学院文献情报中心正在引进 MOTOROLA 超级小型机(UNIX 操作系统)及其 TOTALS 图书馆自动化系统;北京大学图书馆在 VAX － 750(VMS 操作系统)平台上研制的图书馆自动化系统面临升级、更新和完善问题;清华大学图书馆引进的富士通 FJ－K670／40 计算机及其图书馆自动化系统还有待进一步完善。而 APTLIN 就是要在这样一个机型、操作系统、数据库结构、应用软件均完全不同的异构系统的基础上实现彼此之间的公共查询、联机编目和馆际互借三大网络功能。

鉴于成员馆的硬件设备和技术水平,APTLIN 项目立项时选择了当时国际上技术水平较为成熟却非发展方向的集中式体系结构。项目立项后,考虑到其示范作用及追踪国际水平的初衷,项目组决定在中国科学院文献情报中心的 MOTOROLA 系统上开发试验分布式体系结构的公共查询系统,并于 1994 年 4 月研制成功 PC 微机对 MOTOROLA 主机的采用 Client/server 技术的公共查询智能工作站,实现了在中国科学院院网上的分布式的公共查询服务,攻克了分布式体系结构的关键技术。为此,1994 年 10 月项目组修改了 APTLIN 原总体设计方案,将目标确定为研制设计 NCFC 网上的分布式体系结构的 APTLIN 系统,包括分布式的统一界面的公共查询系统、网上联机合作编目系统、馆际互借系统。

APTLIN 公共查询系统是整个 APTLIN 项目的基础和重点。它既要面向网络用户,提供公共书目查询服务及读者个人状况查询服务,又要面向图书馆自动化业务,为联机合作编目提供网络书目查询及机读格式记录的下载功能,同时还要为开展馆际互借提供联机图书预约功能,如图 8 - 4 所示,[15] 位于中国科学院文献情报中心的 M922 计算机系统中,安装有 APT 总索引数据库及其维护系统和总索引服务器软件,它们构成了 APTLIN 的核心。APTLIN 公共查询系统具有以下功能特点:(1)采用了 Client/server;(2)发展了面向信息检索异构系统互联的网络协议;(3)拥有统一友好的用户界面;(4)开发了有自主软件版权的易于推广的 Client 端智能工作站;(5)可提供多种查询服务方式,包括 WWWCGI 公用接口方式、Client/Server 方式、Telnet 方式、远程电话网自动拨号方式;(6)目前可供查询的书目库数据量约为 70 万条,管理 350 万件书目文献。

网上联机合作编目系统又称网上共享编目系统(Shared Cataloging On Network),它是指在网络环境下,用于多个成员馆共建、共享书目数据库的一个应用系统。APTLIN 联机合作编目系统以中科院(A)、北大(P)、清华(T)3 家的系统为服务器,总括 3 家的书目建立总索引库,内置一个检索程序和一个公用的客户机程序,又有 A 版和 P 版之分,它们具有以下功能:(1)查询功能。有题名、著者、主题、关键词、分类、ISBN 等多个检索点,可以加限定和条件查询;(2)套录功能。可以从查得的数据中选择下载;(3)编目功能。可以在套录的数据库中加入馆藏修改;(4)原始编目。可以使用各种不同缺省工作单格式原始编目;(5)产品输出。可

MOTOROLA8640
UNIX
A Server

请求 应答

VAX
VMS
P Server

请求   M922/UNIX   请求   IBM RS6000
                APT Index Database   AIX
应答   APT Index APT CGI   应答   T Server

请求 应答   应答 请求

PC/Client
PC/386
DOS

WWW
浏览器

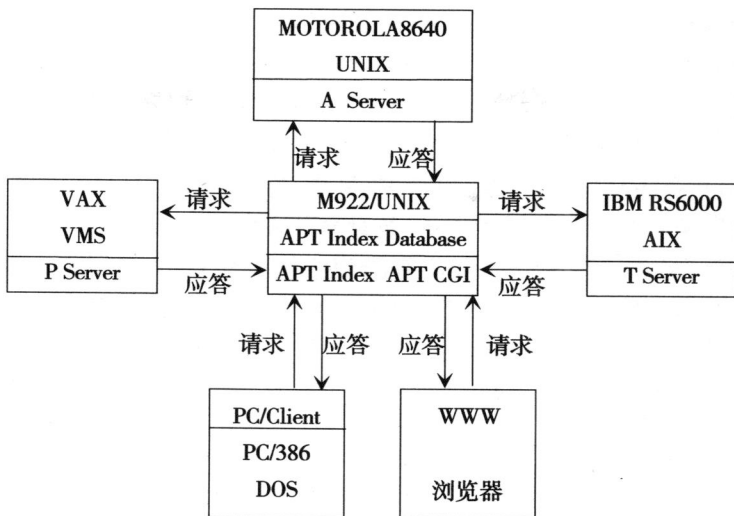

图 8-4 APTLIN 分布式公共查询系统[15]

以打卡及新书报导等;(6)参数设定。可以根据不同文献类型决定缺省值;(7)P 版还有安全控制、联机与介质下载、统计、书目库的维护等功能。APTLIN 联机合作编目系统的功能特点则包括:功能多样化;技术上采用 Client/Server 模式和 Web 技术,A、P 版均有自主版权;数据标准、规范,有利于国内外交流与合作;界面友好、操作简单方便等。

APTLIN 馆际互借系统是以中科院、北大和清华 3 家图书馆原有的手工操作式馆际互借为基础,运用网络通讯技术,实现网上的馆际互借。网络互借仍分个人和团体两种形式,个人用户必须具备下述条件才能获得互借服务:(1)具有网络查询条件;(2)具有个人电子信箱;(3)所在馆愿为其作经济担保;(4)用户须遵守提供馆的出借规则;团体用户的条件另有规定。APTLIN 馆际互借系统的操作步骤大致如下:首先,各馆分别设立馆际用户档案、联机预约功能以及联机催还公告;其次,建立馆际互借专用信箱,信箱暂时设在清华大学信息研究所;第三,各馆馆际互借员按专用主题(如请求借书、提供应答、催还通知、用户控制、请求代查等)信件的主题标识向有关方发送信件;第四,各馆开放用户请求信息信箱,接受用户的互借和代检请求;最后,各馆馆际互借员在收到他馆发送的"借书请求信件"后,及时准备求借图书,并以"提供清单信件"形式,通知对方来馆办理借阅手续。APTLIN 馆际互借系统具有以下功能特点:(1)三馆以统一的 WWW 画面,实现用户的网上预约和互借文献过程;(2)以中文 E – mail、FTP、电子公告板等方式为预约和互借工具,方便实用;(3)有利于三馆服务手段的现代化。

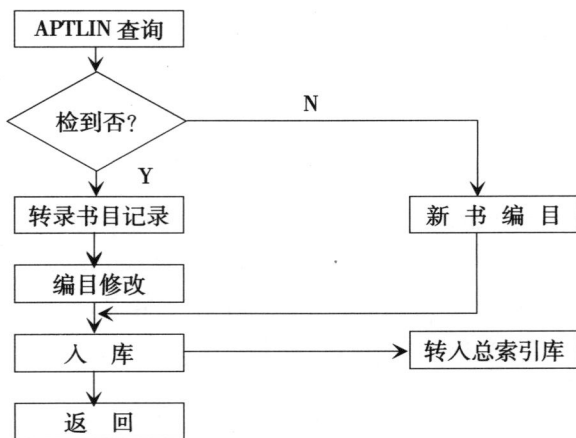

图 8 – 5 APTLIN 联机合作编目系统流程图[15]

APTLIN 项目已于 1996 年年底结束,以中国工程院副院长师昌绪为主任的鉴定专家委员会在鉴定报告中这样写道:"该项目技术文档完备,完成并部分超额完成了立项的研制任务。系统研制过程中,及时调整总体方案,采用了 Clinet/server、WWW 等国际先进的信息处理技术,实现了异构系统互联、互操作。APT-

LIN 是我国第一个在高速网上投入运行服务的书目文献共享系统,研究开发成果达到了国际先进水平,丰富了我国具有自主知识产权的图书馆网络信息资源和网络应用软件,具有实用和推广价值"。然而,作为一个科研项目,APTLIN 结束了并达到了预期目的;作为一个投入运行服务的地区性图书馆网络,APTLIN 还刚刚起步,它的运行现状及未来发展前景又如何呢?

　　为了更详尽更准确地了解 APTLIN 的现状及未来,我们走访了 APT 项目组的总负责人、中国科学院文献情报中心博士生导师沈英研究员,他谈到,APTLIN 目前运行良好,中国人民大学、北京航空航天大学、北京邮电大学 3 家图书馆正在联系与 APTLIN 的链节问题,而且,APTLIN 的研究任务也并没有结束,如中国科学院文献情报中心 APT 项目组正在研制一种软件,该软件能够使处于完全分布状态的图书馆计算机系统为用户提供集中式的服务,也就是说,装有该软件的计算机在接到用户的请求后,会同时向各成员馆发出检索请求并汇总显示检索结果,由于如此复杂的过程是在高速网上运行,它给人的感觉仿佛是在利用"一个近在眼前"的巨型图书馆。从技术上来讲,APTLIN 是成熟的,它开发了具有自主版权的使用简便的网络协议,任何一个图书馆只要置入服务器,就可以挂入 APTLIN。但从运行管理和网络体制的角度来讲,APTLIN 的前途堪忧:作为 APTLIN 的三个成员馆,清华大学图书馆目前热衷于 OCLC 的接入服务和工科院校的图书馆联网等事项,中国科学院文献情报中心正在做 CSTnet 上的文献信息共享系统,北京大学图书馆则忙于自身的自动化系统的研究;此外,北京图书馆虽然近在咫尺,但与 APTLIN 只有简单的形式联系,达成实质性合作举步维艰。总之,由于体制及诸多方面的因素,目前图书情报网络的重复建设愈演愈烈,这严重背离了网络建设合作为本、节省投资、资源共享的精神实质,消耗了原本拮据的人力、物力和财力资源。

鉴于 APTLIN 已达到的技术水平及其运行现状,我们认为,既然它是国家资助的具有示范作用的网络工程,就应让它发挥最大的效益,在我国图书情报网络化进程中起核心作用。具体地讲,APTLIN 的运行、维护和管理可以借鉴 OCLC 或 RLIN 的模式,首先由中国科学院文献情报中心、北京大学图书馆、清华大学图书馆外加北京图书馆选派专人组成"网络管理委员会"或"中国图书馆联机计算机中心",制订切实可行、公平合理、操作性强的网络制度,然后逐步吸引北京地区和全国其它地区的图书馆入网,同时鼓励各地和各系统的图书馆加入地区或系统的网络,再以网络的形式加入 APTLIN(也可以变换一个网名以吸纳成员),这样,经过若干年的滚动式发展,以利益机制为驱动形成我国自己的图书馆网络。我们认为,这是我国图书馆网络发展的最佳途径之一。

8.2.4 网络图书馆

借助对 OCLC 和 APTLIN 的分析,我们可以归纳出网络中的图书馆所应具备的一些特征:(1)网络中的图书馆应是计算机化或自动化的图书馆;(2)网络中的图书馆应是经由通信线路连接在一起的图书馆;(3)网络中的图书馆应是能够共建信息资源体系和共享信息服务的图书馆,等等。而具备上述特征的图书馆我们称之为网络图书馆,可以认为,网络图书馆与电子图书馆、数字图书馆和虚拟图书馆基本上是同一概念。

就实质内容而言,网络图书馆、电子图书馆、数字图书馆和虚拟图书馆没有什么区别,它们之间的区别仅在于观察和认识的角度不同而已。网络图书馆侧重于图书馆之间的连接和整合,是从集成的角度来认识图书馆的;电子图书馆侧重于电子技术的应用,是从图书馆硬件设施及其控制的角度来认识图书馆的;数字图书馆侧重于信息资源的数字化,是从信息资源处理、传输和存贮的角度来认识图书馆的;虚拟图书馆则侧重于信息的跨时空存取,是从用户的角度认识网络图书馆的结果。需要说明,虚拟图书馆是以现实中存在的图书馆为依据的,没有各级各类网络图书馆的存在,就不会产生用户电脑中的"虚拟图书馆"。

网络图书馆的构成与传统图书馆相比有较大变化,主要表现在:(1)信息资源。网络图书馆所存信息资源约略包括两部分,一部分是尚未数字化的印本书刊、地图藏画、电影胶卷、录音录像带等,另一部分是数字化的信息资源即可以联网供远程存取的信息资源,其中,数字化信息资源要占相当的比例;(2)信息用户。这是变化较大的一个要素,传统图书馆的用户相对而言是一个外在的要素,网络图书馆的用户则是图书馆的有机组成部分,是图书馆伸出的触角或神经末梢;(3)信息人员。信息人员的变化主要表现在人员结构方面,传统的业务操作人员将会持续地减少,而熟习信息技术的咨询人员和系统维护人员将在图书馆人员构成中占据更大的份额;(4)信息设施。这是变化最大、最快的要素之一,又有图书馆硬件设施、软件程序和网络环境之分,可以说信息设施及其内含的信息技术正是影响网络图书馆的决定因素。

网络图书馆的本质依然是一种信息资源体系。美国学者霍金斯(B. L. Hawkins)在谈及国家电子图书馆(the National Electronic Library)时认为,它"既是解决图书馆所面临的经济问题的一种手段,也是转换学术并将信息的文化、社会和经济利益带给众人的一种工具,⋯⋯尤其,我们正在设想的是一个信息资源体系(What is being proposed is a collection of information),该体系包括许多格式(formats),以电子形式储存在世界各地,但却可以通过一个网络中枢加以组织、采集和共享。"[16] 也就是说,图书馆的形式和技术无论如何变化,其本质是相对稳定的。诚然,网络图书馆不同于传统图书馆,其主要区别在于:每一个传统图书馆都是独立的存在,它们的信息资源体系之间允许相互覆盖(至少在相当大的比例上相互覆盖);但每一个网络图书馆都只是网络整体的一个有机组成部分,如果它的信息资源体系被特定网络中其它成员馆的信息资源体系全部覆盖或最大限度地覆盖,则它的生存价值就会大打折扣乃至失去生存价值。为此,网络图书馆必须加强特色信息资源的建设,特色化将是网络图书馆的生存之本。

　　网络图书馆的信息资源体系是由技术支撑的,构成其技术基础的主要包括以下几类信息技术:(1)数字化技术,即利用计算机将文字、数值、单色和彩色图形、静止和活动图像、声音等多种形式的信息转换为二进制数字编码的技术;(2)信息存贮技术,主要是解决海量信息存贮的技术,包括磁盘存贮技术和光盘存贮技术两大系列;(3)数据库技术,主要是解决庞大的数字化信息的存储、运行和管理的技术,目前流行面向对象的分布式数据库系统;(4)网络通信技术,主要是解决高速、可靠、安全地传输信息的技术;(5)多媒体、超文本、超媒体技术,其中,多媒体技术是能够综合处理多种媒体信息(数字化的文本、图形、图像、声音、视频等)并使多种信息相互联系、具有交互功能的信息处理技术,超文本技术可将相关概念经由路径或链接(links)连贯起来从而使用户以非线性的联想方式查检所需的相关信息,超媒体技术是在超文本技术的基础上发展起来的能处理多种信息媒体的信息技术。[12]

　　网络图书馆是一种具有世界范围的虚拟操作,能够对环境变化、竞争和用户信息需求作出不断地快速地反应,并能够在各种水平上不断学习、自我进化和快速调整的"智能型图书馆"。美国计算机专家迈天(James Martin)在其专著《生存之路——计算机技术引发的全新经营革命》一书中曾把计算机化企业形象地比喻为"丛林生物","它随时监视着它的环境,时刻准备做出反应。它有一个清楚而明确的目标,但达到目标的策略却是随时变化的。它所有的行为都紧紧盯在目标上。在需要的时候,它会突然以极快的速度移动。"[17]借用这个比喻,我们也可以把网络图书馆比作"丛林生物",这是因为,在高速信息网络全球化和普及化的时代,许多行业（如计算机化企业）的竞争在很大程度上集中在信息的竞争方面，与此同时，许多相关的服务或产业开始闯入原本是图书馆占主导地位的信息资源提供和咨询领域，这样，网络图书馆若不能积极地实现彼此之间的整合并形成行业优势，随时对竞争环境和用户信息需求的变化保持高度警觉，不断对自我的信息资源体系及其服务做出调整，那么它就可能成为信息时代的第一个牺牲品。进一步讲，图书馆并非联入网络就是网络图书馆，联入网络后，图书馆还需要有一个磨合的过程，当它最终形成网络思维、实现网络定位并能够与网络中的其它图书馆协同行动时，它才能称之为网络图书馆。

网络图书馆在现实中不乏原型。美国学者休斯（J. R. Hughes）和布奇（K. S. Butcher）在"国家电子图书馆：虚拟化环境"一文中描述了他们所理解的国家电子图书馆："它能够发展出一些应用系统，用于对因特网上出版的资料的搜寻、评价和编目；它能够指导图书馆信息人员对当地所生产的电子资料（包括研究数据库和多媒体产品等）进行编目，以便它们能够在其它情境中被容易地检索和利用；它能够指导大学师生去寻找以电子形式出版的学术资料，包括协调他人的评论和档案过程（coordinating peer review and archival processes）"。[19]国家电子图书馆是美国图书馆界为配合美国信息高速公路的建设而提出的图书馆发展计划，是高速信息网络中的图书馆模型，虽然有关研究人员在细节之处的认识有颇多争议，但就其最主要的结构功能而言，有关各方的认识却惊人地一致，其中，休斯和布奇的观点就具有代表性，而这种观点的实质与我们所归纳的网络图书馆的特征是相吻合的。

现实中运行的网络图书馆的代表当数被誉为"21世纪电子图书馆样板"的美国纽约科学、工业和商业图书馆（SIBL, Science, Industry and Business Library）。该馆是纽约公共图书馆的四大研究图书馆之一，座落在纽约市曼哈顿区麦迪逊大街188号，系由一座超级商厦的底层和地下层改造而成,耗资约1亿美元,全部装备有高技术设备。其中,与街面平行的底层主要提供传统形式的服务,包括40000册可供外借的藏书和视盘以及150种供阅览的报刊的借阅服务,复制服务(由用户自己操作的投币式复印机)、参考服务(包括口头咨询、电话咨询、因特网查询和快报服务等)及其它外围服务,需要说明,这些服务都是在高技术设备的支持下完成的;地下层则主要提供电子形式的服务,包括电子信息中心、电子培训中心以及缩微品和专利阅览室、综合信息服务中心等部门。电子信息中心和电子培训中心最能代表 SIBL 的现代色彩,电子信息中心的73个计算工作站连接着 SIBL 的100个 CD – ROM 数据库、电子期刊、联机服务和因特网,电子培训中心则装备着先进的声像设备和30台 IBM 计算机,据1997年底赴美参观该馆的中国科学院文献情报中心考察组的介绍,当一个人走入 SIBL 的电子信息中心和培训中心时,他可能完全意识不到这里是一个图书馆:他眼前的大厅里是摆列有致的计算机,两旁的墙壁上是巨大的显示屏,不断地显示着 SIBL 当天的培训计划及课程安排,这样的设施及布局令人想到现代化的股票交易所,不同之处仅在于这里较为清静而已。综合信息服务中心则体现了传统图书馆与电子图书馆的融合:这里所藏的120万册研究级藏书不允许外借而只能在馆内阅览,这里的60000册参考书可供开架阅览,这里的42个计算机工作站连接着纽约公共图书馆的联机目录库 CATNYP,这里的500个用户座位均有接口可供用户的膝上型计算机链接,这里也有随时恭候用户的参考馆员和情报专家。此外,用户也可以通过网络链接(Web access)在办公室、学校或家中全天候地利用 SIBL 的数字化信息资源并可享受其文献传递服务,SIBL 的网络地址为:http://www.nypl.org.

　　正如 SIBL 实际所做的那样,网络图书馆并不排斥传统的印本型、视听型和缩微型信息资源,这些资源现在乃至将来都是图书馆

354

所拥有的最为宝贵的财富,是图书馆与那些完全数字化的新型信息公司竞争的制胜法宝之一。但是,网络图书馆的重心将逐渐倾向数字化信息资源,只有这类资源才能连接在网上供用户实时存取并实现最大范围的资源共享。网络图书馆是高速信息网络时代图书馆的生存形式,同时也是传统图书馆的进化形式,如何解决生存与进化的问题,将决定着 21 世纪图书馆的发展格局与态势。

8.3   信息资源的共建与共享

8.3.1   图书馆网络的内核

美国学者贝克(S. K. Baker)在她编辑的《资源共享的未来》一书的"前言"中写道:"今天的图书馆正生存在一个相互依赖的时代。进一步讲,每一个图书馆都必须将自己视为世界图书馆体系的一部分,必须摆脱自给自足的状态,必须发现迅捷而合算地从世界图书馆体系中获取资料并送到自己用户手中的方式,必须随时准备将自己所收藏的资料提供给世界各地的其它图书馆。"[19] 贝克的话虽然简短,但却说明一个事实,即网络图书馆最深层的本质是信息资源的共建与共享,我们可以通过对成功的图书馆网络的分析进一步证实这个事实。

切尼克认为,成功的图书馆网络通常具备以下几方面因素:
(1)成功的图书馆网络建立在合作精神的基础上。在图书馆领域,图书馆及其信息人员已习惯于通过馆际互借和其它方式共享他们的资源和技能。一些信息人员在合作采购、藏书发展和资源共享方面更有多年的经验,他们期盼着网络能给自己带来更多的利益(如更合算地获取联机编目信息、更大范围地存取信息资源等),而由于网络成员的关系是自愿性的,要最大限度地挖掘网络的潜力并从而给网络成员带来最大的利益,就只能依靠网络成员之间的合作精神;(2)成功的图书馆网络建立在自主与平等的基础上。图书馆网络内部各成员馆的自主与平等主要取决于网络管理结构,成功的网络要确保其结构有利于发挥每个成员馆的长处,有利于维护每个成员馆的自主权,要确保大型图书馆既不能主宰网络又不受其它图书馆的"剥削",要确保网络管理组织由所有成员馆的代表组成或由成员馆选举产生,要确保"一馆一票"和"服从多数"的表决制度;(3)成功的图书馆网络建立在成员馆发展和参与网络活动的承诺的基础上。为了降低组建网络的成本,成员馆需要捐助设施、资料和服务,它们还须选派义务信息人员来组织和指导网络活动,而只有当网络活动和服务完全展开之后,才有可能聘用专职人员在网络管理组织的监督下完成日常的网络操作,因此,各成员馆对网络的承诺及履行承诺的情况直接决定着网络的成功与否;(4)成功的图书馆网络还具有其它一些共同特征,如可靠的财政基础、网络领导者有远见且勇于探索、较少受政治和心理障碍的影响等。[11] 总之,成功的网络具有更多的共同之处,简洁的概括,成功的秘诀不外 6 个字:权利、义务、合作,其中,权利主要与资源共享有关,义务主要与资源共建有关,而合作则是维系资源共建与共享并确保网络成功的灵魂。

　　资源共建意味着每一个网络图书馆都必须从网络的高度重新认识本馆信息资源体系的建设与发展问题,意味着每一个网络图书馆都必须承担向其它成员馆提供信息资源的义务,意味着每一个网络图书馆都必须分担网络运行和管理的费用,意味着每个网络图书馆都必须恪守承诺、开放资源、融入一体化的信息资源体系之中,就当前而言,资源共建所面临的最主要的问题是信息资源的数字化及其合作问题。资源共享则意味着每一个网络图书馆都有权利向其它成员馆索取本馆用户所需的任何形式的信息资源,意味着每一个网络图书馆都能够平等地参与网络的管理与决策,意味着每一个网络图书馆都可以从网络收益中获得自己应有的一份，就当前而言，存取与拥有、文献传递及其障碍乃是资源共享所面临的主要问题。

8.3.2　信息资源的数字化

数字化原本是信息资源接受计算机处理的过程，是信息资源进入高速信息网络并实现全球资源共享的前提；但数字化又不止这些，在《数字化生存》一书中，美国未来学家尼葛洛庞帝（N. Negroponte）用他的生花妙笔，通俗而全面地描述了数字化对人类生活的影响，他断言，数字化进程正在引发一场"数字革命"，"计算不再只和计算机有关，它决定我们的生存"，与此相关，每个人都必须学习和适应数字化的生存方式，"因为人类的每一代都会比上一代更加数字化。"[20]尼葛洛庞帝所言非虚，随着计算机的普及和因特网在世界各地的蔓延，数字化的浪潮正在淹没整个人类。然而，数字化并非目的，数字化的最直接的目标就是促进全人类的信息资源共享。

对于网络图书馆而言，信息资源的数字化可谓目前制约资源共享的瓶颈问题。首先，信息资源数字化的技术还不成熟且不经济。现阶段信息资源数字化的主导方式包括键盘录入和光学字符识别（OCR）扫描输入两种。键盘录入是一种手工转换，以汉字键盘录入而言，常用的录入方法主要有五笔字形、自然码、拼音码、音韵码、智能码等，其主要缺陷是速度慢、效率低、成本高。光学字符识别扫描输入技术是一种较为先进的自动化信息资源输入技术，是图书馆印本型、缩微型和图像类信息资源数字化的主要手段，与其相关的设施称为扫描仪。扫描仪是一种计算机外围设备，它能将源文献转换为适于计算机处理、存储和高速传输的数字化图像；但这些图像不能被检索或"阅读"，只有通过光学字符识别技术将扫描与图像分析结合起来，才能识别或"阅读"源文献中的字符，并将被识别的字符转换为机器可读的字符编码形式（通常是ASCII 码）。利用光学字符识别技术还可以对部分或全部文献进行全文标引，而照片、图表、图形等不能转换为 ASCII 码的信息则以页面形式存在，供用户浏览和观看。光学字符识别技术的效能取决于它对源文献中字符进行准确识别的能力，但目前这方面的技术应用中还存在一些问题，如图像质量不高、字符分类、源文献的"背景干扰"、扫描速度、单位成本较高等，这些问题严重影响了图书馆信息资源的数字化进程。[12]据悉，美国国会图书馆原计划在 2000 年 200 周年馆庆时完成 500 万幅历史馆藏的数字化转换，但迄今为止，已经数字化的图像仅有 14000 幅，而"速度较慢的原因是现有的工具还不适用于处理各种媒体，且缺乏对大批文档的有效管理。"[21]可见，信息资源数字化技术的不成熟及其相关的高成本仍然是图书馆信息资源共享的一大障碍。

图书馆信息资源数字化所面临的第二个问题是数字化的对象问题。图书馆是当今世界拥有信息资源最多的组织，但这些资源绝大多数是以印本、音像、缩微等形式存在的，当网络化的浪潮汹涌而至时，他们必须决定哪些信息资源应该数字化、哪些信息资源不需要数字化以及哪些信息资源应优先数字化的问题。一般而言，大多数图书馆都会选择本馆最有特色的信息资源实施优先数字化，譬如，美国国会图书馆所启动的"美利坚记忆计划"（American Memory Project，1989～1995）就是以其馆藏特色为据的，该计划首先选择反映美国历史、文化和立法方面的照片、文字手稿、音乐、电影、图书、图片、乐谱等作为数字化对象，在稍经编辑或几乎不经编辑后转换为电子格式，以便人们能够共享国会图书馆的珍贵资料。[22]图书馆确定数字化对象的另一种做法是根据馆藏资源的珍贵程度区分优先缓急，譬如，日本国立国会图书馆在经费充足的情况下选择数字化转换的对象和方法为：（1）珍善本书（将摄影胶片扫描或 5000×4000 点的高清晰度彩色图像）；（2）明治时代图书(从缩微胶片扫描成黑白图像);(3)二战时期出版的图书(先将图书缩微化,再扫描成黑白图像);(4)有代表性的日文政治经济杂志(直接从期刊扫描成黑白图像);(5)向国会提交的研究报告(直接扫描成黑白图像,再用光学字符识别技术转换为文本);(6)近代日本政治史文献(扫描缩微胶片生成黑白图像);等等。[20]图书馆确定数字化对象的第三种常用方法是选择利用频率最高的信息资源,这种方法对于一般的大中型图书馆尤为适用,但需要指出,这种方法必须建立在网络成员高度合作的基础上,否则就会坠入重复建设和盲目竞争的怪圈。

图书馆信息资源数字化所面临的第三个问题也是最为重要的问题是合作问题。由于图书馆网络是各成员馆在自愿自主的基础上组成的,即使是美国这样法制完善的国家也没有涉及图书馆网络的法律,[11]所以,合作就成为决定网络成功与否的最为重要的因素。在目前我国图书馆自动化和网络化的进程中,许多图书馆往往将自动化或信息资源的数字化视为"一馆之事"而较少从网络的角度考虑,结果是空耗了原本拮据的用于图书馆网络建设的经费,而彼此之间的设备和软件又难于兼容。以珠江三角洲地区的图书馆自动化建设为例,中山图书馆、深圳图书馆和深圳大学图书馆都曾分别开发了各自的图书馆自动化系统,现在又都在不同的"地盘"里组建或筹组图书馆网络,事实上,它们本可以联合起来开发图书馆自动化系统并在珠江三角洲地区建立统一的图书馆网络,它们之所以没有这么做,除了管理体制、部门利益及经费来源等因素外,缺乏合作精神恐怕也是一个主要因素。因此,对于已经联网或尚未联网的图书馆自动化建设而言,信息资源数字化的合作问题必须提到意识日程上来,具体地讲,图书馆之间必须加强沟通,就数字化对象的选择达成共识,在分工与合作的前提下共图资源共享大业。

信息资源数字化虽然涉及技术问题,但核心还是信息资源的共建,这是每一个网络图书馆所应尽的义务。从资源建设的角度来认识,信息资源数字化就是重建信息资源体系的过程,当然,这里所说的信息资源体系不同于每一个个别图书馆的信息资源体系,它有两个最突出的特征:其一,它是数字化信息资源体系;其二,它是所有成员馆的数字化信息资源共同构建的体系,是一体化的信息资源体系。从这个意义上讲,成员馆无论大小都应参与一体化信息资源体系的建设,同时,它们又必须在严密分工的基础上来参与,否则就无法实现一体化信息资源体系的放大效应。

8.3.3　存取和拥有

存取和拥有是与资源共享最为相关的两个范畴。在网络环境中,存取(access)一般是指利用其它成员馆或信息提供者的信息资源来满足本馆用户信息需求的行为,拥有(ownership)则是指通过收藏信息资源满足本馆用户乃至网络用户的信息需求的行为。存取与拥有本是唇齿相依、相辅相成的关系,但由于电子通信技术特别是因特网的迅速发展,在一些图书馆和图书馆员中逐渐滋生出这样一种认识:既然用户的信息需求可以全部或大部分通过因特网的存取来满足,图书馆又何必再拥有信息资源呢? 这个问题貌似简单和易于反驳,但实际并非如此,美国图书馆领域曾针对这个问题展开了一场论争,在此,我们首先将论争双方的主要观点陈列出来,最后再来讨论存取、拥有和资源共享的关系。

美国哈佛大学图书馆公共服务部副主任道勒(L. Dowler)是"存取论"的主要代表人物之一,他在"研究大学的困境:文化变迁环境(a transinstitutional environment)中的资源共享与研究"[23]一文中谈到:"技术特别是数字影像技术的出现使图书馆员对迅速改进的存取和信息检索产生了浓厚的兴趣,简言之,这是经典的推拉模型(a classic push - pull model)在起作用。不断上涨的成本和不断缩减的资源迫使图书馆重新设计战略和系统来提供它们已无力支付的信息源,而新技术则以其强大的拉力使图书馆趋向存取和检索,这是解决图书馆所面临的共同的困境的主要方法。存取已经取代拥有成为我们的指南,至少表面上如此;与此相关,共享也似乎已取代竞争成为图书馆学领域的主导原则。"基于上述认识,道勒主张各图书馆协调起来共同建设合作性的信息资源体系(coperative collection),他认为,"自给自足的观念和建立百科全书式的信息资源体系的做法已离我们太远,那是一个完全不同的时代,简直令人难以置信",而只有"合作才能提供单个的大学及其图书馆无力支付的资源,才是研究的救星。"道勒最后指出,应该建立一个或几个国家级的组织来支持图书馆之间的资源共享,"我们需要一个或许几个组织来将学者(研究信息的消费者)和各种义务保存信息的群体(研究信息的提供者)整合起来,并使之影响国家研究体系及其信息源。"道勒是从研究图书馆出发来讨论资源共享的,实质上,他并不反对拥有,他只是更加强调存取和资源共享罢了。

美国学者威格纳(L. S. Wegner)和安德斯(V. Anders)等也是"存取论"的拥护者。威格纳认为,"一个图书馆的馆藏(holdings)将由存取而不是拥有(possession)来界定,大多数图书馆资料将根据需要以电子形式或印刷形式来传输。"[23]也就是说,图书馆将不再期望以自己的馆藏来满足用户的信息需求,拥有信息资源和自给自足的概念将让位于合作和资源共享。安德斯等则从经济的角度肯定了存取的价值,他们认为,存取所节省的不仅仅是获取资料的费用,存取还省去了这些资料的处理费用、排架费用、保存费用及有关的房租,所以,存取是拥有的强有力的替代品。[24]

"存取论"的另一位代表人物是美国布朗大学图书馆技术服务部副主任林登(F. C. Lynden),他在"远程存取议题:优势与劣势"[25]一文中对存取做了详尽的剖析,他认为,"图书馆事业的本质即存取,也就是说,是使信息和知识为用户所利用。很明显,存取对于图书馆员和用户而言是有区别的。对于图书馆员,存取的关键在于信息是本地存取还是远程存取;对于用户,他不在乎信息是怎样或在哪里获得的。"而由于计算机技术和电子通信技术的迅速发展,远程存取将成为图书馆存取的主要形式。远程存取的优势主要表现在:(1)不需要拥有资料;(2)可以从任何地方(网络延伸到的地方)获取信息;(3)可以足不出户而获得所需的各种各样的资料(one – stop shopping);(4)可以及时地获取最新的信息;(5)可以对获取的信息进行编辑;(6)存取是用户驱动的;(7)可以获得多媒体版本;(8)有助于确定资料采购的范围;(9)有助于促进合作;(10)有助于加强用户和信息提供者的沟通。远程存取的不足则表现在:(1)加剧了因特网上的拥挤程度;(2)成本具有不确定性;(3)不易找到所需信息;(4)计算机文档的保护易出纰漏;(5)摒弃收藏;(6)同质性(放弃了自己的特色);(7)兼容设备昂贵且易于过时;(8)文献传递要收费;(9)商业化的信息提供者将直接面向用户;(10)版权问题尚未解决;(11)网络信息供应者终究会考虑文献传递的收支平衡问题;等等。林登最后归结道,"图书馆员必须密切注意与远程存取有关的议题,但同时他们也必须意识到这两个体系——图书馆所拥有的信息资源体系和远程电子存取体系——在不久的将来必然会并存"。也就是说,林登实际上也是赞成存取和拥有并举共存的。

"拥有论"是相对于"存取论"而言的,其核心也不是反对存取,而是强调图书馆不能完全或过分依赖存取。"拥有论"的代表人物之一韦思琳(Julie Wessling)认为,虽然图书馆、信息高速公路、电子出版商、信息经纪人和商业文献提供者等均可提供信息存取,但它们之间有着本质的不同——不同之处就在于图书馆拥有信息资源体系。她同时认为,图书馆之间应该建立合作性的信息资源体系,"图书馆员应改变过去那种从'我的用户'出发的思维方式,而开始围绕'我们的用户'发展共享的观念。"[26] 韦思琳的认识其实也涉及存取和拥有两个方面，因为多个图书馆合作建立信息资源体系，必然会导致相互间的存取行为。

朱尔詹斯(B. Juergens)和普拉瑟(T. Prather)也主张"拥有论"。他们认为，那种仅仅提供存取而不是永久的存贮信息资源的"存取范式"不适合目前图书馆的实际情况，"如果每一个用户都能够直接从信息提供者那里得到资料，为什么还要到图书馆呢?"作为比较，他们又提出了一种"信息交换所(clearinghouse)模型"，"如果图书馆选择信息交换所的角色，图书馆信息人员必须变成'资源共享掮客'，扮演用户的代理人，研究商业化和非商业化提供者并将存取战略建立在这些提供者的优势和劣势的基础上。在信息交换所模型中，服务是集中化的，'参考服务'和'馆际互借'以及'馆际互借'和'获取'之间的区别将消失"。这种模型保留了图书馆信息人员在文献传递过程中的"中介人"角色，增加了开帐单和结帐的功能，有助于提高图书馆及其信息人员的地位，但易于导致僵化的官僚主义，[27]故亦不足取。"信息交换所模型"实质上也是以存取为核心的，这是一些图书馆试图追求的目标，然而，舍弃了图书馆的保存功能，仅仅充当用户与信息提供者之间的"经纪人"，图书馆与其它信息公司还有何区别? 图书馆一词还名符其实吗?

美国费城宾夕法尼亚大学图书馆的莫希尔(P. H. Mosher)也是"拥有论"的代表人物。他在"90年代的实存取范式"一文[28]中谈到，"在一个用户能够'存取'信息之前有人必须拥有它。……但如果我们停止收集而将用于藏书的钱消费在存取技术方面，我们是否在扔掉电子三明治中的肉馅? 所以，在有效的资源共享实现之前，藏书发展和管理领域的规划、协调和交流仍是图书馆的重要基础。"不过，莫希尔也认为，当电子图书馆或虚拟图书馆时代到来时，存取范式将取代常规的拥有范式。

综上所述，"存取论"也好，"拥有论"也好，实质上都涉及存取和拥有两个方面,美国研究图书馆中心主任辛普森(D. B. Simpson)为此写了一个等式,即:资源共享 = 存取 + 拥有(Resource Sharing = Access + Ownership)。该等式可谓对存取和拥有之争的简洁定论。[29]辛普森认为,"有效的资源共享计划是存取和拥有的总和。存取必须通过利用通信、存贮和传递技术来加强,拥有则必须扩展为共享或共同拥有地方馆藏。该计划应该包括由共享藏书维系在一起的四类功能活动(见图8–6)。"其中,藏书发展又包括投资、评价、选择、剔除和维护等一系列功能,作为其结果的合理的藏书体系既能满足本地的用户信息需求也能满足一部分共享信息需求;书目存

藏书发展	书目存取
共享藏书	
贮存与保护	传　递

图8–6　资源共享计划的要素[29]

取以标准格式提供某一馆藏的描述性信息、主题信息和藏址信息,是最为重要的资源共享活动之一;贮存和保护是确保任一馆藏在任何时候为用户所需时可以利用的过程,它通常需要将缩微和数字化两种再格式过程统一起来;传递则是使本地或共享藏书为用户所利用的方法或过程。辛普森还认为,上述资源共享计划要获得成功必须具备3个特征(见图8–7),即避免地方优先和共享优先的冲突、提供价值或增值、促成参与者彼此之间事先的相互协调,换言之,成功的资源共享计划将能够实现合作采购、责任分担和馆际资

图8–7　成功的资源共享计划的特征[29]

源再调配。[29]辛普森的资源共享模型较好地实现了存取与拥有的统一,阐明了存取和拥有的边界及相互依存关系,有助于图书馆界深化对资源共享的理解和规划各种资源共享活动。

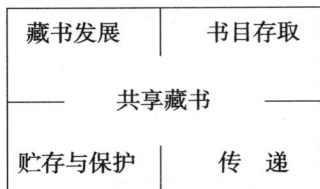

　　资源共享在图书馆领域有着悠久的历史,几个世纪以来,图书

馆界一直在试图寻求合作和资源共享，以更好地完成自己的任务。最初，它们是在书目领域达成了资源共享的共识，渐后又延伸到流通领域并从而产生了"馆际互借"服务，如今，资源共享的范围已扩展到包括信息资源、信息人员、设备、设施和专业技能等在内的广阔领域——借助这些资源共享活动，图书馆正在朝着一体化的方向迅速发展，这无疑会最大限度地提升用户的利益和促进人类的进化。诚然，图书馆资源共享领域目前还存在许多障碍，如何克服这些障碍将是当前及今后一段时期图书馆界的主要任务。

8.3.4 文献传递及其障碍

虽然图书馆资源共享的范围广及信息资源、信息人员、设备、设施、专业技能等诸多方面，但最为核心的内容还是信息资源共享，更具体一些，只有通过文献传递才能最终满足用户的各种共享需求，因此，文献传递又是信息资源共享的关键。需要说明，此处的"文献"是指以各种媒体和各种形式出现的信息资源，既包括传统的印本书刊、音像资料、缩微制品，也包括网上的电子文本。

广义的文献传递是指以任何形式、从任何信息源中为用户提供信息副本（copies of information）的活动。"任何形式"包括文本、图形、声音、印本或这些形式的组合；"任何信息源"则包括图书馆的免费信息资源、商业出版者、贸易或专业协会、政府机构、全文数据库、大学、图书馆的收费信息服务、商业文献传递公司、信息经纪人、公司和个体研究者等。[30]但在此处，文献传递特指图书馆资源共享范围内馆际之间、图书馆与其它信息提供者之间，以及图书馆与用户之间的信息资源提供服务。

文献传递可以根据传输介质和方法分为 3 大类，即流通型文献传递、馆际互借型文献传递和网络型文献传递。流通型文献传递实际上是传统的图书馆流通工作的延伸或扩展，它根据馆际协议，面向合作馆的用户开放，以"通用借书证"等作为文献传递的凭据,馆际互借型文献传递是传统图书馆合作的主要形式,它以馆际协议为根据,互相利用对方的信息资源来满足本馆用户的信息需求,从某种意义上说,流通型文献传递只是它的一种特殊形式;网络型文献传递则是利用特定的设备和软件,通过电子通信网络来传递数字化信息资源的活动。上述 3 种文献传递类型还可以进一步归纳为传统型文献传递(流通型和馆际互借型)和电子型文献传递(网络型)两大类。传统型文献传递具有这样一些特征:(1)它是劳动密集型活动,成本很高;(2)当资源被特定的用户借出后,其他人就无法再利用这些资源;(3)它包括分发成本(如包装、运输、接收、记录保持等方面的费用),这些成本不菲且正在上扬;(4)它通常不够及时,互借的资料多要 1~2 周时间才能到达用户手中;等等。鉴于这些原因,传统型文献传递目前主要用于硬拷贝资料的传递,是作为电子型文献传递的补充形式而存在的,"由于它的成本及其在资料存取方面的种种固有的限制,它在未来将不能够得到支持。"[31]电子型文献传递则具有下述特征:(1)它是技术密集型活动,成本具有不确定性;(2)同一资源可以同时传递给多个用户而不影响其它用户的利用;(3)任何数字化信息资源都可以不受地点限制、在任何时间传递给任何人;(4)任何一种信息资源或其中的部分都能够以多种形式传递给用户,包括文本、图形、声音或超文本等;(5)传递速度极快,瞬间可达;(6)存在知识产权等问题。电子型文献传递无疑已成为目前文献传递的主流,它也必然是未来的发展方向,"信息资源必须转换为机器可读形式并通过数据通信网络实现存取。"[31]

文献传递还可以根据收费情况分为赢利型和非赢利型两种类型,结合图书馆选择合作者(即信息提供者)的情况做进一步细分,则有 3 种类型,即基本服务、收费服务和增值服务。基本服务类同于馆际互借但又有小的调整,图书馆的合作者通常免费为用户提供文献,授权用户主要是母机构的成员;收费服务可以提供各种类型的文献,它与基本服务的区别在于,图书馆可能选择一些后备性提供者或付费获取资料以满足特定用户的急切需求,同时,图书馆还会对这些服务项目收费;增值服务完全建立在收费的基础上,它需要核算成本并赢利,它通常根据用户的嗜好来考察、复制(或购买)和传递文献,用户多来自商业领域,但学术群体也是潜在的主要用户。[30]在网络环境中,图书馆资源共享的范围已不局限于图书馆之间,图书馆也常常选择商业文献提供者作为合作对象。一个图书馆可能选择另一个图书馆作为合作者以满足其基本服务需求,而选择一个非图书馆组织以满足其收费服务或增值服务需求;但除了少数大型图书馆外,其它图书馆将通过 1~2 个主要的商业文献提供者和数十个组织来提供专门化的信息资源如专利、技术报告、政府出版物和工业标准等;剩余的少部分共享信息需求将由合同出版商、作者、贸易协会、大学系(所)、或政府机构等来满足,但这些增值服务是否提供,完全取决于用户对资料的需求程度及付费的意愿。一般来说,图书馆选择商业文献提供者有两个标准:一是"指令处理",内容包括周转时间、需求满足的比例、准确指令的完成、影印质量、删除指令的迅速通知、以各种方式(如电话、传真、E-mail 等)接受指令的能力、以各种方式传送指令的能力、及时而准确地处理紧急需求的能力、极低的出错率以及迅速而准确地改正错误的意愿和能力等;二是"帐目",内容包括援引发票上参考号码的能力、在需要时生产一定规格的可用报告的能力、根据出版的收费表保持定价的一贯性、乐于助人的职员、回溯指令和提供现状报告的能力,以及准确、整洁、及时的发票等。[30]商业化的电子文献提供将是一种发展趋势,图书馆在这个领域也不能维持免费服务的形象,它需要的将是竞争与合作——对手就是各种商业文献提供者。

从商业文献提供者的角度来认识,文献提供的目标就是"更好、更快、更便宜"。[32]斯托克顿(M. Stockton)和怀塔克(M. Whittaker)是美国丹佛一家商业文献提供公司——UnCover Company 的专家,他们在"文献传递的未来:一个提供者的观点"[33]一文中 畅谈了自己的认识。他们指出,"有一种趋势将所有的馆际互借 都归结为文献传递,这等于间接地表明,图书馆是更广义的信息传 递的一个子集。"但图书馆与文献传递其实有所区别:图书馆借出 的书还会被归还,文献传递所提供的期刊论文、年度报告和灰色文 献等将永远留在用户手中。对于文献提供者而言,他们所传递的 是产品,或者说,他们是在以更为有利可图的方式卖产品,只要哪 里有市场存在,他们的服务就会延伸到哪里,而图书馆一般有相对 固定的服务范围。市场是无情的,如果用户急需某种信息资源,他 们将会为快速的文献传递付费,反之则会拒付;如果一个数据库在 大多数时候满足了用户的信息需求,他们将会为之付费;同时,如 果一个数据库高度专业化,它也会吸引付费用户;总之,商业文献 传递必须紧盯用户需求,千方百计满足他们的需求,力争做到"更 好、更快、更便宜"。至于图书馆,由于入藏的信息资源不断缩减, 它们将被迫明智地利用保留下来的财产;同时,出于必需,图书馆 将更多地像商业一样运行,它的每一个计划和每一次采购都将做 成本/效益分析,资料存取将成为获取信息资源的主要手段,昂贵 而利用率低的资料将不再列入采购范围,"图书馆将为它们的用 户保存最重要的信息资源,而利用范围小的信息资源将依赖它们 的资源共享伙伴和商业文献提供者来供应。"斯托克顿和怀塔克 进一步认为,"未来的图书馆将成为人们进入世界信息网络实现 存取的一种工具,图书馆信息人员和商业文献提供者将共同承担 海量信息和拥有特殊信息需求的用户之间的中介人角色。"应该 说,斯托克顿和怀塔克的见解是脚踏实地的和中肯的,图书馆虽不 会变为纯粹的商业文献提供者,但介入商业文献提供领域将是不 可逆转的趋势,为此,图书馆应认真而谦虚地学习商业文献提供者 的经验与做法,在合作的基础上同他们展开竞争。

商业性电子文献传递正在成为网络环境中图书馆资源共享的主导方式,对于已上网或有过上网经历的用户而言,它的巨大优越性是不言而喻的。但在耀眼的光环背后,商业性电子文献传递也存在或隐藏着诸多障碍,主要包括:(1)心理障碍。许多图书馆的"地盘保护"观念仍然强于"资源共享"观念,大型图书馆担心自己的资源被过度利用,小规模图书馆则担心自己"人微言轻"、不受关注,地方当局则担心失却对图书馆及其资源的控制,图书馆信息人员则担心网络化会使自己失去工作岗位,……种种心态,不一而足;(2)资源障碍。由于目前因特网的价格机制尚待明细,一些图书馆心存侥幸,仅设一个"空心主页",其目的主要在于利用他方的信息资源,而不愿尽义务为他人提供自己的资源,这种"空巢现象"不能不说是一种短视行为,如我国许多上网的图书馆就很少能够提供令人满意的服务;(3)技术障碍。目前计算机及其配件市场鱼目混珠,设备之间兼容性差异较大,且升级换代频繁,这不能不影响到电子文献的传递和接收;(4)版权障碍。电子环境中与存取有关的版权议题是非常复杂的,其实质在于,"许多争端都是由电子媒介的基本性质引起的。由于信息是如此容易下载和处理,以致其原始所有者往往很难寻踪。所以,问题的关键是信息创造者和用户的权利。"对此,美国有关各方认为许可证制度可能是发展方向,[25]但在该问题解决之前,版权仍将是悬在网络信息提供者和网络用户头上的一把利剑;(5)价格障碍。网上电子文献传递的价格如何确定?图书馆是继续维持免费服务或非赢利服务的形象,还是加入商业文献提供者的行列?尚待解决的版权制度将如何影响图书馆的文献传递?这些问题目前都未妥善地解决,因而势必会影响图书馆文献传递的进一步发展;(6)用户障碍。主要表现在用户的经济承受能力、用户面、未上网用户的传递服务等方面。上述障碍其实也就是网络环境中图书馆资源共享所面临的障碍,它们涉及到资源共享的社会、经济、政治和心理等多方面因素,需要社会各方协调合作才能解决,图书馆所能做到的就是联合起来,争取最好的前景。

"从图书馆信息人员和用户的角度认识,理想的文献传递系统是一种透明、无缝的电子信息服务,它融检索和浏览为一体,能够识别和标注所需的信息资源,并能够传送和满足用户的需求。信息资源将从图书馆信息资源体系、商业提供者或其它信息源中提供,而无需用户探知信息资源藏于何方。随后,用户将以全文电子文档、传真拷贝或邮递印刷拷贝等方式接收信息资源。不言而喻,这样一个系统将具有一系列自动化特征:核实用户的资格;根据用户要求自动检查本地和合作馆的馆藏以及商业提供者的供给清单;按规定路线将需求送给合适的提供者(也可能是母机构的存取服务办公室);等等。理想的系统还将统一记录保存和帐目功能,包括核实用户是否收到了某一信息资源。还有,浏览功能允许用户预览论文中的选择部分。"[30] 理想的东西现实中是不存在的,它是我们的努力目标,在此,美国学者所描述的理想文献传递系统已部分地变为现实,但这远远不是图书馆人理想中的系统,图书馆人的理想是"借助跨时代的高新技术,构筑联通世界上每一个人的信息网络,用全人类所创造和积累的信息资源服务于每一个人的全面发展",相信他们终有一日会实现自己的理想。

8.4　未来的图书馆

8.4.1　图书的未来

图书馆的未来首先取决于图书的未来。从语法逻辑的意义上讲,图书是图书馆的逻辑起点,图书的变化势必引发图书馆的相应变化,而图书的未来恰是目前争论最多的内容:图书,准确地说是印本图书,会在可预见的未来退出历史舞台吗?电子出版物会全面主宰人类的阅读方式吗?印本图书能够与电子出版物共存共荣吗? ……这些问题的解答直接决定着不同讲究者的"未来图书馆视像",从而也直接决定着人们为未来所做的一切准备。

事实上,关于"未来的图书"的争论早在20世纪60年代已是热门话题。兰开斯特曾试图让人相信未来的社会是"无纸社会",他预言,"到2000年,科学技术的正式交流几乎无一例外地将以电子方式进行;"[33]然而,回头来看,兰开斯特的预言显然过于乐观了。70年代后期,图书馆界仍然沉浸在新技术所带来的乐观主义氛围中,英国学者罗宾(Joseph Raben)曾以一连串反问来捍卫"电子论"的立场:"如果没有纸也可以完成这么多事情,为什么最后一步必须采用纸的形式?如果著者在终端上构思,在终端上编辑,在终端上审稿,最终使用者为什么必须举一本装订成册的图书或期刊?为什么读者不能打开终端,接收所需要的东西?读者为一篇文章为什么必须得到整本的杂志?为什么读一篇散文或一个章节就要买一本书?难道读者不能在终端上浏览文摘目录,然后直接用电话索取那些感兴趣的东西?"[33]应该承认,罗宾确实具有高超的辩驳能力和表达能力,他的一连串提问在今天听来依然振聋发聩,但罗宾在此却忽略了一个极为重要的因素,即人们的阅读习惯——它在现在乃至可预见的未来都会为印本图书保留一块属于自己的领地。

从80年代开始,图书馆界对"图书的未来"的认识少了一些"技术决定论"色彩,而多了一些文化反思。《图书馆的未来》一书的作者汤普森曾转引了一段社论,该社论以轻松的笔调对"技术迷狂"进行了回击,内容梗概如下:"一种理想的信息存贮和检索设备应该具有以下特征:可以移动并且能在任何环境下运行;不需要能源供应,不需预热便能够立即使用;它应该具有高度的信息存贮能力;无限制地保留信息而不会损伤、退化,也不会意外消除;可

表 8-3　图书与计算机数据库的比较[33]

图　书	计算机数据库
1. 数据存贮密度较低	高密度数据存贮
2. 非常轻便,易携带	可搬运,但须仔细装卸
3. 能在大多数情况下生存,寿命长短取决于纸的质量、装订质量等	在某些情况下容易变质甚至会消除数据,易受计算机病毒的感染
4. 不需要中间设备便可以阅读(眼镜除外)	需要附加设备转换为适应阅读的版面,阅读方便程度依赖于设备结构及其检索能力
5. 能坐在椅子上阅读,也能在桌边或洗澡时阅读,或在任何方便的地方阅读	必须在计算机终端前笔直地坐着阅读,除非产出印刷材料;计算机终端必须连接其它设备,一般认为无法移动
6. 能同时使用几本书并加以比较	比较两个或更多的数据库,或比较其中的某些部分,意味着两套内容在屏幕上晃动
7. 能随意浏览以判断后面几项包括哪些内容并重阅本书计划	能否随意浏览取决于该系统的便利条件。可以浏览但通常必须连续浏览,且速度较慢
8. 图解和插图可以用来引申和说明观点	图形有时可以在带有图解设备的终端得到,但是不能够准确地复制图画
9. 可以成为艺术品,具有触觉和视觉魅力	计算机终端在这点上明显地受到限制。所有改进信息显示的努力都植根于功能方面

以立即随时检索;它应该能够标引、注释或人工更正内容。……没有任何电子设备适合上述说明,即使可预见的将来也不会出现。

但是有一种非电子设备完全符合以上特征,甚至具备更多优点,它已经存在了 500 多年,这就是图书。"[33]可以看出,这段社论隐含着一种强烈的感情色彩,这是"印本论"者的共同特征,它意味着印本图书依然具有强劲的生命力。而另一位英国学者罗莉(Jenny Rewley)更用图表详细比较了图书与计算机数据库的优缺点(见表8—3):[33]

罗莉的论文名为"保护图书(In defence of the book)",其目的是为印本图书辩护,故表 8-3 中颇有以图书的优点与数据库的缺点相比较之嫌,但这些事实也确实印证了图书存在的必然性。进入 90 年代,虽然信息技术前进的步伐更快,但图书馆人对"图书的未来"的预测却更理性化,"印本图书与电子出版物共存"的观点占了上风。1991 年,美国学者波尔特(J. D. Bolter)在《写作空间:计算机、超媒体及写作的历史》一书中曾写道:"印本图书……似乎注定要淡出我们的书面文化(literate culture)。问题并不在于印刷技术是否会完全消失;图书可能长时期地以印本形式存在,为奢侈消费服务。但图书的概念和形式将会变化:印刷术将不再像过去的 500 年那样决定知识的组织和表达,从印刷术到计算机的变迁也不意味着读写能力(literacy)的终结,将消失的不是读写能力本身而是'书面表达能力(literacy of print)'因为电子技术为我们提供了一种新的图书和新的读写方式。"[34]1992 年,另一位美国学者克什威尔(R. Kurzweil)在一篇名为"图书的终结"的论文中预言,纸本图书(the paper book)在 21 世纪初期将会被废弃不用,当然,"由于其久远的历史和庞大的基础设施,它在成为古董之前还将徘徊数十年时间。"[34]1993 年,在"电子复制(reproduction)时代图书的位置"一文中,美国学者农伯格(G. Nunberg)系统地综述了不同研究者对"图书的未来"的认识,深入地分析了与"图书的未来"相关的阅读的未来、出版的未来、电子复制、图书的位置等问题,最后得出了"图书将会终结"的结论,他谈到,"因特网上的专业目录中已经运载着各种新书通知和书评,而有些印本出版物则用于帮助人们在网上漫游。从某种意义上讲,我们谈论图书的终结可能是正确的——这并非启示,而只是因为文化形态(cultural forms)与技术的联系将会变得如此相伴相随(contingent)和错综复杂,以至于图书不再是一种令人特别感兴趣的信息媒体。"[34]可以看出,即使在谈论图书的终结时,农伯格等人的态度也不再激进,人们的真实观点是:电子出版物将成为信息时代的主调,而印本图书不过是"退居二线"罢了。

　　1995 年,克劳福特和戈曼联手推出了《未来图书馆:梦想、疯狂与现实》一书,[35]在书中,他们详述了自己对印刷物及其未来的认识。他们首先指出,"阅读对于个人和社会而言都至为重要,而纸本印刷物是阅读和获取知识的最佳形式;"接着,他们又从光线效果、分辩能力、速度和理解、可利用性、超文本和线性文本等多个角度比较了图书与显示屏(display),从而证实"印本图书是最好的阅读工具",而计算机设备只不过更适于传输数据和小的信息包;他们还为印刷物算了一笔经济帐:"印刷出版包括几方面的成本,这些成本随出版资料类型的不同而有所变化。图书的定价中通常包括采访编辑、誊写编辑、生产编辑、排版人员、美术设计人员、索引人员和校对人员等的工资成本,包括排字或视像剪辑(imagesetting)、铅版制作、印刷、装订、传播和宣传等方面的费用支出,还包括利润、一般管理费用、编辑办公费用、设备费用以及年度图书编辑发展费用等",换言之,印本图书的存在创造了大量的就业机会,为社会做出了巨大的贡献,不能简单地拿它与电子出版物做成本或价格比较;最后,他们分门别类地探讨了印刷物和电子出版物的发展前景,他们认为,有些印刷物诸如字典、索引、地名辞典、年鉴、统计汇编、政府文献、会议录、消费者和价格指南等将会被电子出版物所取代,有些电子出版计划诸如面向大众市场的CDROM 出版物、庞大的联机文本数据库等则运转不灵,因特网不过是新瓶装老酒的"无形学院",而电子出版物也有其明显的局限性——它只是混合媒体时代的一种有价值的补充物。总之,印刷物没有消亡,也不会消亡,"当有人谈到印刷物在消亡时,他们要么忽略了事实或利用了错误的统计比较数据,要么是在精心地误解有关情形。印刷物并非在消亡,只要存在开放的市场,印刷物就不会消亡。"作为图书情报战线的两名老兵,克劳福特和戈曼在充满理性的论争中又掺杂着强烈的感情色彩,他们认为印刷物不仅不会消亡,而且会与电子出版物一争短长;在可预见的未来,将会形成混合媒体的时代,而印刷物无疑是其中的一支主力军。

1997 年,美国匹兹堡大学图书情报学院副教授科克斯(R. R. Cox)发表了"肯定图书的未来"一文,[36] 鲜明地表达了自己看好图书的未来的观点。他写道,"对于我们大多数人而言,书籍、杂志和报纸是我们生命中无法回避的宝贵的组成部分","按我的理解,印本图书,4 个世纪以来最有效地传播信息和知识的方法或人工制品,将在 21 世纪不断进化的信息时代继续扮演同样的角色。当我在因特网上漫游时,我依然会读书;当我从万维网(WWW)上加载电子文本时,我依然会写书;当我浏览电子图书馆目录时,我依然会逛书店。"科克斯不完全同意尼葛洛庞帝等人的"数字化未来"的观点,他继续写道:"图书是物理实体还是电子盲区(shadow)都无关紧要,真正要紧的是我们要理解——无论什么将取代图书——我们这个社会中信息和知识的性质,这是任何社会或文化的粘合剂,而图书只是一个社会的符号和记忆的一部分;信息和知识也是人类区别于动物的标志。我们认为,图书——人工印刷物或电子和虚拟文献——是智力产品的反映,它对智力产品的形成具有决定意义。"科克斯也承认,未来可能会出现图书的"电子替代物",但他的主要观点是赞同印本图书和电子出版物共存。其实,科克斯的探讨已不完全局限于图书的未来,图书也好,电子文献也罢,它们都不过是一种媒体,重要的是,信息和知识的性质是不变的,这是探讨未来图书馆的一个重要基点。

关于图书的未来,我们没有更多的新见解,我们更倾向于赞同克劳福特、戈曼和科克斯等人的认识。但有一点需加以说明,当我们探讨未来的图书时,我们不能以我们在印刷文化中所形成的阅读习惯和认知作为探讨的出发点——这是不少图书馆领域的资深人士易踏入的误区,我们应当考察那些伴随电视、电话和电脑成长起来的一代人对电子媒介的接受与认同,只有他们才能决定未来图书的兴衰及其与电子出版物的消长关系。就此而言,电子出版物将成为未来信息时代的主流,而印本图书在可预见的未来也不会退出历史舞台。

8.4.2 图书馆的未来

迄今为止,"图书馆的未来"仍是一个众说纷纭、扑朔迷离、充满诱惑、令人激动和不安的议题。"未来学派(即新技术学派)"早期最主要的代表人物兰开斯特曾就图书馆的未来做了一系列大胆的预测,在 1982 年出版的《电子时代的图书馆和图书馆员》一书[37]中,他首先归纳了早期预测研究的几种主要观点并做了剖析,这几种观点为:(1)技术处理自动化;(2)向电子存取转换;(3)图书馆服务的家庭传送;(4)受忽视的图书馆(由于用户可以从个人计算机终端获得信息资源,所以地方图书馆的重要性降低甚至可能消失);(5)图书馆将成为联机智能社区(intellectual communities)的一部分,将成为用户与联机智能社区(集成电子通信网络)的接口;(6)未来图书馆将出现新的功能,如直接回答问题甚至推导出问题的答案等。在归纳和剖析的基础上,兰开斯特又考察了计算机技术已经和将要对图书馆及其功能的影响。他发现,自从联机检索和存取技术进入图书馆领域后,图书馆一直处于"解散过程"中,"从逻辑上推理,其发展的结果必然要导致图书馆的消失","在下一个二十年(1980~2000 年),现在的图书馆可能完全消失,只留下几个保存过去的印刷资料的机构。这些机构答复读者的方法和现在的邮购公司答复它的顾客的方法很相似;换言之,这些机构将是消极被动的档案室而不是积极主动的情报服务单位。然而,应该注意,图书馆取消以后,图书馆员并不会取消。这意味着,在电子时代相当于现在图书馆员的某些类型的情报专业人员仍将是非常活跃的。"兰开斯特继续谈到,"在纸介质信息社会向电子介质信息社会过渡的初期阶段,图书馆仍然是人们为获取信息资源而常去的地方。图书馆除了提供纸印刷资料外,也提供存取电子资源所必需的终端,而且更重要的是它们提供利用这些资源所需的专门知识。""在这个过渡时期的后期,随着电子信息源的重要性不断增加,纸质信息源的重要性继续下降,随着计算机终端在办公室和家庭里更加普遍地使用,去图书馆的需要减少。这时,作为一个公共机构的图书馆开始走向必然没落的道路。"兰开斯特不愧是一个伟大的图书馆预言家,他在 80 年代伊始所做的预测今天大多已成现实,但正如实践已证明的那样,兰开斯特主要成功在技术预测方面,他对作为机构的图书馆的预言到目前为止尚未得到证实,事实上,即使是被誉为"21 世纪电子图书馆样本"的美国纽约科学、工业和商业图书馆,也仍保留着图书馆机构的必要形式。

1982 年,英国的图书馆预言家汤普森也出版了一本称作《图书馆的未来》的小册子。[33] 在这本不足 10 万字的著作中,汤普森综述了包括兰开斯特在内的众多研究人员的预言,为人们了解早期图书馆预测研究的内容提供一份备忘录。他认为,"图书馆的结果可能是采取博物馆形式并告别印刷时代",而关于图书馆未来的全部论争不得不归结为,"图书馆员和图书馆的真正任务——信息的选择,存贮,组织和传播——仍然和历来的任务一样。技术进步产生了优越无比的技术,到时候它将取代人类目前以图书为中心的公共记忆的较大部分。为继续完成真正的任务,图书馆员和图书馆都需要进化。还必须牢记,改革的压力正在迫近,并非仅仅来自新技术的潜力,而且来自专业本身的无能为力。现在,这种无能为力已经使我们大多数的主要图书馆变得无法使用。在这种情况下,新技术只能被看成是恰逢其时,必须紧紧抓住不放。图书馆员和图书馆如果不接受这种变化,将不可避免地成为进化的牺牲品。对于恐龙,这确实将成为末日。"汤普森的著作以条陈和比较他人的观点为主,较少自己的预测,但就上述归纳而言,其分析之精辟可作为兰开斯特预言的补充。

10 年之后(1993 年),兰开斯特又组织有关学者推出了论文集《图书馆和未来:关于 21 世纪图书馆的论文》,[38]但不同以往的是,兰开斯特一改大胆放言的作风而变得谨慎起来。在他撰写的"人工智能和专家系统:它们将如何作用"一文中,兰开斯特更多地是引用他人的实践结果和观点来考察人工智能和专家系统在编目应用、主题标引和编目、数据库检索、问题解答等领域的应用情况,他很少发表自己的看法,即使结论部分也大多是引用他人的观点;就他的为数不多的"夹议"而言,语气亦颇谨慎,譬如,他认为,"很少有证据支持这种信念,即具有'智能'的设备不久将能够胜任许多现在由受过良好训练和经验丰富的图书馆信息人员执行的智力任务,就这个主题而言,许多作者看上去似乎过于乐观了";"事实是与图书馆职业相关的真正的智力任务——主题分析,信息需求译解,检索策略,以及诸如此类的工作——是难于授权给机器去做的。……在可预见的未来,图书馆信息人员的专业技能也不可能被人工智能所取代。"兰开斯特对同一论文集中其它学者的见解也表示了审慎的态度,"当然,我们不知道这些不同的见解中哪些将被证明是最'正确的'。"比较兰开斯特 80 年代和 90 年代对图书馆预测的不同态度,我们可以得出两点结论,其一,仅仅从技术的角度推论和预测是不够的,必须做综合的考察;其二,预测本身是一项难度极大的工作,必须慎之又慎。

兰开斯特主编的论文集中汇聚了多名美国图书情报领域的"高手",他们的观点值得我们的借鉴。彭尼曼(W. D. Penniman)认为,未来的图书馆必须是积极的而非消极的,必须强调文献传送而不是贮存,人们将根据它们提供的服务而不是它们控制的财产来评价它们。莫霍尔特(Pat Molholt)的论文强调技术发展,她认为,那些威胁传统图书馆生存的信息技术的权力和复杂性正在增强,这在未来可能会使图书馆这一机构和职业比以往更有价值,当然,图书馆必须随机应变。道林则将他对未来图书馆的见解构筑在他就职的旧金山公共图书馆发展规划的基础上,他认为,未来的图书馆决不是"无墙图书馆",事实上,图书馆的建筑将"智能化",它内含的视听工作室将能够向家庭输出图书馆服务;他预言,到2000 年,旧金山的每个家庭都将通过有线电视或电话线与图书馆连接起来,图书馆建筑因此也将成为"社区网络中心";他还认为,电子技术能够使图书馆为用户提供"小城镇社区的气氛和感觉",同时,还允许用户实现即时的全球连通。扬(P. H. Young)相信我们职业的最终目标是创建一种包容"任何地方的所有可利用的信息资源"的"虚拟图书馆",根据他的方案,物理的图书馆建筑将变为一个"检索节点"。拉伊特(D. Raitt)的论文考察了今天可利用的和不久的将来可能利用的信息技术,他宣称,图书馆信息人员的重要角色之一将是评价适用的信息技术并向他人讲授这些信息技术,换言之,图书馆信息人员在决定这些信息技术将如何利用的过程中必须发挥更为积极的作用。塞勒(L. H. Seiler)和夏普雷南特(T. T. Surprenant)则坚信印本图书馆(print library)的终结已经在望,纸本印刷物正在消亡,我们职业的终极目标将是一个虚拟信息中心(Virtual information center),在这个虚拟中心,成排的书架已置换为各种视像(images),每一个用户都可以在家中通过电子方式浏览世界各地所贮存的信息资源。[38]应该说,上述各种认识都有不同的视角,用兰开斯特的话来表述,"我们还不知道哪些见解将被证明是最'正确的'",而可以肯定的只有一点,即他们都是出于对我们职业的挚爱而认真地从事预测研究的。

克劳福特和戈曼也是对图书馆职业无比挚爱的"图书馆人"。他们在《未来图书馆:梦想、疯狂与现实》一书中无情抨击了那些"一旦生计有着落就贬低图书馆职业和试图从图书馆名称和实践中逃走的图书馆信息人员和图书馆学教育者",他们还视这些人为图书馆的"敌人"。他们认为,图书馆将继续发挥重要的作用,未来图书馆将是一种"无墙图书馆",(library without walls),但这种无墙图书馆不会取代真实的图书馆,换言之,他们所设想的未来图书馆实质上是两者的混合形式,其特征包括:(1)在不断增加对远程用户的服务的同时,也为馆内用户提供服务;(2)在继续寻求以革新的方式提供远程信息和资料的存取的同时,也要持续地把物理形式的信息资源体系(即藏书)作为满足用户信息需求的主要工具;(3)必须采用各种工具和技术来扩展图书馆的工作。"未来将只有成功的图书馆,因为,如果图书馆不能获得成功,它们将停止生存。而成功的图书馆将是一个热情的、信息资源丰富和不断丰富的地方,是各种文化价值观的荟萃之地,是运用所有方法为人类服务的圣殿。图书馆将继续敞开胸怀接纳各种各样的人们、资料和服务形式",克劳福特和戈曼继续写道,未来意味着印刷物和电子通信的统一,意味着线性文本和超文本的统一,意味着以图书馆信息人员为中介的存取和直接存取的统一,意味着拥有和存取的统一,意味着建筑与界面的统一。简言之,克劳福特和戈曼理想中的未来图书馆就是保持图书馆发展的连续性,融印本图书馆(或传统图书馆)和电子图书馆为一体的"兼容性图书馆"。

未来图书馆研究兴起于西方尤其是美国,广大发展中国家鉴于各自的国情更提倡现状与对策研究,间或涉及未来探讨,也是近年的事情,我国亦如此。在我国,图书馆的未来研究尚未形成潮流,真正的未来研究者寥寥无几,而已退休在家、潜心学问的武汉大学教授黄宗忠就是其中的一位。黄宗忠近年来相继发表了"论21世纪的图书馆"[2]和"论21世纪的虚拟图书馆和传统图书馆"[39]等长文,在这些论文中,他以20世纪图书馆的研究为出发点,以现代信息技术的发展为依据,对21世纪的图书馆进行了展望。他认为,虚拟图书馆将是21世纪图书馆的发展方向,"虚拟图书馆不是一个物理概念,也不是一个独立存在的实体,是一个信息空间",它具有以下特征:(1)收藏数字化;(2)操作计算机化;(3)传递网络化;(4)信息资源存取自由化;(5)信息资源共享化;(6)结构连接化。虚拟图书馆既具有独特的优势也具有相应的局限性,它是21世纪的发展方向但不是21世纪的唯一,"21世纪的图书馆是虚拟图书馆和传统图书馆相互结合的混合体"。可以发现,黄宗忠的观点与克劳福特、戈曼等人的观点具有惊人的相似之处,这其实也是他们这一代人的共同心愿——誓将图书馆事业代代流传下去。

图书馆未来的诱人之处就在于它具有不确定性,任何伟大的图书馆预言家都不可能完全消除这些不确定性,因此,他们的预言总会存在这样或那样的美中不足。然而,我们不能因为可能出错而放弃预测,历史的发展已进入信息时代,这是一个瞬息万变的时代,是一个未来主导的时代;如果我们仅仅满足于现状的研究,我们将永远只能跟在历史的车轮之后随跑,终有一日我们会被甩在历史的沉积物——古董堆——中;我们别无选择,我们只能根据可预测的未来确定我们的行动方向和战略;我们将不断地把未来现实化、把现实未来化(虚拟现实),我们将在未来与现实的交互中将图书馆推向理想的境界。

8.4.3 永恒的使命

未来图书馆是一首朦胧诗,虽然存在却看不真切;未来图书馆是一盏航标灯,虽然看不见却时时闪烁着光芒;未来图书馆是漫漫旅途中不绝的驿站,当我们拼命赶到时,它又在前面向我们招手;未来图书馆是茫茫大海上时隐时现的海市蜃楼,当我们试图看清它的真面目时,它又消失在浩瀚的时空中;未来图书馆也可能什么都不是,它只是隐藏在图书馆人心目中的理想,每个人都可以根据自己掌握的知识来描绘心目中的理想;然则,我们的"理想"是什么呢? 以我们有限的知识为依据,归拢诸位图书馆预言家的观点,我们认为,在可预见的未来,图书馆将会发生下述变化:

·世界信息资源体系的形成。随着越来越多的图书馆进入因特网,它们必须以互惠互利为原则,求同存异,共建一体化信息资源体系,最大限度地发挥合作的优势。一般而言,世界信息资源体系是由入网图书馆的数字化信息资源(包括印本型信息资源的数字化书目信息)所构成的,可任由世界各地的用户自由存取。深入地分析,世界信息资源体系的形成意味着图书馆的质变,每一个图书馆都同时既是我又非我:当其是我时,它必须且仅须突出自己的特色;当其非我时,它只是世界信息资源体系的组成要素,它随时可以通过共享来爆发式增强自己的服务能力。世界信息资源体系并不排斥印本型信息资源,但这类资源只能是世界信息资源体系的补充与后盾。

·网络用户的跳跃式增长。随着光缆或电缆铺入更多的家庭,随着个人计算机价格性能比的进一步降低,网络用户必将成倍地增加。对于网络图书馆而言,"用户"的概念已发生了根本性的变化,每一个有机会上网的世界公民都可能成为网络图书馆的用户。当然,每一个网络图书馆的主要任务依然是为其法定用户服务,面向网络的服务将主要由图书馆自动化集成系统或网络服务器来承担。

·存取功能的增强和拥有功能的集中。数字化信息资源体系的建设和网络用户的增多必然要求图书馆增强存取功能,具体地讲,一是要增强图书馆提供存取服务的功能,二是要增强图书馆信息人员在网上获得存取服务的能力,三是要强化用户存取能力的训练。网络图书馆将更多地依赖网络信息资源而不是自身拥有的信息资源来满足用户的信息需求,对于一些地方性、局部性的小型图书馆(如社区图书馆、高校图书馆的资料室、中国科学院各研究所的图书馆等)而言,由于网络可以完全覆盖其信息资源体系,所以,它们的拥有功能将萎缩直至消亡,它们因此将完全蜕化为网络节点;与此同时,拥有功能将向大型图书馆集中,它们将承担保存人类信息资源的神圣使命。

·建筑设施的智能化。在可预见的未来,图书馆将是融印本信息资源和数字化信息资源为一体的"兼容性图书馆",为此,建筑设施不会消亡,但必须变化。援引道林的观点,未来图书馆建筑主要具有3方面的特征:(1)灵敏性,即通过安装在计算机上的管理系统能够自动调节光线、热量、通风、电力及其它变量;(2)智能性,即通过遍布建筑物的传感器能够持续地报告到馆的用户数量、特定区域的用户数量、安全警报、安全区的入口情况、保护区的入口情况等;(3)灵活性,即建筑物内部的设计允许根据需求随时扩展或收缩空间,而遍布建筑物的电力和电子通信网网络则便于电能、电话、数据传输、电视、安全管理及数据采集等功能的内部互联。[38] 至于图书馆内部空间的划分,主要有4个区域:一是日常管理和活动区域,二是收藏印本信息资源并提供相关服务的区域,三是贮存数字化信息资源并面向网络提供服务的区域;四是为人们利用网络信息资源(包括馆藏数字化信息资源)提供终端设施的区域。

·从图书馆信息人员到网络信息人员的转变。未来图书馆信息人员所从事的工作将更多地与网络有关,他们与其说是图书馆信息人员,不如说是网络信息人员,他们主要包括网络管理人员、网络导航员、网络咨询人员、网络信息资源提供人员、网络信息资源采集人员、网络研究人员以及网络代理人(用户委托代理人)

等。需要说明,从事印本信息资源管理工作的图书馆信息人员不会完全消失,但他们所占的比例将大为减少。

未来图书馆可能仍然称之为"图书馆",但也可能易名为"信息中心","信息资源中心"或"网络中心"。对于仍行使采集、保存和拥有职能的图书馆,其名称变换的可能性比较小;对于放弃拥有、专事存取的图书馆,其名称变换的可能性大,事实上,无论其是否变换名称,它都已不能称之为图书馆。

综观图书馆的发展历程,无非"变"与"不变"的历史,其中,变是绝对的,不变是相对的。所谓变,是指图书馆信息资源的范围、信息载体的类型、信息用户的多寡、信息技术的先进程度、图书馆建筑的结构与功能、图书馆信息人员的观念与专业技能、图书馆的管理水平、图书馆之间合作关系乃至图书馆的名称等总是处于不断的变化之中;所谓不变,是指作为图书馆内核的信息资源体系是不变的,以有限的信息资源满足无限的用户信息需求的主要矛盾是不变的,通过信息资源体系的形成、维护、发展和开发来促进人类社会发展的使命是不变的。身处多变的环境中,当着敲开 21 世纪的大门之际,图书馆只有慎待变与不变,才能保持图书馆发展的连续性,才能踏出一条属于自己的未来之路。我们坚信,无论未来如何变化,只要人类还需要思维,社会就需要信息资源体系:图书馆人的使命将是永恒的。

参考和引用文献

1. 胡泳,范海燕. 网络为王. 海口:海南出版社,1997. 365,16

2. 黄宗忠. 论 21 世纪的图书馆. 图书与情报,1996(2):1~11

3. 钟义信. 高速信息网和 CHINA 计划. 情报理论与实践,1994(4):1~3

4. 吕本富. 通向未来的信息高速公路. 北京:北京大学出版社,1997. 15~16,24

5. 比尔·盖茨著;辜正坤译. 未来之路. 北京:北京大学出版社,1996.7

~8

6. R. 罗兰德、D. 克南曼著;刘岩等译. Internet 信息查询技巧. 北京:机械工业出版社,1997.1

7. 约翰·弗劳尔著;梁维娜译. 网络经济. 呼和浩特:内蒙古人民出版社,1997.288~319

8. 1997 年中国计算机业十大新闻. 中国计算机用户,1998 年 1 月 5 日

9. 陈伟建. 中国网络应用的现状及发展前景. CBNI,1996(7):34~43

10. 资料来源于 1998 年 3 月 6 日因特网中国科学院文献情报中心主页的"国内 WWW 服务器"。

11. B. E. Chernik. Introduction to library Services. Englewood: Libraries Unlimited, Inc. ,1992.131~140

12. 汪冰. 电子图书馆理论与实践研究. 北京:北京图书馆出版社,1997.243~244,142~152,111~112,276

13. 晏章军. APTLIN 系统的历史与发展. 现代图书情报技术,1997(增刊):5~7

14. 图书馆学百科全书编委会. 图书馆学百科全书. 北京:中国大百科全书出版社,1993.300

15. 现代图书情报技术编辑部. 中关村文献信息网络建设专集. 现代图书情报技术,1997(增刊).

16. B. L. Hawkins. Creating the Library of the Future: Incrementalism Won't Get Us There. Serials Librarian, 1994, 24(3~4):17~47

17. 詹姆斯·迈天著;李东贤等译. 生存之路——计算机技术开发的全新经营革命. 北京:清华大学出版社,1997.6

18. J. R. Hughes, K. S. Butcher. The National Electronic Library: The Environment Personified. See. G. M. Pitkin. The National Electronic Library: A Guide to the Future for Library Managers. Westport: Greenwood Press, 1996.3~15

19. S. K. Baker, M. E. Jackson. The Future of Resource Sharing. New York:The Howarth Press, Inc. ,1995.1,5~26

20. 尼葛洛庞帝著;胡泳、范海燕译. 数学化生存. 海口:海南出版社,1997.

21. 韩莉. 美国国会图书馆的图像数字化系统. 信息科技动态(内部), 1998(2):8

22. 杨宗英. 电子图书馆的现实模型. 中国图书馆学报,1996(2):24~29

23. L. Dowler. The Research University's Dilemma: Resource Sharing and Research in a Transinstitutional Environment. Journal of Library Administration, 1995,21(1~2):5~26

24. V. Anders, C. Cook, and R. Pitts. A Glimpse into a Crystal Ball : Academic Libraries in the Year 2000 > Wilson Library Bulletin, 1992, 67 (10) : 37

25. F. C. Lynden. Remote Access Issues: Pros and Cons. See: Sul H. Lee Access, Ownership and Resource Sharing. New York: The Haworth Press, Inc., 1994. 19~34

26. Julie Wessling. Impact of Holdings on Resource Sharing. See: S. K. Baker, M. E. Jackson. The Future of Resource Sharing. New York: The Haworth Press, Inc.,1995. 121~131

27. B. Juergens, T. Prather. The Resource Sharing Component of Access. See: Sul H. Lee. Access. Ownership and Resource Sharing. New York : The Press. Inc.,1994. 77~93

28. P. H. Mosher. Real Access as the Paradigm of the Nineties. See:S. K. Baker,M,E. Jackson. The Future of Resource Sharing. New York: The Ha－worth Press, Inc.,1995. 39~47

29. D. B. Simpson. Resource Sharing = Access + Ownership: Balancing the Equation in an Unbalanced World. See: Sul H. Lee. Access, Ownership and Resource Sharing. New York: The Haworth Press, Inc.,1994. 95~107

30. N. S. Hewison, V. J. Killion, and S. M. Ward. Commercial Document Delivery: the Academic Library's Perspective. See: S. K. Baker, M. E. Jackson. The Future of Resource Sharing. New York:The Haworth Press, Inc., 1995. 133~143

31. J. E. Rush. Technology－Driven Resource Sharing:A View of the Fu－ture. See. T. C. Wilson. Impact of Technology on Resource Sharing:Experiment and Maturity,New York:The Haworth Press,Inc.,1992,141~157

32. M. Stockton, M. Whitteker. The Future of Document Delivery: A Vendor's Perspective. See: S. K. Baker, M. E. Jackson. The Future of Resource Sharing. New York: The Haworth Press, Inc. , 1995, 169 ~ 181

33. 詹姆斯·汤普森著;乔欢、乔人立译. 图书馆的未来. 北京:书目文献出版社, 1988. 101 ~ 101, 101 ~ 102, 112 ~ 134

34. G. Nunberg. The Places of Books in the Age of Electronic Reproduction. See: R. H. Bloch, C. Hesse. Future Libraries. Berkeley: University of California Press, 1993. 13 ~ 37

35. Walt Crawford, Michael Gorman. Future Libraries: dreams, madness, and reality. Chicago: American Library Association, 1995

36. R. J. Cox. Taking Sides on the Future of the Book. American Libraries, 1997, 28(2): 52 ~ 55

37. F. W. 兰开斯特著;郑登理、陈珍成译. 电子时代的图书馆和图书馆员. 北京:科学技术文献出版社, 1985

38. F. W. Lancaster. Libraries and the Future: essays on the library in the 21st century. New York: The Haworth Press, Inc. , 1993

39. 黄宗忠. 论 21 世纪的虚拟图书馆与传统图书馆. 图书馆理论与实践, 1998(1 ~ 2).